主　编　张　侃
副主编　安孝义　韩冬威

福建山地珍稀文献丛刊

·贡川卷

上册

厦门大学出版社
XIAMEN UNIVERSITY PRESS
国家一级出版社
全国百佳图书出版单位

图书在版编目(CIP)数据

福建山地珍稀文献丛刊.贡川卷/张侃主编.—厦门:厦门大学出版社,2019.9
ISBN 978-7-5615-7588-8

Ⅰ.①福… Ⅱ.①张… Ⅲ.①地方文献—汇编—永安 Ⅳ.①K295.74

中国版本图书馆 CIP 数据核字(2019)第 185429 号

出 版 人 郑文礼
责任编辑 薛鹏志
封面设计 张雨秋
技术编辑 朱 楷

出版发行 厦门大学出版社
社 址 厦门市软件园二期望海路 39 号
邮政编码 361008
总 机 0592-2181111 0592-2181406(传真)
营销中心 0592-2184458 0592-2181365
网 址 http://www.xmupress.com
邮 箱 xmup@xmupress.com
印 刷 厦门市明亮彩印有限公司

开本 787 mm×1 092 mm 1/16
印张 52.5
字数 800 千字
版次 2019 年 9 月第 1 版
印次 2019 年 9 月第 1 次印刷
定价 480.00 元(全二册)

厦门大学出版社
微信二维码

厦门大学出版社
微博二维码

前言

貢川鎮，在今永安市東北，深居山间，瀕臨沙溪，地處水陸交通要衝，舊時曾是永安與沙縣之間重要的河谷聚落，現今仍遺存有豐富的建築古跡和民間文獻。當地歷史悠久，文化底蘊深厚，名勝古跡眾多，有明城牆、會清橋、笥幫公棧三處省級文保單位，正順廟、福興橋、古井、陳氏大宗祠、張若谷墓等五處市級文保單位，以及各色的家族祠堂和神明廟宇，新近成功入選為第七批國家級歷史文化名鎮。

宋元以來，貢川已通過沙溪所在的閩江水系與外界相聯繫，而在明清時期，更成為周邊山區商旅往來、貨物集散、流民雜處的繁華市鎮。至遲在弘治年間，史籍中就已出現『貢川市』的記載。同時，因自然地理環境的限制，閩中山區動盪不息，貢川亦不例外，飽受盜寇侵擾。明嘉靖末，為了抵禦賊徒，當地紳民呈請官府，築造貢川堡以自衛，並制定了一系列善後措施。這次工程，不僅給附近的人們提供了安身之所，還促成了貢川各項公共事業的整合。而後，地方社會逐漸穩定，士紳階層愈益興起，宋代道學賢達和本鄉仕宦精英也備受尊崇。明清易代之際，貢川又遭劫掠，城堡也被攻破，舊的秩序受到衝擊，基層社會亟待恢復。清初，貢川堡內新建立的先賢祠，就是重新整合本地資源的嘗試，也反映了時人崇賢慕古的風尚，吸納了先賢祠、永懷祠、六烈祠、文昌閣、關帝廟、無祀壇等六個祠祀，還繼承了貢川堡的絕大部分產業，偏重處理本社區內的公共事務。與之類似，原劃歸貢川堡統管的浮橋事業也獨立出來，專門應對浮橋開聯和沙溪兩岸擺渡的需求，以勸捐集資的方式，吸納外商資本，維護橋渡設施，完善人事制度，協調跨河交通和上、下游貨物運輸間的矛盾，偏重化解本社區外的利益衝突。綜上，這些組織于山區經濟開發和社會治理的背景下形成，體現了貢川堡內外各群體的合作關係及複雜性，某種程度上是周邊區域内公共事業運行機制的縮影。

二〇一二年夏，廈門大學歷史系師生前往貢川鎮進行田野調查，收集到類型多樣且數量豐富的民間文獻。其中宣統《賢祠書冊》、光緒《重修貢堡浮橋冊》，分別記載先賢祠與浮橋事業的管理規例、資產清單、捐資芳名、碑刻契約和紀念文章，可以説是這兩項事業的備忘錄和檔案庫。而永安地方文史收藏家安孝義先生，多年來始終致力於搜集東南抗戰資料和永安鄉土文獻，《貢堡書冊》兩種就是他的收藏，保存了明嘉靖以來與貢川堡建造和修繕相關的各項資料。這四種珍稀的地方文獻，都與特定社會群體關聯，發揮過各自的實際作用，有助於我們瞭解明清時期貢川的具體情況，考察這個山區聚落的社會建構和歷史變遷。以下，試對四種文獻的版本和内容做一簡要介紹。

重刻乾隆《貢堡書冊》和咸豐《重修貢堡書冊》

貢川堡，系明嘉靖四十一年（一五六二年）竣工的圍牆型防禦建築，是當地紳民面對周邊地方流賊威脅的自衛舉措。根據原議，該堡地處沙溪與胡貢溪交匯口的北側，周長六百二十三丈，牆高二丈四尺，『共用民力、木石、牡蠣之費七千餘資』，並得到了各級官員的支援和資助。落成之後，紳民為期永續，選出城首主持堡務，並做如下安排：一是籌措田業以備修繕經費，一是登記戶籍共同承擔差役，一是建立永懷祠紀念官員和城首，一是請移巡檢駐扎本堡監督管理。此外，還通過吸納浮橋、渡口等公益事業，對周邊的地方性資源進行整合。萬曆二十二年（一五九四年），創刊《安貢堡田書冊》，將與貢川堡相關的文獻彙編成冊，內載創城原委、修造始末、堡田地段和紳民申請築堡的呈狀和官府的批示。而後幾經世亂，文獻不幸散失。清康熙間，司事者羅如日抄錄一本。乾隆時，嚴承昊又得原印冊一本，『乃重刊以廣其傳，幾於家有其書矣』。延至晚清，存者又復寥寥。及至咸豐八年（一八五八年），貢川堡又一次重修告竣，另刊新冊登載工程花費、官府諭示和捐資芳名之余，董事們也一併複製舊冊，才有了今日所見的重刻乾隆《貢堡書冊》和咸豐《重修貢堡書冊》。

重刻乾隆《貢堡書冊》在舊本基礎上，新增《重刻貢堡書冊小引》，內容包括：一、對創城原委、書冊編纂的説明和要事記文，如《弁言》、《建貢堡原記》、《安貢堡三公生祠碑記》、《大邦伯周公永懷祠記》、《刻安貢堡田書冊》、《貢堡莊記》和《修堡城記》等。二、明代的鄉民呈請和政府批文，如嘉靖末至萬曆初的延平知府、永安知縣下發的帖，以及城首陳珂、賴源等人的呈狀。三、詳載貢堡資產及來源的清單，如敘買修堡米田來歷、今將修堡米田緣由開後、計開佃戶姓名等。咸豐《重修貢堡書冊》體例類似，內容包括：本次重修貢堡的序跋、收支款項、新置田產和鄉民捐資數目，以及咸豐四年至八年官民之間來往的文書。

宣統《賢祠書冊》

貢川鄉民崇祀先賢之舉由來已久，既與本地人由科舉躋身仕宦的經歷相關，也受到地域文化中『延平四賢』的影響。明嘉靖起，貢川就有林騰蛟中進士，林氏也成為當地的名門望族。萬曆時，知縣張守讓倡建的雲龍書院，更促進了士紳階層的興起。另外，明中葉后，延平府境內出現了大量的鄉賢祠、四賢祠，以及專祀楊、羅、李、朱的場所，正是民衆對地域傳統和正統觀念的利用與發揮。易代之後，雲龍書院焚毀，康熙末年，貢川紳民於其舊址建先賢祠，不幸遭遇火災，又在雍正十一年（一七三三年）重建。先賢祠内，中間奉祀延平四賢及陳瓘、鄧肅、陳淵七人，左、右兩邊配祀本鄉明清兩代先達牌位。而且，隨著當地巡檢司的撤銷，先賢祠理事開始承擔起貢川堡的管理工作，接手部分産業，舉辦祭祀活動，維續公共設施，補助鄉人科試。嚴承昊等就是最早一批董事，逐步通過改進祭祀制度，使得本地仕宦賢達也能入祠配祀。乾隆初，他們翻刻《堡田書冊》之餘，一併編纂刊印了《賢祠書冊》，詳細記載先賢祠的各項事宜。該書共有三個版本，分别刊刻于乾隆十一年（一七四六年）、咸豐八年（一八五八年）和宣統三年（一九一一年）。

今見宣統《賢祠書冊》，内容包括：一、歷次重修賢祠或編印書冊的序跋。二、明確相關人士權責的凡例和祭規，以便理事參考并操持先賢祠、關聖廟、永懷祠、六烈祠、文昌閣、無祀壇等六個祠祀的儀式。三、先賢、永懷、六烈三祠和龍山學堂、冲村堡莊的圖及其説明。四、捐款清單及管業資産，如用於修堡、祭祀、納税、科考的田段和山場。五、各項事務的記文、契約和告示，如《義倉序》、《梯雲塔記》、《禁碑告示》、《慧照庵抄白》、《鹽倉租約》等，以備查考。該冊當年刊印七十部，按千字文排列字號，主要分發給堡内參與賢祠活動的家户。

光緒《重建貢堡浮橋冊》

貢川舊稱固發口，無論水陸，都是往來永安、沙溪間的必經之地。元末已有義渡，責成專人擺渡。大約在明中葉，開始架設浮橋，通過開、聯的方式，處理上下游運輸和跨沙溪交通之間的矛盾。隨著貢川堡的建立，浮橋事業一度劃歸堡管，促使浮橋、義渡事項逐步規範化，資金來源由少數家族拓展到闔堡贊助。萬曆、順治、康熙年間，貢川人在多位知縣的倡導下，屢次興復浮橋，最終確立了以兩條鐵索聯接橋船、進而鞏固橋身的形式。此外，明末清初，當地還架設過一座石橋，無奈遭遇大水，被隨波漂流的巨木撞毁，只好仍用浮橋，究其深層原因，除了天災的不可抗力外，梁橋阻礙順水而下的遠途貨物運輸其實是更本質的問題。顯然，浮橋所關係的絕非貢川一隅，而與閩江流域乃至東南沿海的商品流通相聯繫。清中葉起，歷次捐修浮橋的名單中，便有不少來自莆田、閩西、江西、廣東的客商，反映了貢川的經濟輻射範圍。是故，浮橋較早脱離於貢堡外，早在康熙十二年（一六七三年），橋首就從堡冊抄出《浮橋田冊》單獨成書，而後改稱書冊，分別在康熙五十六年（一七一七年）、嘉慶十年（一八〇五年）、光緒三年（一八七七年）三次刊刻成書。今存嘉慶、光緒兩版，前者殘損嚴重，後者較為完整。光緒《重建貢堡浮橋冊》的内容包括：一、歷次修復浮橋、重鑄鐵鍊、編制書冊、募集田產的序跋。二、浮橋、義渡事務的工作説明、資產清單和捐款芳名。三、與浮橋、義渡、田產相關的碑文、批示和契約，如《寄錄貢川臨津門義渡並田段記》、《灣船禁碑》、《貢堡東門新立義渡碑記》，以及康熙時貢堡紳民追討堡田的呈狀和判詞。四、光緒年間修繕浮橋、鐵鏈、渡船、水嶺、來紫閣、臨津閣亭及建醮、刻碑、造冊的花銷賬目。該冊當年刊印三百一十部，其享有者也不限於貢川堡内居民。

本書的整理出版，内容分為影印和錄文兩部分。筆者對四本書冊加以斷句、標點，調整了原文的編排格式，有的篇章適當加擬了標題，並以『〔〕』標記。原文缺損或無法辨識的字以『□』表示，原文夾註或地名、人名説明以『（）』區分，校正字加括號『（）』表示，補缺補漏字加括號『〔〕』標記。由於原書冊爲民間刻本，不免存在繁簡、异形、俗字前後互用等現象，在錄排過程中，既盡量保存原文的風貌，又擇善采用古代漢語規範的繁體字。若有不當之處，尚望讀者見諒。以上工作，希望不是畫蛇添足之舉。

四本書冊之所以能保存下來，無疑得益于貢川深厚的文化傳統。至今，當地居民仍舊收藏着豐富的民間文獻。正是父老鄉親的不懈堅守，使它們能為我等後輩看見。二〇一二年夏，廈門大學歷史系二〇〇九級本科班三十五名同學，由鄭振滿、劉永華、張侃、鄭莉、賴國棟、羅桂林老師帶領，前往貢川進行田野調查、採集各類文獻，本書的大部分圖版就是他們走訪、拍照的成果。不過，這次調查並未發現《貢堡書冊》，令人以為早已散失。後來，我有幸結識安孝義先生，告知他處有藏，欣喜之餘，同他商談出版事宜。安先生搜羅地方文獻三十餘年，熟悉掌故，藏品眾多，還曾參與《永安市志》編寫，為人熱情，樂於幫忙。最終，張侃教授提議將本書作為『福建山地珍稀文獻叢刊』的一種出版，而廈門大學出版社的薛鵬志先生負責了相關的編輯工作。在此，謹向以上師長與同學，致以真摯的謝忱。

韓冬威

二〇一九年三月

目錄

上冊

影印部份

下冊

影印部份

錄文部份

貢川稀見文獻四種

重刻乾隆貢堡書冊

重刻貢堡書册小引

書册之作所以紀事蹟原委垂後世俻徵考也我貢堡創自明嘉靖間並置奉先堂田谷以藉修葺其事始末無不悉登諸册歷年既久卷帙散失康熙間司事者僅得羅如月先生寫本以爲考據乾隆十年嚴承昊諸先生始得原印册一本乃重刊以廣其傳幾于家有其書矣然迄今歷百十餘載存者又復寥寥乙卯歲奉
憲重修貢堡至今戊午告竣首尾凡四年所費工料若干與夫　列侯諭示及各捐貲芳名當

另刊新册以附後而舊册不可以不存也因並擺字印刷之用誌創建之功永世不忘云

咸豐八年戊午孟夏之吉公述

李光宗　林念書　嚴嗣謙

羅宗鴻　楊先明　劉承藜

修堡董事劉湘　陳德懷　仝刊

姜培　楊達　劉祖元

嚴廷揚　夏光謙　劉際熙

弁言

本堡書册內載創城原委堡田地段歷年既久存者一二珍秘不輕示人堡田日就迷失康熙辛未鄉先輩羅如月先生值年任事乃照書册一一稽查而撮其始末詳註田段手寫一本爲值年徵收考據厥功大矣但流傳有年日見損壞且亦畧而不詳今得原印册一本苗田庄基始終本末纖悉靡遺後之人得所稽而不至迷失也然恐日久又復散失緣照原印册增以

本朝親供傜照册及今現管石数並架庄記修

城記先賢永懷二祠祀田統爲攏字印刷以
廣其傳俾家喻户曉則世守不失而堡城亦藉
以永固矣至其田之荒者議墾失者議查尤望
後人各盡其心焉

大清乾隆十年歲次乙丑季春朔公述

生員劉承昊　楊紹侃　鄧維緒　賴天顔
陳元恕　羅成模　邱振騰　等董刊

刻安貢堡田書冊內附永懷生祠記並各呈狀上

官給帖序

善規天下事者夫豈獨謂其有以啟之而有以成之也謂夫有所持其成於後使所成者不至於亟廢也人情多勇激於一時而不能不誘慮於身後成之而無以持其後則成與糜相尋而至而成者去矣此豈善事之圖哉吾貢堡城之設蓋起事於嘉靖庚申盜賊標刼之後越二年而堡成又一年而呈准爲修葺計令築堡人户每丈出銀五錢買

官糜本都奉先堂田一伯餘石帖付堡衆年收子

粒以藉修葺于是堡之成有恃以不廢而守在萬世也當事不畫者其爲遠計深矣其用心勞矣而費出于築堡之人當奔命救死之間方營費于堡又割資于田斯亦不云孔棘也哉後之人目擊貢堡而不樂于守知所守而不知堡之有田可守長久而不廢者蓋出于鄉民竭資于勉發之日與夫當事者奔走請命任怨鄉閭抵服僧訟蓋厪若斯之難也後之人不知其所歷之難則何所望協力于堡而相與爲守也哉何所望綜核本出而不爲奸究所漁獵也哉乃鄉之耆長覲事而計曰貢中

舊設義齋爲教養賑之計立田若干未幾而田駸侵沒者以稽查之册書不行也而堡田之設可復尋其覆轍乎則謀鋟諸梓而冢須之使後之人共知乎田之所自來且有所稽而使之不至于乾沒與夫經出之度有在不至借爲外費所浮而或染指于中也則庶夫田存于衆而堡之守可由今日至於百千年無廢也夫民之安也以堡匕之固也以田斯舉也則堡與田得俱永于後而貢民之父祖子孫帖席於百千年之下者非此誰貽之也則册書之不可無哉若乃追念前人當事之艱設法

之遠而世守之不替者則在後之人哉則在後之
人哉用叙以告又按堡議載請築堡呈一請給助
修葺呈一乞委官任札呈一乞編門夫呈一乞復
門夫呈一而上官批允皆在焉爲刁僧訐告者二
而官所給帖四此見任事者劻勷之勞而
上官軫念堡民之重用並登諸册而以生祠永懷
祠二記弁諸
大明萬歷甲午仲春朔山東長山縣儒學教諭
鄉人李珏書

叙買修堡米田來歷

其堡田原係奉先堂沒官之業堡首告乞給助止報鄉民高源林毓芳羅庭桂姜浩及顯父叔震威震耀等承買以完餘堡非爲修葺計也當時連遭飈刼六人共認築堡一百一十二丈費金千百餘兩財力困竭安能買此以爲私業不已赴

撫院 告鳴蒙批 府問各願每丈出銀五錢遂即秤價在官通鄉同買永存修堡招申詳

院道 批允告給帖照鄉民萬世賴之後人毋忘

所自云

縣學生員楊名顯謹書

建貢堡原記

邑北四十里曰貢川居人聯絡嘉靖三十九年廣賊入寇掠刼燒戮偹極慘毒民洶匕無甯日撫按行示村落築堡自衛余倡士民捐貲營築詢謀僉同白歐陽尹宏歐公力贊其議遍呈巡撫劉公燾巡按李公廷龍分巡余公曰德分守張公翰胥報可下本府議知府周公賢宣痛惻民隱區畫勸相以築堡爲己任顓委湯經歷岡責成之湯君殫竭心力速堡之成至於周規畫偹工作足糧糗程能計功則監生顚明任生員鄧達材鄉老賴章陳珂

余衆也分理庶務則范普鄧文紳楊廷諫林嘉言黄應清姜有道至於樹長畫成始終則士民劉禧嚴煥李止棱賴明傳林騰鵠林文吳從周林嘉謨羅廷桂葉天祐嚴泰大劉巖升廣計六百二十三丈高計二丈四尺費金六千有奇大計貢民三則派築五百七十八丈餘四十五丈時詘莫舉分巡曾公一經刈府周公知縣歐公經歷湯君縣丞張君世鑑與鄉宦按察司僉事李君杏咸贊之堡北臨流南水直衝迅激崩塌費不可支上世都人范癸六捨田一百一十六石於奉先堂以爲焚修費

乃爲善集寺歸俗淫僧所占士民白諸當道查賣助堡定價二百三十金名原派八戶丈增五錢官買存堡以支傾頹其田苗四石六斗四升原在馮吉安林守清户令收入黎永懷戶當差舊有浮橋徭編夫守請移編門夫十名守堡五門堡無職官靡督防禦乃請移安砂廵檢永駐貢川鄉有各牙舊有恒課請追入堡以備修砌廵撫譚公論塗公澤民廵按王公宗載分廵史公嗣元知府陸公相儒知縣卓公光謨力張主之以終底績樓櫓修修粉堞遒匕上削下聳晝遉宵邏外奸潛奪內宄靡

聒貢民自是永有甯宇哉乃喜爲之記㠯之日落成日也

里人林祥撰

安貢堡三公生祠碑記

鄉進士奉訓大夫湖廣興國州知州里人林騰鯉撰文

貢原樂土也盤紆沃壤峯巒峭拔故民酣詩書姱奇節精技藝通貿易宏麗爾雅而卒澤於質直嬉恬弦誦鬬訟罕焉邇者海患滋蔓山黠飈起跧伏流盜数犯我貢焚鹵蹂躪厥慘甚矣旹
大藩伯洞巖周公守延亟名本邑侯歐陽君及里父老數人計之或請募武勇而罔禽則風行而肅清也或議遷民與貨于永安嬰城以共守公

曰不然茲禍孽芽未易芟也倏忽往來飃疾如電吾能窮于其類乎壘子曰城有五不守食少人衆與蓄積在外者居三焉夫永安貢之藪也爲財賦所都設盜覔之以困吾邑是無永安矣何以守爲葵尤能以衛足罷數萬生靈而無一籬之衛可乎故築堡爲便父老曰民困甚矣如新役何公曰吾能使役之而不勞公私大詘費當不貲將奚出公曰吾能使貲之而不懟然則柰何曰患不得人矣得公平敏達者蒞其事量力以役之役均自不勞也量貲以費之費均自

不懟也歐陽君深以爲然即白廵守撫按俱報可乃舉監生賴則任生員鄧達材鄉民陳珂余琛賴章等主之五人郎承德意聚人民酌戶實閱丈尺較高庳度民之産捐什之一以給費度民之力第于其等以給役徐畫周詳而無偏累之微情詛曲協而無怨咨之形是以奮迅競趨不越朞月而堡告完矣樓櫓雉堞屹然重鎮然貢水時潦激鬨迅奔無何而塌者過半矣時

大藩伯心泉曾公分廵本郡聞而嘆曰嗟以有限之資而當屢築之患以不繼之力而任無窮之

勞吾見民與堡俱敝矣乃與周公歐陽君議查
奉先堂田一頃計入租米一百餘石舊爲髡所
乾沒曾公曰是不可取以甦吾民乎乃議直諭
民當官買之以爲修堡費矣當兵燹之日非
周公區畫于前則堡何以始遭屢塌之際非
曾公　給資于後則堡何以終而　歐陽君陰扶
默相于其間厥功尤鉅諸父老以爲三公德在
金湯百世永賴思報功而無由乃闢地建祠肖
三公像而俎豆之題其額曰永懷志所思也祠
成屬余記余唯

國家當熙洽之會自城永安而來百餘年不覩兵革矣然君子爲政時可樂也固當以其身共天下之樂時可憂也卽以心先天下之憂昔渠邱公不修城郭至使楚人浹辰克其三都豈獨楚人之過哉蓋隨時備禦者功在一時設險守國者功在萬世今三公慮民之無衛也而城之慮城之無繼也而資之出湯火而衽席與山河並固焉得非先憂而憂藹然父母之念者乎但余聞之石城四塞蠱之斯拔金城凌霄鑠之斯搖心城巍巍百代靡移余于三公之政重有感焉

曾公肅奸慝清吏治偃武修文布德豐澤周公
躬節儉察民隱勞心焦思惻然如傷歐陽公推
持氷孽覆育羣黎則是敦德以爲金湯沛仁以
爲樓櫓憲法以爲管鑰綱紀以爲雉堞教化以
爲險阻不徒加意兹堡已也今
聖明在上軫念遐陬拊髀覽佐聞三公之政必將
使之秉鈞持軸訏謨密勿光輔中興而鴻名般
燿追踪方名則三公之像又當丹青于麟閣之
上而與霄漢同輝矣于兹祠奚有哉
隆慶元年孟秋月　吉旦立

大邦伯周公永懷祠記

書曰記功宗以功作元祀故爲政者能樹大功烈于民民必元祀以報之祀以明禋元以崇享禮莫殷焉者也吾延在昔守土諸賢彬彬競美然而丕視功載則大方嶽洞巖周公其選乎公曩由工部尚書郎以歲上章涒灘奉命出守吾延雄才剸劇七邑恃爲保障永乃屬邑貢士隸嵩衣冠文物之盛甲視他鄉二百年來鼓舞鳧鷖旣醉之澤詠歌太平者匪一日矣嘉

靖末年流寇猖獗大肆屠掠之慘公也目擊創殘瘝恫切念展文武之志介張弛隨宜修扞衛民不遑暇食適貢衆壓徃愬公乃撫掩而登進之曰四夫不獲伊誰之辜余爲若等畫甚籌將安出而可衆叩首曰積忿之極矣各用奮惟公大揮經畧宏濟時艱公曰俞哉然不可無備也兵法毋恃不來恃吾有待余將捐俸百若干緡檄汝令築汝堡復汝室家峙汝芻糗而簡恤汝衆以戒戒作可乎于是民皆攬涕稽首曰小人得更生矣公遂白于撫按巡守即日捐貲檄下

邑尹歐陽宏氏者奉命祇若蚤夜幸作惟勤測
土圭分地域稽夫力度財物辨施舍作秩叙織
悉罔弗戒而鄉民咸踴躍仰承德意富者具饌
貧者輸力乃悉大和會公仍遣湯經府嗣訓術
萬全程督考成而堡首陳珂等料衆分獻刻期
底績屹然虎踞于邑若齒唇焉父老歡呼頌願
嘉績廼復請曰完者將圯可無慮乎公曰稽呈
僧占寮堂苗田百餘石可追入官賣諭衆輸直
以完工而歲收羨餘以修圯議上諸道道曰然
乃復白于撫按各報可則堡有備而不費金城

仡七萬年可保于無虞也計工肇于辛酉春正月踰載乃告成東西相距三百丈南北三百二十丈其用民力木石壯礪之費七千餘貫盖工以義役民自樂從一時之勞萬世之利也嘗觀春秋重民力凡有興作必書而惟城邪無譏焉美救患之義也今者之役下順于民上浮于時設備以禦災體險以立制儲峙以預防非城邪之義邪茲固君子所樂與也於時貤封御史林公祥國子生賴明任邑學生鄧達材咸曰公德不可諼矣會道歐尹之惠亦嘗徃來於懷者立

像生祠以曾公並而歐尹侑焉秩祀之謂也乃走狀命杏記之杏遂擊節颺言曰君子立政凡可以利衆益民而協于義者雖殫竭財力所不惜以其所繫者大也然非至誠惻怛而達時識勢者惡足以語此故于公之通變宜民也可以觀智焉於勤恤民隱也可以觀仁焉又于惠心惠德民役忘勞也可以觀誠焉具斯三善事雖大必濟載睹祭法義協功宗貢民肖像而俎豆之功以宗惇祀以元秩垂之萬載世享公德不忘也或謂公在延廣曜德一鄉乃其小者愚則

曰民心之天無小也貢民之德公亦猶南國之思召乜之澤不止於南公之恩奚齊於貢要之隨在見思不繫于祠之有無也雖然公何心哉嘗聞古有道者務其實而深避乎其名令斯之舉吾固知公之甚不欲而奚愚言之贅耶昔狄梁公生祠先儒謂李邕記之爲有愧杏何人斯敢叨斯役特以不肖邑人也目其盛重違其請好德之忱根于心者爲尤切故不揣濡毫直書以記實俾詔來政知所師焉

嘉靖四十五年歲次丙寅孟春月上元日奉

勑提督四川水利提刑按察司僉事致仕治下永
安邑民澹齋李杏頓首撰
刻安貢堡田書册
今將逼鄉赴縣呈築堡城狀詞開具于後
永安縣貢川里老鄉官監生生員耆民鄉民劉
福陳珂頓明任鄧達材等
呈爲乞恩設堡以蘇民困事切以本都治屬永
安上通汀廣下接潭榕水陸必經往來衝地先
賢桑梓文物鄉邦輳進炊烟三千餘户應當里
長一百餘率素樹樂土俗樸民淳不意邇來草

寇屡警舊年冬末流寇三千突刼本都大肆荼毒人遭殺戮屋被燒焚擄去妻兒永離骨血今年四季寇復五臨焚毀虔劉視前尤烈昔爲要地今作賊衝民居流離不聞鷄犬街衢茅塞十室九空里役差徭無人接應地方殘破民苦無依咸願罄資募工築堡使獲保全極苦甘允原稟官倉乞改公署請委本縣佐官按季任劄督理錢糧兼盤奸細事涉

王制不敢擅爲理合繪圖錄情陳告伏乞轉達

上司軫念流移俯從民望曲爲區處給助贊成庶

使民安故土應役有人國課無虞公私俱便蟻
民感激伐石紀功有此實情粘圖上告
嘉靖四十年十一月十九日蒙
縣主歐陽　爺　准差里老踏勘丈量堡基十二
月二十四日縣申
巡撫劉　爺
察院李　爺
守道張　爺
巡道余　爺
府主周　爺

批允議行築堡遂擇

嘉靖四十一年正月初四日吉時興工

匠夫八廠一千六百名　磚匠四百名

今將蒙官給助築堡銀共七十四兩開後

武平道爺曾　給助銀共三十四兩

府主爺周　給助銀共貳十八兩

縣主歐陽爺　給助銀五兩

縣丞張老爹　給助銀四兩

典史任老爹　給助銀二兩

原任四川按察司僉事鄉官李杏　助銀一兩

今將修堡米田緣由開後

嘉靖四十二年堡首陳珂等稱有餘堡未完赴

府呈將靡寺奉先堂米田一百三十石官賣給

助報鄉民高源楊震威羅庭桂姜浩楊震耀

林毓芳六人承買以完餘堡　鄉民高源等

赴

按院告爲蠹惡首假公科騙事蒙批本府各提

到官

府主周爺　令老人同生員羅天爵與鄉民議

處具

呈永安縣蘧章十三世孫生員羅天爵
呈爲懇恩俯順民情以圖堡工不朽事緣本
都被盜擄刼慘禍民無聊生幸蒙
府主爺爺 怜准築堡恩同再造民得二天今
堡垂成功虧一簣陳珂等將本都久縻奉先
堂田米一百三十石具呈到 臺蒙准官賣
給助蒙牌提高源楊震威羅庭桂姜浩楊震
耀林毓芳賴明任等俱各遵允但目今創堡
固難日後修葺不易苟無預處防積之謀懲
功難垂悠久况珂等協力爲首義甚可嘉高

源等捐資樂助亦爲尙義合鄉照依丈均派民户每丈再出銀五錢將前田公買以爲存積義倉修城防禦拯濟公用則恩垂不朽萬世無虞有此具呈須至呈者

嘉靖四十二年十一月二十四日蒙

府主周爺　准呈　發經歷司查算

延平府經歷司經歷湯罔爲蠹惡堡首假公科騙事蒙

本府鈞票蒙

巡按福建御史李　批據永安縣民高源等狀

告前事蒙批到府備行本職照依事理即將
發來人犯文簿逐一查算原築貢川堡城通
共若干丈用過工料銀數若干要見某人出
銀若干係何人收支對領作急查明具由連
人回報毋得狥私偏向不便蒙此遵依隨吊
各犯並文簿眼同逐一查筭貢川原議估申
詳築堡共陸百二十三丈今實築六百零三
丈五尺内周圍築墻墚共五百八十八丈五
尺每丈原估議銀一十兩二錢通共該銀六
千零二兩七錢内築五門共計一十五丈每

門石工銀三十五兩通共銀一百七十五兩
二項通共該銀六千一百七十七兩七錢外
五門城楼每門木料磚瓦工銀一十五兩通
共銀七十五兩外鐵葉五門每門買鉄工銀一
十兩通共銀五十兩五門每門二扇木料工食
鉄鎖門環鉄筍共銀二一兩一錢九分通共一十
兩九錢五分已收過上中下民戶並恩給助
償等項通共銀五千七百零一兩八錢三分六
甃已支銷石匠磚灰通共用過銀五千五百八
十六兩一錢八分六甃外奈山川來往答應

雜用等項共用銀二伯六十七兩一錢六分
二項通共用過銀五千八伯五十三兩三錢四
分六釐外民户應湊尚追得銀三百九十七
兩一錢一分七厘外民户貧乏難追銀二百
一十三兩七錢六分八厘及查奉先堂田共一
百二十石共估價銀二百四十兩已經呈詳
兩院守巡衙門批允准賣價銀給助築堡諭議楊
震威羅庭桂賴明任等七名每名均派一十
七石一斗伍升該價銀三十四兩三錢責令每
名先秤納銀二十兩先給堡首買辦木料外

尙每名一十四兩三錢給帖行縣張縣丞諭
派各民戶每丈外加銀五錢追給堡首造完
城垛門楼等項及塡還楊震威賴明任等七
名代出銀兩前田給發貢川公會收租預備
修城守堡公用庶堡工得以完固則通衆人
民有賴惟復別有定奪緣蒙發仰查算事理
未敢擅便合就回報爲此今將查算過築堡
銀數緣由同原鈞票理合備由粘連呈繳伏
乞詳審施行須至呈者

文簿七扇　文卷四宗

嘉靖四十二年十一月二十八日經歷湯
呈回報
今將通鄉當官買得修堡米田蒙
府主周　爺給賜印信文簿田段録後
永安縣二十六都冲村民人范普祖公范癸六
陳五七張信三陳清熙胡安定張國昭嚴予
三張信五陳榮三等創捨二十六都奉先堂
一所米田一百三十石隨田苗頓寄二十五
都一甲林守清十甲馮吉安户内當差却被
善集寺覇管因二十六都貢川築堡蒙

府主周　爺
整飭兵備分巡武平道曾　爺
巡撫福建軍門都察院譚　爺
巡按福建察院李　爺　批准官賣給助貢川
築堡永存修葺開後
計開
佃戶姓名
廖日琳水南坊米田二石二斗
巫清溱坂米田一十二石
鄧崇　嚴壽水南坊米田一石

鄧石大　長孫杉林坑口米田一石
夏文海山竹垸米田五石
張福貴水南坊栗子墘米田二石
魏成智石結塘米田二石
劉辛富滐坂米田五石
鄧瑫水南坊米田二石
鄧天水南坊米田二石
鄧墓祖堂子坑米田二石一斗石結塘米田二石
鄧智庫水南坊米田一石七斗五升

鄧仕禄水南坊米田二石六斗五升

鄧金富水南坊米田一石

嚴應堂子坑米田二石

鄧福成大王墘米田二石

鄧成付墓窟子米田五斗柿樹坂米田二
斗

吳金保姜坑子米田二石

劉盛福滐坂米田五石

黃福琳長坑米田四石三斗

鄧隆墓窟子米田一石五斗

劉長成水南深坂米田七斗

邱天士墓窟米田二石

鄧福成深坂米田二石

鄧文田杉林垄米田一十三石二斗

劉文水崩墘米田一石五斗

范信庵門首米田陸石又砂坂米田一十七石

魏福金水南坂米田一石

劉福孫普連仔池米田五斗

黃長成池租坵米田一石　小名塘泉坑

胡成貴長泉坑米田一石

陳福金水南坊米田二石一斗

黄福通破排坑米田六石八斗

邱智生石簿堂米田一石

羅成起文章窠米田一石　又樘坂米田

二石

鄧福成滐坆米田二石

嘉靖四十二年十一月二十九日具

今將通鄉當官買得修堡米田下帖計開

于后

延平府周　爺給賜下帖

延平府爲懇恩給帖照管出業以永堡功事

本年十二月初六日據永安縣二十六都一

等圖民高源楊震威羅廷桂姜浩林毓芳楊

震耀賴濂等連名告稱貢川連遭盜害幸蒙

恩建堡城三千烟戶萬載沾恩蒙斷本都民

人范癸六陳五七等創捨本都冲村奉先堂

米田壹百叁十石隨苗每石肆升原寄頓二

十五都馮吉安林守清户內堂廢無僧經業

兩院批允斷入官賣完堡合鄉人等思得目令

築堡固難日後修緝不易議將築堡民户每
丈增派銀伍錢照依官給價銀二百四十兩
零秤官給發完堡其田充入合鄉公衆預防
修緝堡墻賑濟等用乞賜執照以便管業等
情據此案照先蒙
巡按福建監察御史李　批據高源等連僉狀
告蠹惡堡首假公科騙事蒙批仰延平府嚴
究詳報依蒙行提堡首陳珂顛明任鄧達材
高源楊震威僧守明等各到官審發本府湯
經歷查算申稱貢川原議估申詳築堡共大

百二十三丈今實築五百八十八丈五尺實
用過銀五千捌百伍十三两三錢四分六釐
外民户應湊未追銀三百九十七两一錢一
分七釐貧亡難追銀二百一十三两七錢六
分八釐備申到府覆審前堡委係公同僉議
照依上中下户甘認丈數自僱工匠出辦公
料對支俱有支收文簿可據其陳珂等止是
倡首総督工料銀委不經手其奉先堂苗田
震威等既各不願承買合行本縣縣丞張世
鑑將未築餘堡並五門照依各户原塡姓名

每丈量出銀五錢共湊銀二百四十四兩二
錢五分給與堡首陳珂等收領助築奉先堂
田苗米五石三斗五升照舊存留遞年除納
粮差外有餘租米俱要公收專備修繕堡城
公用及畨僧守明等執稱前田委係民人范
癸六陳五七創捨之田情願退還官賣取退
狀附卷外叅看得奉先堂田原係貢川本都
人捨施之田今爲廣賊林朝曦等刧掠九次
僉議築堡陳珂鄧達材等原以義舉一堡之
人協心共舉並無侵尅之情除具招呈詳

本院批允另行本縣及縣丞張世鑑照依原築
各戶先填姓名每丈量出銀五錢共湊銀二
百四十四兩二錢五分追完助給外今據前
因合就給帖付照爲此帖付本告照依事理
郎將本都民人范癸六等原捨沖村奉先堂
米田一百三十石帶苗五石三斗五升准充
入本鄉照依出段管業遞年除納粮差外有
餘租米公衆收貯預防修築堡城賑濟等用
各戶毋得通同侵取租苗亦不許棍徒展轉
妄稱己業告爭如有故違許郎呈告以憑拿

寃問罪不恕須至帖者
嘉靖四十二年十二月　日給帖付告人高
源楊襄威羅庭桂姜浩林毓芳賴濂楊震耀
執照
延平府林　爺給賜下帖
延平府爲懇恩給帖執照堡田以衛生靈以垂
經久不拔事據永安縣堡首陳珂賴章里長
姜萬欽老人楊淳約長潘一經耆民劉福鄉
官林騰鯉監生賴源生員林嘉謨等連僉告
稱本都范癸六等創捨奉先堂粢田一百一

十六石載苗四石六斗八升向係二十五都
善集寺僧守正代管因姦問革還俗前田隨
倒盡數入官緣都三千餘烟應役一百餘幸
路當賊衝要地自　嘉靖三十九年以來連
遭寇刼焚戮慘極逼鄉甘願捐資築堡防禦
算欠餘堡四十五丈工料告求上裁給助隨
蒙
撫院游　譚
察院李
武平道曾

府主周　詳允議將本都堂田變賣朋開原派
人戶每丈出銀伍錢共計二百四十四兩二
錢五分承買在官隨給督工官萬全發匠築
完餘堡因而衆議卽以前田克堡抵爲不時
修緝之貲其田苗米四十五年收入本都七
圖一甲黎永懷戶內明白今僧守明隱寀越
赴
軍門殷　爺告准行縣宪報蒙
府主林　提吊原卷審明堂田與寺田無干仍
照給助預防修堡告乞給照等情到府據此

卷查先奉
欽差提督軍務兼巡撫福建地方都察院右副
都御史殷批據永安縣申爲霸占寺田事奉
批仰延平府再酌議妥報奉此依奉行據該
縣提吊犯人僧守明陳珂賴章等並原行文
卷到府查得沖村奉先堂前田原係范奕六
等捨入向係僧守正掌管後因姦問革還俗
前田入官先年流寇竊發貢川堡首陳珂等
呈稱餘堡四十五丈尚欠工料價值懇求在
官銀兩給助隨掌

分巡道曾　呈詳

兩院議將前田變賣給價以助築完餘堡當報

附近人戶高源等承買見係在官物業堅執

不肯承買前田堡首倡率貢川居民分别上

中下户各令捐價認築丈尺不等之數明开

人户承買于官衆議歲收租利抵爲逐年修

葺之資以與民間祭田無異俱經

兩院批允當官給有執照並無别項情弊前苗

己于四十五年收入黎永懷户内詎近據僧

守明因欠錢粮不能完納遂借口虚粮貽累

因而具告合斷前田照舊聽陳珂等管業收
租抵爲不時修緝之資其粮差責令堡首自
行赴縣秤納及查懸寺苗巳有人户承認並
與僧守明無干具由申奉
本院批依議行各遵照繳今據前因合就准給
爲此帖付堡首執照遵依前去照管前田收
租逐年修緝糧差自行赴縣秤納毋得違錯
須至帖者
萬曆元年三月　日給帖付堡首陳珂賴章里
長姜萬欽執照

永安縣許爺給賜下帖

延平府永安縣爲保固地方乞僉公正收租以備修緝以免絶祭事據本縣二十六都典膳賴諫狀呈到縣隨喚耆民張成魁賴明偁葉文福等並本堡約長劉瑱楊震威林鵬鵬等里長劉仲華到官查得奉先堂原助修堡田租米一百一十六石一斗隨民苗四石六斗四升四合遞年原議内抽並合撥補共米田四十七石四斗四升與本都十圖里長劉仲華收租應納前項糧差及撥出米田九石捌

斗與耆民葉文福等收租遞年買備祭儀致
祭酬恩又扒米田二石與原施主范癸六香
燈又除先年洪水流塌成溪松林坂水南坊
等處米田共二十四石三斗外實收米三十
二石五斗六升遞年收積本堡以防修葺公
用不許隱瞞自今爲始以前如有錢粮私債
俱陳珂理落不涉約長之事寫立合約認狀
呈縣覆審相同擬合就行爲此合行帖付照
速依事理遞年收管撥出地名浩排坑水南
坊塘泉坑佃戶鄧仕祿共租米九石八斗貫

祭儀至期會同鄉官生員耆民約長致祭永
懷祠毋得違錯不便須至帖者
萬歷四年三月　日印帖付巖昇張成魁葉
文福張濱賴明儁准此
延平府永安縣爲保固地方乞僉公正收租以
脩修葺以免絕祭事據本縣二十六都典膳
賴諫呈稱貢川先因流寇殘毀受害莫言掌
院道府縣查將奉先堂田一百一十六石變賣
助完率都民上中下戶各捐價認築丈尺不
等之數承買于官歲收租利以脩修葺給帖

執照劉建三公祠抽出九石致祭聊報前恩其田暨被陳珂收一十五年費用祭禮不行合詞呈乞將奉先堂田帖僉殷實公正約長並苗寫立承認收存使無推托仍乞下帖將祭田九石僉定耆民遞年收租買辦祭儀會請鄉官生員耆民約長致祭酬恩等情及據陳珂將原蒙府給收租下帖送繳前來隨喚耆民張成魁賴明偁葉文福等並本堡約長劉頊楊震威林騰鵬潘一經羅庭桂姜浩張瓊等到官查得奉先堂原助修堡田租米一

百一十六石一斗隨民苗四石六斗四升四
合遞年原議内抽並今撥補共米田四十七
石四斗四升與本都十圖里長劉仲華收租
應納前項粮差又撥出米田九石八斗與耆
民葉文福等收租遞年買備祭儀致祭酧恩
又撥米二石與原施主范奕六香燈又除先
年洪水流塌成溪松林坂小南坊等處米田
共二十四石三斗外實收米三十二石五斗
六升遞年收積本堡以防修緝公用不許隱
瞞自今爲始以前如有錢粮私債俱係陳珂

理落不洑約長之事寫立合約認狀呈縣覆
審相同擬合就行爲此除撥祭及納差田各
另給帖外合行給帖付照鄧將前田照舊遞
年收租存積本堡以備修緝等項應用不許
別項花費俱毋違錯不便須至帖者
萬曆四年三月　日給帖付約長劉頊楊震
威張瓊羅庭桂嚴威林騰鵬葉天祐陳鳴鳳
潘一經鄧文紳姜珍姜浩准此
外本堡北門前開墾廉義齋基田租米乙一
石一斗遞年存積修祠公用

永安縣蘇　爺給賜執照

告執照狀堡首陳坰鄉官賴源監生林亮生

員嚴學光耆民羅庭桂里長姜萬欽老人鄧

文縉保長葉天祐等年甲不齊嘉靖四十年

流寇竊發刼掠慘極衆願捐資築堡今查縣

卷本都冲村奉先堂范癸六等捨立祭田一

百一十六石苗頓各甲因被忠山善集寺僧

守正代管姦犯累堂沒官僉呈

縣張　爺據申

道曾　爺

府周　爺仰官給助准以本都范奕六等捨立
糜堂之田責令本堡原派上中下戶築堡之
人照築丈數出銀官買田價給助完堡田租
盡数付堡遞年公收以克萬世修堡之用轉
詳
軍門游　譚　爺
察院李　爺
糧道余　爺　批允糜堂之田與其棍僧混侵之
淚費孰若捐助地方防禦之用尤爲保安黎
庶之要務行

府　委
縣唐　爺臨寺査勘堂田與寺田無干苗收八
堡黎永懷戶內當差隆慶六年僧守明隱案
捏赴
軍門殷　爺告准行縣究報蒙
縣王許　爺回申奉批送
府王林　爺審堂田已屬官賣物業節査案卷
皆可信憑合無仍照原斷前田聽陳珂等管
業以克不時修堡之資今年四月
汀府王　爺清査寺田僧成立捏詞具告蒙送

縣主　爺臺究報審斷堂寺與都隔遠二十餘
里出苗收入本堡黎永懷户三班與寺無干
詳允照管外理合懇恩金印批照杜擾含情
洪休不朽萬命切賴爲此上告　蒙
青天縣主蘓　爺給賜印准照
萬歷二十一年七月　日連僉告執照狀人
陳珂賴源等狀
今將請官鎮堡來歷開具于后
永安縣安貢堡鄉官林祥林騰鯉監生賴明
任生員鄧達材耆民劉福等

呈爲懇恩委官住劄以衛民命事切有本都三千餘家應當里長一百一十奉禍因慘遭强寇年刼九次赴縣具告蒙申詳

撫

按二院　憐准築堡週圍六百餘丈民各捐資築完實堪守禦柰鈐束無人衆心渙散恐有違法刁奸難以攝服竊聞福清縣海口新堡委本縣佐貳官員住劄官無添設之擾民得保全之安公私稱便理合比例懇恩俯順將本都原廢官倉基左邊隙地均派附近唇齒

二十四五都里甲協同架造公署專委本縣
縣丞任劄永爲定規庶使堡城有主功垂萬
世爲此具呈須至呈者
嘉靖四十二年八月　日蒙
察院李　爺　准呈發行着縣專委本縣縣丞
任劄後因本官奉委督造黃册改委安砂鎮
巡檢雷震戴廷重張汝學唐襄任劄本堡鎮
守至萬歷六年七月吊回原鎮止委本縣千
戸所巡捕百户代管
延平府爲乞官任劄以保地方事本年五月

十三日蒙
福建等處承宣布政使司劄付蒙
巡按福建監察御史安　批據
分巡建南道右叅政　鄭呈清查近據永安縣
安貢堡鄉官高翔林騰鯤陳伯椿生員林騰
鵠等連名呈稱本鄉原因盜刼申請築堡堡
成請官蒙委本縣縣丞鎮守後因督冊復蒙
改委安砂鎮巡撿移堡住劄近因吊回復委
百户往來巡視盜賊乘間竊發堡幾不保生
靈無依乞將佐二官一員移鎮本堡以固地

方等情隨批該堡有二千餘家可當一小邑
治也且民頗殷實盜賊易于垂涎觀嘉靖四
十年一歲之中遭刧九次可不爲永鑒乎但
縣佐分治于外未有此例得有空閑廵司一
員移住其地責之糾察防禦亦可爲一方保
障仰府查議速報去後今據延平府申查得
永安縣貢川地方居民輳集至數千家去縣
治尚遠固宜以官司弹壓且徃歲刧賊每每
於此肆害雖經築堡民尚懷憂據呈乞官住
劄委不可少但縣佐分治原無此例且應分

理縣務亦不暇及再查廵檢在本縣者止安
砂湖口兩處安砂則路通清流鉄石機炭山
等處湖口則路通秋瓜嵐連城朗村大埔等
處俱先年流賊往來之區其在各縣者非緊
要關隘即人民原多頑梗之處無可移置又
查隆慶三年曾令安沙廵司徙來貢川兩處
廵戢以路遠不便且安沙人民又苦告不願
遂而中止今欲從長計處莫若延平衛及將
樂所各千百户官內選取賢能一人令其常
川於安貢堡地方鎮守庶堡中羣聚之民就

既得以永賴他處額設之官且不必移置覺
于事體爲便等因申報到道看得永安縣所
轄貢川地方去縣治四十餘里居民繁夥頗
稱富饒先年鑒於流賊築堡環衛既而請以
安沙巡檢移住稍賴鎮戢近年又以安砂要
害之地議將巡司掣回止委永安所巡捕
舒國珍兼管然去徃不常終難鎮攝故高翔
等復有此請且謂鼠竊狗偷之輩無夜無之
本道遡因巡歷經由其地細加詢訪該堡路
有九徑民係四合小戶既多錯雜易于生奸

大户又相雄長難于倡率故法立不行盜生莫奈其僉議請官皆鄉士夫及衆庶郝顧長慮以爲桑梓之計似非私意今據該府查議縣佐有難分治巡司無可更易欲以千百户一員當之亦屬相應合無候詳允日本道行府就於延平永安將樂等衛所千百户內擇委才行兼優者一員准作協理永安巡捕名目前去該堡常川住劄專管督行保甲禦盜賊一節其帶用人役止許本等奉例跟伴到日將該縣原編該堡保甲人户姓名查點一

次有經商外出及新來寄寓者各審令同甲供報有無來歷不明以便稽查居常則糾察巡邏有警則督率防禦此外不許干預別事諸凡提調務在秉公服人更不得紛擾多事以為地方之害本道仍嚴行該府縣官時加廉訪有不奉公守法或受民詞或抽取客商各項情弊者揭報叅呈究罪另詳官員委代庶民相安地方攸賴沙永之間屹然一巨鎮而可相為唇齒矣等因蒙批復議報奪蒙此備劄仰府即查前項地方果有民居若干向

年議行築堡各該居民是否俱在新堡之內
本堡原設幾門一向典司啓閉之責屬之何
人本鄉原編保甲共有幾甲每甲原設保甲
長正副幾名今議委官赴彼防守有無官房
可以常川居住或止旬月間往查點一次該
縣原設佐貳守領幾員可否分往彼中巡邏
如用縣佐與川千百户孰爲便利逐一酌議
停妥繪圖做册作速具由申報以憑復議轉
詳等因蒙此擬合就行爲此帖仰本縣官吏
照依事理卽查前項地方果有民居若干何

年議行築堡各該居民若干是否俱在新堡之内本堡原設幾門一向典司啟閉之責屬之何人本鄉原編保甲共有幾甲每甲原設保長正副幾名今議委官赴彼防守有無官房可以常川居住或止旬月間往查點一次該縣原設佐貳守領几員可否分往彼中巡邏如用縣佐與用千百户孰爲便利逐一酌議停妥繪圖做册一樣三本作速具由申報以憑覆核施行毋得遲延不便須至帖者

萬歷九年五月　　月到縣本月二十八日又蒙

分巡建南道張　爺行文到縣查議　後蒙
縣主史　爺
府主易　爺　申詳
守道鄭　爺
巡道張爺　轉詳
察院安　爺
軍門勞　爺　批允准委延平衛百戶安民任
劄適年一替
今將本堡呈編門夫來歷開具於後
一永安縣安貢堡鄉官林騰鯉監生賴明任生

具鄧達材耆民劉福等

呈爲懇恩査復舊徭橋役更編堡夫以生地方事切有本都浮橋一座歲編橋夫六名后因故民楊坦募衆新架石橋浮橋致毀徭役不編民遭毒冦告蒙前任　歐陽爺　憐築堡今已幸成設門六座晨昏啓閉未有人役恐悞防禦連僉詞赴本府　蒙准鈞語橋夫六名更替盤詰以守六門牌行　臺下加編六名從長議報伏乞爲德爲民俯就編排庶啟閉維謹堡城有賴萬世沾恩須至呈者

嘉靖四十一年五月二十三日赴

縣主李　爺　呈准蒙申

府主周　爺　轉詳

巡道曾　爺

守道余　爺　蒙批貢川居民数千築堡保障

懲先年屢被流寇焚掠生員鄧達材等義舉

驅除大盜而地方始安監生賴明任等戮力

歛財築堡而衆方復業原有徭編僑夫役改

編門夫事干防守不澂虛靡仰永安縣詳由

報又蒙

察院李　爺　批查照
撫院詳行繳　又奉
軍門游　爺　批如議行繳
嘉靖四十二年十月十四日案行到縣准編
門夫十名
萬歷元年三月初三日堡首陳珂等赴
武平道周　爺　呈爲懇護地方以衛民命事
緣都三千餘烟里役一百餘幸地當賊衝要
地嘉靖四十年來連遭寇掠焚戮慘極時蒙
縣主歐陽　悼憐民瘼創建堡城原設六門

日夜無役續蒙縣主　李查都舊有浮橋一
座徭編橋夫六名後因橋廢停止議申
府主周　轉詳
院道　批允查復橋夫改編門夫十名晨昏啟
閉盤詰往來十載無異近縣主卓　見勢稍
寧暫革切思本堡萬命所關目下各處有警
理合匍赴　天臺呈乞俯念下情賜復前役
庶六門有防守之嚴一堡得安生之慶功德
齊天爲此具呈須至呈者蒙
道周　爺　批縣查報　蒙

縣主許　爺　申文遵依查得貢川一堡地界
水陸之衝鎮接咽喉之重人烟三千餘家週
圍七八餘里六門啓閉勢不容缺舊有橋夫
十名往來稱便士民快之自兵燹之後橋毀
夫撤盖亦多事之后裁革甦困之意所恃以
司晨昏掌啓閉者輪排門之夫也顧堡在衝
要公文往來所関堡民休戚所係使非額設
責成恐致推托誤事故堡人編夫之呈誠長
顧却慮之意也但仝復十名則地方多事之
後十室九空瘡痍未盡起流移未盡復昨日

開路樹杆見其鄉落瀟條若以全盛之役貢之疲憊之時豈能堪命然非門置一夫則堡在山谷之中叢篁岑蔚加以里許一門荒僻居多小有急廹之虞莫援意外之變茲折多寡之中酌損益之宜在門置一夫於徭差編銀十貳兩追徵在庫按季給領使專其啟閉之司則節省之意寓於額編之中保障之任專于守門之人文移往來星夜皆便使客絡繹晨昏有期而堡民亦賴以高枕矣緣奉批查報事理未敢擅便擬合就行爲此串縣令

將查過前項緣由同原蒙批呈粘連合行具
申伏乞照詳鈞裁施行須至申者
萬歷元年三月二十六日縣申
今將堡首陳珂回報奉先堂修堡田官册
田段列後計開
一租米共計壹百一十六石一斗正
一隨民苗肆石六斗四升四合正
內佃戶鄧慕祖耕田二石撥與范普香燈
內佃户劉文耕田四石五斗地名松林坂水
流無收

內佃户張智成耕田九斗連年並未還租
內佃户吳金進耕田五斗拋荒經手未收係
高暨萋簗仔田共段
除去四項租米七石九斗正
遞年實收租米一百零捌石二斗
外隆慶五年冬起鄧成大開墾菜園租米二
斗
計開
黄積貴作四一段地名長坑租米四石
冬米二斗　牲一隻　由帖黄字一千九

百三十一號

魏長福作田一段地名石結塘租米二石冬

米一斗　牲米五升　由帖黃字一千九

百三十二號

鄧慕祖作田一段地名石結塘租米二石冬

米一斗　牲米五升　由帖黃字一千九

百三十四號

張辛廸作田一段地名長子坑租米二石

由帖黃字一千九

百三十三號

羅智士作田一段地名油樘坂文章窠租米三石　冬米一斗五升　牲米七升五合
由帖黄字一千九百三十五號

鄧智宗作田一段地名墓屆仔租米二石二斗
由帖黄字一千九百三十六號

陳文威作田一段地名墓窠租米二石
冬米一斗五升
由帖黄字一千九百三十七號

劉勝福作田一段地名漈竹坑租米陸石
牲二隻　　　　　由帖一千九百三
十八號報租五石劉新富作一千九百三
十九號報漈坑租米三石劉勝福作壹千
九百四十號報漈坑租米一石劉新起作
劉長成佃田一段地名茶林干租米七斗
　　　　　　　　由帖黄字一千九
　　　　　　　　百四十一號
邱天仕佃田一段地名墓窠租米二石
冬米一斗　　　　由帖黄字一千九

劉孫作田一段地名漈坂租米二石
由帖黃字一千九百四十二號

邱智生作田一段地名石礏塘租米一石係
由帖黃字一千九百四十三號

魚池一口
由帖黃字一千九百四十四號

高蓥作田一段地名姜寮仔租米一石五斗
由帖黃字一千九百四十五號

鄧文川作田一段地名白石分清龍垩租米一十三石　牲二隻　由帖黄字一千九百四十六號

巫士清作田一段地名大王墩租米一十二石　由帖黄字一千九百四十七號

黄隆作田一段地名浩排坑租米六石五斗冬米三斗二升半　牲一隻

擦克永懷祠春秋二祭餘存修祠用　由帖黄字一千九

百四十八號

鄧福保作田二段地名水南坑塘泉坑租米三石二斗　冬米一斗七升半內魚池二口撥癸丞懷祠公用　由帖黃字一千九

百四十九號

劉新友作田一段地名波連子租米五斗冬米三升五合池　由帖黃字一千九

百五十號

鄧石大佽田一段地名杉林坑租米一石冬米五升　由帖黃字一千九

張智成佃田一段地名任垄基坪水南坊租百五十一號
米三石一斗　由帖黄字一千九百五十二號
止報租米五斗外因水流除去租米二石
陸斗
范信作田二段地名砂坂堂門首租米二十
三石親供報内池二口　由帖黄字一千
九百五十三號止報租米一十二石外因
水流除去租米一十一石理合開墾復舊

貢堡書冊

鄧石崇作田一段地名水南坊租米一石一斗　冬米七升半　因水流除租壹斗
山帖黄字一千九百五十四號

嚴永壽作田一段地名水南坊租米一石一斗　冬米七升半　水流除租一斗
由帖黄字一千九百五十五號

鄧福壽作田一段地名水南坊租米一石一斗　冬米七升半　因水流除租一斗

鄧京付佃田一段地名水南坊租米一石一

斗　冬米七升半　因水流除租一斗

二段共報親供二石　由帖黄字一千九

百五十六號

魏辛奇佃田一段地名横坑仔租米一石

由帖黄字一千九

百五十七號

鄧成大作園一片租米二斗被僧守明盜賣

與嚴永壽管業一向未收

夏文海作田一段地名長坑壠租米五石

牲一隻　由帖黄字一千九
百五十八號
張福貴作田一段地名柿樹墩租米二石
由帖黄字一千九
百五十九號
已上佃户共貳十九名計租米一百八石
四斗
萬歷十五年親供除撥與范普香燈並被水流
無收冬米在外實報田二十八段正租米
九十三石九斗鄉又池一口租米一石

科民正耗米

官正耗米

魚池課米

今將堡田苗米來歷合約開具于后

永安縣二十六都安貢堡鄉官林騰鯤陳伯椿高翔生員林騰鵠保長約長潘一經鄧文紳楊震威葉天祐羅庭桂等耆民葉文福嚴昇等原因寇亂通鄉願捐資築堡防衛生民

荷蒙

巡撫譚　爺

廵按李　爺
武平道曾　爺
府主周　爺
縣主歐陽　爺申詳將本都冲村遠廢奉先堂
無僧没官民田一百一十餘石原隨民苗四
石陞斗四升四合案驗批允官買價田給助
本堡永爲修葺之資從
嘉靖四十二年冬起至四十五年冬止已上
粮差津貼二十五都善集寺問華占管僧守
明守正等納官明白至隆慶元年縣造實徵

册蒙
縣主卓　爺　責令二十五都僧守明小户林
守清焉吉安二户將本苗推入本都七圖一
甲姜有道甲下衆立黎永懷户收回當差豈
擬互獎田租侵漁錢粮丢欠貽累各佃完官
况有道告脱里役議將前苗推寄本都十圖
八甲劉仲華甲下立安貢堡户收當差堡首
頓章陳珂等立合約照依鄉例升苗斗米津
貼共計遞年撥米四十七石肆斗四升撥出
與仲華遞年收租應納本苗錢粮外餘租米

後蒙
縣主許　爺　令保約長潘一經劉項等當
官承管堡田給帖分爲四班遞年輸收租米
存積修堡公用不許妄費等因目今丈量田
苗歸户通鄉思得本田被水流塌甚多城堡
各項未完若依前例貼納無餘修堡奉遇條
鞭事例錢粮比前節省頗多合鄉另行商議
應納條鞭以得有餘防修堡用會衆推舉本
都十圖十甲誠實約長劉項甲下立安貢堡
户收苗歸户當差就田議定遞年止撥田米

三石與劉項以爲答應拼年追徵等費其錢
粮俱係保長約長遞年輪收之人辦納交付
劉項完官其田租項不經收幸遇
府主爺爺　撫臨治邑理合賫約呈鳴蒙准照
約收納仍令保約長劉項甲下立安貢堡戶
收苗當差遞年租米令保約長鄧文昇潘一
經等收送鄉官林騰鯤高翔陳伯椿貯積辦
納錢糧餘剩米候修葺堡城公用登簿支銷
以杜妄費一堡生靈有賴感德無涯爲此告
給執照

萬歷八年十一月　　日具蒙
府主三爺黎　署本縣事准給印信文簿執照
外本堡北門前開墾麋義齋基田租米一
石一斗遞年存積修祠公用田苗在外
又萬歷二十年新册合同文約開後
一永安縣安貢堡先年屢遭荼毒鄉民僉呈自
築堡外祠奉
縣主歐陽爺　垂念堡城無修申詳
巡撫譚　爺
巡按李　爺

武平道會爺

府主周　爺　批允給帖着落堡民高源楊震

威羅廷桂林毓芳姜浩楊震耀等當官照依

築堡丈數派銀買置本都冲村奉先堂違廢

民田一百一十陞石案驗批允遞年收租修

葺堡城原隨民苗四石六斗四升四合以前

頓寄津貼明白後因洪水流塌甚廣止存實

收租米九十三石九斗又池一口租米一石

奉例勻苗一石八斗零親供由帖照證明白

先年寄頓約長劉瑱户下遞年糧差本堡輸

收租人自納官外後止貼劉項答應追徵之
費租米三石近因鄉官陳伯椿收戶每苗一
斗貼米壹石是比劉項更多矣今因堡務甚
多修葺不偹通堡僉舉原築堡首監生賴明
任男賴濂收戶津貼比陳議减仍照劉項原
約遞年担米三石與賴濂收受以爲答應追
徵之需其有差徭加減俱係經收之人將原
收租米偹辦銀両付與見年里長前去完官
不涉賴濂之事外有推收造册之費俱係衆
理凡事非堡務不得動支此米庶苗以納堡

以脩租米無妄費之虞堡民受安全之福功
垂永久變故不生此係通堡公議且濂不得
異說倘十年以滿二家不願另行憑衆公議
用立合約存照其黎永懷即安貢堡一丁係
衆納官

萬歷二十年九月　日立合約人賴濂號

其親供由帖一並存在

鄉官　處
今將通鄉原派築堡民戶丈數並當
官買得本都奉先堂冲村米田一百一十餘

石俱照丈數每丈派銀五錢通鄉輪收永爲修葺堡城公用外每丈並拱門共派磚石工食等銀一十两五錢

計開

高璘貳十六丈　林毓芳毓華二十丈
羅庭桂一十八丈　姜浩一十六丈
楊震威一十六丈　楊震耀一十六丈
賴源一十五丈　嚴威一十五丈
嚴昇一十五丈　賴明傳兄弟一十二丈
嚴煥一十二丈　林毓艮兄弟一十二丈

鄉官林祥一十丈　姜惠捌丈
李璧珏兄弟八丈　羅橙八丈
葉文福柒丈　潘賜福七丈　外自造包車碓二丈
劉珮珏璘項共七丈　夏永豐六丈
高翔六丈　高亨六丈
劉震六丈　羅天龍六丈
張成魁六丈　賴諫章兄弟六丈
李宗樂五丈　聶富五丈
賴遷五丈　鄧養亚五丈
葉天祐五丈　吳俠五丈

張成俊五丈
李章四丈五尺
李豎四丈
張灝四丈
聶明四丈
陳成器四丈
李正枝四丈
夏京寶四丈
廖璘三丈
熊啓五三丈

姜欽五丈
高陞四丈
劉繼周四丈
張濱四丈
嚴智福四丈
高應魁應揚共四丈
姜應時兄弟共四丈
嚴新富四丈
聶文源三丈
張洪榮三丈

嚴泉三丈
林閭良接共三丈
劉福二丈
呂起二丈
鄧德二丈
羅鵬二丈
謝文秉二丈
劉珊兄弟共二丈
陳伯椿二丈
賴潮一丈五尺

黃應滋兄弟三丈
李辛二丈五尺
廖元弼二丈
惠照庵二丈
鄧文紳二丈
楊廷紀二丈
陳琰珂兄弟共二丈
黃英兄弟共二丈
何一衢一丈五尺
賴濤一丈五尺

姜文忠一丈五尺　高旺一丈五尺
鄧基興一丈伍尺　熊啟二一丈伍尺
熊啓三一丈五尺　楊元夫一丈五尺
吳祖良一丈五尺　吳應老吳琛一丈五尺
頓波一丈　林恩至一丈
嚴道清一丈　嚴道宗一丈
張洪恩一丈　羅衣一壹丈
林德秀一丈　林日盛一丈
黄壬壽一丈　何其清一丈
鄧奇材一丈　鄧達材一丈

葉天喜一丈　陳福臻一丈
陳應宣一丈　姜新亷一丈
劉喬齡一丈　鄧養氏姜仕寶共一丈
楊暮金兄弟一丈　葉天輔兄弟一丈
聶巖一丈　姜勲一丈
吳恒一丈　魏玄椿一丈
陳宗器一丈　張天成一丈
鄧文縉兄弟共一丈　姜法保劉倫謝文濱一丈
賴明偉一丈　李佛光童瓚劉進保一丈
鄭曙一丈　賴溥一丈

鄧基旺一丈
吳仕福一丈
李廷芳一丈
余粟一丈
林應禮一丈
林聘兄弟共一丈
陳可欽一丈
林德美一丈
林文忠一丈
劉永道一丈

林智勝一丈
林時泰一丈
陳荷三一丈
鄧一勤一儉共一丈
楊廷詔兄弟共一丈
劉巖升一丈
李嘉敏壹丈
劉宏賜一丈
楊環呂仲武楊盛茂丈
劉永綿一丈

楊象一丈
陳來富一丈
黃日養一丈
林嘉謨兄弟共一丈
楊喬年兄弟共一丈
呂梁一丈
鄭禄羅長貴長明一丈
吳一舉成周黃藕一丈
劉璮兄弟共一丈
黃應清應潮共一丈

周白楊應吉共一丈
張正裕一丈
謝有孚兄弟共一丈
謝應龍兄弟共一丈
吳一科叔姪共一丈
鄧佛通佛大姜文器一丈
呂文儉葉文大共一丈
羅恢應偉一丈
李福起道行賴景成一丈
黃應濟應淮共一丈

陳阜謨兄弟共一丈
高舉立兄弟共一丈
鄧宗大九尺
姜樘楫八尺
姜壽七尺
鄧成美七尺
羅璟六尺
謝成大呂煕共六尺
謝長付五尺
羅長大五尺

楊進富進保共一丈
陳宗勝九尺
吳一陽從周共八尺
羅永壽八尺
楊智勝七尺
鄧宗壽六尺
黃道通兄弟共六尺
徐天富兄弟共六尺
李文湧五尺
楊新起五尺

嚴應五尺
陳中和五尺
黃承恩伍尺
陳河圖伍尺
麻應鳳五尺
陳信五尺
吳公器五尺
鄧成廣五尺
高友源五尺
楊表吳祖大共五尺
李鍾五尺
姜勝五尺
林富賴希程共五尺
黃德旺五尺
吳乾元仕元共五尺
楊長成陳安共五尺
葉天明羅永禄共五尺
楊烏兄弟共五尺
吳成起黃佛恩共五尺
高盛鄧孔周共五尺

廖文享高志興共五尺
羅友大李科共五尺
羅正茂叔姪五尺
羅遷羅謹五尺
范普楊燦五尺
羅璘兄弟五尺
嚴師導師誠五尺
嚴師訓兄弟共五尺
陳嘉猷姜仕明五尺
莊存德羅基五尺

林奇陳留宗共五尺
姜秀姜芳伍尺
鄒天德兄弟五尺
鄧京榮京華五尺
陳甘霖高勝大五尺
姜來貴范福生五尺
鄧祖成劉長勝五尺
楊惟興惟勝五尺
張源曾添丁五尺
黃德源五尺

羅思義五尺
黃福金兄弟伍尺
姜派姜瑜五尺
孫惟真余文進五尺
姜新成姜勝細共二尺
張璉林尚志共五尺
江日濬兄弟共五尺
楊廷選四尺
李成玳四尺
陳柏岻三尺

楊表正兄弟五尺
林茂旺兄弟伍尺
鄧賜金李椿五尺
劉奇廖天祥五尺
魏道恩兄弟共五尺
梁梓材徐周郎共二尺
陳情表五尺
陳思孝四尺
羅日松四尺
陳應麟三尺

羅正隆三尺　楊應淳三尺

廖天祿三尺　姜子善三尺

姜福成福明共三尺　李成祖張發福三尺

今將本鄉未派築堡民户出銀壹兩以上
者開后

林昂銀一兩　朱福起銀一兩

羅德資銀一兩　劉崑銀一兩

劉世斌銀一兩三錢　謝繼森銀貳兩五錢

姜春闈銀二兩五錢　楊福起銀二兩

楊體道銀二兩　李文魁佛大銀二兩

黃日盛銀一両五錢　羅佛仕銀一両
林賜銀一両　羅體常銀一両
許精奇銀一両　周福大銀一両
黃金五銀一両　李文桂銀一両
鄧孔明銀一両五錢　鄭孟宗銀一両
黃疇銀一両　姜鏘銀一両五錢
張文大銀一両　潘昇銀一両
賴新起銀一両　陳法留一両
楊大銀一両　劉厚富銀二両五錢
吳必長銀一両二錢　楊元韶銀一両

吳昇銀一兩　蕭旺銀一兩

鄧智保銀二兩　鄧增丁銀一兩

李成宗銀一兩　蕭成祖銀一兩

外民戶出銀壹兩以下者不可勝載

又募化各鄉民戶銀一兩以上者開具于后

鄧泰銀一十兩　鄧積六銀一十五兩

姜文德兄弟銀五兩　湯佛保銀一十兩三錢

周福大銀二兩　羅子芳銀貳兩

鄧智福銀柒兩　鄧先定銀陸兩

高永銀二兩　高輝銀二兩

高必和銀一両　　高燦銀一両
高遵銀一両　　高瓊銀一両
林興銀三両　　羅吉銀一両
羅怌銀一両　　羅象銀一両
姜接祖銀三両　　姜仕琳銀一両五錢
鄧文琳銀一両　　姜仕成銀一両五錢
賴進田銀一両　　王文保銀一両
鄧新奎兄弟銀三両　　嚴文鳳銀三両
姜日大銀二両　　劉新友銀二両
邱田銀二両苗　　翁全三銀一両五錢

林地榮銀貳兩　游地銀一兩
王新興銀一兩　鄧倫銀一兩五錢
練清銀二兩　鄧佛琳銀一兩五錢
李子堅銀一兩　陳石壁銀一兩
葉本立銀六兩　黃建文銀四兩
陳珊銀一兩　陳添丁銀一兩五錢
徐行銀一兩　蘓威銀一兩
楊餘慶銀一兩　曾永琳銀二兩
姜時銀二兩
外一兩以下者不能悉載

貢堡青册

萬歷二十二年三月　吉旦　安貢堡
鄉官貢士監生生員耆民約正副保約長里
老人等合衆同刊
二十六都四圖四甲康熙四年親供册
一户黎永懷
田二十伍段租米九十三石一斗二升八
合　池一口租米一石正
官民田三十五畝九分三厘七毫六絲六忽
二微二纖
民米一石七斗六升一合七勺三抄六撮七

粟　魚池三分六厘八毫八忽
課米一斗二升四合一勺八抄二撮八圭
一段土名長坑租米肆石正　佃黄積貴
實田一畝伍分四釐三毫六絲壹忽六微
一段土名石結塘租米四石正　佃魏長福
實田一畝五分四釐三毫六絲一忽六微
一段土名長仔坑租米二石正　佃張辛起
實田七分七釐一毫八絲八微
一段土名油榿坂文章窠租米三石正　佃羅智士

實田一畝一分五厘七毫七絲一忽二微

一段土名墓屈仔租米二石二斗正　佃鄧智宗

實田八分四釐八毫九絲八忽八微八纖

一段土名墓藥租米二石正　佃陳文威

實田七分七厘一毫八絲八微

一投土名漈竹坑租米六石正　佃劉勝福

實田二畝三分一釐五毫四絲二忽四微

一投土名漈坑租米九石正　佃劉新富

實田三畝四分七厘三毫一絲三忽六微

一段土名茶林干租米七斗正　佃劉長成
實田二分七厘一絲三忽二微八纖
一段土名墓嶺租米二石正　佃邱天仕
實田七分七厘一毫八絲八微
一段土名潦坂租米二石正　佃劉孫
實田七分七釐一毫八絲八微
一段土名姜巢仔租米一石五斗正
實田五分七厘八毫八絲伍忽六微　佃高塋
一段土名白石分清龍蚕租米一十三石正

佃鄧　文

實田五畝一釐六毫七絲五忽二微

一段土名大王墩租米二石八斗三升正

佃巫士清

實田一畝九釐二毫一絲三忽七微一纖

二沙

一段土名浩排坑租米六石五斗正

佃黃　隆

實田二畝五分八毫三絲七忽六微

一段土名水南塘泉坑租米三石二斗正

佃鄧福保

實田一畝二分三釐四毫八絲九忽二微

八纖

一段土名波連仔租米五斗正　佃鄧新友

實田一分九釐二毫九絲伍忽二微

一段土名杉林坑租米一石正　佃鄧石大

實田三分八厘五毫九絲四微

一段土名住屋基坪水南坊租米三石一斗

正　佃張智成

實田一畝一分九厘六毫三絲二微四纖

一段土名砂坂堂門首租米一十二石正
實田四畝六分三釐八絲四忽八微　佃范　信
一段土名水南坊租米四石四斗正
佃鄧石祟
實田一畝六分九釐七毫九絲七忽七微
六纖
一段土名横坑㐲租米一石正　佃魏辛奇
實田三分八厘五毫九絲四微
一段土名園一坵租米二斗正　佃鄧成大

實田七釐七毫一絲八忽八纖
一段土名長坑壠租米五石正　佃夏文海
實田一畝九分二釐九毫五絲二忽
一段土名柿樹墩租米二石正　佃張福貴
實田七分七厘一毫八絲八微
一段土名冲村池壹口租米一石正
實池三分六釐八毫八忽

歷班備照册

康熙六年撥入二十六都一圖三甲姜槐戶
承到本都四圖四甲羅宗立戶丁黎永懷山
池二號
一收黃字號土名冲村長坑等處田租米玖十
叁石一斗二升八合
一收黃字號土名冲村池米一石
一收本都四圖四甲羅雲龍戶丁羅克臣院田
一號元字號土名田砂溪撥舍前冲村官路下
田穀貳十石　康熙三十年辛未歲羅如日

先生寫本此田係羅小紋先生寫出書院米
田一十四石因歷來皆無足收姜子靜先生
權收八米田十石載苗一斗八升九合一勺
七抄六撮
共民米一石九斗五升一合
課米一斗二升四合一勺八抄二撮八圭
丁一丁　女一口
堡苗無雜派增丁歷係呈明　邑父母豁免
康熙二十五年撥入本都一圖十甲楊宗復甲
內

三十五年撥入本都十一圖六甲葉廖李
甲內
四十五年撥入本都七圖一甲姜成金甲
內
五十年撥入本都二圖四甲許李高甲內
雍正十年撥入本都二圖七甲柴林賴甲內
乾隆六年撥入本都八圖四甲廖魁萬甲內
現管田撥開後
砂坂堂門首租米十七石　冬米八斗五升
牲二隻

權收秋早穀二十五石二斗鄉
辛未寫本賠劉六皆　佃余成泰
庵門首租米六石　冬米三斗　牲一隻
權收秋早谷一十四石四斗鄉　佃馮　旺
內值年量交廖魁萬户丁收谷四石鄉
此段並上段原册共米二十三石
親供報十二石
辛未寫本內米柒石地名庵前坂又名洋坂
賠嚴明秋
住屋基坪水南坊租米三石一斗又水南坊米

一石

榷收秋早谷入石一斗鄉　牲一隻

佃陳亮

油埕坂支章菓租米三石　冬米壹斗五升

牲一隻

權收秋早谷五石五斗鄉　佃李其祥

柿樹坂又名栗子墘租米二石　冬米一斗

牲一隻

權收秋早谷四石入斗鄉　原撥西門夫收

佃李法騄

水南坑租米一石六斗　冬八升　牲一隻
　牲值年收
權收秋早谷四石零二升鄉　佃鄧章兒
塘泉坑租米一石六斗　冬八升　牲一隻
　牲值年收
　收冬谷四石二斗鄉
　並前段原撥癸永懷祠今值年交永懷祠任
　持收　佃劉鼎老
陂坑白石分青龍平租米一十三石
　冬六斗五升　牲三隻

權收晚秋穀十六石八斗租　　佃李其祥
此段原册及親供皆載米十三石　　嘉靖册
尚多貳斗　　辛未寫本内八石楊慎初賠正
租扒門夫收今清平堡自收内二石又名毀
坑滲東坑賠李華先　　辛未收穀一石五斗
今巖壯並水南坊撥作内二石楊德昭四房
賠賠租退還堡晉内一石鄧黙作二項遞年
八月初一還租銀辛未還穀三石二斗今二
項正賠俱無收
長坑又名長坑仔租米四石冬二斗　　牲一隻

權收冬谷七石五斗鄉　佃余瑞生
此段原册及親供俱載米四石辛未寫本賠
夏誦孔兄弟夏斗横一半歷無租還經李尙
文將賠寫還堡管夏愼言一半亦將賠退還
堡管今正租尙收不足
石結塘上下分租米四石　冬二斗　牲二隻
權收冬谷柒石五斗鄉　佃劉凹老
長坑仔又名長子坑租米二石　冬一斗
牲一隻
收冬穀五石鄉　佃馮健老

墘頭墓窟仔租米二石二斗　冬壹斗一升
牲一隻
收冬谷四石四斗租牲錢四十文佃迎神八
作四分耕　游必文二分林宗兒廖子仁各
一分
官路下墓棄又名墓堀上分租米二石冬一斗
牲一隻
收冬穀四石五斗鄉　佃陳亮生
官路下墓棄又名墓堀下分租米二石
冬一斗　牲一隻

權收冬谷四石五斗　　　　　　　　　　　　　　　佃江新生
此段並上段原冊親供寫本皆只分二段未
分上下寫本內一段載賠林漁如賠還堡自
晉不知賠在何段
石礫堂租米一石
權收冬穀一石五斗　　　　　　　　　　　　佃黄帝瑞
原册親供俱載池一口米一石辛未寫本賠
羅克彥原羅志升賠還堡自收庚戌數年夏
允吉將正賠任意收去止留穀二三斗還堡
辛未還谷一石今正租向收不足

攺坑杉林坑又名杉林岢租米二石　冬一斗

牲一隻

收冬穀四石租　原撥西門夫收

佃吳昌元

埔頭楝池仔圻池米五斗水南坊一石一斗

攺坑深東坑二石　共權收冬穀四石鄉

牲一隻

聞說池仔圻即係册載土名波蓮子池米五

斗辛未冩本池賠劉萬悦　佃嚴　旺

山竹坑長坑壠租米五石冬二斗五升牲一隻

權收冬谷十二石鄉　辛未寫本賠夏長夏
貝利　佃夏允瞻　劉子周
水南坊長老墓對門租米二石　冬一斗
牲一隻賠劉萬悅
權收早秋谷四石租值年交傳鑼人收
佃陳亮生
余地大王墩租米十二石　冬六斗　牲二隻
權收早谷一十二石鄉
冬谷九石六斗鄉　佃魏晉侯
余地滐坂租米二石　冬一斗　牲一隻

權收冬谷四石五斗鄉　　佃魏晋侯
余地深竹坑租米六石　又深坑租米九石
牲三隻
權收冬谷十六石鄉　　佃劉應壽
親供册二段共米十五石歷係劉宅耕不肯
照册立佃止寫米九石猶不肯還足鬪此田
果分二段耕作須查
冲村浩排坑租米六石五斗　冬三斗二升半
牲一隻　權收價錢三千文
辛未寫本賠嚴以健　　佃余成大

本堡北門外廒義齋基池一口租米一石一斗
又地園一大片作三分遞年七月原收銀一
兩八錢　　　　　　　　　佃羅老吉
冲村官路下案厨前李舍寮圳頭埔頭又名佛
嶺門首石坑頭圳頭池内有二段又名埔頭
楝池坵仔共租米八石　冬四斗　牲二隻
權收冬谷十石五斗郷　此係羅先生寫出
院田原撥賢祠住持收穀四石租今値年收
交壘與住持　　　　　　　佃陳亮生
田砂溪峽頭执舍前租米六石　牲一隻冬三斗

權收冬谷十一石鄉 此亦係羅先生寫出
院田遞年九月初九照時價送錢來還牲除
與佃食飯 又與胙壹斤不如期送來無胙
佃徐恭兒
册有載今無收田四段
姜寮仔租米一石五斗 辛未寫本賠羅克彥
横坑仔租米一石 辛未寫本賠夏佛老還穀
二石
菜園一片租米二斗 辛未寫本被僧守明賣
嚴永壽 茶林干租米七斗

乾隆二十七年先達李芳妍等具呈蒙准撥入
二十六都八圖一甲黎永懷户內
其田段石数並佃户姓名俱照原册刋刻

貢堡庄記

吾人讀古人書見古人建樹卓卓神於時而傳於後莫不心焉慕之而又念身居蓬蓽屏足蹐手無出納身囊中以自試其鋒穎則又感慨傷懷不能自已然吾嘗聞明道先生有言一命之士苟存心於愛物於人必有所濟則以爲吾人値事會之可爲苟不自因循無誘于利無怵于謗以濟事爲心則隨分樹立雖不能如古人之卓卓要皆可自表見雖無一命之榮亦可也吾鄉居人數千家自宋以來名臣賢士輩出號爲

樂土明正嘉之間萑苻弄兵乘墉焚巢歲凡数
見人心驚惶其不爲墟者僅矣鄉先輩鄧賴諸
上具其事呈諸當事諸當事公請得築堡城周
環五里民有守備寇不敢窺迄今賴之乃諸公
又念城雖築而修葺無資久且瑕又買冲村奉
先堂入官之基並田若干以爲堡田何其用心
之周而永也鄉感其德立祠俎豆歲時將事禮
亦宜之夫諸公曷嘗有一命之榮不忍鄉閭之
禍阨奮身爲民請命雖室內戈生瀕于患害而
不悔卒以有成豈非豪傑士哉堡田旣立凡標

虜雉堞石塌木撓及堡中諸公費以所入給之沛然有餘邇來歲以子衿六人司其事事以無缺但收租無公所每歲值事者借他人之庄以寄收歲易其處佃之納租者望望不知所投甲子姪丞昊暨楊君紹侃賴君天顏陳君元恕羅君成模邱君振騰直事乃郎奉先堂基架豎公庄經營于甲子之冬閱乙丑告成規模寬敞氣色新鮮收者納者咸樂之諸君司事二年之間既刋賢祠新册復重刻堡田舊册乃復成此役也豈非不自因循以濟事爲心者乎諸君積學

有美才行且虎變龍騰效用王家異日值事會之可爲當必有建樹卓卓如古人者咸以此卜之也是爲記

大清乾隆十年乙丑孟冬朔

歲貢生嚴萬懷謹書

貢堡庄土名冲村官路下庵前坑口計房屋壹棟五植兩邊飛簷横廂前門後山四圍並基一大座

修堡城記

堡城之建在當年捐資芳名已悉登書册矣丈尺必記銀數必詳所以傳後永誌不忘也今癸巳重修所慷慨好義者止数人其可不表而出之而令湮没焉巳乎爲悉記姓氏銀數于左

羅南星捐銀十二兩二錢　劉達捐銀十二両

聶徽捐銀六兩　邢鼎捐銀十二兩

饒仲球捐銀伍兩　李光燗捐銀四兩

張岳捐銀三兩　嚴承昊捐銀肆錢

康熙五十二年癸巳　吉旦

督理生員楊　寅　賴日晉[illegible]　林廷弼同記

咸豐重修貢堡書册

重修貢川堡後序

永安北四十里曰貢川士橫經農緯耒闠闤喧闐儼然一大都會舊有堡承平歲久傾圮過半咸豐三年會匪滋事由永而沙貢川當水陸之衝屢被蹂躪是

年秋金公谷笙再蒞永安以剿
以撫迄明年五月事平貢之人
鑒於前事請脩舊堡以自固堡
之廣凡數里前臨溪後枕山設
門六樓櫓雉堞備具規制與城
等金公乃召紳董度基址籌經

費不數月而貲集於是庀材鳩工諏吉經始未幾金公擢守延平繼之者廾安陳君又與司事諸君子經營圖度不遺餘力堡之工乃十得六七丙辰冬叔安以憂去余奉代庖之檄道出貢

川版築尚未竣詢之父老得其
巔末余嘆金公用意之周而貢
之民能自衛其身家也乃與諸
君子籌所以成此善舉而不使
功虧一簣抵任後往来貢川者
數次見諸君必先以堡工爲囑

去年春粤匪自江右入閩先陷
邵武再擾汀州與永錯壤者若
清流若歸化同日被陷吾永清
水池星橋諸鄉均有土匪竊發
惟貢川有堡以自守又得諸君
子激勵紳民同心戮力永安藉

以無壯願憂則堡之為功不綦大哉戊午二月堡工成貢之人來告成功並請序於余余願諸君子安不忘危賡偕作之詩鼓同仇之氣儲餱糧勤訓練人和地利兩操其勝則不獨貢之民

田廬室家有邑自保即官斯土者亦將重有攸賴矣是役也始于乙卯迄於戊午首尾凡四載計縻工料錢六千九百餘緡司事者劉君湘陳君德懷劉君際熙姜君培羅君宗鴻林君念書

李君光宗劉君承藜嚴君嗣謙
夏君光謙劉君祖元楊君先明
楊君達嚴君廷揚實始終其事
云
戊午四月之吉補用同知署永
安縣事淅江俞林撰

重修貢堡序

今上御極之三年
詔天下建築城堡所以爲安民計至深遠
也清不儀再蒞永邑值會匪肆擾爰
承大吏命下其法於四鄉賊至則堅
壁自衛賊退則擊民始知堡之爲利
經年亂定而築者益繁貢川之有堡
也自明嘉靖間始也稽諸志乘當其

興築時紳士鄧賴諸公不忍鄉閭有
粵寇之禍首建斯議屢遭疑謗而不
悔賴郡縣維持而成就之樓櫓雉堞
卒爲巨觀蓋前人獨爲其難而居民
世蒙其福至於今勿諼然自我
朝以來海宇乂安民至老不見兵革貢
堡亦駸匕乎頽圮矣今既幸當定亂
之後乃與諸縉紳父老謀所以鼎新

之顧費鉅非他堡可比按舊址廣六百二十三丈高二丈四尺今其存者不及十之六召匠計直約需五千緡有奇貢川故蕃盛之區也俗敦古處以義相尚而比歲所出禦溠之費若干聯甲之資若干又繼之以大興作恐將不支然余一臨莅而董勸之不數日集有成數於是諏吉鳩工擇公

並爲衆所推服者董其事羣情喁喁咸願執畚鍤而應命焉是何也鑒於前事之利害則樂從而出於人心之自然則易集也夫古之成大事者不惜小費諸君旣闢之矣而任大勞不計衆怨昔之建是堡者確有明徵亦首事諸君之所宜是則而是傚也而以余撰諸今日之人心其歡欣鼓舞

必不至如當日之疑且謗者事固不
難成也信道宜篤問心宜堅耳是役
之成應俟之期年以後而余庖代之
吏其能藏事與否均未可知諸君室
家田廬之所庇子孫之所以生息而
長養毋厭前勞仰承
國家德意以興新此堡屹然為我邑藩
蔽自貢以北猶將得所依焉矧其居

是鄉者乎一日之艱難百世之利也
諸君勉之哉俟堡成當建設義塾爲
後世勸學而余未敢驟議者欲以修
堡之所有餘者更謀之也
咸豐五年歲次乙卯四月　吉旦
賜進士出身升用知府卽補同知署永安
縣事會稽金萬淸譔

重修貢堡緣由開列

具稟拔貢生陳德懷歲貢生劉湘等爲脩葺貢堡承　諭稟覆事切貢川地方自明嘉靖間奉憲築堡歷今二百餘年圯壞崩頹十居八九前承　明諭修理宜急生等即邀同衆議公舉公正之生監十二人董理其事但功程浩大籌辦維艱伏乞

仁明老父師臺俯念貢川爲永北要途恩賜親臨諭各殷戶酌量捐輸庶堡垣得以有成萬姓沾恩公侯頂祝

計開董事姓名另单呈

電

監生姜　培　監生劉承藜　監生嚴嗣謙

增生劉祖元　監生李光宗　監生夏光謙

監生楊先明　增生羅宗鴻　生員楊　達

生員嚴廷揚　生員林念昔　廩生劉際熙

咸豐四年七月初八日蒙

邑侯金　批貢堡地處要衝業經本縣勸諭興修

在案茲據具稟候諭飭各董事迅速勸捐一面

公同估計工料開列高廣尺寸基址繪圖稟報

以憑轉詳立案本縣樂觀厥成該貢生等務須
認真經理毋任稽延名单附

欽加同知銜署永安縣正堂加十級紀錄十次金
爲諭飭遵辦事本年七月初七日據該貢生陳
德懷劉湘等稟稱竊貢川地方自明嘉靖間奉
憲築堡歷今數百餘年圮壞崩頹亟應修葺但工
程浩大籌辦維艱等情到縣據此查貢川爲永
北要途原建土堡既因年久坍塌當此賊氛未
靖自應趕緊興修以資捍衛維此項工程浩大
必須量力捐輸衆擎易舉除稟批示並出示曉

諭外合行諭知諭到該董事等即便遵照馳赴各股户暨商賈之有力者勸令踴躍輸將以爲集腋成裘之舉切勿苟安旦夕吝惜資財以致身家莫保要知一堡既成閤鄉無患爲目前守禦第一要務也該董事務須善爲開導實心經理捐有成數限一月内開单稟報仍會同估計工料應需若干造具細册并開列原堡界址高廣尺寸繪圖貼說稟復赴 縣以憑詳請立案一面擇吉示諭興工 本縣爲爾等保衛鄉閭起見妥速臻善毋得推諉因循致負委任切切

特諭

右諭鄉貢川紳耆董事等准此

咸豐四年七月初十日給

五年三月初十日紳董等奉

諭估計工料赴　縣稟覆

四月初五日

蒙臨貢堡面諭勸捐

即補分府署永安縣正堂加十級紀録十次金

爲曉諭事照得貢川一堡自明建築至今數百

年之久前年遭亂時閉堡固守合鄉蒙福惟查

現在坍塌既多急宜修葺屢經　本縣出示曉諭并選舉紳董經理興工在案緣工程浩大集腋爲難是以　本縣親臨延集各姓族房長并殷實紳民面爲勸諭據各踴躍樂捐集有成数其餘尚有漏未捐資以及零星各户由董事分別秉公續勸務須有盈無絀俾工程得以赶辦合行曉諭爲此示仰合堡紳耆士民人等知悉本縣現飭各董事分勸合堡士民凡有力量之家均當勉力題捐共襄義舉　本縣爲爾等保衛地方永遠平安起見庻此禮義之鄉共爲子

孫之計斷不至有推諉觀望情形已捐者速籌
完繳未捐者踴躍題捐一面由董事妥議存貯
支發章程購辦工料迅速與工　本縣仍不時
親臨督理俾觀厥成是所厚望切切特諭
咸豐五年四月十一日給
即補分府署永安縣正堂金　諭貢川磚戶郭開
李奎知悉現在　本縣勸諭捐修貢堡一案業
經選派紳董經理興修惟此事用磚數萬塊急
應分廠趕辦現經磚戶黃祖登等議明價值赴
鄉燒造如爾等二廠照價承辦并不得兼理別

工以期迅速應用即向貢川總局認定按月收
繳倘不願承辦即將該廠退出讓與現造堡磚
之工匠居住其廠租亦由總局照數認付毋得
違延切々特論

四月二十二日給

五月念一日奉

縣主金論諆擇六月十二日卯時興工

候補分府署永安縣正堂加十級紀錄十次金

論貢川甲局紳耆暨董事人等知悉照得

本縣此次勸捐脩築貢堡係爲保固民生起見

並無他意凡在紳民自必共諒業據陸續踴躍
題捐集有成數深爲忻慰惟現當興工之際需
用甚急已選舉董事按戶支取所有出入數目
亦屬共見共聞必須於捐數內先行照收三成
以上以敷現在開發工價然後再行陸續收清
不致貽悞要工　本縣於本月十一日來鄉查
閱收數尚爲寥寥殊不可解旋飭地保劉法養
等分別傳知均稱赶緊辦繳款亦實情茲
本縣回署合行諭飭諭到各董事等卽速分赴
已捐各家妥爲催取必須先收至三成以上于

五日內開单赴　縣稟覆以憑查考如有何戶
遷延推諉聽候另派書役分別查催此係合堡
自爲保衛之計該紳董等斷不至稍瞻狥延忽
等情各捐戶亦不得任意宕延致干未便切匕
特諭

咸豐五年六月十二日給

候補分府署永安縣正堂金　諭貢川磚戶李奎
知悉照得現在修築貢堡前經　本縣分諭磚
户按價承認每廠每月燒磚一千塊以應堡工
不得燒造別磚查各廠均已確遵獨李奎一戶

倘有貪利另賣恐于堡工有碍本應拘訊姑再
諭飭諭到該磚户務須遵照認定章程數月燒
成磚塊運赴該堡應用如有燒造别磚以及任
意短缺等情查明訊究凛之切〻特諭
此单着地保赴廠查明限二日內到縣稟覆
毋延
咸豐五年六月十三日給

候補分府署永安縣正堂金　論貢川甲局紳
耆暨董事人等知悉照得貢堡現在興工所有
捐項急宜按户辦繳業於本月十三日論令各

紳董催收在案茲已屆五日未據收數稟報合行論飭諭到該紳耆董事等卽速分別催收一面核明何人名下已收若干各捐户是否遵諭均繳至三成以上抑尚有不及三成以及任意延宕致悞要工情事務卽公同開单稟覆以憑核辦毋稍違延切切特諭

咸豐五年六月十八日給

卽補分府署永安縣正堂金　諭貢川甲局紳耆暨捐户人等知悉　本縣查現在脩堡捐項前飭令先繳三成以應目前之用茲據各董事

賫簿造核其中遵照備繳者固不乏人惟前有
不及三成甚至亦有絲毫未繳之人殊屬不成
事體試思此事　本縣爲保固地方起見豈容
任意玩延合再諭飭爲此单仰該長班即速協
同董事查明未繳以及不足三成之各捐戶迅
速催收俟　本縣於初九日道經時再行親自
催收一面將簿移送新任辦理　本縣晉郡後
仍當來貢督辦斷不中止毋稍觀望遷延特諭
咸豐五年七月初七日給

署永安縣正堂加十級紀錄十次陳　爲諭飭
赶繳捐費以資修築事查貢川修築土堡經
前陞縣金　勸諭各捐戶題捐經費并以先繳
三成擇吉興工其餘統候早稻登場照數繳完
是于保衛之中復有體恤之義昨　本縣赴任
道經貢川見石磚堆積未見工作查詢各董事
據稱捐資除已繳三成或不足三成及全未破
白者不得不停工以待等語修築貢堡原以保
衛地方乃各捐戶題而不繳致令工程掣肘殊
屬非是合行諭知爲此諭仰貢川地保劉法養

等卅悉立即前赴各捐户催令查照捐數趕緊
全繳速共觀成倘再玩延定即差催各宜凜遵
毋違特諭
咸豐五年七月二十日給
具稟脩堡董事援貢生陳德懷歲貢生劉湘等
爲懇請　案臨飭繳以全修堡事切生等世居
貢川蒙前陞任　金大老爺舉理修堡事務本
年四月案臨勸捐具有成數一面擇本年六月
十二日卯時興修在案嗣蒙疊諭户先繳三成
再候秋收如數盡繳以便迅速完成七月二十

日復蒙
鈞諭飭地保劉法養等按户催繳感激莫名殊
料捐户至今繳三成者甚屬寥乜竊思貢川爲
永邑下北要地既奉　諭飭興修在案豈容功
廢半途似此抗拒將來費用無處措辦勢必中
止有負兩侯前後德意不已伏乞
仁明大老爺　恩賜　案臨飭繳庶功成不日保
衛有資合堡沾　恩無既頂祝切稟
咸豐五年九月廿七日遞

欽加分府銜署永安縣正堂加十級紀錄十次陳
爲示諭催繳經費以應要工事照得貢川爲永
邑下北路大甲下接杉口上達縣城旁連冲村
各鄉舊有石堡年久傾圯當此四邑交緝匪徒
之時是以
金前陞縣親臨勸諭該方紳民捐助修堡經費
派令董事名匠興修於本年六月十二日起工
迨　本縣蒞任道經貢川查勘情形又經飭諭
該董事赶催工費速蕆觀成並飭地保催繳在
案乃九月二十七日據董事按貢陳德懷等具

稟經費不敷要工將此隨吊查捐簿各戶原捐
共錢七千六百餘千文僅據交出錢一千三百
餘千文是三份之一猶不能及無怪各董事辦
理掣肘稟請催追查修復堡工係居民賴以保
衛桑梓有光之事如力果有不足斷難樂輸旣
經題捐於前恃此鴆工庀料何得措交于後致
令欲罷不能一切所需無從措辦揆之情理殊
屬乖張除飭差挨催外合行再諄切諭爲此諭
仰各捐戶人等知悉務將前項題捐堡工經費一
各照原數繳清不得再有帶欠致稽要工倘此

催之後仍敢觀望不交　本縣有惟據實詳報
府憲飭提押追後悔無及言之必可行也凛之此
諭
咸豐五年九月二十九日給
欽加分府銜署永安縣正堂陳　諭爲催交捐貲
速竣堡工事照得貢川堡工經
前升縣金　勸諭各紳民捐題工費諏吉興修
並經　本縣催交經費以凴嚴飭各董事趕報
工竣在案兹因公親臨貢川於本月初一日周
歷查勘自西而北一帶工程完繕此外工作未

輟順道覩蒞公局查詢所存經費又將不繼除
將未交各捐户名单另飭差保守催赶繳外合
再諭催爲此諭仰該董事等既經承辦前項工
程原爲保固地方安輯桑梓自竭力圖成勿稍
畏難中懈至于各捐户應交工費亦當破除情
面諄切催完倘有前捐後欠貽悞要工許即指
名稟追斷不准停工以待仍將收捐錢文修完
工段隨時報　縣察核毋再猶延切切此諭
咸豐五年十二月初一日給

欽加分府銜署永安縣正堂陳　爲勸明曉諭事
照得貢川堡圮廢日久自咸豐三年賊匪滋擾
以後保衛尤宜加慎又經
前升縣金　勸諭紳民捐貲修復業于本年六
月諏吉起工又經　本縣照案催交捐項諭令
趲修在案茲因公親臨貢川查勘堡工西北一
帶修整堅固惟中有民房架造在舊堡基址之
上必須折讓原基方可累加磚石一律繕完合
行出示曉諭爲此示仰紳董居民知悉現在農
功已畢歲暮務閑趕緊將堡工迅速完竣如有

房屋造壓堡基有碍堡墚馬路者立應遵諭折
讓免悞堡工倘遷延撓抗定即飭差押折仍律
以侵佔之罪舊基俱在無可飾詞而保衛地方
安居所共各宜凛遵毋違特示

咸豐五年十二月初一日給

欽加分府銜署永安縣正堂陳　諭貢堡工程
局董事知悉照得各捐戶應交工費現經
本縣傳集劉嚴楊姜各紳剴切勸諭明定完清
限期均已遵照辦理該董事赶緊設法庀備磚
石八工務於來年四月內擇吉工竣　本縣親

臨履勘同光盛舉合即諭知諭到該董事遵照
示內章程將各户分限應交錢數開列清单届
期收局稟報並將發去告示實貼局首均毋違
悞切切此諭

咸豐五年十二月初八日給

欽加分府銜署永安縣正堂陳　爲堡工捐貲勸
限完交以期工竣事照得貢川堡工自本年六
月起工已歷半年之久修復四分之一經　本
縣嚴切諭催皆謂捐貲不齊工料不繼而吊查
捐簿各户所完核原捐之數僅止三成又無怪

曠日持久工程不就也惟現值歲杪工匠無多當經傳到董事暨各捐户諭以來年正月爲始召集工匠廣購磚石迅速完竣稟請　親臨驗工所有各紳民未完捐貲勒限具繳原捐錢四百千文五百千文者除交外分三限清完原捐錢一百五十千文以下者除交外分兩限清完原捐錢五十千文以下者除交外限一月清完均以來年正月起限三限者以正二三等月爲滿兩限者以正二兩月爲滿一限者應正月爲一滿不得再有帶欠合行明晰示諭爲此示仰紳

董捐户人等知悉自示之後務期應催應交前
項經費按限分收不得再有宕悞當知此工爲
富民衛身家爲貧民安生理名實兼到之善舉
也若因循吝惜非惟不足副
前升縣　勸諭初心並無以慰　本縣籌維至
意總之前後兩任並以民事爲重倘敢抗延律
從違犯照數追完各宜凛遵切切特示
咸豐五年十二月初八日給
具稟援貢生陳德懷等爲遵諭稟覆事切上年
十二月間蒙　諭催收捐修貢堡項数統限三

月繳清生等遵向捐戶催收雖經陸續交繳不
及五成刻下工料無處措辦要工將止生等係
爲地方公事起見不已具情叩懇伏乞
仁明大老爺俯賜按臨飭繳俾各捐戶得以踴躍
急公而要工不至有初鮮終矣闔堡士民不勝
感戴之至切稟

計開粘单一紙

咸豐六年三月十六日遞

欽加分府銜署永安縣正堂陳　爲工准展限諄
諭嚴催事照得貢川堡工經　本縣上年冬杪

親臨查閲因未及半欵絀倘多當即傳到捐數
較多之各紳士查明原捐成數分爲三限完繳
自餘各户以次分爲兩限一限并勒限本年三
月內一律工竣四月擇吉親赴查勘收工先經
詳晰出示曉諭在案茲據堡工局董事拔貢陳
德懷等赴縣稟請展限收工詢其緣由實因各
捐項均未遵限具繳以致工延殊屬不成事體
查堡工原爲保衛桑梓安定室家前此毖至無
虞寃得頽垣之力是以
金前歷縣勸捐于前　本縣董修於後非有欵

司恃必不鳩工非有事裨益亦不求速雖士民
之篤義亦官長所切心既已案牘在　公即與
捐輸無異但有短絀倒待追完勢不能令堡工
輟于半途更不能任捐戶懈于衆舉況
金前縣擢守延津近在咫尺是此事爲
府憲經始爲　本縣責成詢據前情大失期望
應即親赴催追勒令工竣姑先移請
永安縣學吳　前往該堡諄諭督辦合行傳示
爲此諭仰各捐戶人等知悉此次示諭之後務
即趕緊措交捐項俾得嚴飭董事督匠完工不

得再有宕延總之堡工必成則捐項必繳或作或輟伊誰之咎耶今定以六月擇期工竣倘延前玩忽或稍繳些須以圖搪塞　本縣惟有按数嚴追不能寬假剴切言之毋自取戾切乜特

諭

咸豐六年三月十七日給

特授永安縣儒學左堂加三級吳

爲傳諭繳捐修堡項事照得貢川堡業經

府憲金　勸捐興修疊經

本縣陳　催繳在案茲　本學現奉

縣請駐該堡督辦盡數掃清查核收數短絀甚
多面同董事等酌議姑先湊收七成以應目前
急用嗣後三成隨時續繳除傳捐五百千四百、
千之捐戶等面諭照数具繳外合行曉諭爲此
諭仰各捐戶人等知悉限三日內務照原捐項
数湊合七成即繳應用庶要工不至中止爾等
既已樂輸于前自應急繳于後自諭之後如敢
仍前延宕 本學惟有照實覆
縣以憑究辦勿謂言之不早也
咸豐六年二月廿三日給

具稟拔貢生陳德懷等爲稟覆事切捐修貢川
堡項業蒙出　示曉諭移請　學師吳駐堡督
辦現蒙傳各捐戶面諭並前酌繳七成以濟目
前急用除遵繳外欠戶尚多　學師以考期甚
廹要回署送考生等誠恐欠户仍前觀望難服
遵繳之人不已伏乞
大老爺台迅速改飭公差赴堡按户催收俾遵繳
畫一經費有資闔堡沾　恩無旣頂祝切稟
咸豐六年三月二十三日遞

欽加分府銜署永安縣正堂陳　爲特再限繳捐
費以應要工事照得貢川修建堡工先因經費
短絀工程停止經　本縣親臨該鄉傳集紳董
查明認捐成數分限完繳勒限三月內一律工
竣稟請查勘出示曉諭在案嗣據堡工局董事
陳德懷等赴縣稟稱各捐户均不遵限完繳致
難報竣懇請展限等當查與修石堡原爲保衛
地方起見既已認捐于前即與捐輸無異豈容
任延于後致令工輟中途又經剴切諭催並移
請　永安縣學左堂吳　親詣該鄉薄催督辦

去後茲經儒學左堂吳查各捐戶等欠繳甚多
而工程實閞緊要斷難任延業已傳集各捐戶
紳民等查照原捐之数赶繳七成以便趕修堡
工完竣其餘准隨後陸續具繳此係于萬難寬
緩之中再四熟籌而分先後之限也當經各捐
户嚴星泉等遵諭報完七成此外捐数較少各
户自應一律催完若各以爲數無多仍存觀望
互相效尤積少爲多則于趕築工程實有支絀
除分別刻单飭差嚴催外合行再諭爲此諭仰
各捐户人等知悉自諭之後爾等迅將未完捐

項按照七成數目刻即趕緊繳齊俾該董事等得以督飭工匠購料興修趕於六月內一律完竣撑吉收工倘再觀望不前或僅完些少藉圖搪塞以致工程延誤　本縣定即提案嚴追不能再事寬貸凛之此諭

咸豐六年三月廿九日給

具稟拔貢生陳德懷等爲稟覆事切捐脩貢川堡項前蒙　移請　學師吳駐堡酌繳七成以濟急用嗣蒙　飭差按戸照数催齊兹各据捐戸遵　諭出票繳完惟有某户抗拒不繳催勸

莫何似此違　諭倘不稟乞傳繳則遵繳票錢
勢必阻用致悞要工不已伏乞
大老爺台迅　賜飭傳遵繳以示齊一經費有資
合堡沾　恩無旣頂祝切稟
咸豐六年四月二十日遞
欽加分府銜署永安縣正堂陳爲諭飭查覆事案
照貢川捐修土堡先因各捐户完繳不前停工
以待經　本縣量爲展緩查照原捐之數先繳
七成以應要需其餘准予隨後陸續具繳飭差
查催去後現據該董事等具稟各捐戶均已遵

諭先繳七成惟某户抗不遵繳等情前來除飭差傳案勒追外查貢堡工程曠日已久茲各捐戶遵繳已有七成亟應赶緊興修依期報竣以資保障其餘未繳三成先經

金前縣任內議將修堡餘剩錢文作爲興建

義學之需實屬以公濟公修土堡以衛桑梓建

義學以育人才均屬目前要務現在堡工將次告竣自應接續興辦以襄義舉惟各該捐户未繳三成究竟何時可以收繳清楚卽將此項錢文脩建義學合行諭飭查復爲此諭仰該董事

等立即遵照迅卽督飭工匠購料興修堤於六
月内一律工竣擇吉收工一面查明各該捐戶
尚有未繳三成何時可以收繳清楚除建修土
堡外約有剩若干尅日公同籌議稟覆赴　縣
以憑核奪均毋違延切切此諭
咸豐六年四月廿四日給
具稟援貢生陳德懷等爲懇　恩押追事切貢
川堡經　前升縣勸捐興修復蒙疊諭催收展
限告竣在案生等現在隄催工料督修茲有石
匠盧太福于舊年八月包造慧照禪林前堡一

帶石板迄今核算大支錢二十三千二百七十
文隨撥地保朱永吉劉法養理取殊福只稱抽
還並無刻限生等誠恐被福戲弄無以清数申
報且脩堡經費既己案牘在公即與捐輸無異
何得任人侵吞不己將福親送赴　案伏乞
大老爺台俯賜察奪押追庚匠工剔警經費不至
侵吞頂祝切稟
咸豐六年六月廿一日遞
欽加分府銜署永安縣正堂陳　爲飭追完繳事
本年六月廿一日据貢川堡董事陳德懷等而

稟貢川堡工現已督飭工匠遵諭赶修不敢延悞惟有石匠盧太福並磚瓦匠郭開李奎黄祖登等承領工料錢文延不脩料應用懇請拘究等情前來除將石匠盧太福枷示勒追外再行飭催爲此票仰本役協仝地保立卽押令石匠盧太福迅將承領貢堡工料錢文照數完繳該董事陳德懷等承領一面催令郭開等赶緊購齊磚料繳局應用倘敢違延卽將郭開等鎖帶赴　縣以憑訊究察追去役毋得狥延干比切切須票

咸豐六年六月廿五日給

具稟援貢生陳德懷等爲經費不敷懇 恩詳

催繳完事切修貢川堡經費業經飭繳七成各

户遵繳在案茲核堡工現有一百餘丈未完經

費又存無幾務必十成全收庶不至功虧一簣

不已伏乞

大老爺台迅賜詳催飭繳庶堡工得完不至有初

鮮終合堡沾 恩頂祝切稟

咸豐六年 月 日遞

欽加分府銜署永安縣正堂加十級紀録十次俞
爲諭飭完繳修堡經費以濟要工事 案准
前縣陳 移開照得貢川土堡年久損壞經
前陞縣親詣貢川勸捐錢七千六百餘千諭令
捐戶先繳三成擇日興工其餘統限早稻登塲
照数完繳未及蕆事旋即卸篆敝縣到任又經
親歷該鄉諄切勸諭一面出示諭催當據各捐
户陸續投繳七成其餘未繳錢文分限完繳以
資應用茲據援貢陳德懷等具禀切修貢川堡
經費業經飭繳七成各捐戶遵繳在案茲核之

数尚有一百餘丈未完經費又存無幾務必十
成全收庶免功虧一簣倘不按户繳清勢必中
止等情偹移前來准此
本縣到任路經貢川據堡工董事陳德懷等面
稟前由當經諭令趕緊修造惟查原捐經費共
制錢七千六百餘千文初議樽節動用以七成
修堡三成留爲興修義學之用現在堡工尚有
一百餘丈未脩而各捐户原繳之七成餘存無
多不得將酌留之三成全數支用工程浩大細
查卷内粘呈工料數目悉屬相符自應先儘要

工辦理惟恐各捐户膠執前議心存觀望以致
經費不敷要工中止除另諭各董事照数催收
樽節支用修堡堅固尅期竣事外合行諭飭爲
此諭仰各捐户知悉爾等各有身家均資保衛
務各全數完繳不致一簣有虧當此年穀順成
户有盖藏尤覺衆擎易舉諭到限一月内絡續
清繳倘有延挨觀望抗不繳清即着各董事稟
請飭差嚴追必不使垂成之功糜於得半也切
切此諭

咸豐六年十月十七日給

欽加分府銜署永安縣正堂加十級紀錄十次俞
爲堡工緊要提修完固事案准
前縣陳　移開照得貢川堡城年久損壞經
金前縣親詣貢川勸捐錢七千六百餘千諭
令捐户先繳三成擇日興工其餘統限早稲登
場照數完繳未及蒇事旋卽卸篆敝縣到任又
經親歷該鄉諄切勸諭一面出示諭催當據各
捐户陸續投繳七成其餘未繳錢文分限完繳
以資應用茲据接貢陳德懷等具稟切脩貢川
堡經費業經飭繳七成各捐戸遵繳在案茲核

丈數尚有一百餘丈未完經費又存無幾務必十成全收庶免功虧一簣倘不按户繳清勢必中止等情備移前來等因准此

本縣到任路出貢川陬據該董事面稟前由以經費之不敷致要工之未竣現已諭飭各捐戸限一月内全数完繳以濟要工爲此諭仰該董事等刻卽照数催收備用各捐戸倘敢延不遵繳即着稟請差追必不使垂成之功廢于得半該董事等仍須樽節支用悉心妥辦修堡堅固刻期竣事無悮要工切切此諭

咸豐六年十月十七日給

具稟援貢生陳德懷等爲經費不敷懇　恩飭
繳事切修貢川堡經費前蒙示諭完繳十成在
案迄今月餘遵繳者甚屬寥寥工急費繁恐難
濟用勢必停止不已伏乞
大老爺台俯賜察奪迅飭完繳庶堡工得完不至
有初鮮終闔堡沾　恩公侯頂祝
咸豐六年十二月　日遞

欽加分府銜署永安縣正堂命　爲堡工要緊催
繳捐款事案據堡工董事援貢陳德懷等稟請

飭差催繳捐欵開明各捐户繳過若干未繳若干清单呈核到　縣當經飭差催繳在案查現在廹近歲暮用過工料均須絡續支給各捐戸既經題捐於前繳過七成未繳之項各宜踴躍完繳以濟要工豈得任意拖延合行添差辦催爲此单仰原差徐源並添差等查照单開未經清繳各捐户催令將未繳捐欵即日繳清交堡工董事查收該役仍將繳過數目隨時稟明以憑查核速〻須单

单內某某二名屡經　本縣飭差催繳延不

遵完追經飭傳面諭復敢違抗不到殊屬玩
違仰該役先行守催清繳如再違延即將其
二人帶縣以憑押追此諭
咸豐六年十二月初九日給

欽加分府銜署永安縣正堂俞　爲飭催完繳事
據堡工董事稟請催繳脩堡經費以濟要工等
情節經飭差催繳旋據該差稟覆題捐各户均
已照数繳完惟某某等屢次往催延不遵繳並据
各董事稟同前情到　縣查堡工緊要該捐戸
既經題捐即與官項無異豈容任意拖欠本應

押追姑再飭差催繳爲此单仰本役協保嚴催
某等限即日内將題捐未繳之錢如数繳清如
再違延即將某等各正身稟帶赴
縣以憑押追去役毋得狥延干比速七須单

咸豐七年正月廿八月給

欽加分府銜署永安縣正堂俞　諭貢堡董事陳德懷等知悉照得頃據稟報貢堡告成懇請諏吉謝土等情該董事等捐修堡工始終勤奮今得蕆事足資一方保障深堪嘉尚惟所用工料數目合飭具報諭到該董事等可即於本月十九日謝土并將所用工料若干尚餘若干開列細數送縣備查以便勘驗毋違切切此諭

咸豐八年二月十六日給

欽加分府銜署永安縣正堂俞　爲特飭清繳修
堡捐貲事查貢川堡工現已落成所有各捐户
尾欠甚多未據清繳合飭追爲此单仰本役迅
將後開尚未清繳捐户各照单開欠數一律繳
清以便刻入簿册以埀永久毋再泄延仍將催
追緣由稟覆赴
縣以憑查核去役毋得違延速七須单
　計開欠户
咸豐八年戊午五月二十三日給

現在刷印堡工書册捐户一槪登載捐貲數目
以垂永久因爾等捐欵未清致印匠守候昨面
諭該董事限爾等三日內繳清者一體載入如
再遲延毋庸等候并前畨繳過錢數槩無庸議
以示罰可也

欽加分府銜署永安縣正堂俞　諭修堡董事陳
德懷等知悉查貢川堡早已修葺完竣足昭
鞏固各捐項正宜刻入簿册以垂永久先因
某某户尾欠未繳以致稽候乃延今日久該
某户節催終無清繳鄙嗇疲玩至此已極大
工告蕆已久安可因此再稽逋案遲悞大局
合亟諭飭諭到該董事等即將各捐户己繳
實數刊刻入册可也其所欠之數應按名追
繳充公以昭平允毋違特諭
咸豐八年七月初十日給

具稟援貢生陳德懷等為修堡告竣事切貢
川堡於咸豐五年蒙　前陞主金按臨勸捐
重修計各戶共捐錢柒千陸百叁拾玖千貳
百文諏吉興工命生等董理其事嗣蒙前任
邑主陳節次催收督辦又蒙
恩臨勘驗飭差繳清維特成就今戊午四月告
成計周圍陸百貳拾叁丈高貳丈肆尺共費
工料壹切錢陸千玖百伍拾壹千捌百叁拾九
文統收入各捐戶錢柒千伍百伍拾伍千伍
百壹拾叁文外捐戶欠數錢捌拾叁千六百

捌拾柒文現蒙　諭准照收数刻册己將本

票繳案後實賸錢陸百零捌叁千陸百柒拾四

文業經查驗在案竊思此款原係　官捐

官收所有餘貲應作何項義舉理合具稟叩

請

察奪伏乞

仁明大老爺台俯賜批示俾生等得以遵照辦

理頂祝切稟

咸豐八年七月十一日稟

邑侯俞　批該鄉釀資脩堡今大工己竣足昭鞏

固以資保衛急公好義已屬可嘉且捐項尚
有長餘辦理亦屬妥洽惟　金升任初意本
擬將此起造義學啟育英才今所賸無幾勢
向未能應將餘錢妥爲存放置産以備將來
建塾可也錢存何處仍具報備查

外收捐戶欠數錢伍拾千文

又收捐户欠數錢叁拾叁千陸百捌拾柒文

今將通鄉派捐修堡民户開列
嚴啓絡裔捐錢伍百千文
姜才捐錢伍百千文
劉亭琳捐錢伍百千文
姜培捐錢肆百千文
嚴嗣鐶捐錢肆百千文
楊運元
先發捐錢肆百千文
葉肇堅裔捐錢貳百陸拾千文
楊囊威裔捐錢壹百陸拾千文

楊振鱗裔捐錢壹百伍拾千文

李奎發裔捐錢壹百伍拾千文

劉家昀捐錢壹百伍拾千文

劉序瑋捐錢壹百伍拾千文

劉序玢捐錢壹百伍拾千文

羅廷望裔捐錢壹百叁拾千文

羅文鉻裔捐錢壹百叁拾千文

李騰驤裔捐錢壹百叁拾千文

楊慧墅捐錢壹百叁拾千文

楊懷韶捐錢壹百叁拾千文

劉世經捐錢壹百叁拾千文
邱仁裔依龍裔共捐錢壹百貳拾千文
嚴景安裔捐錢壹百千文
劉進五裔捐錢壹百千文
劉繼周裔捐錢壹百千文
羅庭桂裔捐錢壹百千文
陳宗續裔捐錢壹百千文
李光鐸裔捐錢壹百千文
羅宗駿捐錢壹百千文
李光輔捐錢壹百千文

劉樹雷捐錢壹百千文

邢維揚捐錢壹百千文

姜啓沐捐錢壹百千文

羅長軒捐錢壹百千文

鄭德璋（彰）裔捐錢捌拾千文

劉以盛捐錢捌拾千文

巫成宗捐錢捌拾千文

許和順捐錢捌拾千文

林遠徵裔捐錢柒拾千文

羅嗣元裔捐錢陸拾千文

嚴啓基齋捐錢陸拾千文

林菊所齋捐錢伍拾千文

林祥號竹泉齋捐錢伍拾千文

劉達齋捐錢伍拾千文

高永明齋捐錢伍拾千文

邢鍾嶽齋捐錢伍拾千文

鄧朝日齋捐錢伍拾千文

羅彥榮齋捐錢肆拾千文

夏槐齋捐錢肆拾千文

夏長宏齋捐錢肆拾千文

劉家泰捐錢肆拾千文
劉文先裔捐錢叁拾千文
夏永和裔捐錢叁拾千文
吳粤菴裔捐錢叁拾千文
姜夔宗裔捐錢叁拾千文
聶上周裔捐錢叁拾千文
鄧宗禹捐錢叁拾千文
嚴昇裔捐錢貳拾肆千文
張濱裔捐錢貳拾肆千文
邱士增裔捐錢貳拾千文

張家璽裔捐錢貳拾千文
李朝郁裔捐錢貳拾千文
劉長成裔捐錢貳拾千文
姜浩裔捐錢貳拾千文
鄧慮斯裔捐錢貳拾千文
聶昇裔捐錢貳拾千文
陳雍裔捐錢壹拾陸千文
嚴威裔捐錢壹拾陸千文
饒孟仁裔捐錢壹拾陸千文
李貴初裔捐錢壹拾陸千文

劉祖瑞裔捐錢壹拾陸千文
楊天富捐錢壹拾陸千文
李樵雲裔捐錢壹拾肆千文
葉天祐裔捐錢壹拾貳千文
葉文福裔捐錢壹拾貳千文
陳尚經裔捐錢壹拾貳千文
姜盛文捐錢壹拾貳千文
張明一裔捐錢壹拾千文
楊廷紀裔捐錢壹拾千文
李成富裔捐錢壹拾千文

聶大燫齋捐錢壹拾千文

朱文建齋捐錢壹拾千文

陳康登齋捐錢壹拾千文

黃尊五齋捐錢壹拾千文

楊卿鎔捐錢壹拾千文

李永增捐錢壹拾千文

葉幼麟齋捐錢捌千文

羅宗登齋捐錢捌千文

楊先訓捐錢捌千文

楊先標捐錢捌千文

姜先鎧捐錢捌千文
陳瑞書捐錢捌千文
陳金三裔捐錢肆千文
張成俊裔捐錢叁千文
張成魁裔捐錢叁千文
羅鸞裔捐錢叁千文
姜世衍捐錢叁千文
甲寅年賢祠司事劉祖元楊達羅宗鴻嚴廷揚林
念菁劉際熙邢繼康共捐錢壹拾玖千貳百文
共捐入錢柒千陸百叁拾玖千貳百文

今將用出數目開列

磚六厰共計壹拾柒萬九千六百九拾塊共錢叁千六百九拾叁千七百一拾三文

另担脚錢肆百四拾六千零七十七文

塔磚並雙胚磚壹千貳百四十六塊共錢貳千七百九十七文

黄竹壠窰租錢壹拾壹千文

大小瓦共壹萬二千七百七十片共錢壹萬一千八百九十文

另担脚錢六百六十文

大小石共計四百四十船共錢二百二十五千九百二十文

另扛石脚錢八十三千七百二十四文

填槽石仔共錢八千六百三拾六文

石版共計一百四十四丈六尺七寸並城門匾石門限石嵌碑石共錢二百一十八千九百文

修石工並炭共錢一拾一千四百二十文

另扛脚錢一十四千八百四十文

開黄竹壠磚廠工料共錢二十伍千九百零二文

坭水匠共計壹萬伍千七百八十工共錢壹千四

百二十六千六百一十五文

安神謝神共錢四千二百文

石灰共計二十一萬八千零伍十九觔共錢三百

零伍千二百五十文

担脚錢　十五千六百二十七文

修各城楼城門並雜項木匠工料共錢五拾八千

三百四十文

城樓城門鉄釘及工匠鉄器共錢壹拾六千壹百

六十三文

官府往來答應共錢九十九千七百三拾七文

給發原差地保催收工食共錢二十二千四百二
十二文
糞箕水桶水瓢竹棕索春槌紙碎刻印磚篋布包
硃漆紙劄筆墨香燭及屋租等共錢三萬四千
八百九十二文
上縣遞稟伙食轎夫舡腳共錢二十叁千九百三
十七文
送信及雜工費共錢九千六百三十文
刻制浮橋木雜共錢三千文
劖城工錢共一十二千五百一十九文

啓建謝土安龍醮三日夜共錢七十六千二百三
拾文
碑石四片共錢一十二千文
泐碑貼金共錢二十一千九百三十八文
刻掰一百三十付共錢三十八千六百文
辦酌三席請存錢放息諸位並完工算賬共錢一
十五千文
通共用出錢六千九百五十一千八百三十九文
兌除用後實存錢六百八十七千三百六十一
文

外入息錢四十千零伍百文

今將修堡餘敷買義學田開具

一段下坩地車碓後分折正租米三石二斗正收早谷八石鄉足　冬牲一隻

戊午年九月置　佃鄧法榭

一段水東員木磺秋竹坑胡楓墩正租米三石正收早谷六石租　冬牲一隻

戊午年十月置　佃李祖兒

一段劇頭胡舍坂後山干正租米四石七斗半正收早穀十一石四斗鄉足　冬牲一隻

戊午年十月置　佃鄧振忠

一段劇頭胡舍坂塚坑山石木碎正租米二石正
收早穀四石八斗鄉足　冬牲一隻
戊午年十一月置　佃姜昌儒
刪載塚窠口俗呼石木碎
一段劇頭半路洋汲水壠正租米二石又連業米
二石正收早穀九石六斗鄉　冬牲一隻
戊午年十二月置　佃鄧馨禧
一段金井芙蓉山正租米七石又連業米一石正
權收早谷九石租足又貞穀六碩租足
己未年三月置　冬牲二隻　佃陳貴孫

共計六投契價中禮筆資除扣銀水後實用錢陸百柒拾肆千伍伯肆拾貳文
投税分户查苗推收共錢柒拾捌千貳伯四拾貳文
兌除後用過錢貳拾肆千玖伯貳拾叁文候本年收穀抵還

義學田完納銀米額数
二十六都八啚一甲雲龍户
正供銀捌錢貳分六厘正
秋米壹斗四升伍合五勺正
己未行糧

跋

吾貢川之有堡也自明嘉靖四十一年
始首事鄧頫諸君既董其成滌〻蕩〻
保障巍然又慮久之不無壞墮更置
奉先堂田穀百餘碩以備續修思深謀
遠宜乎金湯永固矣迄今三百餘年雉
堞半湮臨江一面夷與街道等其未頹
毀者亦菑嶷欹傾無復所爲滌〻蕩〻

盡

國家昇平日久人皆視此爲非急要故至

此也癸丑歲會匪滋擾　咨肇金公再

篆永邑僉貢爲永北保障慨然有修葺

之思爰召紳耆共議捐輸咸踴躍聽命

不數日集有成數於是遴選賢能分任

其事總理則歲貢劉湘拔貢陳德懷稟

生劉際熙掌記則監生姜培增生羅宗

鴻附貢林僉書存錢則貢生李光宗辦
料則監生劉承蔡嚴嗣謙夏光謙督工
則增貢劉祖元監生楊先明生員楊達
附貢嚴廷揚等諏吉鳩工百堵皆作無
何而
金公升守吾延幸接踵而篆汞
者
叔安陳公
壬甫俞公維持而成
就之始於乙卯六月至戊午二月竣事
周圍六百二十三丈悉仍其舊木石壯

礪匠工其費金陸千玖百有奇盍至是而貢堡居民欣歡鼓舞樂斯堡之復完也是役也非 金公無以開其先非 隙公無以善其繼而非 俞公之總理精明與司事諸君之始終不懈則亦無以底於成夫其續修之易非比創始之難而猶須集羣力經歲時乃得畢其事而收其功使其間少有抵牾或勤惰不

齊或公私各異或上之人不時從而督
察事雖及熱又何能奏績也乎今既佐
佐言言矣此後尤須繼事者咸得其人
則惡陋無虞而斯堡可千萬年鞏固也
僕舌耕於外不獲與勞然安享其成未
嘗不深感　尋侯之德澤並念司事諸
君之奉公維勤也謹詳書之以告來者
咸豐八年歲在戊午四月　吉旦

重修貢[illegible]跋

里人陳錫嘉撰

宣統賢祠書冊

宣統三年歲在辛亥麥月重

賢祠壽

江右臨川

重修賢祠書册序

聖賢之道彌綸於宇宙間者燦然若日月經天江河行地未或息於人心况生理學名邦居大儒故里流風餘韻[illegible]破[illegible]鄭[illegible]道之士中所崇修與樂香可[illegible]

弗克親[illegible]輒相與瓣香尸祝以崇奉之俾人倫日用間凜然有臨上質旁之思以求合於道此賢祠之所由建也吾鄉崇祀七賢由來已久凡鄉先達之嘉言懿行可法可傳者舉得祔祀

左右以模楷後學至文昌關聖
帝懷六烈諸祠爲闔堡所公祭
者皆以次肇舉鉅典煌煌洵足
楷今傳後昔人所爲有書冊之
作也攷書冊肇始距今百有餘
年顧其中所載有前人所已爲

者有前人所欲爲未爲而待後人之爲者溯前輩纂修屆指五十餘年矣後此續增之產業酌定之章程祔祀之名宦皆未一一登諸君不忍聽其抱缺守殘屬耆老紳衿而會議重修議决訂

梓人分執事丞舉高君振聲羅
君慶華陳子啓斌暨宗弟書榕
高君孔嘉董其事闕者補之畧
者詳之廢者舉之彪炳琳琅蔚
爲鉅觀卷成頒諸同志由是家
藏者胥得展卷而朗若列眉不

至嘆文獻無徵則斯册之成豈
惟桑梓之光先賢列聖之靈定
將默爲呵護翻喜後起者之能
廸前光而吾道不至墜地也異
日文明大啓珥筆
彤廷緯武經文正誼明道以爭光

史册更將望于後來者

歲逢

宣統三年辛亥麥秋月　吉旦

後學劉德𡤞撰

高振聲

羅慶華

陳啓斌
劉書榕
高孔嘉
嚴振鐸
劉書榮
等督刊

重建
先賢祠序

吾鄉崇祀
先賢其來舊矣祠宇之設地凡數易要皆廟貌未稱無
以表後學奉揚之忱前此三十年於後街特開基址
剏建新祠氣象唐皇威儀清肅用以尊崇
師表斯其最善者也祠經始于乙酉迎祀于丙戌神旣
居歆而人文丕振鬱鬱蒸蒸蓋日以遒上矣迨丁酉
吾鄉回祿祠亦就燬乃奉 神主居于慧照慧照故

佛地也雖改崇正祀古人有行之者而揆以不屑不潔之心毋乃有歷然者乎況內係官房往來雜沓近復覬覦旁宇開造鹽場則益污穢難堪矣用是復謀重建以還舊觀衆志協同莫不踴躍此亦氣機將振之一驗也葢斯基之美其善有四宅中而居環堡瞻仰其善一地勢尊高規模開朗其善二拱衛深密風水無侵其善三遠離井市不雜埃囂其善四也昔人有銅山鐘應木華栗芽之語葢一氣感召物理自然不容誣也況

先賢後學淵源一脉心同理同者哉誠見輪奐一新人士瞻仰而感興有自則心地當益開朗學問當益深容遠絕埃囂而直詣清明將來彰闡正學求志達道不待異地人任也然則此舉所係良非淺鮮夫磁鐵之通理無隔閡而邪許之助事藉同聲其在我諸同人夫

雍正十一年癸丑蒲月望後一日公序

乾隆十一年丙寅正月

後學嚴承昊　羅宏模　劉世健

覽[illegible]書册　卷一

鄧維緒　夏　聲仝董刊

原序

太古何爲乎吾不得而知也中古何爲乎吾不得而詳也晚近何爲乎吾可得而悉數也其不得而知者文字未興其不得而詳者簡篇有缺其可得而悉數者典籍俱存書册之爲功鉅矣哉古者

朝廷以訖閭里皆有史書故天下土地之廣狹人民之衆寡皆可按籍而稽風俗人心盛衰升降之由皆可循覽而得今直省猶古之州也府縣猶古諸侯之國也其爲書也一統志所載不能如省志之詳省又不能如府

縣之纖瑣備登然則鄉黨間所經營建立縣志不能悉書者不可無書册以紀之也名山古刹太倉稊米耳而其廢興因革尙付諸梨棗俾本末源流燦然可考矧崇祀先賢使道學著明如日月麗於中天以昌扶景運者哉吾貢賢祠於乾隆十一年將規儀田產原委印刷成部詳哉紀載無遺矣嗣是以來嘉慶道光間祀田日增又另立鄉會及童試費視昔時蒸蒸日上也夫國家以賓興取士士之行義達道者非制科無由見鄉會試兩科正鄉賢道學之藪也今創建書院設立膏伙廣

置義倉諸美尚未備而小大之科少有佽助亦足以爲激勸先聲是前人有創爲後人能繼其所欲爲後人有繼爲猶冀後人能益其所未及爲也茲合衆議以遞增之田及科費規條集而重刊之以埀諸弈禩將見家有其書觀覽者咸奮興焉人文蔚起科甲蟬聯名宦鄉賢媲美前代謂茲書册之修卽爲他日天下省府縣志之光也可

咸豐八年歲在戊午孟夏月之吉

後學陳錫嘉偕同人共序

李光宗　姜　榕　楊錫璵

嚴　儀　嚴廷揚　高家驥

後學陳德懷　聶家聲　仝董刊

聶家祥　羅宗鴻　劉際熙

劉祖元　林念書　劉祖祺

聶錦龍　邱　琎　楊世芬

凡例

一賢祠　永懷祠　六烈祠　文昌閣　學堂　關帝廟
無祀壇　遞年元旦　立春　上元　清明　端午
七月望日　中秋　十月望日　冬至　年夜　各
點中宵燭壹對　左右鄉賢　左邊城首　每次各點
中宵燭一條　無祀每次加香二束紙十二刀錫箔四
十張　七月望日　十月望日　須加倍　每次補鑼
夫詣壇點香紙燭工資錢廿四文必須臨期買交住持
不得厭煩一併折價盡交

一每祭三日前具紅單照式寫明通知另具名帖登達尊
門請主祭至期再請通知帖共計十四張

一賢祠祭後交住持買好香錢一百二十文　關帝廟祭
後交住持買好香錢一百二十文　文昌祭後交住持
買好香錢八十文

一額祭賢祠錢壹萬七千文　天把錢八十文　永懷祠
五千四百文・六烈祠五千四百文　另麪桃錢二千
四百文　關帝錢四千文麪桃在內　文昌錢四千文
艾粿在內

一遞年十月十五日　額定無祀普度錢三千文　今添錢一千文　供菜齋果戒牒真言放生物一切在內香紙燭金箔係值年事務要親行到廟發文上供送佛不得辭勞

一祀田堡田皆係正租宜用租斛但折鄉者多舊置堡庄租斛鄉斛斗各一隻今增置堡內租斛鄉斛各一隻值年人不得失落

一祀田堡田現管未符原數然較之從前則稍復矣此亦值年管理之力也但事必以漸毋庸急遽若改佃復租

必須查田爲何如照册議復至於租已復而佃又無掛欠決毋妄啟惟佃約須通行寫換今議每逢甲年收冬日值年託人代書喚各佃或照現收或議租另換佃約其飮食筆資俱用公項不得索佃不得辭勞

一祀田堡田秋冬兩穀除量交住持鑼夫門夫外必須照佃約現收碩數每碩照通行糶斛大價交數租斛加二折鄉不得掩匿短少經收公項亦必逐項開明數目所入若干所用若干所剩若干詳明登簿

一列位先達苗田銀各照捐入碩數貼納

一祀田堡田山場不論大小凡有人開墳批樹値年會同紳衿公正者面議立約不得擅自舉行

一遞年八月付城局劉城錢二千四百文　今扣一千四百文酬新城首

一城街貼租以不照舊難以驟復今須逐植照現租收足不得徇情

一賢祠住持並鑼夫早穀六碩八斗鄉大穀六碩鄉另大穀壹碩鄉折錢二百文　永懷祠　六烈祠住持早穀陸碩鄉　文昌住持早穀肆碩鄉　關帝廟住持早穀

壹碩鄉東南西北水門門夫各早穀叁碩鄉届收穀期

本人入莊向值年照數領穀不得先期扦借

一沖村秋冬收穀額用伙食人工等共錢壹萬叁千陸百

文食飯穀伍碩鄉算穀賬錢壹千陸百文不得濫用

一堡中議事及每月朔望禁用粗錢俱係鑼夫通知大鑼

一面遞傳交管

一鑼夫住持住莊人若不照約盡職辦事即召別人住管

不得徇情若其人的當亦不得妄改

一新入庠生太學捐銀係值年理寫收存交班日一同清

算公舉放息新入者毋吝值年不得辭勞

一公舉禮生須求誠實秉公力量任事之人其人既經舉出不得推辭倩託

一遞年交班額定四月朔日辦三大席三日前照式寫具名帖登達尊存錢領錢人上下值年門請算堡項至期再請辦酌額錢玖千文今添錢叁千文

一堡內有要緊費用穀價不敷值年須會同紳士公議不得擅專

一堡內課祭等費俱有額規如有臨時要費伍兩以上者

值年須會同紳士公議舉行不得擅專

一堡内有公事會議上班值年俱要齊集不得推諉

一屠饗原爲兩祭胙價從嘉慶丁丑年起公議除照舊例分發後所有剩餘錢暨生監新捐入祠銀兩堡項剩餘錢數公舉同學殷實者一位領存放息行息一分閏月亦要算息隨置科田爲通堡鄉會試盤費

一舊班於未交班時代新班完廿六都八圖一甲黎永懷戸正供銀三兩不得減少

一出入錢穀數目俱要據實開銷不得浮開濫費致滋物

議內歸銀廿四両折制錢壹萬玖千貳百文爲值年六位酬勞于四月初一日清算後將花銷開貼照牆仍行開列簿內以備查核

一遞年七月初僱人劉冲村一帶大路從卓步橋頭起至官坡止額錢貳千肆百文又劉卓步橋頭工錢壹百文

一從乾隆丙午年起貼會清橋頭基租錢陸百文此基原係葉宅物業因逼近橋頭而灾回祿將延及橋折毀者再衆向葉宅商議不必架屋遞年照依原租貼納壬辰年葉宅賣與城局其租錢照貼城局收

一從嘉慶庚申年起貼會清橋尾基租錢陸百文此基原
係關帝廟公衆物業因逼近橋尾遞年照葉宅式貼納
一堡內及堡外數里地方如有路斃每次給地保收埋錢
貳百肆十文後係地保向鋪戶歛入湊用
一堡內值年六位向例俱舉文生從丁丑年五月十七日
在　賢祠公議從本年歲考起有新進武庠者照依入
學名次許舉一位不得異議如新進無人將老班未舉
過者照依入學班次補舉一位若舉過一次後再勿藉
口不舉互相爭執

一乾隆戊戌年原議凡新捐報名與祭者必先完銀然後書名分胙如僅本身新捐入祠者必須有土田廬墓在本堡住居三十年爲一世方許會公酌議捐田入祠與分值年人不得因親戚知交徇情妄入

一凡新進貢監入　賢祠者照量加捐少者以壹兩貳兩爲則

一漆箱二隻鎖二把並匙凡新捐新置帖約以及各田約據歷年銀米券上年歷班出入記備照册本　賢祠書册一本又新册一本貢堡書册一本又新册二本捐銀

入祠並脣餉記一本闔堡紳士名次一本上下班遞交不得失落

一科田考田義學田出入記三本交經理者存遞年三月內淸算俩明毋得浮開

已上凡例俱係通堡公議永爲定例若值年內有任意不依者下次决不可復舉其人

本堡原例附記

一城街南門橋上新門上下東門上下每植原貼銀壹錢文昌閣上每植原貼銀五分今崩壞無收

一堡門臨津門係看渡人啟閉餘六門門夫三名原遞年撥收穀壹拾頓均分不得先期扞借

一本堡猪屠原貼縣屠祭肉六百觔因費多情願貼本堡祭二祠求堡紳衿呈　朱父毋㕍批　允歸祭二祠日久各屠奸鬼或臨時逃避或將宿肉抵塞從前甲子年起照時價折錢交堡自買辦祭後因縣採買猪隻又藉口不肯貼價隨呈　何父毋㕍批採買自有發價各屠不得藉口推攩仍照舊例行各屠始遵依辦價今係通堡毋宰一猪預存肉二觔屠戶處屆期每祭各收叁百

勵照時價折錢

一張父母諱守讓字吶銘原遞年捐立祭二祠牛課三百六十斤

一閩笋行原遞年貼堡紋銀壹百貳拾兩貼祭　賢祠銀壹拾兩　永懷祠銀三錢五分

一雜貨等行原遞年貼祭二祠銀柒兩

一草芽原貼祭二祠銀壹両

一甘蔗胡蘿菖牙原貼祭二祠銀壹兩貳錢

右四項俱奉禁不收

五月十三日祭

關聖廟通知帖式

十三日虔祭

關聖敬此通

聞

午刻停桃

值年司事同具

陳設

銅爐 棹幃 燭臺 果福 五果 桃瓶 爵杯

牙筯 拜簟

六通燭一對到廟即點　中宵燭一對祭時點　帛一
幅　火紙十刀　金錢四帙　好祿香二束　檀香五
錢　三牲一局　老酒一屆　地雷三聲　僱吹手四
人　共錢壹百陸拾文　給住持香賸錢壹百貳拾文
千子炮壹封　白糖麪桃每觔八隻　與祭者各領四
隻　未與祭者無　主祭者另送二十四隻　值年各
另四隻　七十歲以上者送　公出送　鑼夫四隻
住持四隻　吹手各四隻　厨工四隻
午設小席

儀節

就位　參神　上香　初上香　再上香　三上香
鞠躬　跪　叩首　叩首　三叩首　興　平身　跪
獻酒　初獻酒　再獻酒　三獻酒　獻果　獻饌
獻粢盛　獻帛　宣祝　俯伏　興　跪　叩首　叩
首　六叩首　興　跪　叩首　叩首　九叩首　興
平身　焚祝　焚帛　辭神　徹饌　禮畢

祭文式

維

大清宣統　年歲次　仲夏　十三日貢堡紳衿全

名等　謹以牲醴昭告於

至聖關夫子神前曰大哉　夫子浩然正氣至大至剛塞

乎天地志在春秋深明大義忠貫日星統存漢季萬

古綱常賴以弗墜達德有三

夫子悉備至我

聖朝屢顯靈異護國功宏佑民澤被叠晉褒封推崇極致

普天之下咸立　廟位恭逢　聖誕虔修祀事蠲潔蘋
蘩拜瞻肅志大哉
夫子萬古翹企　尙饗

八月朔祭

永懷祠通知帖式　若值科年改期則寫十月朔補祭

謹依舊規用八月朔日祭

永懷祠敬此通

聞

午刻停胙

值年司事同具

對聯

諸公澤壽花城一川月萬載風世挹清光揮紫霧

我輩心存俎豆數瓣香三秋桂歲陳嘉粟映朱霞露

泰山可徙滄海可移世德常新貞珉載
彤管難紀翠珉難鐫人心永戴祀春秋

城首對聯

昔日經營奕葉金湯垂不朽　功高衆志成城日
今時安侑千秋功績永毋忘　祀永千秋戴德餘
捍患禦災先固吾圉
深思遠慮復立堡田

陳設

銅爐二隻　棹幃二幅　燭臺四對　果福二架

桃瓶二對 銀杯十二隻 牙箸十二雙 拜簟 筆
墨 硯 分胙單 煙筒 六通燭一對到祠卽點
中宵燭三對 祭時三廳各點一對 錫箔六十張摺
錠作三分 火紙二十四刀作三分 帛十二幅 京香
四束 檀香一兩 三牲二局 麪桃四盤 老酒二
小壺 地雷三聲 千子炮壹封 正連城炮五聲
五百炮一封 僱吹手四人共錢壹百陸拾文
煙隨用 燭隨用
午設大席

儀節

就位 上香 初上香 再上香 三上香 鞠躬

跪 叩首 叩首 三叩首 興 平身 跪 獻酒

初獻酒 再獻酒 三獻酒 獻果 獻饌 獻粢盛

獻帛 宣祝 俯伏 興 跪 叩首 叩首 六叩

首 興 平身 焚祝 焚帛 徹饌 禮畢

祭文全名

維

年 月 日貢堡紳衿 等謹以牲醴昭告於

大方伯　洞巖周公祖
大僉憲　心泉曾公祖
大邑尊　少梧歐陽父師
　　　　吶銘張父師
　　　　葆初陳父師
　　　　穀生金司馬之靈前曰維我
諸公鳩靈孕瑞卓犖邁倫喬松勁栢威鳳祥麟出臯郡
國懷保若嬰流盜猖熾屢肆憑陵鴻恩厚德錫我長
城惟我

列侯建墩創院捐俸百金詳　憲請　部廣額泮林菁莪
雅化照耀古今亦越　金公剿平逆匪燕水重臨勸捐
修堡功懋澤深士民永賴祠祀明禋惟此禋祀庶鑒我
歆惟我　俠烈　文學
瓏仲嚴先生殺身禦侮壯志全城均祈來格咸薦藻蘋尚
饗　禮生用大衣祭畢請　主祭者祭左廳城首

儀節

就位　上香　初上香　再上香　三上香　鞠躬
跪　獻酒　初獻酒　再獻酒　三獻酒　獻饌　獻

粢盛 獻帛 宣祝 俯伏 興 跪 叩首 叩首
三叩首 興 平身 焚祝 焚帛 禮畢

祭文

維
年 月 日合堡紳衿 等 謹以牲醴昭告於
明文學 若梅鄧先生
處士 竹山陳先生
太學 肖峰賴先生
處士 少峯余先生

處士　小山賴先生之靈前曰𧊅賊煽妖我鄉罹毒幸
布鴻猷萬民安堵屹匕金湯功垂不朽歲事聿修薦茲
簠簋　尚饗

右廳諸城首點香紙燭禮生四拜

分胙　每分要揀制錢壹百文用紅紙包好

酬城首五位五分　　壬祭另送壹分壹百貳拾文

禮生六分　公出送　七十歲以上者送

與祭者各壹分　未與祭者無分

本祠住持壹分陸拾肆文　傳鑼壹分陸拾肆文

保長同歛錢各壹分陸拾肆文　另送主祭麵桃三斤

每斤八隻　本祠住持飲福一日

收本堡猪屠餉叁百觔照市價每觔扣錢拾貳文算

另酬新城首一十四位

劉　湘　陳德懷　劉祖元　夏光謙　羅宗鴻

林念書　劉承藜　嚴廷揚　劉際熙　姜　培

李光宗　嚴嗣謙　楊先明　楊　達　每酬胙錢壹

百文

八月初二日祭
六烈祠通知帖式
八月初二日祭
六烈敬此通
聞
年刻停祧胙　　值年司事同具
對聯
之死矢靡他恥爲瓦全甘同玉碎
惟名垂不朽既隆廟祀還載誌書

覽祠書册　卷

晶窗瓏瑽琮璜上廳　貞心直是松和石　廳
香溢蘋蘩薀藻中　頭　亮節真如日與星　尾

陳設

銅爐　棹幃　燭臺　果碟　五果　桃瓶　銀杯十
四隻　牙箸十四雙　拜簞　筆　墨　硯　分胙單
煙筒　六通燭一對到祠即點　中宵燭一對祭時點
錫箔四十張摺錠　火紙十二刀　帛十四幅　京香
四束　檀香五錢　三牲一局　麪桃二盤　老酒一
小壺　地雷三聲　千子炮壹封　催吹手四人共錢

壹百陸拾文　煙隨用　燭隨用

午設大席

儀節

就位　上香　初上香　再上香　三上香　鞠躬

跪　獻酒　初獻酒　再獻酒　三獻酒　獻饌

獻粢盛　獻帛　宣祝　俯伏　興　跪　叩首

叩首　三叩首　興　平身　焚祝　焚帛　禮畢

祭文

維

年　月　日合堡紳衿　等謹以牲醴昭告於

貞烈嚴鄧氏孺人

鄧陳氏孺人

吳鄧氏孺人

羅劉氏孺人

羅姜氏孺人

林　姑　娘

附祀貞烈林羅氏孺人

林嚴氏孺人

羅劉氏孺人
劉嚴氏孺人
李楊氏孺人
李楊氏孺人
楊嚴氏孺人
高嚴氏孺人之靈前曰天地正氣鍾之于人人之志
正其氣以伸卓哉
六烈現丈夫身舍生取義殺身成仁以志帥氣節全其眞
四烈

二烈不緇不磷先後同揆襃世鳳麟邑乘徵實鄉祀妥神
貞心大節歷久彌新維桑與梓歲薦藻蘋　尚饗
白糖麵桃每觔八隻　與祭者各四隻　未與祭者無
主祭者另送二十四隻　禮生各另四隻　七十歲以
上者送　公出送　傳鑼四隻　本祠住持四隻
吹手各四隻　廚工四隻
分胙　每分揀制錢壹百文用紅紙包好　酬嚴宅
貳百肆拾文　楊姓壹百貳拾文　主祭者另送壹分
壹百貳拾文　禮生另各壹分　公出送　七十歲以

上者送　與祭者各壹分　未與祭者無分
本祠住持壹分陸拾肆文　傳鑼壹分陸拾肆文
從道光元年起酬羅姓捐基錢壹百文　光緒乙巳年
起酬嚴宅胙錢壹百文　本祠住持飲福一日

新對聯附

里被妖氛先後捐生欽烈婦
碑登邑乘歲時崇祀慰貞魂
巾幗仰完人同彰節烈
冠裳修祀事永薦馨香

九月初九日祭

先賢通知帖式

謹依舊規用重九日子刻虔祭

先賢凡我

同人各宜頂袍聽首炮炙炮三炮爲號詣祠肅班行禮

毋或參差有乖盛典謹此通

聞

黎明停胙

值年司事同具

對聯

搆鼓鐘之地于乾位嶽峙鸞騫凡玆縉紳父老緐連冠

舄殷薦無休永爾祟祀貢水

衍伊洛之源于海濱雲奔雷洩遂使後學晚儒遥挹波

瀾立風不斷真能霞映尼山

至聖其斗極天樞指碧漢以挹晶光三三聯驂並轡

大儒乃書淵圖府儼絶楷而祈盼鑾一一鏘佩垂魚

道德事功卓爾芳規榮梓里

蘋蘩薀藻丕哉懿典寄芹誠

顯斯道光斯土桑耶梓耶千載江山常儼若

登其堂法其心危也微也數傳風月尚悠然

萬古與同星日月　宮牆萬仞仰前哲

千年長憶德言功　高祀千秋鍾後人

鵾鵬鼓翮騰雲路　昭明有融

嶽瀆輸靈炳聖燈　正直是與

傳絕學于伊水由是師友相承閑聖闢邪直爲天地立

心生民立命

崇正祠于貢川從此歲時將事盡誠致敬咸知綱常有

王道德有宗

北學得薪傳上追鄒魯
南來衍道脈廣訖閩甌

由濂洛而閩繼往開來溯匕厥隅遵道法
自生成以教事三如一循匕子弟薦馨香

絕學紹洛北真傳繼起一方輝映後先欣立雪
羣賢啟閩南至道大成再集澤存州里幸聞風

陳設

線香 檀香 果福三架 桃瓶四對 銅爐三隻

剛鬣 柔毛 牲儀三局 麵桃六盤 毛血二碗

茅沙並盤　雅燈　好彩　幔帳　棹幃
大棹幃一幅　牙箸每位神前各一雙　銀盃每位神
前各一隻　飯湯茶每神前一碗　爵杯四隻　銅盃
手巾並架　四通燭四對並臺　中宵燭每位神前各
一條並臺　大箔二刀（作三分）　帛三十二幅　火紙一
大毯　老酒　拜簟　大把錢八十文　地雷十二聲
千子炮一封　帖紙貳張　聯紙二張　樂工四人錢
三百貳拾文　香贐錢壹百二十文

儀節

序立　執事者各司其事　主祭者就位　助祭者就
位　瘞毛血　參神　鞠躬　跪　助祭者皆跪　叩
首　叩首　三叩首　興　平身　詣盥洗所　盥洗
詣香案前　上香　初上香　再上香　三上香
降神　主祭者跪　酹酒　傾茅沙盤　俯伏　興
跪　叩首　叩首　三叩首　興　平身　復位
興樂　樂止　行初獻禮　詣酒罇所　司罇者舉羃
酌酒　主祭者致祭于
宋大儒列位夫子先生之前　跪　進酒　獻酒　奠酒

進饌　獻饌　奠饌　俯伏　興　平身　司罇者舉
觶酌酒　主祭者致祭于
明鄉賢列位先生之前　跪　進酒　獻酒　奠酒　進饌
獻饌　奠饌　俯伏　興　平身　司罇者舉觶酌酒
主祭者致祭于
清鄉賢列位先生之前　跪　進酒　獻酒　奠酒　進饌
獻饌　奠饌　俯伏　興　平身　復位　興樂
樂止　詣宣祝位　跪　助祭者皆跪　宣祝者跪
宣祝　俯伏　興　跪　助祭者皆跪　叩首　叩首

三叩首 興 平身 復位 興樂 樂止 行亞獻

禮 詣酒罇所 司罇者舉觶酌酒 主祭者致祭于

宋大儒列位夫子先生之前 跪 進酒 獻酒 奠酒

進果 獻果 奠果 俯伏 興 平身 司罇者舉

觶酌酒 主祭者致祭於

明鄉賢列位先生之前 跪 進酒 獻酒 奠酒 進果

獻果 奠果 俯伏 興 平身 司罇者舉觶酌酒

主祭者致祭于

清鄉賢列位先生之前 跪 進酒 獻酒 奠酒 進果

獻果　奠果　俯伏　興　平身　復位　興樂　樂

止　行終獻禮　詣酒罇所　司罇者舉羃酌酒　主

祭者致祭於

宋大儒列位夫子先生之前　跪　進酒　獻酒　奠酒

進帛　獻帛　奠帛　進飯　獻飯　奠飯　進茶

獻茶　奠茶　俯伏　興　平身　司罇者舉羃酌酒

主祭者致祭於

明鄉賢列位先生之前　跪　進酒　獻酒　奠酒　進帛

獻帛　奠帛　進飯　獻飯　奠飯　進茶　獻茶

奠茶　俯伏　興　平身　司罇者舉羃酌酒　主祭
者致祭于
清鄉賢列位先生之前　跪　進酒　獻酒　奠酒　進帛
獻帛　奠帛　進飯　獻飯　奠飯　進茶　獻茶
奠茶　俯伏　興　平身　復位　興樂　樂止　詣
飲福位　跪　飲福　受胙　俯伏　興　跪　叩首
叩首　三叩首　興　平身　復位　興大樂　跪
助祭者皆跪　叩首　叩首　三叩首　興　平身
詣焚帛所　焚祝　焚帛　辭神　徹饌　禮畢

祭文

年月日後學全名等謹以柔毛剛鬣牲醴庶饈之儀昭

告於

宋大儒龜山楊夫子

豫章羅夫子

延平李夫子

晦菴朱夫子

了齋陳先生

栟櫚鄧先生

默堂陳先生神位前曰道闢自天有源有委肇自鄒魯
有如河水傳至濂洛碣石是擬吾道南來其流遂侈
維我
四賢師弟繼起任重詣極士無近似秋月冰壺大本在是註
明六經始終條理
陳鄧三公前後濟美異端洪瀾羣賢中砥伊洛會同洙泗渺
瀰泱濬宏功不可涯涘某等未遠遺徽幸側桑梓私
淑宮牆溯流仰止維我
明鄉賢竹泉林先生

少泉林先生

三泉林先生

飬泉林先生

六竹林先生

鳳軒高先生

龍屛李先生

左泉嚴先生

海日嚴先生

素履姜先生

紋山羅先生

清鄉賢著霞楊先生

榆園羅先生

理齋邱先生

桐川聶先生

圓亭李先生

東隅邢先生

訒齋楊先生

東巖聶先生

寶岡李先生
彥菴劉先生
敬齋劉先生
厚齋聶先生
藴山張先生
俟在張先生
蘭庭陳先生　均係先達堪同畏壘各祈來歆薦茲簠
簋
尚饗

分胙　每分揀制錢一百文　用紅紙包好

林竹泉　林少泉　李龍屛

楊著霞　邱理齋　李圓亭

邢東隅　楊訒齋　劉彥菴

劉敬齋　姜素履　嚴左泉

聶厚齋　張侯在　張蘊山

林餐泉　陳蘭庭

以上先達各送一分一百文

林六竹　高鳳軒　嚴海日

羅紋山　　羅楡園　　聶桐川

聶東巖　　李賓岡

以上先達各送一分一百二十文

主祭另送一分二百四十文　羊胙三觔　麵桃廿四隻　禮生各另一分　與祭者各一分　未與祭者無分　七十以上者送　公出送　本祠住持一分六十四文　傳鑼六十四文　保長同歛錢各一分六十四文　管路門斗一分六十四文

午設大席

二月初三祭

文昌通知帖式

初三日虔祭

文昌敬此通

聞

巳刻停桃　　　　　值年司事同具

陳設

六通燭壹對到堂即點　中宵燭壹對祭時點　帛壹

幅　火紙拾刀　金錢肆帙　好線香貳束　檀香伍

錢　三牲一局　老酒壹小壺　地雷叁聲　吹手捌拾文　香贐捌拾文　煙隨用　燭隨用

艾粿

與祭者各領肆隻　未與祭者無

主祭者另送廿肆隻　禮生另各肆隻

七十歲以上者送　公出送　傳鑼肆隻

住持肆隻　吹手各肆隻　厨工肆隻

午設小席

儀節與　關聖同

祭文

維年月日後學某等謹以牲醴昭告於
九天開化司祿梓潼文昌星君之神前曰恭惟
星君
文昌之精權司祿位職掌科名有文無行如木弗榮有行與
文如金斯聲寻之奪之世得其平昭昭在上敬畏以生
惟敬惟畏事罔不誠尚啟佑我不失心正謹告

十月十五日無祀普度疏式

奉

佛度亡紳士某率領合堡人等特掃無祀道場冒干有靈

諸佛具呈意者言念生則爲人死則爲鬼鬼而不祀鬼且

弗安鬼而無祀鬼將何託依草附木土著不乏游魂嘯

月啼風旅人亦多羈魄哀同伯道痛切無兒恨等若敖

空言有後鬚眉似戟之夫飢火化青燐一點巾幗如花

之秀餓殺鋪白骨千堆嗚呼覓杯羹而寂寂求滴酒於

茫茫眼已枯矣腹其餒而嗚呼壇高三尺敢收隻影之

魂偈誦千言還關三皈之路欣逢
水官大帝降生華辰
解厄星君臨凡令節延仗法流于
玉毫庵中啟建慶亡道場另設攔門斛食一所賑濟孤魂等
眾于中開啐
大悲無碍神呪　往生淨土真言　焚化孤衣戒牒　託
佛光中敬伸薦拔
本堡無祀壇中四生六道孤魂滯魄等眾
慈雲蔭處立脫輪迴

甘露沾來先施醉飽轉爲作祖作父之身加以多子多

孫之福奉

佛無方聞經自在謹疏

法事

發文 誦經 上大供 放生 課誦 出食 送佛

交班帖式

四月朔清算堡項治酌候

教

值年司事弟

頓首拜

賢祠書冊　卷二　先賢祠圖　一號

先賢祠圖

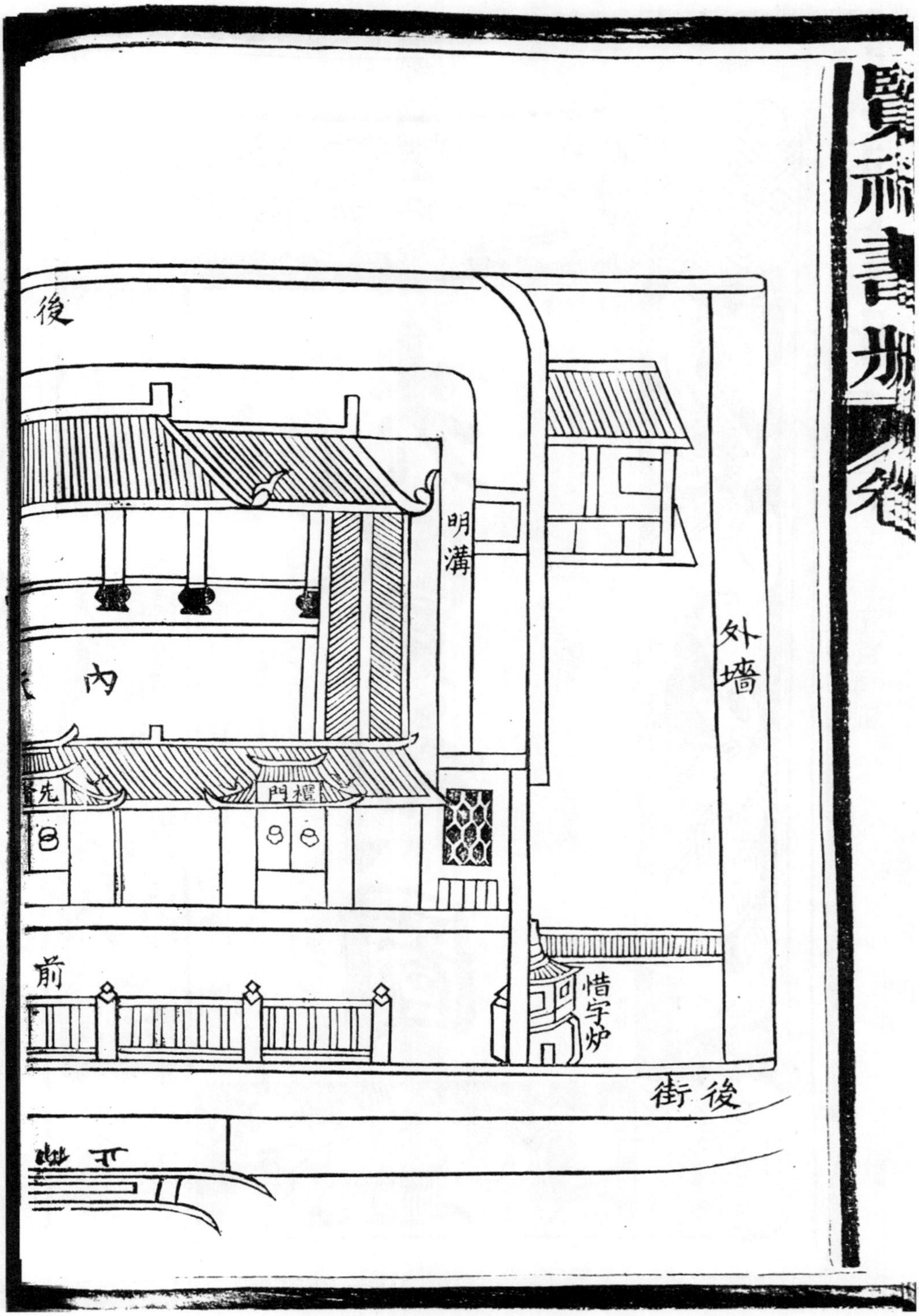
後
明溝
內
外墻
先
櫺門
前
惜字炉
後街

賢祠書冊　卷二　先賢祠圖記　二號

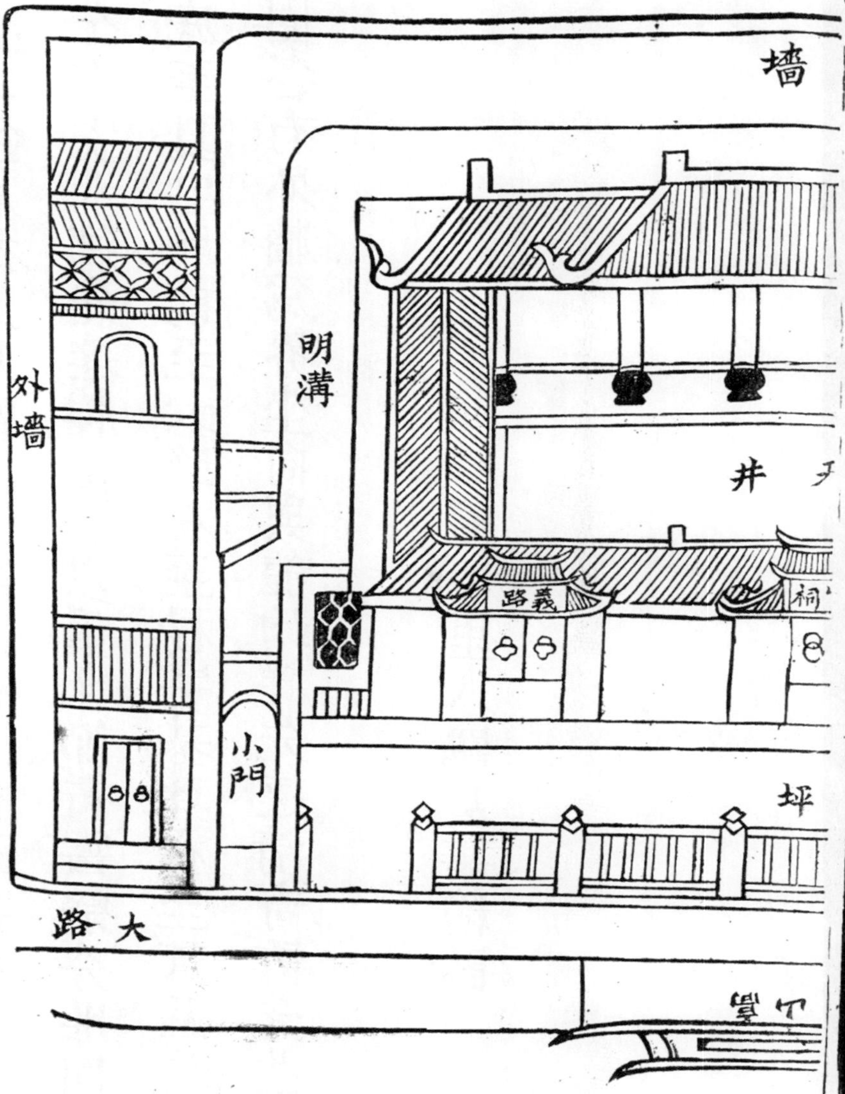

賢祠書院卷

祠在本堡后街天后宫左畔計二棟五植三龕中安七
賢左右安本鄉先達牌位歲以重九節行嘗祭分胙同
人底至夏宅坪前至大路左至楊宅基坪右至天后宫
四圍各有外牆爲界坐向與龍均詳先達清奇許先生
記

里人羅慶華繪誌

賢祠坐向記

貢川之龍從大羅紋開浪天水帳出身行龍如波湧馬奔虎踞鳳舞貴不可言大關大峽俱辛酉此乃金水相涵之格也至建旂峰頓起少祖帳下出脉至入首有七節丑占四節子占一節亥占二節共一爲束咽入首主山坐乾是一路皆兌丁己酉丑之金氣山運又逢乾亥之金氣旺虎衰龍水歸艮丑當立金局之生向値巽加巳則亥𡚒相通乃成富貴旺丁發福悠久之地切不可加戌以亂正局也且隨身小河從辛來合輔星巽向納

之爲催官速發科甲大河從巳丙來爲帝旺丙合武曲、一派庚酉辛水來俱合貪巨吉星餘凶無犯此水法之最清純者也山則從吳景鸞輔星對宮起法天馬之峯合貪卯甲之峰合輔與巨離午爲曜卯爲刼煞曜煞歌有云遠託雲霄曜爲貴反作貴格丁財與煞曜歌亦云破碎照穴真可怕秀麗端正是貴人今天馬之遠託雲霄卯甲之秀麗拱揖則刼曜亦化吉也且分金加亥應亥卯未年出貴向加巳應巳酉丑年出貴前已有驗則用明代原向不可易也又乾爲頑金得火煅煉方成器

今造文閣於艮方收兩河丙辛之水爲三合連珠火以
煉金天馬丙午之方高起亦爲煉金之助也
文閣坐艮兼寅三分方合貪狼基址築盤高四尺三寸
下爲土室第一層木閣乚丈五尺六寸二層木閣一丈
一尺一寸連地基四尺三寸共四丈一尺六寸蓋瓦及
葫蘆頂不算也
奎閣坐庚向甲亦金局旺方巽向之三合坐亥龍之同
氣此方高起不獨發文兼發武貴若要起須坐庚兼申
坐向盡收貪巨武輔之美高只三丈餘或五尺七寸或

七尺三寸俱佳

乾隆四十六年辛丑十月　日　吉旦

汀州府歸化縣學諭　許清奇經制

江右二酉齋刊

永懷六烈祠圖

賢祠書冊 卷二 永懷六烈祠圖 一號

菜地
墻
墻
捐堡考名
城首所
明溝
永慶祠
外坪
名山廟

賢祠書冊 卷二 永懷六烈祠圖 二號

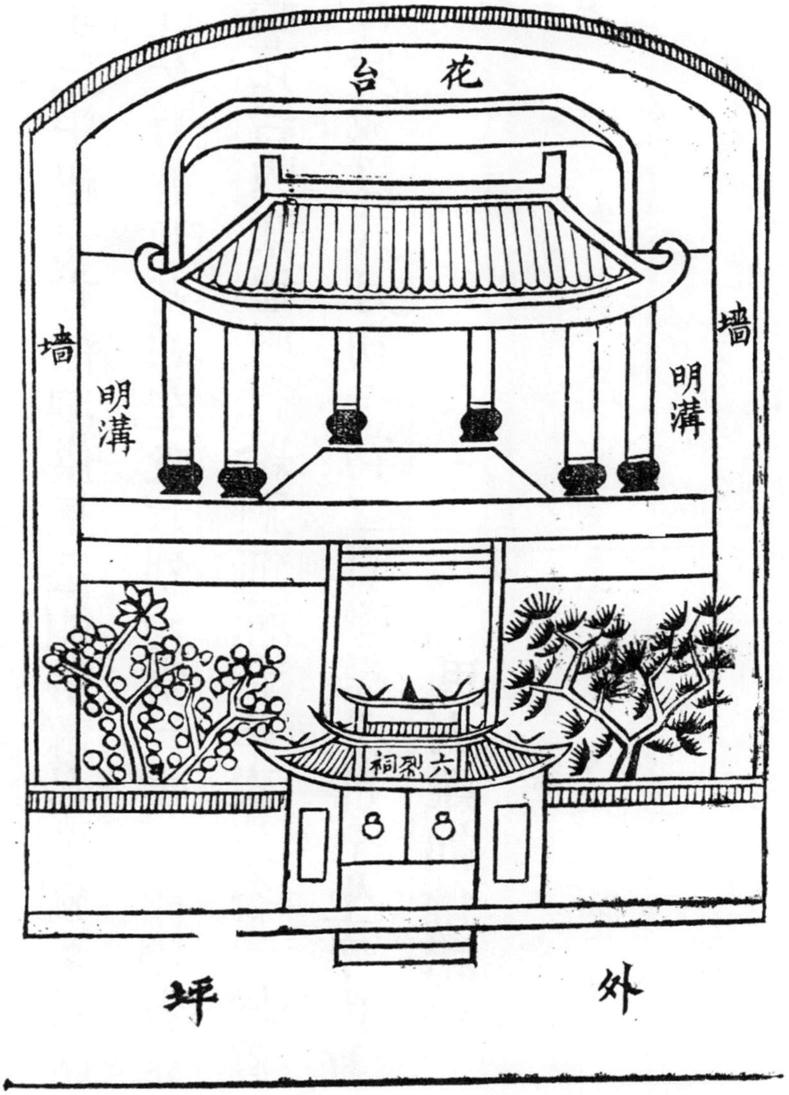

地在本堡南郊巫峽頭名山廟下兩祠並峙爲堂一列室三中祀大方伯洞巖周公祖等祿位左祀城首諸公右安捐堡芳名碑左毗六烈祠堂一室一四圍各界以牆花台內菜地數行給祠佃種蔬華表外各一坪直至官路歲以八月初一初二日致祭分胙仝坐辛山兼酉

里人羅拙傭繪誌

賢祠書冊 卷一

龍山學堂圖

一號

龍山學堂圖

江右二酉齋刊

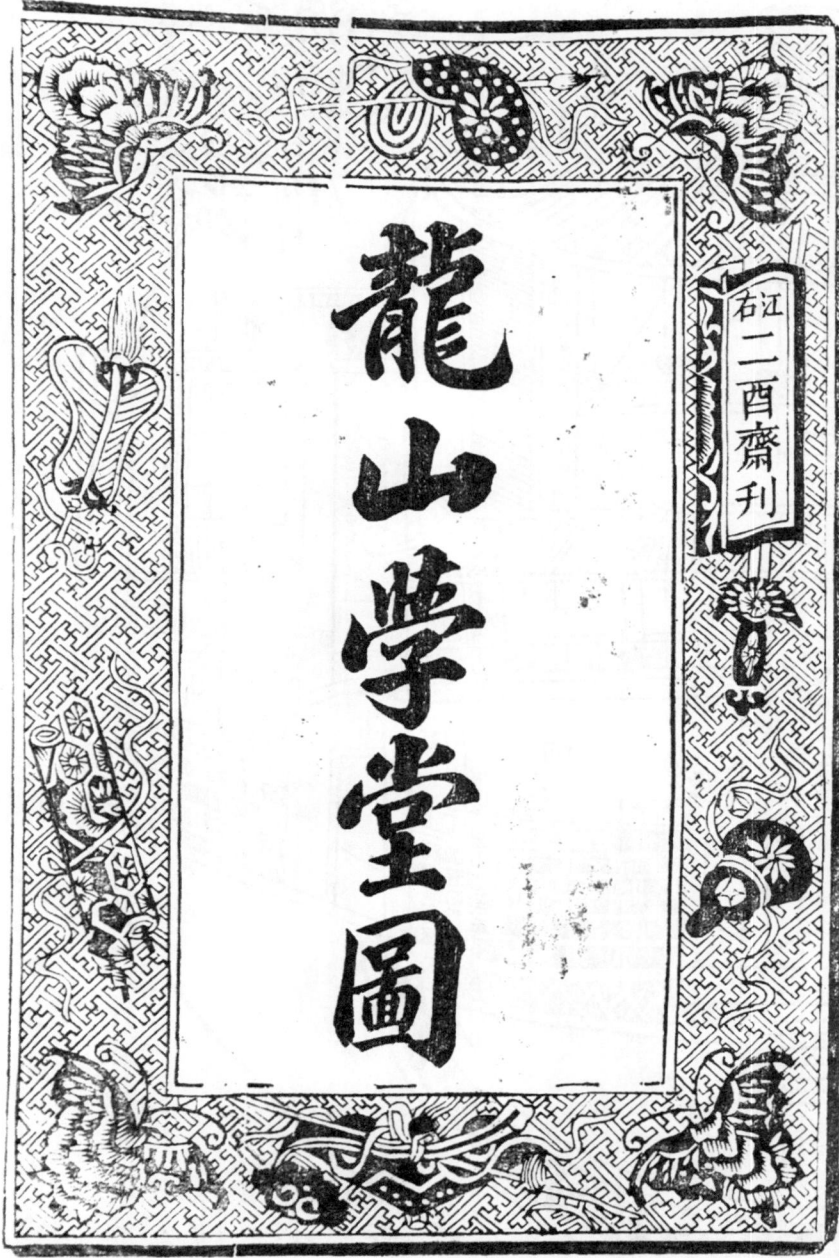

花
墻
明溝
内
月

賢祠書冊

龍山學堂圖

二號

地爲后山環秀樓祀水神元天上帝舊址　光緒乙巳
三十一年奉
旨特建圍以磚牆計五楦二堂左附橫廂二小屋俾住堂丁
右擬正屋三橫屋一爲供饍所刻因款絀未克建立所
望後之君子留心經營以成全璧則幸焉堂坐子山兼
壬三分水路放丁字

里人羅古虞繪誌

沖村庄圖

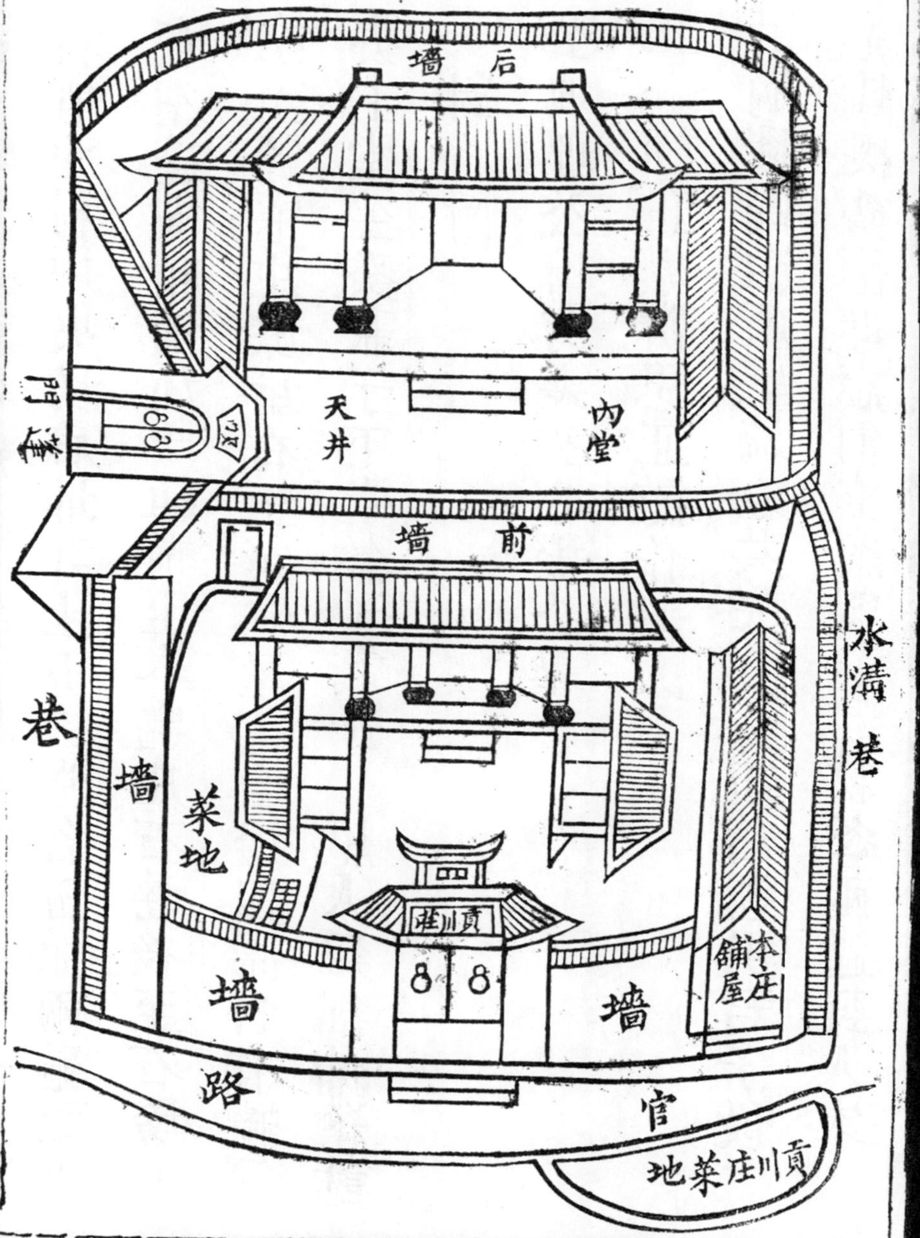

右地冲村中央坊后埔計上下二堂各五植兩龜頭下堂左邊横廂舖屋一植前至本宅庄石塝後至石塝下左至鄧宅庄墩屋右至黃宅屋花台邊四圍各有牆爲界上堂坐癸兼子下堂坐子兼壬　里人羅拙傭繪誌

對聯附

入公地理公田勿喪公心虛公舉
傳正宗談正學當思正誼作正人

司出納杜侵漁所望端方共矢
新舊遞供君子役

撫先疇懷舊德毋忘創立維艱
秋冬兩過野人家

現管冲村堡田田段開列　今爲祀田詳載乾隆十年堡册內

一土名冲村砂坂堂門首正租米拾柒碩　冬米捌斗

權收早穀貳拾捌碩鄉　牲二隻　佃

一土名冲村庵門首卽菴前坑門首正租米陸碩　冬

米叁斗收早穀拾肆碩肆斗鄉　牲一隻　佃

一土名冲村住屋基坪水南坊正租米叁碩壹斗　又

米壹碩權收早穀捌碩壹斗鄉　牲一隻

又水南坊收早穀肆碩零叁升鄉　佃

一土名油楻坂文章窠筍廠邊榨坪正租米叁碩　冬

米壹斗伍升權收早穀伍碩伍斗鄉　牲一隻

一土名沖村柿樹墘又名栗子墘正租米貳碩　冬米

壹斗權收早穀伍碩伍斗鄉　牲一隻　佃

一土名沖村水南坊正租米壹碩陸斗　冬米捌升權

收早穀肆碩零貳升　牲一隻　佃

一土名泉塘坑正租米壹碩陸斗冬米捌升權收冬穀

肆碩貳斗鄉　牲一隻　佃

一土名沖村孜坑白石坋青龍垂正租米壹拾叁碩

冬米陸斗伍升權收晚秋穀拾陸碩捌斗租

又收早穀伍碩鄉　牲三隻　佃

一土名長坑又名長坑仔即山竹坑長坑壠正租米肆

碩冬米貳斗　權收冬穀柒碩伍斗鄉　佃

一土名石結塘上下坜正租米肆碩　冬米貳斗　權

收冬穀柒碩伍斗鄉　連田頭山一片各有原管界

址　佃

一土名長坑仔又名長子坑正租米貳碩　冬米壹斗

收冬穀伍碩鄉　佃

此田現分二佃耕作顏金牲包收伍碩鄉陳水貳碩

伍斗鄉
一土名墘頭墓窟仔正租米貳碩貳斗　冬米壹斗壹升收冬穀肆碩肆斗租　牲一隻　佃
一土名官路下墓窠又名墓窟上坋正租米貳碩　冬米壹斗收冬穀肆碩伍斗鄉　牲一隻　佃
一土名官路下又名墓窟下坋正租米貳碩　冬米壹斗權收早穀肆碩伍斗鄉　牲一隻　佃
一土名石樸堂正租米壹碩收冬穀壹碩伍斗鄉
一土名畋坑杉林坑又名杉林岩正租米貳碩　冬米

壹斗收冬穀肆碩租　牲一隻　佃
一土名山竹坑長坑壠正租米伍碩　冬米貳斗伍升
權收冬穀拾貳碩鄉　牲一隻　佃
一土名水南坊長老墓對面正租米貳碩　冬米壹斗
權收早穀肆碩租　牲一隻　佃
一土名佘地大王墈正租米拾貳碩　冬米陸斗權收
早穀肆碩租　牲一隻　佃
一土名佘地漈坂正租米貳碩　冬米壹斗權收冬穀
肆碩伍斗鄉　牲一隻　佃

一土名余地漈竹坑正租米陸碩　又漈坑租米玖碩

權收冬穀拾陸碩鄉　牲三隻　佃

一土名浩排坑正租米陸碩伍斗　冬米叁斗貳升半

權收早穀伍碩柒斗伍升鄉

一土名小波源浩排坑山租錢肆百文

以上田段俱買自奉先堂苗推入黎永懷戸堡册有

載今失管無收田四段

一土名姜窠仔正租米壹碩伍斗

一土名横坑仔正租米壹碩

一又菜園一片正租米貳斗
又茶林千正租米柒斗

賢祠從祀田收數

一收少泉林先生從祀田一段土名鄭坑蛇坑仔正租米壹碩收禾穀貳碩伍斗鄉　原收冬穀　佃棠賓貼林宅苗錢捌拾文

一收海日嚴先生從祀田一段土名東坑鳳凰窠正租米肆碩實收早穀捌碩白　牲一隻

田苗推入四賢祠戶內

一收小紋羅先生寫出書院田二大段一段土名田砂溪撥舍前正租米陸碩冬米叁斗　牲一隻

原權收冬穀拾壹碩鄉
從嘉慶十九年立佃不論豐歉實收貞穀伍碩鄉
佃
一段土名官路下案厨前李舍窠圳頭埔頭又名佛嶺
門首坑頭圳頭池共正租米捌碩權收冬穀拾碩伍
斗鄉　牲二隻從乾隆四十年起折出李舍窠一段
收大穀貳碩鄉　四十九年又議官路下案厨前等
處貞穀貳碩鄉大穀陸碩伍斗鄉
二段苗推入黎永懷戶　佃

一收榆園羅先生從祀田一段土名莊頭橋樟樹墘垃
坡頭　册載莊頭橋橋仔頭正租米貳碩五斗收早
穀伍碩租　牲一隻　佃
此田向佃劉文佳住屋横廂前石磅下有田二坵右
邊明溝外煙墩牛欄糞池地基及相連旱地荒山係
堡內與嚴姓羅姓三股同管物業羅宅立合同票二
紙交堡內與嚴宅各執存據嚴姓正租收穀伍碩租
羅姓賠租收穀柒碩捌斗鄉　田苗並下二位聶先
生田俱推入四賢祠戶內

一收理齋邱先達從祀田一段土名發冲前倉坪正租
米壹碩收早穀貳碩鄉　佃
一收桐川聶先生從祀田一段土名鴨母壠天星墈正
租米肆碩收早穀八碩租　牲一隻
佃
一收東巖聶先生從祀田二段一段土名東坑猪母窠
正租米貳碩柒斗收大穀叁碩肆斗伍升租　牲一
隻　又收貞穀貳碩鄉　佃
一段土名曹源竹林干茲笋厰基正租米壹碩壹斗原

收大穀貳碩貳斗租　牲一隻

此田爲聶姓架厰有年無有知其故者從嘉慶壬戌年查覺已爲姜允如業矣着伊明立承約從癸亥年起不論豐歉永遠理還早穀叁碩貳斗租

佃

一收竹泉六竹林先生從祀田一段土名裳坑漈坂紙槽坑正租米肆碩連業小租米壹碩收籽穀捌碩租

又貳碩鄉　牲一隻

佃

苗載沙戸貼三元鄧宅苗錢原肆百捌拾從戊申增

添今玖百陸拾文

一收鳳軒高先生從祀田二段一段土名冲村白石分

收早谷伍碩鄉 牲一隻 佃

一段土名東坑頭桃樹墘分折收貞穀伍碩鄉牲一隻

俗呼桃窠壠 佃

一收龍屛圓亭李先生從祀田一段土名冲村大王墘

對面蚊坑後杓米叁碩 冬米壹斗伍升小租米壹

碩收早穀拾碩鄉 牲二隻 佃

又原添捐錢捌千文

一收若霞楊先生從祀田一段土名黄坭堀柒拾勺分
折米二碩冬米牲全收貞穀伍碩
今收肆碩租牲　　　　佃

一收邢東隅先生從祀田一段土名水東老鼠岩分折
米貳碩包收早穀肆碩租足稅　　　　佃

一收楊訒齋先生從祀田一段土名東坑祟福坂分折
米貳碩　冬米牲全收早穀肆碩租斛足租
佃

一收李實岡先生從祀田一段土名冲村墘頭大墘役
米貳碩柒斗伍升　收早穀伍碩鄉　佃

一收彥菴劉先生從祀田一段土名冲村洋蓬壠分拆
米貳碩包收早穀肆碩租戶足稅
以上田八段俱田苗推入四賢戶完納

一收敬齋劉先生從祀田一段土名大田坑官舍坂圳
頭墘官舍坂米貳碩伍斗收早穀伍碩鄉　牲一隻
佃

苗載沙縣興都五圖一甲劉發成戶
貼苗錢叁百陸拾文今代完此田約載大田坑其實土
色在圳頭墘其田坂上連墘至山邊有圳右邊隨圳
直上有一壠栽分龍早
一同治壬戌年收厚齋聶先生從祀田一段土名碗坑
石橋頭分折正米　實收早穀肆碩伍斗租牲一隻
上手來繳苗存二十五都六圖七甲聶九如戶現貼
聶宅苗錢叁百貳拾文
一同治甲子年收楊啟振捐人祠田一段土名下甘地

車碓後正米叁碩貳斗小米連業收早穀陸碩鄉
牲一隻　上手繳入　代完在都十一圖九甲楊夏
福戶供銀玖分陸厘　秋米一升玖合貳勺
一同治丙寅年收素履姜先生從祀田一段土名冲村
官路下饅餕份車碓前分折正米貳碩肆斗實收早
穀陸碩鄉　苗載二十六都一圖一甲姜誠菴戶現
貼姜宅苗錢肆百文　上手未繳
一同治己巳年收倿在蘊山二先生從祀田二段土名
南郊外牛角池口分折正米貳碩實收早穀肆碩租

代完二十六都六圖四甲張傑表戶供銀捌分　秋
米壹升六合又段土名深壠池西坑分折正米貳碩
實收早穀肆碩租　代完二十六都二圖七甲張賴
林戶供銀捌分秋米壹升六合　上手俱未繳
一同治壬申年收左泉嚴先生從祀田一段土名大田
坑林宅門首磅兜墘分折正米貳碩叁斗實收早穀
陸碩陸斗白　代完二十六都五圖二甲嚴闇泉戶
寄庄銀貳錢正
一宣統己酉年收餐泉林先生從祀田一段土名冲村

油楻坂正租米貳碩實收早穀肆碩租足　此田捐
約內載如有收租不足議將本宅祖業土名官路下
獲山嶺田租早穀任堡內向佃收入補足肆碩租數
上手未繳
代完二十六都四圖九甲林養泉戶供銀捌分　秋
米壹升六合
一宣統辛亥年收蘭庭陳先生從祀田一段土名黃坭
垇墩仔尾正租米貳碩收貞穀肆碩租足連田頭山
一片山內松杉竹木俱捐祠管　上手繳入苗載沙

邑九都八圖七甲楊在我戶權貼楊宅苗錢貳百肆
拾文

一收羅士綱公兌換余地大王墩漈頭田穀貳碩正

一段土名本堡北門外上水筆龜墳前米壹碩伍斗收
早穀叁碩壹斗伍升租
冊載士名北門外大橋頭
田苗已推入永懷戶內　佃

一收冲村庵前坑口老莊基並莊前路下左畔租收早
穀貳碩伍斗租

莊前路下左畔原係老莊餘地莊廢爲鄧仙逼佔墾
久已成熟通故爲伊弟仙旺所有經嘉慶壬戌年諸
先生查覺寃禀立約退還卽另召佃竝莊基承去開
墾遞年七月權貼租錢叁百文至乙亥年始還早穀
壹碩租兑稅

佃

一姜宗謨公兄弟捐田一段土名小坡源長窠漈正米
二碩實收早穀伍碩肆斗鄉 牲一隻

佃

田苗排大永懷戶

此田上逼陳屋磅干左至路右至石塝下至劉宅田爲界大小共計六十四坵

一乾隆四十三年公置沖村中央坊庄基一片計二棟五植連左右横廂並後門花臺現架前棟五植兩邊頭及左邊横廂後棟基址至花臺因被下南陳倩官盜栽生理咸豐甲寅年查覺理較議從乙卯年起貼納租錢貳百文　　佃

劉沖村路田二段　乾隆丙午年合鄉公置

一段土名官路下陳宅門首李石坑實收早穀貳碩伍
斗鄉 牲一隻
貼羅宅苗錢壹百捌拾文 佃
一段土名泉塘坑實收早穀壹碩伍斗鄉 牲一隻
貼楊遶昭公苗錢壹百貳拾文 佃
一咸豐十年買得蒙坑洋坑正租米貳碩收早穀肆碩
租
代完二十六都三圖七甲劉利仁供銀壹錢陸分秋

米叁升貳合

一光緒癸未年收楊訓元捐入祠田一段土名北郊外

馬糍坪尾分折正米貳碩實收現租錢貳千肆百文

此田原計正米捌碩貼楊宅苗錢貳百肆拾文

上手未繳

一光緒丁亥年收余岐嵐捐入祠田一段土名深壠過

路洋分折正米壹碩柒斗壹升實收早穀肆碩鄉

牲一隻

又收田價錢肆拾千　上手未繳

苗俩二十五都九圖三甲羅來安戸供銀陸分捌厘
秋米壹升三合六勺權貼余宅苗錢肆百文

一光緒戊子年收羅書勲捐入祠田一段土名小波源
坑頭劉宅廠又名馮舍廠正米貳碩小米壹碩捌斗
收早穀陸碩鄉又捐田價錢拾兩　上手繳入
貼羅宅苗錢肆百文可

一光緒癸卯年收巫家駒捐入祠田一段土名冲村油
榠坂正米壹碩柒斗伍升小米連業收早穀玖碩壹
斗臼又捐田價錢拾兩苗俩二十六都二圖六甲巫

永盛戶　上手繳入

一收鄧順德捐入祠田一段土名後山洋金墩下洋墘

並坑邊正米貳碩小米柒斗收早穀陸碩白又捐田

價錢壹拾貳千文　上手繳入　貼鄧宅苗錢肆百

文　約倆子孫要入永泮者方准與分科考田

一咸豐己未年收姜宗祿捐入祠田價錢肆拾千文入

堡項公存放息

一光緒癸未年收姜士德補捐入祠田價錢貳拾肆千

文入堡項公存放息

一收本堡北門外義齋基租米壹碩壹斗池一口又地
園一大片作三分　原收紋銀壹兩捌錢　此地緊
貼城邊可以復租理當議復不得徇情或將池暫停
數年應人傾糞積起成基架屋召租更妙

一收城街租數十植
從攀龍門數起上十八植每植貼租錢陸拾文又從
第十九植起數至臨津門每植貼租錢肆拾文

一收猪屠肉叁百斤照市價每斤扣錢壹拾貳文算

一收南門邊下畔基租錢貳百文

乾隆庚子火後無收

一收新門邊下畔基租錢叁百文

乾隆庚子火後無收

一收高嶺尾直衝奎星閣基租錢壹百陸拾文

乾隆乙巳折後無收

一收南門邊上畔炮臺租陸拾文　今修堡折還

一收水門下畔炮臺租錢陸拾文　今脩堡折還

一乾隆乙酉年十月里人羅上高仝姪正甯捐入堡北

無祀路下山一片上至大路下至溪邊左至陳宅墳

邊右至狐狸坑口爲界

一土名小波源浩排坑田頭山場數片左從墩仔後窠頭本田小壠頭窠心直上至山頂分水爲界又隨本田直出至夏宅山爲界

界平合約抄附

立界平合約小波源坑頭住人羅旭逵旭宜兄弟原續買得嚴宅米田一段並田頭山塲土名冲村浩排坑頓宅墳前與貢堡田山相連緣因有小土名墩仔後窠頭原約界至不清今托公親登山看明界至二

家各由堡田小壠頭窠心直上至山頂左右分水爲界由左至本田係羅宅管理由右隨堡田直出至夏宅山係堡田管理自立約之後各照約管業不敢侵佔今來二家甘允再無異説欲後有憑立界平合約二紙一樣相仝各執爲照

乾隆六十年乙卯三月　日立界平合約羅旭逵

旭宜

地保　魏騰升

代字勸諭公親莊惟崑

科田收數

一段土名蒙坑車碓坂正租米捌碩　冬米肆斗收早穀拾陸碩捌斗租　牲二隻

道光戊子年置　佃

一段土名沖村大王墈下墈正租米肆碩伍斗　冬米牲全收早穀拾貳碩伍斗鄉　牲一隻

道光庚寅年置　佃

一段土名小坡源仙人坑正租米肆碩收早穀捌碩肆斗鄉　牲一隻

佃

賢祿書冊　卷

道光甲午年摺　以上田苗俱推入四科戶
一段土名小溪坂收早穀伍碩鄉　佃
代完二十六都　圖　甲楊翘仲戶庄銀壹錢捌分正
一段土名大墩後瓦窑前茲砂坪尾正租米肆碩伍斗
小租米壹碩伍斗　收早穀玖碩伍斗租又貳碩柒
斗伍升鄉　佃
道光戊戌年置
完二十六都三圖七甲劉受咸戶寄莊銀叁錢陸分
咸豐八年查係承苗已推入四科戶　此田上分土

名瓦窑前與姜巖老共段下分土名沙坪尾與邱長
生姜巖老二姓共段
一收土名本堡北門外晏公廟後湖田牛角池張吳二
姓墳前止租米伍碩小租米肆碩收南京早穀拾伍
碩鄉因田坵隘窄不能任稅折實收拾碩鄉　佃
牲一隻
道光己亥年置
田苗推入四科戶
一段土名冲村油楻坂俗呼大路邊羅巴堂正租米三

碩伍斗收早穀捌碩柒斗伍升鄉　牲　隻
道光乙巳年置　佃
田苗推入四科戶
道光三十年正月十八日公議科田照原議收人數
目作三股折開二股爲鄉科文武盤費照人數分到
省給發一股爲入　京盤費舉人暨副貢拔貢優貢
歲貢俱在一股內分舉班每位在此一股內分二貢
班每位在此一股內分一如無貢班入　京盡係舉
班領入如無舉班入京貢班只領一股後二股仍存

置産增入科田堡祭或有費用不得在此挪移永爲
定例
一咸豐庚申年置得劉宅永苗田二段土名莊頭橋秋
竹坵正租米壹碩陸斗伍升　冬米捌升收早穀叁
碩捌斗租　牲一隻　又段土名牛埪橋仔頭並洋
尾坑正租米貳碩　冬米壹斗收早穀肆碩貳斗租
牲一隻
代完二十六都三圖七甲劉利仁戸供銀壹錢肆分
柒釐秋米叁升

新生考田收數

一收浮橋頭下前畔第十五植鋪屋竝基一植租錢柒千文

一收浮橋頭下前畔第十六植鋪屋竝基一植租錢柒千文

一收浮橋頭下前畔第十七植鋪屋竝基一植租錢柒千文

每逢歲科考領出到郡查實上八　賢祠內應考文武新生名數勻分如上未入　賢祠者不得與分開

發酬分匀分考費之後備悉開單貼賢祠牆仍復詳
載堡簿以便稽查永爲定規　鋪佃若欠租錢值年
人郎行呈　官究追
此鋪並基三植原道光己丑年鄭麟書公捐典價銀
叁百叁拾貳両伍錢每逢歲科両試將此三植鋪租
匀分之廿內俱加匀一分酬送鄭宅又黄希周公三
房捐找價銀玖拾両逢歲試在三植鋪租內折出錢
貳百文科試折出壹百文酬送黄宅如有水火不虞
鋪租無收鄭黄酬分亦應停止候堡內另架收租匀

賢祠書冊　卷二　田段　十九號

分考費之日仍行酬送永爲定規

一收土名冲村破𡋾坑壠尾分正租米叁碩　小租米壹碩收早穀柒碩伍斗鄉　牲一隻

道光戊戌年置　　佃

一段冲村山竹坑官坡草坑老虎壠正租米叁碩收早穀陸碩柒斗伍升鄉　並田頭山一片

道光戊申年置　　佃

上二段田苗俱推八四科戶

一庄頭橋後壠上分正租米壹碩伍斗沙斛

收早穀叁碩叁斗　冬牲一隻

道光戊申年置　　　　　　佃

田苗載沙縣廿二都五圖一甲劉開人戶

一段西郊外大口鐵爐坑正租米貳碩伍斗收早穀伍

碩租　冬牲　隻

道光庚戌年置　　　　　　佃

田苗推入四科戶

一同治丙寅年置得楊宅苗田一段土名卓步紅鶴坑

正米壹碩捌斗柒升五合冬米牲全收早穀肆碩鄉

牲一隻　上手繳入
代完二十六都三啚七甲劉懷亭戶供銀柒分伍釐
秋米壹升五合
一光緒乙酉年置得劉宅苗田一段土名牛崆廟仔坑
壠正米肆碩伍斗小米連業收早穀壹拾伍碩捌斗
鄉　上手繳入
代完二十六都一圖二甲劉安齋戶供銀壹錢捌分
秋米叁升六合
一仝年置得嚴宅苗田一段土名西門外石橋頭連

賢祠書冊 卷二 田段 二號

坡頭坵並標林前正米柒碩柒斗　冬米牲仝

折實收現租錢壹拾千零陸百文　上手織大

代完二十九都三圖三甲嚴永貞戶供銀二錢八分三厘秋米五升六合六勺

約批此田原作四處一在石橋頭上坡頭坵計二大、

坵二小坵二一在石橋頭下坡邊轉角大路下一大坵

一在總司廟洋溪邊一大坵一小坵兩頭俱有樹爲

界係本田管理一在總司廟洋標林前從田漟直上

盡尾第五坵一大坵此係田漟底共五大坵三小坵

務要管理清楚

一光緒辛卯年置得劉宅苗田一段土名栟櫚口鐵爐
坑坂彌陀墘又峽仔壠並墘正米陸碩小米牲全收
早穀拾貳碩租連田頭山一片貼劉宅苗錢陸百文

義學田

此係邑父母丁諱濬斷入貢川義學收租

一段土名楊家山前洋胡包壠卽楊宅笋廠對面壠
舊册載胡楓壠連田頭山一片

一段土名楊家山大岃獅鈴坵舊册載雙連坵

一段土名楊家山扁担千卽深洋壠

舊册載扁担干 深洋壠

一段土名楊家山巖干即洋墩 舊册載巖下溪坂仔

後二段俱在洋內只隔一坑共收穀柒碩貳斗此田

官給本堡約正先生收自先達邱理齋先生始原佃

李興當 官認佃子孫接耕已歷數世而堡册不載

又無糧戶可稽只收租柒碩貳斗今將查實土色數

段附入堡簿後之君子更加察焉

此田止有楊家山迎神穀伍斗李姓穀壹碩共段分

租餘田茲山俱係本堡公業 此批照依嘉慶廿二

年堡簿所載

義學捐數現爲學堂收費

一光緒乙巳年高嚴氏捐創建龍山學堂番銀肆百員

正遞年九月初九日値年酬嚴宅胙壹百文

一光緒庚子年賴宅捐賴李馮戸田一段土名凝真堂

前棟坂卽水門前砂坂計正米　碩　斗權收早穀

陸碩鄉　苗存本戸　値年酬賴宅胙壹百文

一光緒丁未年曹源陳南卿捐田一段土名曹源北坑

尾洪水坑正米壹碩陸斗小米連業收早穀叁碩鄉

上手繳入　田苗推入四科戶

一收本堡猪屠餉陸百觔照市價每觔扣錢一十二文

算

一里人羅潤松原捐環秀樓香燈田一段土名西郊大口橋大𡋡坂正租米三碩收早穀陸石鄉今改建學堂仍捐管理遞年神誕日堂佃照舊辦齋慶祝元天上帝答羅宅桃十二隻苗錢貳百肆拾文

六烈祠收數

節烈楊嚴氏孺人附祀田四段

一段土名西郊小溪青布坂並看水坵米捌碩連業皮

米柒碩伍斗

苗載在都九圖九甲饒周玉戶寄莊銀伍分陸釐貼

錢壹百貳拾文　又貼三元黃成五戶沙苗米叁碩

肆斗　錢肆百叁拾伍文　又貼完三元鄧善萬戶

沙苗米叁碩玖斗錢肆百二拾文

一段土名青布坂米壹碩

苗載廿六都三圖七甲劉受咸戶寄莊銀捌分戊申
交班日劉宅將分關來對內載此段應完寄莊銀壹
錢　今公議從本年戊申起代完壹錢　二段共收
早穀廿五碩伍斗鄉　牲二隻
佃

一段土名長峽洋猪母窠株林窠並門首池共米伍碩
連業皮米壹碩收早穀拾叁碩伍斗鄉　牲二隻担
稅　佃
田苗完廿六都二圖七甲張允升戶寄莊銀肆錢

賢祠書冊卷

一段土名水東渡頭壠俗名四大坵連田頭墩基並菜地一片正租米柒碩伍斗連業小租米壹碩伍斗
遞年三月收現租錢玖千伍百文　佃
苗推入四賢戶

祀田堡田完納銀米額數

二十六都八圖一甲黎永懐戶正供銀肆両貳錢叁分捌
釐　逓年三月上班當未交班時代下班完銀叁両後
數係下班自行完清　秋米捌斗壹升七合四勺

二十六都八圖一甲四賢祠戶正供銀壹両伍錢陸分四
釐　秋米叁斗零四合九勺

沙縣二十二都五圖一甲劉爱咸戶沙苗銀貳錢貳分玖
厘七毫五　秋米叁升一合二勺五

二十六都三圖七甲劉爱咸戶寄庄銀壹錢

係新捐六烈祠田

二十六都二圖七甲張允升戶寄庄銀肆錢

係新捐六烈祠田

　　科田完納銀米額數

二十六都八圖一甲四科戶正供銀壹兩貳錢零九厘

秋米壹斗玖升一合六勺

　新生考田完納銀米額數

二十六都八圖一甲四科戶正供銀叁錢叁分柒釐合上

共壹兩伍錢肆分陸　秋米陸升五合七勺合上共二

斗伍升柒合叁勺
沙縣二十二都五啚一甲劉開人戶沙苗銀貳錢

賢祠書册卷

重建　賢祠捐銀並續捐名目

刑部江南司主事聶　儆壹拾貳兩　甲子舉人

廣東高州府知府聶大勳壹拾貳兩貢生

山西大同府朔州知州羅南星補捐貳兩

壬子拔貢

甯化莆田龍巖三縣教諭邱　坦補捐貳兩

甲子解元

淮安批驗所大使楊　爟壹拾兩貢生

詔安縣訓導邢　最壹拾肆兩歲貢

州同聶大燫肆両監生　州同邢三宅捌両監生
縣丞聶世忠貳両監生　恩貢陳璉補捐壹両
歲貢楊平政叁両　嚴萬準補捐壹両
嚴萬懷柒両　劉文先伍両
貢生饒孟仁捌両　楊廷颺捌両　劉光光捌両
劉光義捌両　聶大榮陸両　饒孔孝陸両
楊廷幹伍両　劉輝融肆両
監生鄭德積壹拾貳両　張善科壹拾両
羅　漸陸両　邢三頌陸両　陳昌連陸両

楊康新陸兩　劉紹祐陸兩　陳　炎陸兩

劉孔卓陸兩　羅　勅陸兩　嚴承祐陸兩

邢三顧陸兩　劉輝彥陸兩

陳元憲陸兩　鄭　璟陸兩

嚴承敬陸兩　鄭　璜陸兩

劉遵剛陸兩　嚴承參陸兩

李爲龍伍兩　楊息新肆兩

嚴宗佶肆兩　聶大熉肆兩

周肇邠肆兩　楊聖春肆兩

陳元忠肆兩　劉天署叁兩
嚴萬世叁兩　高　泳叁兩
張宗祚叁兩　劉天錦叁兩
楊　金貳兩貳錢伍分
吳　榮貳兩　周廷光貳兩
聶大光貳兩　聶大煳貳兩
邢三秉貳兩　陳昌遵貳兩
楊國枉貳兩　邱道舒貳兩
劉輝猷貳兩　姜　錦貳兩

劉世敏貳兩　聶亮忠貳兩
劉昌明貳兩　劉廷宗貳兩
吳思立貳兩　高　遵壹兩二錢伍分
邱官元壹兩二錢伍分
李　瑱壹兩二錢伍分
劉祖向壹兩二錢伍分
劉苞光壹兩　聶履忠壹兩
李九標壹兩　楊廷鈺壹兩
饒孔弟壹兩　饒孔慈壹兩

高光裕壹両　劉兆哲壹両
劉兆鯉壹両　劉　梅壹両
劉祖屏壹両
生員陳昌遊肆両　羅宏模叁両
劉世建叁両　劉　金叁両
劉世達叁両　李芳妍叁両
陳元恕叁両　羅策驥貳両伍錢
林常潤貳両　羅承海貳両
夏　聯貳両　葉上苑貳両

羅　格貳兩　聶大經貳兩
楊共昉貳兩　吳　江貳兩
楊廷樞貳兩　嚴承矩貳兩
嚴承立貳兩　羅成模貳兩
楊　暻貳兩　嚴一熊補捐銀壹兩伍錢
劉　勳壹兩伍錢
姜士濂壹兩貳錢伍分
鄧維緒壹兩伍錢
羅承炳壹兩貳錢伍分

張宗載壹两　羅一鴻壹两
劉宗啟壹両　嚴尙瞿壹両
劉文光壹両　嚴尙彰壹両
夏長緒壹両　楊廷士壹両
嚴承昊壹両　李繼龍壹両
楊　勳壹両　許朝徽壹両
嚴承載壹両　李元音壹両
嚴夢松壹两　夏　烈壹兩
羅夢筆壹兩　楊必登壹兩

楊紹侃一兩　林一元一兩
陳元鋐一兩　楊繩祖一兩
夏聲一兩　葉維蓮一兩
姜承春一兩　羅遠模一兩
劉抜一兩　楊帝懐一兩
楊錫祉一兩　夏恬一兩
葉元伍錢陸分
姜淮伍錢　姜演伍錢
鄧師孔伍錢　姜宗培伍錢

夏求逵伍錢　劉向耀伍錢
嚴鼎元伍錢　嚴萬聖伍錢
劉朝極伍錢　嚴承岱伍錢
羅藩城伍錢　李　頣肆錢
棻三英叁錢
鄉士李　濬貳兩　劉崑光貳兩
周　熾貳兩　魏德祿貳兩
陳龍舉貳兩　楊　岕貳兩
聶　岱壹兩　嚴一爐壹兩

楊南新　巖萬嗣　羅濂

陳國鏓　承家　高渭

陳昌逸　姜寅　黃盛祖

姜篤生　嚴宗桂　陳昌進

林桂一　宗洛　林遠江

李爲棟　夏求武　陳昌适

以上各捐銀壹両

宣統辛亥年劉先交捐銀捌拾角正

六烈祠記

節義者天地之正氣無男女一也顧在男子宜易而在婦人女子難乃至于男子無聞而婦人女子反多表見或在窮山下邑生丁末世得與古之侶傳姆而媚圖史者比芳揆烈不亦奇哉閩中庚申歲寇盜被埜當時刓貞鏟素甘爲瓦全者無論婦女卽以人士自命翻爲賊鄉道以魚肉鄉閈甚而身膺民社不聞背城一戰率奉頭鼠竄令褚衣輩撫掌而笑恧今永安爲延平外邑安貞堡又永之一鄉聚顧有婦女六人抗節死如諸生稱

説嗚呼烈哉六人者巖師訓妻鄧氏抗聲罵賊匕以刀鍼其口尚作咄啐聲至斷咽乃已鄧林彩妻陳氏延頸大詈賊求死賊怒叢刺之溪其屍吳天性妻被執逝井邊紿賊釋手躍入井死羅正茂妻劉氏羅正卿妻姜氏妯娌奔舟爲賊所及各相攜抱子投水死林祐女尾姑同母被縶隙室度不能免乃拜毋縊而死嗚呼烈哉鼎鑊在前白刃在後歸人不歸鬼在呼吸間耳乃慷慨就死不少低徊豈非天地間正氣激昂噴薄不能自禁者哉庚申至今祇十六歲當時從賊以生者老死無算僅

同腐草而六烈之名烱與天壤共盡則謂之不死亦宜
先是余以行部經其地諸生以祠請已請
督學胡公部使者　孫公咸報可　縣令復請予碑之
余曰昔秦人虎噬六國靡然北面獨魯仲連不肯帝秦
燕下齊七十餘城爲主死節者惟畫邑王蠋至今歆羨
夫國有一士猶然重於九鼎矧一鄉有六烈女何爲不
可風哉予獨惜夫六烈者不在通都大邑不爲大丈夫
耳嘗讀陵母碑銘云婦人之服衣兮衾兮有忠有烈男
子之心兮男子之服冠兮蓋兮惟邪惟倿婦人之態兮

余於六烈亦云是役也倡議則諸生勸相則父老而始終之者前令今陞興化判許君培之也

僉事毛爲光撰

雲龍書院記

延津史溪之上流有貢川焉截然永安之藩蔽也生齒不下數萬宋大儒了齋桑梓在焉堡築自肅宗皇帝之辛酉歲歷有巡司守禦司無居煢煢一官都人恤之治其舍于公署之左空地繼典是職而來者矯令滋擾郡邑核知爲大蠹裁其官坐是司舍頹圮猶空地矣今

皇上丁酉歲縣大夫張君領縣事巡行堡內一旦進諸士謂曰此中固名賢梓里以科目顯者夫既節義著聲矣今士獨扼于科目何耶豈其干將鏌鋣不可以試無

亦用力之不專彈射之無素歟遂捐貲鳩工程材於久廢之司舍而拓書院院成題曰雲龍書院令諸士肄業其中仍於堡內公課昔屬之乾沒者設爲定制入之院以資會膳蓋兩載于玆矣諸士欣然銘佩相與模其像而俎豆焉賴生尊賢李生中桂賴生希顏馳狀請言以勒之石余曰有司之養士猶之農圃然時耕而耕時耨而耨時穫而穫善養故也浲水爲溢嘉穀不生疾風振之嘉樹不植張君之造士教之必因其材會之必因其地曲意責成深于善養之道矣昔人謂魯人隣岱岳必

先東山吳人涉滄溟必先震澤由觀法近也諸士羹牆
張君是必舉張君之廉于官愛于士戴于野者觀法之
審矣自是而得售于時以君之廉廉於官以君之愛愛
于士以君之戴戴于野國家將有賴焉夫非東山震澤
之謂歟余謂是院之成育士也乃所以育天下也易曰
養賢及民則斯院顧不大哉

張君諱守讓號吶銘庚午鄉進士南海人

萬歷己亥脩撰候官翁正春譔

門人楊名顯　嚴九齡　楊名第

賴尊賢　賴希顏　楊如林
葉聯第　劉晴奎　葉春震
林　璜　賴敬賢　賴希忭
嚴學光　劉　芳　羅應亨
李中桂　葉必正　賴如價
林日森　嚴一槐　葉春陽
嚴九岳　林　音　夏　彥
嚴九穗　劉延第　姜頤祥
鄧繼光　張友顏　等立石

重建水東石塔小引

余自都抵家數日里縉紳耆老造盧請曰始予日夜冀
先生之來而尤恐其不卽來而今而幸其來也吾鄉將
有事於石塔聞乎余曰聞而未旣也曰昔里之東面塔
峙焉爲層九級嵯峩插漢而少泉三泉二先生鵲起其
間不可不謂地靈力矣厥後圮而南海張公江右許公
先後涖永邑爲巨墩以當洪波之一柱奠石址搆層臺
而海日先生復轟然振焉今地乃遂竭其膏液而鍾美
於先生也何以旌吾地而奬其能也夫塔圮而墩巍然

巨搆也墩存不可使塔墳然而𨔼鎮也哉且夫塔復也非剏也吾聚士庶于四達之衢盟諸東門之外欲祈一言以爲勸使歛衆緍以底厥績將如發諸私篋也而豈靳之乎余惟是吾里大舉三焉建塔築堡搆墩咸罄私產而力維桑梓費皆糜金錢千計而踴躍樂輸義不敢請公帑一錢夫上有所爲而以爲病者是不可爲也下有所爲而將以利之者是不可不爲也里先人罄其私產將爲桑梓萬世計舍其舊而新是圖將何以見我先人毋亦墩既插淵而霞絡塔亦拔地而霄騫元氣鬱蒸

而精英不散其有利於兹土也不爻乎哉首事之人𠬝
圖使𠬝中墮废山林具畚鍤嚴簿書慎出入落成而走
一介之使覆我于華亭曰塔千尋矣勢流雲矣事告成
矣余因是得藉手而謝諸耆老縉紳而亦可以其事語
吾華亭父老也

里人羅明祖譔

榀雲塔記

貢川自南來復逆流南上其水則直從北去昔人于東建塔作墩皆以上水爲功第水勢北流艮方乃其去處建塔于此使水得纏元武於堪輿之法合且艮東北之卦萬物之所成始而成終者也貢北有白石狐狸二坑其水本貢護龍逆上之水而其口順流而下形家病之于是里人聶昇自以爲功於白石坑口築爲上水筆又鑿狐狸坑水挽水上流貢川目以殷繁聶君之功宜稱誦者久而不衰也以此例之塔之宜于艮益信乾隆二

十年耆舊紳士咸有志于建塔得首事若干人奮起而圖其新計歷年堡田羨餘益以題捐之數而成之一時和氣薰蒸義聲載振遂定卜艮方在貢北二里許遴匠庀材而建之甃石爲址址務堅煉磚爲層層務均塔成七級凡若干尺每級二牖以達其氣由內搆梯可登其極勢若凌兢而不危形極嶙峋而巨麗經始於丙子年越三載而落成糜金錢若干猶以其餘建爲塔院募僧居之綜建塔來丙子李君芳妍獲雋乙酉劉君英捷經魁而劉君安善安璧陳君天寶皆相繼中副舉登國子

上舍硯紋山先生所稱水東塔建而少泉三泉二先生
鵲起後先輝映焉繼自今文峰峙于上而文運昌去水
止於下而財物阜功可勝述哉是役也首事某助緣者
某石工某例得並書

乾隆四十三年戊戌三月　　吉旦

賜進士出身翰林院檢討紀名御史劍津　官志涵譔

重建堡東木塔序

建塔始於釋氏而形家謂可以補山川之缺憾故自京都達省會九州郡城邑市鎮所在多有非以地形不能全美於不能全者全之奇峰起而插天文筆聳而凌漢地靈人傑其感應之理自有不爽歟永安自分置後言文人物者多推吾貢夫貢爲治北一大鄉前明之世建石塔於東伏獅山爲層九級三泉少泉兩先生出焉後塔圮建墩於水尾海日紋山两先生復通籍國朝乾隆間啟建北塔實岡彥菴諸先生復相繼登賢書然而甲

科尙有待也郷諺云木塔倒文風頹今金墩雖插淵而霞洛北塔無復拔地以霄騫蓋建塔甫百二十年已就圮於光緒庚寅之夏矣邇來文風漸衰習俗不古論者輒歸咎於二塔之俱壞而思有以復之於東塔尤爲當務之急溯自敘山先生有重建小引而成否未可知僅存基址故文筆之凌雲者無以發生生之氣而大發其精神郷之君子往往有志於斯但以工程浩大旋議旋絀予切謂事無不可爲要在得人以爲之耳如縣治舊無考棚近鄒明府倡建于先葉太史督成於後高堂廣

廈煥然一新卽吾鄉咸豐重修土堡得金公祖親臨而董勸之不數月而聚貲八千有奇閱四年而功竣有志竟成未聞絀於費而中止也矧合一鄉之力營一小塔址仍舊而非創哉近歲各城祠橋路次第修飾更新其間糜費或數百金或千餘金當其創始皆以爲難迄乎終事究未聞不足以是知事無不可爲要在得人以爲之也今里中咸願重建爰邀同事集議遴公正者司簿書董工役矢慎矢公毋畏勞毋中絀積日累月期於必成所有經費業將　賢祠公項儲數百金以資倡導仍

望闔堡信善踴躍捐輸助成厥美使文筆插天凌漢者
聳秀于東方庶地脉鍾靈山川輝映俾科甲蟬聯而起
一如前代數先生功業文章彪炳誌乘是誠桑梓無窮
之利也敢綴弁言以爲券

光緒二十八年甲辰　吉旦　里人劉德驤譔

貢堡庄記

吾人讀古人書見古人建樹卓卓稗於時而傳於後莫不心焉慕之而又念身居蓬蓽屛足蹜手無由納身囊中以自試其鋒穎則又感慨傷懷不能自已然吾嘗聞明道先生有言一命之士苟存心於愛物於人必有所濟則以爲吾人値事會之可爲苟不自因循無誘于利無怵於謗以濟事爲心則隨分樹立雖不能如古人之卓卓要皆可自表見雖無一命之榮亦可也吾鄉居八數千家自宋以來名臣賢士輩出號爲樂土明正嘉之

閭萑苻弄兵乘墉焚巢歲凡數見人心驚惶其不爲墟
者僅矣鄉先輩鄧賴諸公具其事呈諸當事諸當事公
請得築堡城周環五里民有守備寇不敢窺迄今賴之
乃諸公又念城雖築而修葺無資久且壞又買沖村奉
先堂入官之基並田若干以爲堡田何其用心之周而
永也鄉感其德立祠俎豆歲時將事禮亦宜之夫諸公
曷嘗有一命之榮不忍鄉閭之禍阨奮身爲民請命雖
室內戈生瀕于患害而不悔卒以有成豈非豪傑士哉
堡田既立凡標虜雉堞石塌木撓及堡中諸公費以所

人給之沛然有餘邇來歲以子衿六人司其事事以無缺但收租無公所每歲值事者借他人之庄以寄收歲易其處佃之納租者望望不知所投甲子姪承昊暨楊君紹侃賴君天顏陳君元恕羅君成模邱君振騰直事乃卽奉先堂基架豎公庄經營于甲子之冬閱乙丑告成規模寬廠氣色新鮮收者納者咸樂之諸君司事二年之間旣刋賢祠新册復重刻堡田舊册乃復成此役也豈非不自因循以濟事爲心者乎諸君積學有美才行且虎變龍騰效用王家異日值事會之可爲當必有

建樹卓卓如古人者咸以此卜之也

大清乾隆十年乙丑孟冬月朔日　吉旦

歲貢生嚴萬懷謹書

倡立義倉記

自積儲爲生民之大命而後世備荒之策有常平富平廣惠等倉歷代迭舉而行之要其法莫善於義倉吾鄉義倉之興廢以前渺不可稽惟堡內向稱殷實民食不虞告匱邇來逐末者衆規利之方日巧米谷之耗滋多雖錙銖所在不憚空積聚以營之居奇者又坐擁倉箱以希高價無復有惠顧桑梓者致近年每介夏秋之交新穀未登舊穀已缺至於市販一空隣近幾無從告糴迄本年尤甚焉幸而邑侯張明府催科至貢憫堡衆之

嗷嗷待哺也爰與當事者悉心籌畫拯救有方既而思苟且目前以濟一時曷若先事預防以計久遠用慨然捐廉以倡義倉之建並邀堡中急公好義者董其事我同人謹前車之鑒先醬堡內所蓄以輸之首得谷百伍拾碩諸董事各重揭巳貲以導之雖人情公私不一有富而一毛不拔者有貧而力捐不吝者爲義爲利悉任乎人之自爲而未嘗相强乃不兩月而慷慨樂施踴躍以襄盛舉計捐谷八百餘石除擇倉勸石等費後實儲谷七百餘石焉是役也非張侯之捐廉倡建無以導于

(下缺2面)

義倉序

我貢自明景泰間築堡以來稱爲樂土大約堡內米穀一年所入者必得有餘一年或餘數月比比皆然邇來田地易主彼此買賣固不限在堡中田業視昔不無暫少且人多好利其米穀或有運賣他鄉者有開窖爲麪者有貸食採辦松煙客夥者弊端不一惟船車搬運今昔公禁特嚴其他卽竭心力寔難以爲末俗維持所以近年每處米穀缺少迄今歲爲尤甚自春來凡鄰近各鄉皆禁將米私運出境卽窮邇之地人亦無從告糴及

五六月新舊交接不過旬日之間街店市米俱空四境待哺嗷嗷而關心時事者欲爲地方籌畫而勢迫倉卒皆莫能善於設計也竊幸是時適遇邑侯仲華張父師催租至貢寺與同人劉德驥劉馨賢羅慶華姜懷鴻聶詩風羅本楨聶詩誠及男先穎再姪孫家澍等於館晉謁因以目前情形上陳焉　邑侯念食爲民天也立命販豎四出採買給諭通關隘旋由縣中買得客米百餘石事頓以濟復謀善後之策捐廉以倡立義倉仍行出示永禁爲麯及貸食松煙客夥毋得輕賤米谷再撑埕

丙殷賓公正者董其事得高君家樑羅君聯忠嚴子振
湘姜子嗣演及再姪世祿隨勸各姓各戶咸樂捐谷以
勷盛舉嗣後夏秋出陳入新庶幾有備無患堡內依然
得爲樂土而飲和食德於無窮也豈不懿歟

里人楊懷桂謹誌

光緒十有九年癸巳季夏月　吉旦

新建龍山學堂記

古者里有塾黨有庠州有序鄉有校無非納斯人於學中成就其才以儲國家之用自世教既衰先王教育人才之規渺不復覩雖建學設校而規制代更幾於名存實去蓋古制之就湮久矣今　國家舉行新政力圖自強尤冀教育普及爲自強基礎自京畿以迄郡邑莫不以興學爲急務伏攷　欽定學堂章程凡府縣由官徧立外四百家以上之鄉宜設學堂一區十年後二百家以上之鄉均宜推廣設之延教習置校具分科講肄循

序遞升蓋欲使無地不學無人不學所以甄陶庶類牖民智而造通才者意美法良直復舉三代之隆規非徒採外國之偏長也吾鄉戶口千餘應設小學數區而建置伊始籌費維艱爰集同人公議就環秀樓遺址先建一區禀官命名爲龍山兩等小學堂特遴公正好義者董其事先即公款籌捐千元爲倡復偕同人募捐千有餘元不帀月而貲集由是鳩功庀材經始於乙巳之春迄丙午夏落成廊舍通明學廡軒爽遂於是秋開學是役也予雖熱心倡建非得張君丞奎羅君聯忠慶華楊

君世貞家鈴林君有光聶君升庸劉君序咸嚴君振綱等之協力任勞矢公勤贊曷由始終其事以聿觀厥成今既規模粗具矣莘莘學子造就有基尤望後之任事者加意改良廣籌經費以垂久遠他時正學昌明人才輩出文明大啟風氣日開俾與古庠序相媲美以增鄉邑之光庶無負　國家興學育才之盛典也是爲記

里人劉德驥譔

按是時科舉未停非假神道以倡建則貲無由集故中祀文星其左龜神像係原祀環秀樓中右龜

諸牌位則捐銀百元及八十元者附之以誌不忘

老堡册弁言附

本堡書册內載創城原委堡田地段歷年既久存者一二珍秘不輕示人堡田日就迷失康熙辛未鄉先輩羅如日先生值年任事乃照書册一一稽查而撮其始末詳註田段手寫一本爲值年徵收考據厥功大矣但流傳有年日見損壞且亦略而不詳今得原印册一本苗田庄基始終本末纖悉靡遺後之人得所稽而不至迷失也然恐日久又復散失緣照原印册增以本朝親供備照册及今現管否數並架庄記修城記　先賢永懷

二祠祀田統爲擺字印刷以廣其傳俾家喻戶曉則世守不失而堡城亦藉以永固矣至其田之荒者議墾失者議查尤望後人各盡其心焉

大清乾隆十年歲次乙丑季春朔公述

生員嚴承昊　楊紹侃　鄧維緒　賴天顏

陳元恕　羅承模　邱振騰　等董刊

特授永安縣正堂加五級紀錄五次楊　爲越界殃殃懇
立禁碑永保安寧事本年三月初六日據拔貢生劉承
美附貢生楊秉淵劉其爲生員吳錦劉序謨楊懷遠劉
揚楊誠忠耆民嚴與羅聖復等呈稱切貢堡地方偪窄
原沿途開放水溝以通煞氣各處古界尚存緣大街一
帶前後鋪屋多將鋪床蓋溝溪前店又越堡城超架鋪
寬路隘以致時釀火災此際殃殃實甚今闔堡爲保寧
地方起見各照原界起架恐後越佔難鋤幸逢福星照
臨瞻仰陽春筆判爲此僉呈稟懇恩准立碑示禁地方

永寍等情到縣據此除批示外合行出示立碑嚴禁為
此示仰貢川居民人等知悉爾等貢川大街一帶前後
鋪屋務照歷來古界葢造開放水溝以通煞氣毋得將
鋪床葢溝越城超架致使道路窄隘火患難防自示之
後如有仍敢將鋪床葢溝及越城超架等事許該紳衿
地保人等立即指名具禀赴縣以憑　嚴究决不姑寬
仍將此示刻石立碑永遠禁止各宜凜遵毋違特示
嘉慶二十四年三月十二日給
附錄乾隆二十四年己卯闔堡請禁水坡涼棚立碑

慧照庵抄白

貢堡山高煞重居人屢被火災兼以水坡涼棚鋪戶
蔽抑陽氣今闔堡公議聯名僉呈蒙
縣主林爺押折示禁得見青天白日快覩景星慶雲各宜
凛遵共相勸諭如仍踏前轍罰銀二兩存公倘相率
效尤呈
官三尺莫恕敬勒碑銘永垂鑒戒
乾隆二十四年歲在己卯三月　吉旦
合堡紳民公立

兌換合約

立合約崇義社福首劉子謙嚴昜諸陳夏玉賴克千等原有本社自置迎　神地基一植坐落三華宮左邊與公館毗連原通堡承去架屋與堡官任居遞年担米一石與本社迎　神用嗣後公館焚燬止存地基租米無貼今公館改爲賢祠承　羅柳亥邱文慶聶允功李爾康夏近樂列位先生等公議仍照舊例將　賢祠續置租米一石坐落巫峽頭水苧坑冩與本社福首自行召佃收租以爲收積迎　神之費自今以後三華宮左邊

地基係　賢祠管理巫峽頭租米係崇義社管理各管
各項永遠爲業再無添找取贖悔悔之例其田苗載在
二十六都四圖九甲林宅戸內遞年照例貼納糧差候
大造黄册之年任本社推出收入自納糧差今來二家
甘允各無悔悔用立合約存照
其田上手文約一紙一並繳照
其地基上手文約無存不得交繳再照
地基　貢川三華宫左邊一植前至大街後至三華宫
牆左至　賢祠牆右至三華宫牆爲界其屋基換與通

堡爲公物不許私自獨歸一姓若借過堡名色私自换
者許本社仍自管業其田退還不换再照
立合仝約二紙各執一紙存照
康熙六十年辛丑九月　日
立合約劉子謙　嚴昜諸　陳夏玉　賴克千
在見劉彤友　夏道勇　嚴詹山　楊師晦
代字劉言可

鹽倉租約

立租約水客林天衢今在貢川慧照庵租得前棟全座

並兩廊及大殿東西四棡堆貯官鹽散賣民食每年議
定貼堡內公衆租銀一十六兩正交付値年禮生收入
以爲公用之費欲後有憑立此租約爲照　計開其房
屋如有破壞脩整俱係渠事不得將館租內扣并除面
前坪內不許閒雜人等晒凉以及堆積等物再照

有合同

乾隆八年九月　日立租約林天衢

此因嘉慶庚申年七月十八日大水流壞至
甲子年諸董事改爲鄉約堂

鄭坑蛇岃田履歷抄附

林宅原捐入　賢祠從祀田米壹碩土名鄭坑蛇岃又名蛇坑仔佃詹其勳立約承耕查此內林宅另有分折正租米壹碩賣與詹佃年久弊深詹佃創立賠穀貳碩伍斗鄉並正租轉賣與小波源鄧付寶爲業自其勳物故後並不向堡立承乾隆四十三年時値臘末此田錢穀兩虛只擬向詹佃取討隨僱人到詹家查問據說其勳已故有七八年矣此田交小波源付寶承耕已久迫問付寶又稱係瑤田藥乾承耕不已一村越過一村方知

付寶自行安佃包收他遞年收穀伍碩而又善于爾縱屢值歲晚付寶折價親自送租值年人擬爲詹佃耕作只理收租並不令其立佃所以上下接班俱不知田是佃非本冬年畢臨春付寶了然不向堡立承佃四十四年四月愚等呈控　張主蒙批堡田苗載何戶詹其勳曾否立佃于何年身故寃係何年值何人司事失收租谷至今遂一聲名並抄苗册條號粘連堡册另立奪看批殊多節續難以紛解然已有案可憑經愚等議定安承二約寫與瑤田桀宜浩耕作遞年還堡早穀貳碩伍

斗鄉無有增租付寶正米壹碩佃自認向立承至于有
無賠租其勳承約諒已申明佃人自能與較諒亦無禁
我等何其安承二約內申說佃人以及別人並無賠租
在內　此田瑶田有葉大目前在付寶承耕有年賠租
被他侵佔多無谷還因大目不知堡內有田未向堡立
承佃被付寶欺佃此人知情可詢又據葉宜浩說此田
分作二段一　段割得谷五石可任二家正租另一段不
止五石之數料付寶與葉乾不無串通情弊希圖割裂
入已嗣後諸同人再勿聽付寶串佃套耕以誤公產至

囑至懇

乾隆四十三年戊戌　値年同誌

長子坑承包租約附

立承耕合同約永春州顏藝武因在厦坑洗礦水從堡田通流過圳致將田畝崩壞田主托親保理較議定開造完好賠還仍托親保向貢堡陳載游聶爾琛嚴日華六位値年先生邊承去包租耕作面議不論豐缺遞年到冬熟之日包還干淨好貞穀貳碩鄉又清流紅大穀叁碩鄉冬牲一只担送至堡庄面扇交量不敢拖欠升合並牲一隻一足明白自承之後以前崩壞田畝務要開造完好耕作不敢賣弄界至

移坵換段等情其田並無作水承錢之費如有欠租等
弊任田主改佃無辭不得藉端覇佔如無欠租任其永
遠耕作通流過圳洗礦堡眾不得另行召佃日後若佃
人不愿耕作有崩壞田畝當開造完好交還不敢異說
欲后有憑立承耕合同約為照

立承安耕合同約貳紙各執存照

咸豐六年丙辰十一月　日立承耕合約永春州顏藝武

保佃　謝盛彩　黃福順

代字　劉鴻士　俱押

今將領册字號開列

劉德驥　大字號
纘周　中字號
汝賢　宇字號
德支　豐字號
楊幹庭　日字號
志熙　盈字號
家璈　辰字號
嚴集五　列字號

劉耀西　地字號
杰夫　黃字號
書標　宙字號
肖堂　盛字號
楊家鈴　月字號
子飛　昃字號
仁科　宿字號
嚴振鐸　張字號

嚴樹榮　寒字號
嚴鳴石　來字號
仕章　暑字號
映秋　往字號
緝臣　秋字號
高振聲　收字號
高朗卿　冬字號
陳光　藏字號
陳仰煥　閏字號
啟斌　餘字號
作舟　成字號
羅金餘　歲字號
羅秉哲　律字號
書勳　呂字號
瑞衡　調字號
慶華　陽字號
紹本　雲字號
冠南　騰字號

賢祠書冊

書冊字號

林有光　致字號

鄧順德　露字號

世維　爲字號

林鑚　金字號

李德文　麗字號

邱仁　玉字號

聶汪　崑字號

布文　劍字號

詩芩　巨字號

林嘉崑　雨字號

鄧家隆　結字號

有勳　霜字號

李實萬　生字號

葉紹基　水字號

邱先俊　出字號

聶蔚堂　岡字號

升庸　號字號

姜世坐　闕字號

二號

主编 张侃
副主编 安孝义 韩冬威

福建山地珍稀文献丛刊

·贡川卷

下册

厦门大学出版社
XIAMEN UNIVERSITY PRESS
国家一级出版社
全国百佳图书出版单位

目錄

下冊

影印部份

錄文部份

光緒重建貢堡浮橋冊

今
皇上御極之元年吾鄉之重建浮橋也鄰
巖雲史兩先生偕同輩諸君請予敘
之予曰是舉也時勢易而得人難蓋
得三兩由外發要之人以專任其事
則倒橐傾囊不啻行者之赴家食者
之求飽跛羅亦然耳橋成矣橋成矣
向者鄉先輩之創建浮橋也以大橋

廢壞殆難於恢復處改建新橋而復置橋塵立橋支酌規例以照式換新整舊戕多或缺確而守之期許百年不敝也第如來虧有無變易靡常考康熙嘉慶道光節隨滅隨復間可引證不辭在彼時橋船鐵練尚不至漂流也況修造現來多年迄同治甲戌春水而甚漫而懸蕩於斜曛之頭

練掣雙条彝並曳響解人明索貴信
付託繫鈴去耳人是以不無黎（字伯雲原籍豫）
章人魏（諱宗松本里人皆舊理橋務為眾推重）二公之思也今
楊君先標嚴君德植羅君慶楊邱君
珠暨姪孫先魁出其平日幹濟之才
首為之倡允也不勸而義不勞而成
已継時肇捐於本歲二月工竣之八
日東西朔望閲風鼓舞代捐錢索橐

聚百号修股義洋會之鄉其々水來
之量甚々淘足嘉尚及船使棚跨無
不集助為蔵施之參頻窮民僅供飲
夕還且勉捐不遑不百日而工竣嗣
後復有續補對來者不一共數是操
何術以致好施尚義以為質信以成
之子意也君不見魚之蓄也流自克
山之嶠也墟遂感乎記聯橋時適五

月二十九〻三日廿樑乘而尚可當議
去尤望諸君以橋數所羨餘者續建
水東來崇家臨津對面上渡闊壁南
門會清橋與東石坑拱橋仔大溪河
峽一切整修及刊橋冊勸募各一事
舉而諸善益得來有如此番之快事
也董理幸使明交歷歷具慶之致實
由義利之分趾不亞讓古人之崇美

於前也是爲序

旹

光緒元年乙亥溽暑之吉

里人劉祖元蘭友譔

續脩浮橋序并書冊

吾鄉東西唯河舊有浮橋焉

其廢興之故不一昔人已詳之

矣惟自道光戊子重建以後于

今四十年日即朽壞而咸以爲

物久則敝理勢固然亦何足怪惟[illegible]顧豈改昔人之橋計至深且遠若甚惜焉橋舊以舟每遇新者補者橋路以版版之增故有易者橋聯以鐵索鐵索有

剝蝕宜陶鑄玆役以橋夾增以
橋首而又置橋座以備橋費蓋
慮橋有易敝敝勢而罰以不敝
之[illegible]也乃自物價漸高額用如
收屋屋具舟而牢固玆守屋屋

載舨而堅厚者爭懼鐵索崇蓋
百難之年況橋之常從貫事橋
首屢易之生人橋之產之入不勝抗
沒橋費之出或殘侵漁加以橋
劉達匪每多冗食靡金印橋

康敝亦難持不敝且不繼已敝而出之嗟以橋敝矣以千萬人往來所必由者而任其日敝而不顧其勢不至於沉溺焉深流焉而來止此續脩生亟亟矣爰集同

人勸捐善信肇工於丁卯四月至十月事竣因其餘貲而更振其產重修其冊允昔所未及載者續刊入內以致歷久不敝于以繼昔人之志庶幾理勢亦可[illegible]

於百年必夬
者
大清同治七年歲次戊辰之
暮春月吉旦

勸首

楊懷桂
陳德懷
劉祖元

陳懷美
李光宗
姜榕
夏光燃
陳振鏞

劉馨賢
李邦耀
鄧有能
魏克明
劉德驥
林光魁

仝誌

重建浮橋勸捐序

吾鄉自大橋廢壞改建浮橋而據形家者言以浮橋之設不若大橋之善蓋謂貢川水尾隨山勢而反挑宜建大橋以為欄截庶不見江流反背而去也故從人於大橋壞後將橋石立為羅星二墩以障水尾實為地方風水起見然自吾燕江貢川以及沙邑大河一路舊建大橋皆歸傾圮不能

興復推其傾圮之故皆由閩江上游作木者多一遇大水爲殃則萬木漂流隨波撞擊橋非砥柱奠敵狂瀾其傾圮也必矣而況木造浮橋既不若石橋之固加以橋夫懈怠夜間失守一遇大水山溪橫木滚來野碓漂流車椺激射有不一掃而盡耶幸賴前人功偉沉江鐵索兩岸猶存故浮橋雖屢壞而能屢復而議者則以此番橋壞

皆在看橋非盡橋夫之罪是則與守者甘
受措摘而不敢辭者也夫建大橋以利濟
行人黃金累萬當時尚能傾助以成厥功
况浮橋鐵索猶存則木料人工猶易爲力
其功程固可刻日而竣也吾知今人樂善
不讓古人必有好義君子踴躍樂捐而與
覩斯橋之成者請持此言以爲四方樂善
好施者勸

旹

大清道光八年戊子清和節

楊先覺　嚴啟猷

劉承信　劉青芝　楊紹祖

勸首　劉承美　楊周烈　羅宗堯　仝誌

陳尚經　鄧宗禹　楊佩茂

劉祖元　李克祥

序

吾鄉浮橋襄事諸君殫力多年旣完固乃詳述其施買新舊田段以及修葺督理諸事宜彙爲一册將付梓以貽永久適倩予告假回而請序於予予曰凡事不患其不成而患其難久不患其法之不立而患其立一法而法中之弊已隨其後也然而事在一家利病關已恒必多方顧慮而預爲

之計至若橋梁道路往來其由鮮不謂苟
可以安而止今諸君獨監從前迭經興廢
之由侵沒之故且慮夫鍊之抏而維以雙
舡之疎而增其數田有士邑承有工匠與
夫換新補舊各有限期其爲謀至悉爲慮
至深真不啻一家關已之務焉者行見勞
勩在一時而功德垂奕世也歷任邑父母
暨鄉先生皆樂於襄事而各有弁言矣余

越更喜觀厥成而爲之序

昔

大清康熙丁酉中秋

刑部江南清吏司主事加一級前奉

命監賑奉

旨行取

勅授文林郎山西河津縣知縣加一級

己卯河南鄉試同考官里人聶儆題

增貢川浮橋鐵鍊引

程子云一命之士苟留心於濟物於物必有所濟顧以物類之衆待濟之殷而又限於財力之無多欲其有所濟也不其難乎然事固有施力易成功多而利無窮者莫若飛橋焉貢川當水陸要衝而限以大澤既不能奮翼以飛復無由褰裳而涉即或乘舟濟渡要亦不免守候之艱難風濤之

險阻望洋興歎其奈此天塹何自建設浮梁以來憑河涉坎如履康莊往來行人之受其利濟者不啻戴覆載之功沐生成之德而且垂諸遠久誌之不朽此非利人濟物之彰彰而不可掩者乎獨是利濟雖弘而修葺不易盒舟舡易於破壞洪波時久漂流大約數年必爲補苴更數年必爲新造今各船俱屬滲危矣鐵鍊又且朽壞矣

使不亟爲修理是以枯木朽鍊駕乎急湍飛濤之上而加之馳驅奔走致遠任重危莫危於此此矣然則利人濟物者無如此橋而人以利濟爲心欲使物蒙其濟者亦孰是修葺此橋之爲要孰是重增鐵鍊雙關之爲固乎夫成杠成梁爲政所重有司身膺地方之責自當竭蹶勷事匪異人任也弟因功程浩大費既不貲而且仁人君子

誰無好施樂善之心豈可使一二人專有其功而掩衆善哉恭疏短引用相勸募凡同志者其各量力捐輸其勷盛事盡獨力者難支而衆擎則易舉庶使有涉川之利而無胥溺之危將誰之賜乎請各勉諧

昔

康熙四十六年丁亥花朝之吉

文林郎知永安縣事古潞張士埴譔

浮橋鐵鍊序

貢川之有浮橋多歷年所濟者咸賴焉其橋之修原則溝立米田及盛德長者捐貲修葺故橋歷久不壞歲癸未暴風爲災橋鍊以抗舟隨漂去司事者苦之以爲復有風浪如是則斯橋之存廢未可知矣於是有預爲計者舟之不牢橋之弗固病在以一鍊而維數十舟夫以一鍊之微而遇暴

風之烈欲其保有此橋不亦難乎今爲久
遠之謀莫若以鍊貫之者二繫之固則撤
之難顧其費將安出乎幸逢邑侯　張公
星照臨以橋梁爲重首先倡率不日成
功可知況貢川浮橋貢川之人由之不必
貢川之人無不由之也持利濟之說以徧
告乎東西南北之人自非若釋子之募化
善緣誑愚人以求福田利益者誰則或吝

錙銖乎當必有大破慳囊而歎然襄此盛
舉者矣
奉直大夫原任山西大同府朔州知州事
前任山東登州府棲霞縣知縣事甲戌
卓異
披領蟒袍全襲癸酉科山東鄉試壬午
山西鄉試乙酉科山西武鄉試充兩省
同考官隨帶陞任加一級仍加紀錄四次

里人羅南星題

重增浮橋鐵鍊碑記

貢川之浮橋久廢雖重建於癸丑之年鐵鍊之雙鎖連環實增修於丁亥之歲盖以幸際　張侯恩澤弘敷仁心利物捐貲首倡襄兹盛功指日告成人無病涉且總計修橋田畝之數逐一鈐印垂諸無窮使元無漂流之從長享蕩平之福猗歟立人達人固仁者之心體無私隨時博濟乃盛德

一

之周流無限庶民歡呼快覩今日難忘天
覆地載之恩聊誌千年萬載之績
康熙四十七年正月 門生張能五 楊濟
賴日晉 姜淮 邢最全拜誌

增鐵鍊并買田小序

橋梁之制至浮橋而其制善矣凡橋必累石架木而此僅聯之以舟凡橋莫難于築址而此唯浮之水面其簡便莫過乎是顧凡橋可期盡利而此則利常與害俱凡橋可一勞而永逸而此獨必于常勞何者水以載舟舟僅維之以一鍊風與水日相搏有時風生鍊折舟漂流而人以覆焉是爲利而即有害也况舟浮於水水能囓舟而使之壞其不至盡壞者僅可一二年即補而塞之亦止得五六年或四三年創之者僅一時而修理之功歲歲有間矣且其間旱潦不常防護難弛于日夜此所爲必于常勞也吾鄉之浮橋已經屢廢而邇年來獨復其舊顧其舟之聯合處多惜費而板過小且亦間多朽腐余于辛未歲竊勉力而更新之較之從前爲大

而一時有識者猶以橋之有害以鏈之或折也鏈之或折以一鏈之力孤而無輔也計非增設一鏈以夾持之不可於是募遠近好善之君子計所題總得若干隨召工人具爐冶費共若干指顧而鐵煉成而橋庶永無害矣至于欲釋其勞熟思更無別法計惟有多置橋田足以給夫任勞者之費庶幾可以永久耳因總計造鏈剩餘銀若干爲置田若干畝悉登樂助姓名以誌不朽附之舊冊橋田之後俾後之殫心橋梁者得所取給焉嗟乎爲一事而不圖其可久鹵莽一時其不爲害者有幾哉亦願後之同志者幸勿恤勞焉耳

康熙五十六年歲次丁酉春王正月

里人邢最書

跋

浮橋之屢興而屢廢也非無人於方興之時所即預爲後日之或廢計也立橋田則修葺有資矣催橋夫則守理有人矣乃橋田立而有侵没之弊橋夫設而多怠玩之弊者何也則以法雖善而不得行法之人故滋之弊而卒至于廢也邇年來公舉黎伯雲總理伯雲獨殫力効勞無見侵之田無或曠之役橋船換者換而修者修橋棚欄杆一無朽壞而其間旱潦不常開聯有候雖當午夜冥晦電掣雷轟急雨翻江狂風倒海之時獨毅然身親率先荷笠披簑攘臂跣足徧河干而與洪流爭烈抑何勇于趨事歟若以爲總理有錙銖之利則以伯雲一生所揮固亦多金吾决知其無所貪于此矣况橋之費用不時往已當租力未收不吝倒囊傾橐先期

取辦苟計利人寧得慊慨若是也獨惜伯雲以如是之才幹使得効力戎行必能身先士卒有以成功閫外而僅施之于橋亦大可慨矣顧以率性戇直時拂人意然吾謂後之總理橋務者苟得人皆如伯雲則浮橋直可千萬世而永無或廢也余因彙輯橋冊附誌于此一以徧告今人一以遺勸後人云伯雲原籍江西建昌人

昔

康熙五十六年歲次丁酉蒲月

在園頓光前跋

原序

延平永安縣北出四十里爲貢川汀水與清水合流而前名曰貢溪折劍浦而南入江江入海蓋閩楚之衢商旅輻輳泉貨轉轂之門也溪當上流舊設浮橋以濟先時鄉薦紳文學林君騰鵠義民林日成曰光率輸租爲修費歲遭猾匠乾沒舟口圮猝遇潦則漂斷而衰遽修遽毀往來稱厲數矣邑侯張公至深念吾民之病涉也憮然思而新之乃下令核所侵匿責且捐俸爲倡於是庀工程材班衛而纏細爲舟若鈎聯綆若編貫橋日完固矣復餘卒以守重申爲令使歲歲葺理不至廢墜爲慮至深遠已工既竣父老士民均飫侯之賜請勒石紀伐相率徵詞於予予聞之辰角見而除道天根見而成梁此有司濟人事也第財出於公帑而役索於

閔閻雖云暫勞永逸其如力詘舉羸何張公視邑猶家視民猶子一切紛更喜事屛絕不爲獨于興利舉廢則不惜巳私而務紓民急斯誠仁人長者之用心得爲政之體矣且也儲租以待踐更以守旱塞求雨之藏可爲後事之師使嗣公爲政者率公意而行之則斯橋具永永無虞哉公抱經濟才宰永安多異政具風鴉雪山諸記中□興革有條則烹鮮之政也課民有歌則絃誦之化也歷宦如水此四知之風也至于勸學育材建置義塾增修臺堡纚纚足述余不具論論其著者則以永民之思尤在橋矣是宜鐫諸貞石以垂不朽乃若文學林君首義可嘉并諸士民輸金姓名舟租額數例得並載於左用詔來者張公名守讓庚午科鄉進士廣東南海人

萬歴二十六年十一月

賜進士第嘉議大夫南京太常寺卿前河南道監察御史晉安陳

聯芳撰文

鄉進士奉訓大夫湖廣承天府荊門州知州邑人蕭崇中篆額

鄉進士奉訓大夫貴州普安州知州邑人顏萬嶙書丹

原建浮橋疏言

承溪從清甯二邑蜿蜒而來至吾鄉而㵺流斯侈原有浮橋通達廣濟南上則航東甌西入則輿江右四達之衢綰轂其口厥後把而南海張公各守護蒞吾邑春潮帶雨舟危如葉公實憫焉重爲架造等然虹梁翼然鷹齒而二臺以及藩臬驛使晨馳飛檄久至所至如歸無有菑患邇來滄桑數駭鳥竄魚龍譏潛欄楯解散而民斯病已幸逢邑侯　朱公舊臘視篆興利剔弊百廢聳舉於是里老聚族而謀求所以副公志者莫急浮橋於焉僉舉鳩直端竟以蕆斯役厥後肩輿有視畚鍤有謳其敢自以爲功咸頌祝乎朱侯

康熙十一年壬子　　里人楊鳳瑞書

浮橋田冊引言

貢川盈盈一水上接汀漳下通建邵乃四達衝衢利濟攸關也浮橋之設其來舊矣前因山寇竊發毀於清初明末之際順治甲午歲縣建浮橋邑侯　陳公爰借鐵鍊載縣聯橋行僅匝月旋即毀焉至丙午歲鄉衆思復浮橋苦於鍊之久假因而中止歷至癸丑奮然有倡建之舉推予首事　盛等思縣橋久廢鐵鍊毀遺詣邑叅呈蒙　邑侯朱公批允給還但沉没於縣西爐後之潭者尚多而砂埋於北門之原處者亦復不少百計挖撈運回無幾僅獲其半也費財費力竭蹶圖成於癸丑三月十五日聯橋通行遠近歡躍及查堡田書冊載橋田租穀五十碩細究其詳俱爲林氏散賣展轉易姓半粒無存迨至秋熟親詣承漿佃處查係橋田理之於

官僅獲租穀二十餘石嗣隨確查有額歸原田充入本橋者亦有頑梗佃執半粒不吐者第道路遙遠惜未終其事今倘查明數頂田有土色佃有姓名皆有實據俱係豪強篡奪必須稟官理論方得管回憶一介寒微自愧力薄安能獨肩其責徒付之一嘆而已專望後之首事諸君舒一臂之力搜尋新舊契券無致遺漏此幸獲周全斯地方之福亦本橋之幸矣但新置米田若干石新募米田若干石原存口池塋基並中渡舊業皆有額載近有水東瀨二處煙戶呈免水陸差徭每年斂谷若干石分給橋夫繼後亦緣首詳查收租完糧修葺毋致佃户拖欠至於的係橋業未經管同者皆詳載於後當邀同事理論合衆共擊之此予等所以日夜禱祝而顯望也

康熙十二年歲次癸丑緣首楊鍾盛羅劼李敫挹巖尚詡同誌

重修浮橋并慕義渡田叙

從來事有廢與物有成毀雖曰天數實由人事使然吾鄉貢堡浮橋廢復重建昉於康熙癸丑迄丁亥歲增貫雙鍊而橋以固　襄事前輩鄉先生殫心竭力盤以成法垂諸久遠彙輯橋册一帙凡新舊田房土名租數修葺董理事宜一一楮註於內至詳且悉固宜行人賴之永無圯廢之患矣然而陵谷尚有變遷橋梁豈能保無成毀第旋毀旋修毋易爲力未有如嘉慶庚申歲馮夷播虐而浮橋漂失殆盡也松等目擊橋毀無存往來苦於病涉爰邀同志

共襄厥舉幸諸信善心存利濟踴躍捐輸計得金錢若干遂於庚申九月十五鳩工十月念八聯橋指日告成俾千百載虹橋依然如故更思春夏之間水漲橋開每受渡夫苛弊於是以造橋餘貲復於辛酉歲募捐義渡米田若干碩新造渡船二條莊給渡夫工食禁以毋許私索行旅半文又逐年額谷船匠朽漏隨時修整三年另造換新且念往來之舟常繫於橋舟重則橋必沉兼以頭梢架壓橋上晚間行人多致失足故請 邑侯童公永禁止許安泊洋路不得維繫橋邊至若修葺橋尾來紫一閣奉祀元天上帝無非事當綜理詳密實皆體前人爲久遠之謀 邑侯童公旌獎匾額 崧等曷敢當焉厥後修葺浮橋規宜悉遵古冊成法無容意爲變更而此番題捐芳名及糜費金錢新 義渡田

叚土邑碩數自當續刋冊內以見樂施者利澤無窮與斯橋並垂不朽不揣固陋爰叙顛末附名於諸君子後

嘉慶十年歲次乙丑

林康微　羅魯源　羅宗聯

姜承烈　陳魯瞻　林廷光

勸首　仝跋

魏宗松　楊仰文　劉安愼

李長大　陳其言　羅宗驌

七

灣舡禁碑

署延平府永安縣正堂加五級紀錄十次章　爲僉叩流芳等事據職員魏宗崧等呈稱貢川浮橋被水冲流現已捐資造竣從前上下舡隻到貢俱多安泊橋邊販便司事橋夫均致不理應其將梢直架橋上或遇夜行每多勿跌失足致陷或遇暴風甚雨河水瀑漲適值舡儎重貨勢力洶激致使鐵鍊掣斷橋舡隨水漂流不一匪徒遂將撞壞木棚柵欄傍板乘勢拉取　崧等今議請禁如有上下舡隻無論大小必須安泊洋路無許仍前安泊橋邊責成橋夫稽查諭阻勒碑載前以垂永久等情到縣據此除批示外合行出示嚴禁爲此示仰來往一應舡隻暨橋夫人等知悉嗣後凡有上下大小舡隻均各灣泊洋路毋許仍前停泊橋邊致多未便

並不許橋棚採板妄借失落如敢不遵許該橋夫會同地保指名

具稟赴縣　以憑拿究該夫等亦不得藉端滋擾致干並究各宜

凛遵毋違特示

嘉慶五年十一月　　　　日給

發貢川東門浮橋勒碑曉諭

貢堡東門新立義渡碑記

原夫堡東浮橋之設以便通津然時開時聯究不免有臨涯喚渡之嘆矧春夏間天時多雨甚至有經旬不復聯者矣則義渡之設宜輔浮橋而並舉也今庚申洪水之烈橋流殆盡較甲申尤酷矣隨醵衆善之金不數月而全橋復聯旋將所羨之貲新置渡船二隻僱夫四人爲水漲開橋之候交梭接濟仍募渡田逐年收穫則渡工有給不索行人之貲修造有資可免朽壞之虞至相水勢之大小度舡載之重輕尤願往來行人戢兢是凜切勿爭先再若息勞懈怠緩事挨延在承管渡夫自有專責然此皆好義諸君不吝輸捐以成盛舉也今將樂施芳名暨田段石數勒諸珉石以垂不朽云

嘉慶六年歲次辛酉孟冬月

勸首魏宗松立

浮橋底田段

計開

邑侯張公捐俸銀壹拾貳兩置鐵索壹百貳拾股

鄉官林鵬鶚捨田修葺浮橋地名永漿村尾和尚壠共計七段租谷貳拾七碩叁大半升又一段山凹租谷壹石八斗䈁竹坑三段共租谷六石三斗三升又白石壠二段共租谷五石八斗又一段林坑隔租穀五斗坑仔池二口並西瓜坑租穀三石壹斗五升又山干厝基租穀壹石八斗又永漿坑後租谷四碩通年共捨苗田租谷五十石叁斗八升半

義民林日弘日光捨巫峽貢川舖下星四植共租銀貳兩四錢又浮橋下前畔樓屋壹植租銀九錢又後山洋池一口租銀[illegible]錢

又安公廟前池一口租銀壹兩又巫峽屋基二片租銀七錢
林良瓚捨劍州墩園租米五斗
勸首楊長孫林柏椿劉智福募置中渡苗田地各沖村張坊後租
坑租米叄石又車碓後米五斗又長尾窟壹石又余地栢坑二
段共米叄石又送錢坑租米四石香坪墘仔租米貳石
王積十捨馬坑黄沙坑苗田壹石
上用段石數照堡田書冊登入但自浮橋屢廢之後多被人混
賣今亦有償還米清及新置田施主捨田謹逐一條列於左
一段杕竹坑西坑樺樹下正租米四石五斗冬米貳斗五升冬牲
貳隻
原佃張伊遠
現佃陳述老

一段牛馬坑大壠正租米三石冬米一斗五升冬牲一隻原有賠
米壹石叁斗
原佃余宜序
現佃李順凱

一段長仔壠正租米貳石冬米貳斗牲一隻
原佃鄧接老
現佃嚴盛夲

一李達四公捨大坡鐵銚巖正租米貳石五斗冬牲米全
原佃鄭靖節
現佃鄧娥祿

一林鍾文公捨狐狸坑正租米壹石
原佃李士魁
現佃李女老

一陳昇公捨狐狸坑賠租米貳石五斗
原佃許老昆

現佃李大老

一嚴若士公捨大田坑圳頭墘南岸窠正租米貳石　原佃葉洋孝

現佃陳元敬

一楊素玉公捨大坡水井邊正租米壹石　原佃楊濟可

現佃楊懷川

一嚴乃明公叔姪捨沖村梘坑漈干正租米四石五斗冬米貳斗
貳升五合牲二隻　原佃魏紳老

現佃廖繼樹

一劉士美捨沖村黄墘壠正租米貳石　原佃李　吉

現佃蔡安十

一羅蔡次公捨張公山旗坪頭正租米壹石五斗　佃陳細老
此段與黄坭凹陳朝正衆業共段因陳宅族衆原有貢堡西
門坪埔祠前坡頭標林前北門後山洋爐都尾黄道嶺下長
壠並壠口溪邊坂等段共正租米七碩內除陳宅前將黄道
嶺等處正租米二碩作連業暨田頭山下片又除將坪埔祠
前折出正租米一碩共三碩捐入堡內東門新渡收租後剩
坪埔祠標林前爐都尾共正租米四碩仍係陳宅自己管業
今陳宅以黄道嶺坪埔祠等段已折出三碩捐渡以張公山
旗坪頭橋田與陳宅衆業共段二家不便收租托親向堡議
情願併將後剩坪埔祠標林前爐都尾共正租米四碩盡與
此張公山旗坪頭橋田正租米一碩五斗兑換已立合同議

約二家日後不得以田有肥瘦租有多寡生端叛約各自營
回等情二家田苗照依兑换租米石數貼納其陳宅兑换并
捐新渡等田共正租米七碩逓年橋內貼納上手高宅苗仔
錢陸百文其張公山橋田正租米一石五斗逓年陳宅貼納
橋內苗仔錢二百文候大造黄册之年二家各自推收入户
不得阻撓張公山旗坪橋頭田上手文約年久無存未獲交
繳其陳宅坪埔祠坡頭標林前爐都尾黄道嶺等田上手高
宅文約共計七紙並陳宅兑换合約一紙已交繳橋首魏尚
功存照

一西門坪埔祠前坡頭第貳坵第叁坵第肆坵並標林前北門
後山垟爐都尾共正租米四碩正

原佃李佑遠

鄧　才

現佃邱來貴

已上三段內除陳宅已折出正租米一石捐渡後正租米四

石邱係陳宅兑換張公山旗坪頭橋田任橋永遠收租管理

一買羅克忠公半溪麻公夾正租米貳石　佃高成龍

鄭福長

康熙辛卯年三月衆收羅宅贖回田價八五色銀三両還己

丑年呈狀公用訖

一朱善臣夫婦大坡梨坑正租米二石八斗冬牲米全佃楊　立

王齊婆

本田上手嚴孚先兄弟賣與姜二若姜轉賣與朱善成上手

文約二紙由帖一紙俱繳付橋收照現在失管候查

一鄧仁奴公捨東嶺詹坑正租米二石　原佃馮白婢
現佃馮其興

一僧人行甫捨和峯分折租谷一十四石又分折穀貳石又貲依
墘租谷貳石五斗本橋每年十二月貼納沙縣福聖寺僧慧
三租銀五錢正　佃楊法壽

一陳琢芝捨眉山西墘正租米八石四斗雞米貳斗鴨二隻　佃鄧君壽
汝明
現佃鄧長老

一段上渡閣後正租米四石　佃姜福壽

一段水東李宅祠堂前租米二石　佃林細
上渡閣後門原計租米一十二碩李宅祠堂前租米肆碩原
係臨津渡舡看渡之需日後接濟公文康熙癸丑年重建浮
橋通堡公議渡舡剩有餘租而公文俱係浮橋過割出米田
共六石以修浮橋今於癸巳年歸還臨津卜渡管業

一貢川晏公廟前魚池一口原收租銀九錢紋正本池四圍池塍
前至街市大路裡至後山前屋六植半每植租銀　此池一
口現係蔡吉承租權貼現租錢三百六十文立有承約前屋
池塍地基六植半久年無租今嘉慶七年已議復租每植遞
年貼現租錢八十文其第一植文昌社樹合三第二植北門
晏公廟社第三植魏聖第五植蔡吉俱已立有承約其第四

植太保祠第六植劉宅半植楊福俱候各郎立承一並交橋存照其半植係本池東口

裏壁係高宅於康熙三十四年新架房屋俱係本池物業此裡壁現係蔡吉住架其池墘地基以年無租今嘉慶七年巳議後租遞年貼納現租錢二百四十文立有承約交橋存照

一貢川東門浮橋頭下畔路前第九植屋基一植原租銀九錢五分止其屋皮一植嘉慶二十四年己卯四月羅右臣公捐原收租錢五千六百文今共權收租錢七千文正

現楊允生租

一巫峽頭牌樓邊從第二植起連共屋基四植首植地基並房屋共原租銀九錢

二植地基原租銀六錢

三植地基原租銀六錢

四植地基並房屋原共租銀九錢

已上四植遞年共收現租錢九百二十文　今權收租錢八

百文　原承租顧進恩

現承租朱法仁

後堂巷前後地基共八植嘉慶七年查得後堂巷又有中坪

地基四植合前後中三坪現共計地基拾二植

前坪首植地基　屋皮饒周玉

二植地基　屋皮饒周玉

三植地基　屋皮張雪

四植地基　　屋皮張雪

中坪首植地基

二植地基

三植地基

四植地基

此四植地基係余正接承租遞作共貼基租錢四百文

現承租余坤元

後坪首植地基

二植地基

三植地基

四植地基

此四植地基俱羅宗老承租遞年共貼租錢叁百文今㩁
租錢八百文　　現承租蘇坤官
一巫峽頭德隣書院下後畔小樓屋基一小植現在失管候查
一貢川東門上畔城樓邊屋基一小植原佃春竹公任敢閉城
門夜間看守浮橋○松舒重建浮橋得讀原册緣首楊鍾盛
諸公引言內有專望後之首事諸君舒一臂之力搜尋新舊
物業無致遺漏又云有的係橋業未經管理者當邀同事理
論合衆共擊之等語因查得此東門上畔城樓邊屋基一小
植現在李宅佔管托親與議據稱康熙六十年係羅非近售
賣伊係價買考橋田原册此植鋪屋於康熙五十九年現刊
在册豈六十年而羅非近敢盜賣橋業耶公親論其退出還

橋或將伊自米田兌換即謂伊係價買亦屬買錯抑或將伊所買價銀寫出捐橋其舖壁仍歸橋管也可李恃勢不依無奈于嘉慶七年壬戌五月以債佔橋業等事向　童邑主僉控蒙批候勘訊續李訴將舖後城街混指爲此舖地基捻刈賢祠值年司事祖証經邑主勘丈從舖前量起深入三丈六尺係橋物業後五尺二寸乃屬城街隨于五月十三日在慧照庵公署審斷立讞訊得橋冊堡冊現據鄉紳同供均屬眞的即核册載亦非假僞但係從前遺失輾轉售賣三手究非李姜老侵佔若將李姜老契買舖屋斷歸橋管未免向隅若全斷李管無以折服衆心斷令李姜老那出米田一碩官担交入浮橋以爲修費該舖斷歸李姜老照契管業該差即取

両造遵依毋許再行滋訟依法備案此判閱此判案所斷那
出米田實為兑換第云壹領官担永照估值不可以言兑換
則此令那出米田壹石官担　童主乃徇情率斷已殊斷後
並無半粒米田交橋延至是年十二月復府尊廣適臨貢堡
松等上稟賢祠值年司事亦符同護李祖稟蒙批查前任
童縣所斷甚屬公允今該生等照前縣斷秉公理處稟覆不
料李人又串值祠司事暨紳士俱屬伊一棚親友私相受授
背造交領議約將伊　土名深壠下則米田折出一石鄉担不
照議斷官担又以官斷那出米田捏載為捐田施主涎請飲
福甚將斷案盡行弊換並不向浮橋董事議處反稱　松等
遺斷混向　府尊　吳邑主賚呈蒙批查魏宗松並非遺

斷因前　縣所斷租米一石係指倉斛而言今該生等理處
自應於約內註明交執再無不允約字但批發還此從嘉慶
七年壬戌至本十年乙丑迄今四載仍不遵　吳主批示橋
無半粒米田交橋總恃祖護有勢窮思賢祠與浮橋雖皆屬
堡物紳士俱屬堡人第祠業與橋業各自有司事分理今祠
值年司事而減收官斷橋業無乃越俎藐斷乎夫上之有侵
佔橋業及錯買者前輩紳士暨祠董事諸公同心協力且捐
巳貲僉控一一晉回還橋載在橋冊彰彰可考今之紳士及
祠值年司事諸人私徇親友祖護侵佔其視前輩諸公貫大
相左良可恥愧　廣憲批示秉公理處之謂何哉悖謬若斯
安知後之接理橋務者不亦阿諛乎孚漫以私收鄉坦妥滙

所斷官批收理且月認其爲捐田施主並請飲福辭酬際得捻其侵佔之惡及得博其施主之名耶然李人此番構訟勾串聳端較買鋪屋倍耗多金蕞庇致害誠不足惜松等因欲效原緣首爲橋辦公起見非挾私佹希圖肥己今竟如此不再與計而其中之誰私誰公孰是孰非必有能辨之者茲修橋冊附註此植鋪屋構訟原由一以質諸當時公論賢者一以垂之後起能事君子毋許符同欺弄祖護侵佔則得歸橋業事獲周全本橋之幸地方之福松等正如前輩諸公所眡夜禱祝而顒望也爾。茲復修橋冊訪採彼時收領捐田之約附錄立奉

憲收領捐田約楊辰等乾隆五十一年李奎兆之父鄉雲價買劉受師浮橋頭上前畔第壹植鋪屋並基

壹植緣舖後城樓邊公地曾架屋爲守城門並看橋人住居
載在橋冊橋首魏宗松因而搆訟前業　縣主童爺勘飄斷
令李奎兆照約永遠管業仍諭奎兆捐出田米壹碩交入浮
橋爲修葺費逢祭橋神帖請奎兆飲福奎兆隨將土名深壠
洋龍船坵分折田米壹碩開明土色呈繳宗松未曾具領因
而上控復蒙　府憲廣大老爺鈞批着落辰等遵照前斷秉
公理處因立約將李奎兆所捐深壠洋龍船坵分折米田壹
碩收領轉交董理浮橋之人召佃收租備用一切照依　縣
斷遵行並將此約刊入橋冊合立收領捐田約壹紙付李奎
兆執照　批田苗現存本邑廿六都十啚六甲李福户內分
折完銀三分九厘七毫米七合七勺四抄係浮橋推收完納

嘉慶七年壬戌拾貳月　日立收領捐田約楊辰璉　謹羅纘

羅宗寶劉承信劉家瀛吳朝晃曾約陳尙繹

一收領李卿雲捐捨深壠洋龍船坵分拆正租米壹碩佃

現佃嚴邦俊

一吳三鳳捨沖村埔頭正租米二碩冬米一斗牲一隻佃魏德雄

現佃張法松

又沖村文章窠正租米一碩冬米五升佃余其富

現佃潘留富

又迎坑上下分正租米三碩七斗五升牲二隻佃陳禾

現佃蘇邁

又松栢坑並山茶坑正租米二石五斗五升牲一隻

佃魏德其　現佃魏旭騰

又蕉林坑分折正租米七斗牲一隻　佃夏求元

現佃夏細奀

又蔥坑賠租米五斗　佃魏德其　現佃鄭壽雖

已上田盂段其計正租米十碩小租米五斗原係三鳳吳公于康熙廿一年壬戌九月捨與貢川浮橋爲業因田册未載施主吳公名號乾隆十二年丁卯令嗣吳子舟執合約前來理論經現理橋首嚴又倉張瑩中邱象德楊繼業劉亮朝楊宮臣羅上榕嚴祇六值年董事嚴儆遊羅宗道姜旭臨邱懷玉楊堯允羅仔重郎于浮橋壽誕日合衆面批施主吳三鳳字樣于伊徵稽册內及合約批白之後以

爲吳宅子孫永遠存照嘉慶六年十月祭橋日又經後裔
吳樹藩執出橋首批據花押交堡看明今當刊入冊內

本堡東門中渡原田段

一段冲村余地張坊後祖坑正租米三碩　佃李光榮
現佃蘇學官

一段車碓後正租米五斗　佃李光榮　現佃蘇學官

一段長尾窠正租米壹碩　佃李光榮　現佃蘇學官

一段余地柘坑正租米三碩　佃李光榮　現佃蘇學官

一段余地送錢坑正租米四石　佃李光榮　現佃朱辦

一段荆山杳坪墩仔正租米貳石　佃姜大顯　現佃姜榮科

一段馬坑黄砂坑正租米壹石本田在西溪地方原係王積十公

捨田歷來未經收管橋賠錢糧田苗當割還王宅

中渡原出于康熙二十九年在本都七啚七甲羅林册小户林茂

生户内推出收入在城坊十啚二甲王敦佑户當差共計正

租米壹十四石五斗隨苗貳斗七升四合三勺七撮

一段神村滌頭分折正租米貳石五斗牲壹隻　佃魏通岩

現佃魏玉森

滌頭田原係饒白生業也緣浮橋有林坑隔租米叁石五斗

又邟倘壠錡竹坑上下分租穀五石饒宅坐收今將滌頭米

田折出二石五斗牲壹隻與本橋田兑換立有合約存據

永漿田段

一段林璋作錡竹坑租谷壹石貳斗五升大　佃陳仙龍

一段林意作永祿祠後租谷貳碩大　佃陳仙元

一段林祉老作寺後坑租谷三碩五斗大　佃陳仙元

一段林元富作林坑嶋租穀二石大　佃陳新生

一段白石乾仔租谷壹石大　佃陳仙保

已上田共計五段先作私賣與文筆山陳細公錯買為業今
橋重建已退出還橋管理

一段鄧洪老作村尾橋頭租谷三碩五斗大　佃陳啓孫

一段林一貞作和尚壠禪寮前租谷貳石大　佃陳元楷

已上二段先年林宅私買與安砂陳希臣錯買為業今已退
出還橋管理

一段林福斗作村尾壠下租穀四石大　佃陳易孫

本田先年林宅私賣與羅老娘錯買爲業今已退還橋管理

一段丁九作白石棟又名筠竹坑正租穀壹碩大　佃劉樹森

一段陳日順川貞作白石棟正租谷七石大　佃陳仙保

已上二段先年林宅私賣與交峯山陳旭初旭兆錯買爲業

今已退還橋管理

一段林繼老作茅坪崗正租穀七石五斗大　佃

一段林烏作和尚壠鎖尾正租谷壹石五斗大　佃

一段林烏作茅坪崗正租谷七碩五斗大　佃

已上三段先年林宅私賣與在城劉弘器今已退還橋管理

現在失管候查

一段永漿和尚壠筠竹坑上下分租谷五碩賠王貴苛老

一段永漿和尙壠林坑嵋租穀三碩二斗五升大　佃林和老
佃陳　炎
林聖佛
已上二段先年林宅私賣與饒白生爲業今饒宅已將漈頭田撥出充換

一段永漿禪寮前租谷貳石大本田林宅私賣與饒白生　佃吳德臣

一段永漿和尙壠讀尾租谷壹石五斗大　佃郭永懷

一段永漿茅坪㘭租穀七斗五升大　佃林　烏

一段永漿和尙壠租谷一碩五斗大　佃程文燦

一段永漿和尙坑租穀五斗大　佃陳　福

一段永漿茅坪崗租谷七斗五升大　佃陳勝

已上五段林宅私賣與徐各第今徐宅佔收

一段永漿砂垢租谷壹碩大林射三霸收　佃范正四

任永漿巖寨

一段西瓜垢租谷三碩一斗五升大　佃鄧仁

此田在山干七東上作三大垢谷種二斗五升鄧仁霸收

一段山干溪邊壟基一大片租谷一碩八斗　佃朱棟峯

鄧宅架屋養馬今作垢寮安樞朱棟公子孫已立承佃貼租

銀二錢候架屋再議後林宅私賣與鄧宅橋首到鄧宅面議

此認貼銀一錢橋不願領候理論

一段竹林坂租谷三斗五升　佃林順今瑞仲

本田在永漿林福斗職匿林順郎福斗之弟

一段貫日太作永漿租谷六石　佃曾十一今惜勝

本年萬歷廿四年張邑侯印照開載詳明

一嚴封君捨入浮橋賠租米六碩此項自重建橋來並未收租

一段大坑頭租米壹碩二斗外正租係夏天如　佃賴有老

一段石米田頭租米一碩五斗外正租係張福五　佃官成

一段肥壠仔租米壹碩三斗外正租係張福五　佃官成

一段陳福坑租米二碩外正租係張福五　佃官長老

已上四段郎係嚴封君捨入久年失管候查

一楊俊秀捨棗嶺牛詹坑上洋賠米二碩外正租米係嚴宅

原佃馮祿　馮松大

一姜天成捨田一段土名楊家畲墘邊嶺正租米五斗　原佃李惟知
又　段楊家畲嶺後正租米壹碩
一楊俊秀捨田一段土名黄泥凹下山墘租米三石三斗外姜
法友正租米三石　原佃姜啟厚
已上田四段現在失管候查
一林員瓚捨劍州墩園租米五斗
一羅聞鹿捨劍州墩大園一大片租銀壹兩　佃馬　和
已上二段乾隆壬午年經嚴叙九先生手兑換與劉宅前去
栽木蔭墳劉宅將伊土名巖下神仙殿下正租米三石貳斗
内折出正租米壹碩與橋戌子年二月羅嗣成立佃不論時
年豐歉遞年還橋貳碩壹斗租

一段撥下神仙殿下分折正租米壹碩冬米五升此郎係劉宅
兑換劍州墩二段橋田　佃羅嗣成　現佃高家松
信生嚴順天新捐東門水東來紫閣右邊嶺上地基二植辛酉
年將橋項新架房屋二植四欄遞年收現租錢二千文
同治丙寅年崩壞丁卯年十二月重新架房屋二植樓上四欄樓
下二欄公議其樓上龍亭邊一欄留存賭笃篙撐等物樓下
貳欄留賭存探板遞年實收租錢四千八百文正並舖邊龍
亭一所俱全新架　原佃葉狗　現佃李俊貝

忠山陳氏捨修橋田始末緣由
明崇禎十年通堡于北門外創建石橋有忠山義民陳勳兄弟捨

田五段計租米貳拾壹碩五斗永為修橋之費其田因為莊儀甫霸佔經通堡士民僉控前 府 道 司列憲大老爺奉批斷還橋會業案卷刊在堡册緣橋成隨遭焚毀無力再造乃議建架浮橋其田併屬浮橋會理值明季山寇蜂起人皆逃竄浮橋亦廢橋田因無專管復為豪強占收迨康熙十二年始募義重建查究其田未知着落至四十八年三月有陳登雲者即陳勲之姪孫也始查覺此田現係莊儀甫之族姪莊以交收租細查土色佃人的確首告通堡因有對質連僉具控會未審結值 縣主李公諱可材丁艱迨 建寧府二太爺張公諱榜來攝縣篆尋復調署延平府印攺 尤溪縣主劉公諱宗樞來署公呈拘審而莊以交始托公親將田兌換立有合約內一段土名曹源秋竹嶺正租米貳拾五

斗查係人盜賣與楊伯敬爲業已經查出衆勸其孫楊讓琮退出
還橋因此田附入隨役願將忠山許宅神公前正租米貳碩五斗
兑換亦立有文約今將其田始末自明季列位　老爺断還辭意
及今年陳登雲首告通堡僉呈狀詞批語並　莊楊二家文約田
段叙述詳悉刊載浮橋徵稓冊內俾後人知此來歷永遠管業無
更致豪强侵占也

明陞刑尊審語

審得林文昌莊儀甫皆猾吏之雄也昌父林以仁曾以田租米貳
拾石貳斗售故民李春芳銀貳百兩比乃因田訐訟十餘載不少
直至舊任陳刑館断將前田各分其半而訟乃平崇禎十年貢
川創建石橋民間多有義助者春芳遂將經断後等田其壹拾

碩壹斗慨然捐助衆方矜為義舉而文昌復欲據為已業奪佃
霸田貪橫一至此歟莊儀甫者天啟年間亦曾以租田壹拾五
碩有零典陳勳銀八拾五两自典之後陳逋其租並負其本勳
于是激而捐之儀甫自當照原價取贖而顧乃昧心白賴似與
文昌疊為倡和者生員等以公憤僉呈兩人之罪一概托出今
橋雖告成而磚石工料費用尚不貲兩人所捐合照數追出襄
此勝事文昌儀甫姑從薄杖具招詳
道蒙　分守建南道胡批李春芳陳勳捐田此義舉也而林文
昌霸佃莊儀甫賴占負無惻隱之心非人也何怪諸生以義氣
發為公憤合照數追給以襄勝事依擬並杖發實收領狀繳
林四號四銀兩係羅鄉宦手公用訖

崇禎十四年正月告給領狀

永安縣儒學生員嚴九命李肇白熊安楚楊冠林等　僉呈為
恩勅給領以杜脫空事訪吏莊儀甫倣法與賞經訪無賴前覇
陳勲所施質山五段共計米貳拾壹石五斗本銀八十五兩冊
約由帖存據舊蒙審斷給領以襄勝事又蒙　守道依擬切恐
訪惡乘臺為壁倣断懸給　仁臺美意落空乞　天恩批發承
安縣比追如無給領本田應許本橋住持管業繳銀取與庶惡
不得跳梁本銀不至落空本橋不至朽壞陰功萬代為此上呈
蒙　刑館陸批准照
　今將陳勲捨出田段開具
一段烏石新墩正租米七碩五斗原賠莊以待莊奎甫

二一六

原佃楊體沖曹九老　現佃陳敬時

一段烏石池乜坂正租米六石原賠莊以臣原佃黃惟祥許汝皆
現佃莊法壽

一段藍坂正租米二碩原賠張尙行原佃楊　遜　今佃藍　斗
現佃陳敬時

一段洋頭神公前正租米三碩五斗原賠曾元原佃黃以忠元老
現佃莊法壽

已上四段查係莊以交叔姪收租今莊宅將小護泗州壠石
蕉坑各水長坑壠羅紋嶂竹林下四段田共計正租米一十
壹碩寫出兌換立有合約附列于後

一段曹源秋竹蕢正租米貳石五斗　原佃羅鑑　今佃陳烏

此一段查係人盜賣與楊伯敬今其孫楊自西將忠山許宅
神公前正租米貳碩五斗寫出兑换立有文約賠死在後
已上共承苗田五段計正租米貳拾壹石五斗遞年納糧銀
壹兩五錢
林莊二姓田俱係生員嚴九命李肇白楊冠林三人捐資僉告
守道蒙批　本府許後　刑館陸署府審奪事經三載費用
銀貳百餘兩今堡收管毋忘所自遞年十月建醮祭橋前三
日備帖請楊嚴李三公後裔至期飲福答齋以酬其功德

康熙四十八年通堡公呈狀

僉呈狀貢川鄉紳羅南星邢杲貢生羅之楨陳璉監生聶大
爍生員張能五楊潛賴日晉巖萬敏賴光前姜淮林延珊

李錫蘇羅治陳周岱里民劉敏姜翔泰楊璟陳應標楊伯祖等爲隱没橋田懇究追復恩弘普濟承垂不朽專切貢川地方都省通衢隔河難渡崇禎十年創立石橋以通往來行人稱便時有忠山義民陳勲兄弟原買到莊儀甫田五段計租米貳拾壹碩五斗土名烏石新墘等段充入堡橋永爲修理之費已經管業收租無異詎莊儀甫坐地霸侵業經通堡士民僉控前府道司列憲大老爺奉批審詳斷還橋管業案卷刋載堡冊鑿據緣石橋焚毁架造浮橋米田併屬浮橋管業明季山寇猖獗居民逃竄浮橋隨毁橋田因無專管復爲豪強吞佔胆敢欺隱本田苗糧黄冊滅跡無稽康熙癸丑十二年通堡重建浮橋隨清查橋租又遭甲寅耿變不遑控理今

查得本田現被莊儀甫之族姪莊以交佔收四段已經原田
主陳勲之姪孫陳登雲首告蒙批准拘在案伏乞
老父師臺俯念橋梁利濟攸關迅賜拘審究田究租俾橋梁攸保
無壞永戴洪恩不朽矣
康熙四十八年三月十二日遞呈蒙
縣主李　批准拘本年八月十三日復呈蒙
建寧府二太爺攝縣事張　批准查本年十月又呈蒙
尤溪縣主署縣事劉　批准拘訊仍卽查明此田歷佃何人一
並稟拘究可也十月念三日呈念五日批
莊宅交約
立約忠山人莊以交等有族伯莊儀甫于天啓年間將卅四

叚地名烏石新墘池仏坂藍坂洋頭神公前共計租米壹拾九碩出典與陳勲爲業已得契價銀八拾五兩後陳勲捐與貢堡橋梁以爲修葺之費儀甫應辦價贖回後因未贖時値變亂橋毀以致年久失管荒廢今莊宅査覺開荒陳登雲報知貢川橋首僉控縣主老爺蒙准在案仝公親調息議處勸莊宅辦原典價銀八十五兩贖回本宅因銀未便情願將自己續置米田壹拾壹碩准還原典價銀八十五两其田即交橋首召佃收租永爲修葺橋梁之費其苗現存莊宅戶內任橋首早晩推收入戶照册過割完粮莊宅不得阻佔等情如有來歴不明係莊宅出頭抵當不涉貢堡之事其烏石新墘四叚租米共計壹十九碩任莊宅管理爲業日後貢堡人

等不得異說其苗原存菲戶照舊完糧此係甘心意允欲後有憑立約存照

計開田段于後

一段土名小護㵎洲壠正租米七石正係承苗

一段土名石蕉坑正租米貳碩正係承苗

一段土名各水長坑壠正租米壹碩正係沙苗

一段土名羅紋障竹林下狗腎隔正租米叁石五斗係承苗

内折出正租米壹石湊成一十壹石之數與貢堡橋首收租外米貳石五斗係菲宅自收其小護㵎洲壠田米七碩或收租斛不足願將羅紋障竹林下狗腎隔自收租米貳石五斗内任堡收補足數如天時荒旱不在此論再照

康熙四十八年十月　日立約莊以交　姪莊時也

在見公親楊人芳楊何夏巖亮升賴孟尊

代字高煥章　俱各花押

楊宅文約

立約出山楊琯原有貢川橋田一段土名曹源秋竹嶺正租米貳頭五斗于先年被人盜賣與　祖爲業今貢堡鄉紳士庶查出勸本宅退出還橋會業但此田久附隨役情願將忠山許宅神公前龍坑口正租米貳頭五斗兑換秋竹嶺之田與貢堡爲修葺浮橋之費其田即退與貢堡會佃收租楊宅不得異說其苗現存二十五都二啚九甲姜昌上手戶內遞年照縣例津貼粮差候大造黃册之年任貢堡前去推割入

户其秋竹嶺之田任楊宅永遠管業通堡不得異說或有上
手來歷不明係楊宅自已抵當今欲有憑立約為照

康熙四十八年七月　日立約楊琯

在見伯楊宜子

在見親識鄧允吉　陳九可

代人楊公如　俱各花押

今將浮橋應現事宜開具于後

康熙二十九年將浮橋田畝推割入在城坊十啚二甲王啓佑戶

應納糧差

三十五年轉撥入二十五都七啚一甲楊倉元戶完納糧差

共載民米壹碩三斗三升七合
該正供貢銀貳兩貳錢七分三厘
該穀米五斗四升六合八勺
遞租米貳碩該課貳斗四升八合三勺六抄五撮陸圭六粟
壹粒
該課銀九分
康熙三十四年六月初七日橋首楊鍾霖等呈免橋一應雜項公
務蒙
縣主案　准免在案
一橋舡三十貳隻眥額每舡高貳尺七寸濶五尺三寸長壹丈
八尺四十六作蒙

縣主聶捐俸首倡新增橋船四隻連前共二十六隻
一橋棚探板桿貲堅固欄杆齊全丁亥年衆議撥出谷三十二
碩與匠人每年從新修造棚探欄杆牢實完備或有不備責
在承首之人
一浮橋鐵鍊壹條共計壹千伍百餘股四十六年紫戊子
縣主張捐俸首倡新增一條共計壹千五百餘股今雙鍊閉鎖牢
固皆　張侯之功也
一撥出谷與舡匠造舡抹灰修葺等項公費谷六十四石今增
谷八石共計七拾貳石
一看守關橋聯橋民夫四名長年共計給工食谷貳拾肆石不缺
一橋首僉呈

縣主張　諮免水東東嶺發冲東坑地方煙戶水陸差徭烟户催
　入青守浮橋遞年貼橋夫早谷壹拾四石鄉
鄉

一公舉督理船隻橋棚收租完粮等項事務人遞年酬勞谷壹
拾碩從乾隆甲申後另增六碩後又增穀四石共計二十石

一從癸亥起遞年董理到冬谷收完後請鄉紳値年先將田段
兑記不錯後再將記簿出入數逐條清算隨貼花消不得虧
莽悞事奉行具文　辦酌壹席

一遞年額定造新船乜條灰舊船六條造新棚四棚餘棚及鐵
鍊舡等件隨破隨修

一造新舡灰舊舡董理人宜於舡上寫某年某月造灰第幾條

爲記

一遞年十月十五日祭橋設醮　每月朔望日及立春夏秋冬
至清明端午中秋上元中元下元除日元旦董理人在於來
紫閣並左右三聖點香紙燭一付

計開現行完粮米記

一公項完二十六都一啚八甲黎　梁戶供銀貳兩玖錢玖分
七厘五毛　秋米五斗六升六合三勺

一沖村大王墩正米壹碩　又沖村埔頭棟正米壹碩俱
代完二十六都一啚五甲楊尚亭戶供銀八分　秋米壹升

五合大勺

一深瀧補翁墘正米壹石貳斗代完二十六都二啚二甲姜相章戶供銀四分四厘　秋米八合六勺

一冲村大王墘三埕坑沙米二碩代完二十六都三啚七甲劉受成戶寄庄銀貳錢貳分

一小坡口黃道坑正米七碩二斗五升代完二十六都五啚四甲鄧為朋戶供銀二錢九分　秋米五升七合

一羅紋障陳尾大墘尾正米三碩六斗代完二十六都五啚六甲巖東山戶供銀壹錢四分三釐　秋米貳升八合一勺

一東坑塔後瓏正米壹碩五斗代完二十六都十一啚九甲姜盛亮戶供銀六分　秋米壹升壹合七勺

一東坑崇礦坂正米壹石代完二十六都一啚九甲楊認齋户
供銀四分　秋米七合八勺
一東村鹿角坑正米壹石代完二十六都一啚六甲楊地順户
供銀四分　秋米七合八勺
一仲村洄洲墩正米一石代完二十六都三啚七甲劉利仁户
供銀四分　秋米七合八勺
一仲村下洋坑正米壹石牠西坑正米一碩小米連棠代完二
十六都一啚九甲楊忠文户供銀八分秋米一升六合
一新橋仔藍聯正租米壹碩代完二十六都十啚六甲李　福
户供銀四分　秋米七合八勺
一淋壠龍船坵正米壹石代完二十六都十啚六甲李　福户

供銀四分　秋米七合八勺
一冲村官路下大壠下份正米一石代完二十六都十啚五甲
鄧孔有戶供銀入分　秋米壹升六合
一大坑頭峯口正米二石代完二十五都九啚七甲吳　榮戶
供銀八分　秋米壹升五合六勺
一走頭橋和尚壠岗尾壠七仔邊沙米　代完二十六都
五啚一甲劉愛威戶沙銀叁錢貳分二厘秋米四升三合
深壠池西坑正米貳石遞年貼楊正樸苗錢貳百四十文正
一小坂口後坑正米四石遞年貼李德新苗錢陸百文正
一大坪巫頭壠正米貳碩五斗又大坪坡頭正米二石五斗二人
段共貼羅志年苗錢六百文

一忠山烏石坂坻正米六碩又洋頭神公前正米三碩五斗二
段共貼莊百兼苗錢四百文
一岩下神仙殿下崩盂墘正米乙碩貼嚴紹孔苗錢壹伯貳拾
文正
一沖村塚前坂正米壹碩貼夏聖交苗錢壹伯肆拾文
一太坑頭色仔嶺並墓勺正米壹碩貼劉成齋苗錢壹百貳拾
文
一沖村貴壠正米壹石貼劉順山苗錢壹百貳拾文
一東坑蛇頭岃正米壹碩貳斗貼羅潤松苗錢壹百貳拾文
一鉄爐坑氏主前正米壹碩貼嚴汝和苗錢壹百貳拾文
一樓前渡墩定墘正米乙石正貼邢怙齋苗錢乙百貳拾文

一卓岙魚水坑對面墘正米乙石正貼劉康侯苗錢一伯貳十
文
一和豐儈行甫郎今呼下堂正米一石貼沙邑福聖寺租錢八
伯文
一義渡西郊標林前正米二石代完二十六都一苗九甲楊連
章户供銀一錢正又完秋米二升
一水東員木權垷塆坑正米四石代完二十六都四啚四甲羅
雲龍户供銀乙錢五分九厘又完秋米叁升乙合二勺
一深瀧洋金墩正米一碩五斗代完二十六都一啚九甲楊錫
峯户供銀六分又完秋米乙升乙合七勺
一巫㘭岽坑正米三碩貼黄相老苗錢三伯文

一深壢洋均墩正米貳石貼嚴叉會苗錢貳百四十文

一東坑巖仔角正米貳碩貼李慶椿苗錢三百二十文

一大坑頭色仔嶺崩漈千正米一碩貼劉俊卿苗錢乙伯貳十文

一黃道嶺上長壢並壢仔邊坂正米貳碩苗錢二百壹十文

西門坪埔祠坡頭正米一石苗錢壹伯乙十文

一西門石板橋並姜宅書齋正米壹石貼苗錢壹伯零五文

一西門櫟林前並山庄正米壹碩貼苗錢壹伯零五文

一西門坪埔祠坡頭第二三坵正米二石五斗貼苗錢二百七十文　此段入公項

五段其貼高中和苗錢八百文

一從辛酉年起新立東門渡船二隻每隻船式議定造三丈六尺長船面頭腰五尺五寸大尾腰六尺大底三尺五寸大腰內二尺五寸深交船匠泊造遞年秋熟之日額給木料工資早谷七石五斗鄉又冬熟之日額給貞谷七石五斗鄉共額給秋冬谷一十六石五斗發米斛向董事船主交量其船二隻議定三年末到十二月另行全新換造三年內或有滲漏朽壞務要早晚抹灰修整又須照船式尺寸造好堅固不得短小了草抵塞如有不照議行任船主將工資谷扣除另改召造立有承約存照後又增谷乙石五斗白共計十八石白現承造匠人鄧啟老

現匠人鄧日煥　鄧大標

一新立渡船二隻承管渡夫四人遞年額給工資谷貳拾八碩鄉

向董事交量或值水漲開橋之時早晚在河邊伺候交橋接濟
來往行人不得索取渡人已貲以及挨延懈怠推倚逃避其舡
或有滲漏朽壞務要刻召承匠修整不得遲悞至水退聯橋亦
須管泊河邊不得私借與人常載貨物如有等弊任舡主將工
貲谷扣除另行召管立有承管約存照

一遞年領給來紫閣住持早谷二碩五斗租向橋董事交量爲燒
香
奉　佛暨三月三日辦齋設醮之費後只給燒香
錢八百文正

康熙四十六年丁亥三月議增鐵鍊一條橋船四隻

勸首周文璣　姜必桂　楊洵　陳盛麟　陳覲祿

邢最　林朝紳　聶岱　羅漸　吳榮

通共募鉄鍊二千零二十四股除新造一千五百股後剩下五百二十四股每股折銅錢七十二文通共銅錢三萬七千七百二十八文本年新造石庄橋樑橋夾欄杆桂木枋板及載石扛石接鍊竹炭上鍊聯橋石匠木匠小工工銀橋夫酒錢等費共用銅錢三千四百八十六文又鏨換舊棚欄杆枋板木匠小工等項共用銅錢二千壹百九十八文又迎送買紅綾猪羊鷄鴨魚酒等物並印册税契共用銅錢一千二百九十四文已上通共用出銅錢六千九百七十八文除用後剩下銅錢叁萬零七

百五十文隨買米田八石計價銀三十三兩壹錢折銅錢貳萬
九千七百九十文除用後剩下銅錢九百六十文辛卯年十二
月楊繼和得小護泗洲壠田契過苗禮銀壹兩二錢折錢九
百六十文此項錢公用訖

勸首羅延梁募增橋船銀共一十一兩丁亥年三月新造橋船四
隻計銅錢八千八百文折銀一十一兩此項銀公用訖
丁亥年六月初十日午時上鍊聯橋祭河牲儀一切雜費係勸
首十一位各捐銅錢壹百文即日公用訖今將各勸首所募鐵
鍊股數橋舡銀數新置田段並自捨田段山塲開列于後其衆
信善各姓緣年深日久故簿殘缺恐有失落繞所
神明同鑒庇祐

計開捐助鉄鍊股數

信官羅南星

璿

儆

信生邢最　各捐鐵鍊一百貳拾股

信士劉逵　捐鐵索壹百零二股

信官陳壇

陳文海　在城

陳垙　龍江　各捐鐵索壹百股

信士李簡　洋厨溪　捐鐵鍊五十股

李孔明

劉維讓

陳盛麟　各捐鐵鍊三十股

楊敬新　捐鐵鍊二十五股

信官楊瑄　忠由

信士嚴承綱　楊起元　忠山

劉金吉　陳麒愛　黃琥四　各捐鐵鍊二十股

信士鄧應先　丘福來　陳朝翰　余士卿

劉崑兆　陳覲蘇　各捐鐵鍊一十五股

信官丘垣　楊燿

楊息新　饒孟仁　鄧鼎齡　柳州城　邢纖　邢庭

信士邢樹勳　邢庄　邢鶴霖　蔡蛟　邢倔泰

信士嚴尚勉　陳鑑光　陳日光　魏元桂

劉适　巖良任　劉晉錫　劉文燦
賴祖文　邢崑岳　邢翰書邢庄　吳鴻翰西洋
李順禧　李順受龍嶺　已上各捐鉄鍊一十股
信官高遵　吳榮　信士鄧宗瀾柳州城
信生張瓛　信士姜必桂　各捐鉄鍊八股
信士楊粱　姜以魁草岩　各捐鉄鍊七股
信官姜邦俊涉口
信士劉人鶯　李應成　林良齊
楊崟　馮光鳳東嶺　各捐鐵鍊六股
信官楊嶙
信生楊貞　林廷瓛　劉崇　羅南宮

楊　岑　邢瑛邢庄　各捐鐵索五股

信士聶可聞　楊　溥　魏祖瑞　鄧　潢

周文璣　劉維淵　聶　儀　林朝紳

聶　岱　楊　芥　鄭用肅　羅延桀

劉鸞兆　楊增前　嚴萬琦　黃積慶

詹尚琦住城　曾九儀　李彭年白岩下　邢翰華邢庄

邢端本横岸頭　邢端祥　羅紋嶂　姜孟祖熊荆山　姜孟右

陳正禮　黃坭四　陳秋老　黃道資　李榮顯龍嶺　李忠貴

黃　麟　已上各捐鐵索五股

信士楊開新　劉大雄　姜景夏　嚴萬仕

劉　選　嚴萬繹　周　烱　張　儼

吳士德 吳成章 姜 禧 饒昌禮大坡
李勝美洋梅坪 李斉成李家龠 李永侃龍嶺
已上各捐鉄鍊四股
信官陳 璉 羅南晋 楊康新 林光祖樓前
信生張能五 楊平政 姜 淮
信士姜守爵 鄭希明 高 謙 林懋申 劉 逖
劉萬吉 嚴萬維 賴朝爵 林 揚 嚴萬力
林應穆 姜應基 周建章 楊 泮 劉 蓬
姜 涓 楊 儀 夏長弦 林朝治 楊紹本
嚴承芳 李益卿 林應鯨 林應德 陳福有
林福春 魏麟祖 張振堂 陳文炳 陳鵬昌

吳緒禹　雷福興　鄧宗鼎椰州城　余士芳余荊山

林應熙楼前　姜明進甘地　姜一濂熊荊山

馮光祖枣嶺　巳上各捐鐵索三股

信官李錫祿　夏求仕

信生賴光前　楊潛　嚴倘彰

信士劉震昌　羅延第　陳煥文　姜鎰時

楊大亨　夏長源　李宗華　姜翊春　李士大

姜學春　官宜清　魏正本　李駿　羅和仲

黃正南　夏長宜　高元鴻　李馭　高積

楊永華　楊洵　姜必鳳　李駒　嚴萬修

羅緒　嚴家禧　李振麟　李啟英　丘中豸

劉維鼎 范豐聯 羅 孔 林 閔 葉向陽
夏 勅 羅日昇 余 琰 魏椿齡 陳東老
陳俊元 鄧士勝 劉孔亮 魏伯祖 嚴正祿
陳日祖 吳聶生 王以行 嚴順歷 楊應老
楊 侃 鄧應成 鄧應崙 林熙慶 王愷若
潘 堅 余 瑲 林 崇 姜宗盛 葉 耀
李 梓 丘士成 羅 謙 何 福 陳學孟
李榕曾 李榕節 潘昌纘 李士榮 雷士保
楊鳴岡 黃龍源 李日福 洋廚溪 李松秀
李必變 李章龍 范一俊 發沖 高尚贊 岩下
李光焜 楊梅坪 李光炷 姜閏 錢坌林 王舜友

姜壽宇鵲岩　姜壽日　姜壽接横岩頭　陳　獻
姜春游張公山　姜兆福羅嶺頭　陳金老黃道嶺
陳植椿黃坭凹　李錫龍龍嶺　李永椿
李永亮　李永晷　李昌琳　李順楠
已上各捐鐵鍊二股
信士羅　緄　羅　繪　劉文灼　夏長仁　夏長德
許士能　王必元　楊孫禮　楊吉生江西廣昌
黎中焯　各捐鉄鍊一股半
信士楊　爆　羅　岳　余　壯　陳麟文　葉　炳
楊立信　葉毓英　張宗文　羅　澤　林嗣鐔
莊正楷　李仁仲　姜　相　劉維珍　夏　秀

李文邦　羅長齡　姜　淶　劉增榮　李貞孫
羅宗夔　林元楷　劉一沂　許士靜　林　穀
高尚業　頫文昌　鄧　蕙　吳啓明　魏豐祉
朱聖德　鄧顯老　葉毓著　葉毓芳　嚴長青
馬汝伸　葉德臣　李宗旺　鄧必增　姜聯穩
熊德老　馮士選　姜延澤　鄧一標　楊明老
張宗夔　蕭明儉星橋　姜元章雙峯　姜萬若熊荆山
陳麒會黃坭凹　饒昌義大坡口　江君求長坑
李永淳龍嶺　李昌祺　李順樟　李順梓
陳順水洋廚溪　張　斗　陳顯泰　張宗祚
張兆燦　劉紹煙　張予能　楊必熖　周肇聖

周肇鵬 賴光龍 丘道舒 周肇鯤 劉煥彦

劉天祥 賴騰祉 周肇鯨 劉天錦

賴以亨上杭 丘艮旺 蔣存裕連城 羅 崐楼前

曾 繡百粟坑 朱季孫 嚴承鐙 周家龍

莊琦成大源 俞仕逢岩下 黄起琳 李孔爵

羅珍如 陳啟祥 鄧宗韶楼前渡 鄧宗貢

鄧老鱗 李予章 鄧長明 高尚兒

鄧老佛坂頭坑 高應老石馬 高元豖 高興益

羅元老曹源 張萬考 李章輔 俞惟敬

羅文友 姜啇老 邢景翰 曾文楚

馮光賢東嶺 馮光明 馮光謨

善存如甘地　　已上各捐鐵索一股

東山僧宗滇　僧宗洽　僧逵潤　各捐鐵索三股

計開捐助橋船銀數

信商吳　泓新安　捐銀三兩

信官羅南星

黃兆祥浦城

邢　杲　各捐銀二兩

劉紹祚

高　琢　各捐銀壹兩

附識　康熙五十五年丙申十月因買樹修橋致訟衆將永漿等

遞田割出租谷八石六在　聶鄉紳典得九八色銀三十兩

公用至康熙五十六年丁酉十一月又割出永藜等處田谷七石大典得九八色銀二十六兩公用外中人禮清錢五百文二項約載候有便之日倫辦原價對月贖田錢粮係本堡自納願同事諸君努力經營贖回此田還橋無貽後人口實為望

計開田段山場

一康熙戊子年閏三月買羅克禧沙苗田一段土名牛路洋馬糍坑正租米六石外賠租米二石計價銀三十三兩一錢本田苗原寄沙縣陳永麟戶內何石正租米逓年貼納苗銀一錢四分　佃鄧周先　現佃鄧杞老　鄧雄老

一康熙戊子年五月林聖取仝姪達可捨出金墩栢園三分之一逓年收租銀三兩三錢三分三厘　此段后裔林爾達公乾隆己丑十月立約將糖二十斤安佃交橋逓年折納租錢四百五十文今權收租錢六百文　佃葉公郎

原佃劉新慶　現佃劉新福

一康熙庚寅年三月嚴敦善捨出擨下蕉同坑嚴宅書齋邊廖均

蕉林岃竹林山場三片遞年收山租早谷六石　佃高廣如

一環秀樓脩德川捨出楊梅坑鉄爐坑正租米一石五斗

今佃陳彩耀

此田原係白銅坑馬作衢捨入環秀樓共正租米三石已隨

割付坑正租米一石五斗還馬宅子孫收回完納此項田苗

今鐵爐坑田米無着遞年馬宅子孫向環秀樓乾點晨一餐

一康熙丁酉年三月姜朝案捹出和豊分析租米貳石遞年照

納沙縣福聖寺租銀壹錢貳分係橋首交付楊宅完納

康熙丁亥年鐵索告成衆議刊刻浮橋全書採其始末以垂不朽

乃統計樂捐各姓並新舊田册暨歷任邑父母列位鄉先生

敘記通共一萬貳千叁百壹十有奇工資紙張木料類費不

貲即鐵索剩餘除買置田外僅支零星雜用此項銀兩費于
無辦其事遂寢窃恐有初鮮終不惟埋沒一時捐助姓名且
令他日有繼創始諸公而修興浮橋者茫無可考爰于丁酉
蒲節另募捐銀十六兩零付之剞劂以成盛事乃閱三個月
甫及一半而梓人有事別去等以堡遭回祿不暇修理今庚
子二月重新整頓至五月而事竣四方信善復有聞風向義
捐貲補助者計所題鐵索共壹百貳十股折銀九兩六錢正
其列位芳名隨照例登入而銀亦即交付剞劂裝釘公用詎
願後之督理諸君矢公矢慎毋致田破橋毀福有所歸也

大清康熙五十九年歲次庚子蒲月貢堡橋首仝誌

重捐浮橋芳名開列

信官楊機垣　捐橋貳棚佛銀肆拾員

耆賓嚴汝和

信官劉兆恆

耆賓李祈騰　龍嶺

信善林應亨

陳天錫　黃龍崗

陳天祿　黃龍岡

陳龍祥　黃龍崗

各捐橋壹棚每棚計佛銀貳拾員

信善李孔賢　龍嶺

李孔尙
李孔恒
共捐橋壹棚計佛銀貳拾員
信官鄧光琅　椰州城
信生陳國樑
名捐佛銀拾貳員
信官張肇吉　信善劉涵萬江右　貢堡搵錩
名捐佛銀拾員
信官楊旗峯　高瞻　楊觀國
信譜羅仕通　汪星宏江右　嚴啓絡
信生楊懷儒　許誦周江右

各捐佛銀八員

耆賓陳士美　嚴又碁　信善劉承梅

信義姜克恭　陳龍榜黃龍崗　李福英水南坑

李紹武　信作李騰閏雙峯　鄧慶章沙洋

各捐佛銀六員

信官高鳳軒　高西峯　高永明

信善劉建章

各捐佛銀伍員

信官聶篤忠　魏光潤在城　楊睿齋　陳元依

信生高　遵　魏宗轅　高肇杞　吳　錦

羅非武　鄧克承沙洋　鄧祚新沙洋　劉待舉

信善姜廸吉　羅成九　李伴儀白岩下　饒以成大渡口
汪龍山江右　劉占魁江右　和順號江右　楊其遹
耆賓姜永瑛熊荊山　陳宗績　李生有　李世琛洋斋
各捐佛銀四員
信善羅賓臣　高先獻　黄祥也　關永興汀州
黄世璉汀州　李庚有汀州　茂興號江右　黎聯魁汀州
蔣道升北溪　陳冬兒　陳艮猗中盛岗　鄒子茂箭竹窠
各捐佛銀叁員
信善黄順生　李進老　各捐佛銀貳員半
信生劉東崗　羅立萶　劉世選　姜朝俊
鄧成崟　嚴启魁　信官高聖時石馬

信生鄭潛圖　楊文斗　魏士峯在城　魏光沐在城

職員魏紹湯　鄧中極　陳開祁　姜道昌

信善陳鳳池　林用裕　朱光祖　嚴繼先　楊仰思

李芳盛　羅光如　朱正也　楊紹思　李爲材

張茂華　李峻三　李朝極　陳延頫　鄧鍾齡梨頭

楊兆義　楊仰哲　市垣號　范祖恭發冲

胡炳如江右　王廷輝大波　王增富大波　陳禮孫忠山

姜允如熊荊山　李開也水南坑　李如也水南坑

李騰閱白岩下　李上舉白岩下　李騰閣白岩下

鄧以理大波口　鄭上取　黄兆寧江右　林遠

丘克達　鄧子麟　順利號　姜莊玉發羅坑

余景周余荆山　吳佛林　余藩臣余荆山　黄福林大坪頭
張雙進廣東　姜昊生熊荆山　姜申九雙峯
陳永景黄龍崗　陳盛惟黄龍岡　陳彝巷上坪
羅友俟箭竹窠　熊雲魁江右　各捐佛銀貳員
信善陳順禎神宫後　捐佛銀壹員五角　高鳳彩岩下
信官楊仰澄
信生劉　見　吳　俊　劉世澤　嚴濟寬　楊占三　李爲章
劉與唐　丘効艮　楊正謨　余明欽　夏元秩　聶于崗
聶利生　羅化臣楼前　陳聖寵上坪　陳聖廣上坪
陳聖渠上坪　陳正翊上坪　陳夢花上坪　陳含輝上坪
耆賓鄧昌達

信善姜起侯　楊旭明　葉希泰　鄧以行　魏濮三
張聖時　姜作明　丘冬老　林元卓　嚴憲孔
姜志道　張仲安　吳式周　羅遜先　李卜五
邱志元　劉維嘉　饒紹元　李燦如　蕭景虞
鄭大成　楊　光　羅志張　劉尚純　謝羽儀
李峻山　林相承　姜希光　楊振千　姜連愷
鄒有兒　潘仲艮　羅希瓊　姜耀卿　夏君一
劉其發　楊楷瑤　夏素卿　李英言　羅錫韓
劉映元　余紹尹　林以莊　鄭佑純　陳占文
鄧茂老　劉躍鯉　鄧仁孫　鄧啟老　姜木大
林偉人　魏騰升　劉汝直　鄧　天　廖維九

蔡仁增　楊□賓　楊敷文　陳在先　黄曾興
魏盛宗　鄧茂貞　鄧功聯　李維顯　凱盛璧
高鳳彩岩下　馮順龍棗嶺　馮順朝棗嶺　馮順傳棗嶺
馮元榜棗嶺　黄龔德魏舍山　吳養孫楊家山
姜獻仁葛岩　劉長盛興化　李仁義大坪頭　鄧元文石坑
陳元正火烟嶺　華朝清上甘地　李康侯水南坑
李昌景水南坑　李康信水南坑　李康佑水南坑
葉洪永汀州　姜仲琳石坑　李孔富龍嶺　李康甫龍嶺
李福朝龍嶺　李孔章龍嶺　姜順行東坑　陳文雍東坑
陳吉文　曹廷相長汀　鄧光前江右　姜日升雙峯
陳國卿雙峯　姜清海雙峯　姜興龍雙峯　練崇其八畳

鄧恭兒劇頭　楊法壽大波口　饒清爲大波口
余生謨庄頭橋　黃世進魏舍山　姜文禮熊荆山
鄧崇連横衍壠　練起兒庄頭橋　黃上觀魏舍山
范濤周發沖　陳順兒發沖　陳福清大波
李建孫下甘地　黃世茂下甘地　陳維明黃龍崗
余開策白水漈　余盛孫白水漈　鄧[illegible]蛟箭竹窠
鄧以琛箭竹窠　鄧敬行箭竹窠　羅廷仁箭竹窠
羅朝忠箭竹窠　羅朝進箭竹窠　羅朝信箭竹窠
李清涵龍嶺　李成欽汀州　張子箏汀州　關和茂汀州
關賓茂汀州　關捞盛汀州　王榮佐汀州　曾樹先汀州
李秀龍汀州　馬秀文　溫秀賢汀州　陳台官永春州

曹昌隅汀州　姜泰和雙峯　曹廷標　各捐佛壹員
曹賓鄧載光　信善姜禮　王狗　謝子意　王愛老
林五老楼前　吳慶兒　各捐佛艮五錢
勸首
姜承烈　魏宗松　林康儆　陳魯璐　李長大
陳其言　楊仰文　劉安愼　林廷光　羅魯源
羅宗聯　羅宗驪　各捐佛銀肆員
通共捐佛銀八百六十九員六合七尖除新造橋舡貳拾五隻
並贖舡預造辛酉年分橋舡六隻橋夫守橋舡一隻共銀壹百
九十五員貳合鐵器銀壹元貳合橋棚十四架銀五十六員橋
探板六十五片銀四十六元補整鐵鍊並新造鐵鍊及整鉄鍊

五十

共銀九十八元三合五尖橋門車同木料共銀貳元零四尖造
篛並篠共銀九元二合五尖給告示銀貳元禁碑石庒並制橋
雜公共銀二十五元費來紫閣匠工銀六合三尖造花蓋石牌
艮十三元重修來紫閣木匠泥水木料裝修灰蓋磚瓦共艮八
十六元五合四尖裝修　元天上帝神像及安位等費不係橋
項另具題捐已有花消來紫閣新立石庒五隻鉄鍊五條艮八
元僱人往各鄉收捐艮工資艮五元架來紫閣嶺上嚴宅新捐
地基貳植四欄並蓋地亭木匠泥水木料共艮四十六元二合
又造地基石墈三次艮二十元零三合磚瓦竹鐵器共艮十五
元六合造水嶺面馬頭除樹客罰出艮後添用艮三十五元聯
橋香紙燭給賞橋夫酒錢及雜用共艮八元六合羊猪三牲等

費勸首十二位自派認經張刊印共銀壹員一合送高宅士名本堡西郊外標林前並山庄石橋頭民主前並姜宅書齋爐都尾黃道嶺等處永苗田契銀十二員立有約據癸亥年另買新橋舡四隻銀貳十二員一切餽送人事銀十三員刷橋冊試百伍拾付每付工資紙張貳百肆拾文算佛銀每員六百四十文算折銀九十三元七合五尖城樓邊屋基乙小植爰因失管嗣查橋冊與李宅搆訟蒙　童縣主勘明訊断共使用銀七十八元統計共用出佛銀八百九十三元七合六尖除收捐後不敷佛銀二十四元零九尖此項仍望諸君再補冊費湊完獲福無量矣

庚申年十月廿八日聯橋辦祭買羊猪牲儀辦席等費共用去

銅錢壹萬貳千餘係勸首十二位自己捐貲派用不在衆項花消

大清嘉慶十年歲次乙丑仲冬月

貢堡橋首仝刊誌

新立義渡田段

信生劉安正捐土名巫峽頭張坑正租米三碩正　佃李孔如
佃李添　現佃
本田上手契約仍存劉宅遞年橋內現貼黃仁兆永苗錢叁
百文候後推收

信善張印六捐土名深壠洋禾坪仔正租米壹碩陸斗正
佃姜金兒　現佃楊元白
又捐土名溪斤後門坑並溪邊梨樹墘正租米壹碩正
佃林秀兒　現佃林興從
本田二段上手契約仍存張宅遞年橋內照縣例準貼張宅
永苗錢候後推收

耆賓嚴又著捐土名深壠洋金墩正租米貳碩正

佃余　文　現佃賴奎

本田上手契約仍存嚴宅其苗現存二十六都五啚八甲嚴

又著戶遞年橋内現貼嚴宅永苗錢候後推收

信官楊機垣捐土名深壠洋金墩正租米壹碩五斗正

佃詹天慶　現佃嚴　緒

本田上手契約仍存楊宅其苗現存二十六都一啚九甲

戶遞年橋内現貼楊宅永苗錢候後推收

信官劉安善捐土名大坑頭色仔嶺崩溚干正租米壹碩正

佃李貞德　現佃李清梅

本田上手契約仍存劉宅其苗現存二十六都五啚七甲劉

禮執户遞年橋内現貼劉宅永苗錢候後推收
佃陳淵老
信善陳麒愛捐土名東坑嶽仔角正租米貳碩正
現佃林先桂
本田上手契約仍存陳宅遞年橋内現貼陳宅沙苗錢候後推收
信善陳天錫捐土名黄道嶺上長壠並壠口溪邊坂正租米二碩
佃陳盛廣
正連業田頭山一大片
陳成佑
現佃黎冬生
又捐土名西門坪埔祠前坡頭正租米壹碩正
佃李佑遠
本田二段上手契約共七紙内另有數段係陳宅與橋内兑
現佃李華老

換張公山旗坪頭田與此捐田契相連併繳橋存照遞年橋
內並兑換田合貼高宅永苗錢共六百文候後推收
耆賓李祈騰捐土名氷東眞木礶尾塝坑正租米二碩正連業
佃饒連長　現佃蘇開銓
本田上手契約已繳橋存照遞年橋內現貼羅宅永苗錢係
後推收
信善陳天祿捐土名貢川西郊㯹林前並山庄今查後山洋水井
邊作二坵又飛坵在總司廟前對面坂一坵正租米壹碩正
佃羅吉德　現佃饒松老
又捐土名石橋頭並姜宅書齋正租米壹碩正
佃鄧冬狗　現佃林松

本田一段上手契約仍存陳宅遞年橋內現貼高宅永苗錢
貳百文候後推收

信善陳行三捐土名水東員木碓尾墘坑正租米二碩正連業
佃饒連長
現佃蘇開銓

本田上手契約仍存陳宅遞年橋內現貼羅宅永苗錢候後
推收

信生楊文斗　林廷光

信善林康徹　陳冬兒　魏廷相　李長大　劉承梅　羅啓泉

捐土名貢川西郊標林前正租米貳碩五斗正
佃鄧貴孫
現佃邱來貴

又捐土名冰東員木碓兎瑶坑小租米壹碩五斗正

佃鐃連長
現佃蘊開銓

夲田二段上手契約一併繳橋存照其檫林前正租米遞年橋
內現貼楊宅永苗錢候後推收

續捐並新置田段輔屋開列

葉竹友公仝男堯元孫潤暘捐庄頭橋和尚壠𡵓尾壠並壠仔墳邊沙米叁石五斗　現佃練連元

楊詡齋公捐東坑祟福坂正米壹石　現佃王上增

羅澗松公捐東坑蛇頭𡵓正米壹碩貳斗　現佃姜其于

嚴辨若公捐大坑頭拱橋下正米壹石五斗　現佃李中楷

邢恬齋公捐樓前渡墩定墘正米壹石　現佃楊興孫

劉康侯公捐卓𡸣泉坑對面壠正米壹碩　現佃李家騰

鄧成崟公捐小坡口後坑尾正米叁碩　現佃饒　狗

羅文銘公捐小坡口後坑尾正米壹石　現佃饒　狗

姜焜允公捐深壠薊薊墘正米壹石壹斗　現佃姜福梅

五五

巖貿川仝男嗣謙嗣勳捐羅紋嶂陳尾大墈並大墈尾正米三碩六斗　現佃[illegible]騰集　現佃賴水

又捐百石坑　米　李餘老

黃尊五公捐深壢𡋡西坑正米貳碩　現佃張昌老

高秉明公捐大坑頭峯口正米貳碩　現佃黃志紹

劉彥庵公捐巖下麻油窠神仙殿崩盂墈正米壹石　佃劉代明

戊子新置小坡口昔道坑正米七石　現佃李映暉

鄧上玕公捐龍糞坑正米壹碩　現佃姜士成　姜郁老

劉正秋公捐鴨母壢正米壹碩　現佃曾正任

范岐周公捐水東背入坑尾廠四植屋一座原收租

今攉收租錢五千零四十文　現佃郭文開

劉旅齋公捐大坑頭色仔嶺並秦勺正米壹碩　現佃李上生

李朝郁公捐東坑塔後壠正米壹石五斗　現佃鄧玉書

嚴汝和公捐鐵爐坑民主前正米壹石　現佃李大老

鄭泉甫公仝念繩紹于捐大坪峽頭正米貳碩五斗　佃劉求老

又捐大坪孟墘頭正米貳碩五斗　現佃鄧長老

楊尚亭公捐冲村大王墘正米壹石　現佃闕法炳

又捐冲村埔頭楝尾正米壹石小米壹碩五斗　現佃黃匡

楊紹渟公捐冲村鹿角墘正米壹石　現佃姜盛旺

夏聖友公捐冲村冢前坂正米壹碩　現佃蘇呈乞

此段同治二年癸亥十一月佃私將田架屋董理劉樹民楊

樹章先托保理較他刁頑不肯認理後同鄉紳值年陳蘭庭

劉俊卿嚴占鴻聶晋卿羅布南高漢才劉冰如劉譁然陳聘
三聶子賢劉士衡等托公親謝盛彩蘇朝俊理較至甲子年
四月佃亦托謝蘇二位向前認理賠將原田開還原管立
包佃一紙遞年包還早谷貳碩租足仍謝蘇二位做保佃俱
花押另罰出銅錢伍拾乙千貳百文存董理處至丙寅年正
月鄉紳值年同向董理劉樹民楊樹章領出銅錢五拾乙千
貳百文交董理陳聘三盡數領入爲橋項費用批照

楊應文公　鄧少華公捐大王墈三堤坑正米三石　佃蘇雍官

又捐冲村泗州墩正米壹碩　佃潘　與

朱紫巷下前畔第十一植樓屋並基壹全植收租錢貳千四百文

現佃

楊尙亭公捐水門仔城門左邊第一植原租錢八百文今增收租
錢肆百文正　現佃嚴盛元

李紹文捐大巷口夫人宮左邊後畔第一植原租壹拾千文今權
收租錢八千貳百文遞年造新瓶一条文契俱繳　現佃鄧天生

邢定周捐冲村官路下大墘下分正米貳碩小米壹碩文契俱繳　現佃吳宗茂

劉樹民公　楊樹章公捐冲村下洋坑正米乙石小米連業　現佃蘇呈乞
又捐冲村池西坑正米壹石小米連業　現佃蘇　福
二段文契俱交繳其苗現存二十六都一啚九甲楊忠交戶

完供錄入分　　秋米壹升六合

李星垣公戊辰年捐新橋藍聯正租米一碩文契與別段相連未

交繳苗存二十六都十啚六甲李福戶內候後推收

現佃姜華老

一丁卯年新置得吳宅東門浮橋頭下前畔第貳拾植鋪屋地基

一全植　戊辰年續置得羅宅鋪屋皮一全植其右邊原有

浮橋透窩巷一條因未修造權向鋪內通行

現佃羅照三

道光戊子年重捐浮橋芳名開列

李在雲　捐銀四拾員

嚴汝和　鄧睿斯　羅文銘　邱仁全男占春

嚴敵絡仝男嗣勳嗣謙　余秀金　鄧步春　長汀客商

永定客商　素蘭鹽館　陳其愛　同法保

各捐銀貳拾員

楊心尼　捐橋船貳条

鄧鍾璧　捐探板貳拾塊

李祖亨　李祖榮

共捐銀壹拾貳員

姜安甫　姜誠菴　張孔兼　范岐周　吳文海

楊先妍　廣東盈廣元
各捐銀壹十員
汀郡龍燈社　捐錢八千文
楊旗峯　劉進五　劉致堂　楊尚亭　李春瑶同李冲九
王增富大坡　李纘周龍嶺　李清喜水南坑
各捐銀八元
林菊所　夏茂廷　陳宗績　殖興號　鄧章文　李容八
各捐銀陸元
高永明　高先正　姜德輝　邱熹焜　李積武　劉涵萬
各捐銀伍元
吳興庵　陳尚賢　高先望　李正韶同李正枝　章義聚

姚永順　各捐銀四員
張祖運　李鵬九　楊希中　楊懷美　鄭麟書　林遠燦
羅秀亥　朱思賢　許功勝　盛會山　熊鶴山　大興號
陰鳳翔　李福侃　劉長盛　各捐銀三員
羅潤松　姜連吉　姜順天　劉啓聖　陳茂章
葉兆堅　嚴啓基　姜特章　嚴嗣縞　楊仰福
楊懷坦　陳大昜　羅邦儀　劉序年　潘三元
李允增　林樹干　余協生　陳源泉　汪中和
丁和生　各捐銀貳員
劉章五　楊淑卿　劉秉華　劉序順　李祖老
各捐舊鉄索貳拾壹股

同治癸亥年七月二十日夜河水夜漲不及豫防橋棚探板船隻
多被衝去維時董理劉樹民楊樹章卽同鄉紳僱仵向船戶趕
造要增工價衆不允從　樹等卽赴縣向船戶緊造舡隻並棚
另僱人尋贖探板約十餘日而橋復連通計此項共用出銅錢
七十八千餘文另浮橋等項大用過錢壹拾餘千文總計用出
錢玖拾千文之數願將歷年應得酬勞谷若干折價充爲橋用
仍將剩下銅錢隨置田米捐入浮橋公項田段石數另附刊

同治六年丁卯續捐浮橋芳名開列

嚴星泉　許和順　各捐橋壹全棚　自造

豫記大成課館　成興號　余鴻飛　蘇元吾

同春號　各捐橋壹全棚每棚折價錢壹拾六千文

楊晨峯　捐探板拾貳塊折錢壹拾二千文

羅文銘　李紹文　各捐錢壹十千文

羅希尚　鄭泉甫　李星垣　葉竹友　嚴慧成

劉燦晨　鄧耀東　鄧忠祥　榮華順　聚興勝

郭長興　鄢岑貴　各捐橋半棚折錢八千文

劉俊卿　姜碧田　姜和集　楊泌盧　羅大川　劉友亭

劉彰明　李献廷　姜先鎧　李雲程　楊紹融　楊向升

李光鏵　陰天順　信義店　各捐谷壹条折錢六千文

夏茂廷　義順號　各捐錢五千文

楊先妍　姜成順　劉以盛　李昆文　楊士聯

江郡龍燈社　各捐板四塊折錢四千文

張印六　鄧集昇　各捐錢三千貳百文

劉汝奇　羅連生　邢定周　嚴星文　林美生　劉耳山

李萬興　姜肇亨　李玉鳴　楊懷美　楊春培　邱占春

聚和號　各捐板三塊折錢三千文

李鍾謙　聶日升　各捐錢貳千肆百文

劉家玉　嚴灝書　源美號　范鼎吉　張崇文　饒應舉

胡隆昌　廖覲連　吳福茂　吳書搶　羅芸壇　羅和川

姜聖祥　李岳福　錦泰號　劉德詔

各捐板貳塊每折錢二千文

姜永泰　陳茂秀　各捐錢壹千六百文

劉湘雲　高遜園　陳晉犀　羅慶灊　李賓明

劉冠紳　李右臣　陳長輝　夏維揚　羅德周

嚴逢順　陳恒盛　姜友文　吳集茂

各捐錢壹千文

劉蘭友　楊香蕤　陳蘭庭　李洛園　姜蔭園

夏芸閣　鄧尚廉　陳聘三　陳煥三　魏樸莽

李景榮　林耿軒　劉星南　劉鏡清

共捐銅錢壹拾壹千貳百文

總共捐入銅錢四百四拾貳千陸百文其付出造新舟壹拾六
条計錢九十六千文灰舊船壹十六条計錢貳十五千六百文
釘船鐵拔仔計錢壹千貳百六十文造新棚壹十貳架計錢四
十八千文外補木匠造龍井工並橋夫木匠穿龍井糯米價共
錢八百六十文造新拖棚一架計錢貳千四百玖十文修棚木
匠工並楮木杉樹共錢三千肆百九十八文造新探板六拾一
塊計錢六十一千文扛探板工並錤探板錤仔計錢一千九百
六十文造新鉄索四十五股計錢一十九千八百文整舊鉄索
四十五股計錢五千四百文買鐵釘錢一千二百九十六文修
橋雜費零用計錢九千八百九十四文置吳宅浮橋頭下前畔
第貳拾植地基一植計契價並中禮筆資錢壹拾九千四百五

十六文置羅宅浮橋頭下前畔第二十植鋪蓋皮一擔計艱價
並中禮筆資錢六十四千七百貳十文又補還移來湊架來帮
閣右邊岩上屋錢八千四百陸拾貳文修册壹百八十部工資
錢三十貳千文謄蛟墨十四觔計錢五千三百貳十文高連紙
三十八刀計錢壹十壹千四百文裝册柿油皮紙棕綫及六續
雜費計錢五千八百九十一文買𦽊藤五百四十二圈計錢三
千七百三十三文總共用出錢四百貳十八千零四十文兑除
後存錢壹十四千五百六十文完工發册結數一切雜費用訖
所有剩下𦽊藤等物即交董理存用

同治七年戊辰八月　　日

緣首仝誌

附錄貢川臨津門義渡並田段記　沙縣貢進士王　中撰

劍沙之西泝流上百二十里曰貢川庶民以富通衢四達此渡所由設也然渡手干清流馮氏歷年既久售者歲輸賦若干如田之入舟子食得人咸稱焉鄉處士了然嚴公志在濟人義勸樂施

元至正戊子春決于義士君貫李公知馮之昆季皆好義一即從執券以歸則渡爲義渡矣然渡雖出于義擬之必成于始又慮其終必置田以爲長久計李董其事爰募十肆人各給田一塍之值錢十錠遂得田數如人數擇舟子之能者領之力耕所收而供所需至于嚴公之費成在是焉否則變置以示戒有田而渡不朽義著千秋也嚴公之心猶爲未亡庶其津口相共峯巒

選勝地以構閣然地非己所有化于里人而得之閣完匾曰瞻
津奉　大悲尊佛觀其棟宇崢嶸翬飛壯麗萬仞凌雲千尋織
水不惟足以崇佛之靈躊躕遊眺居令慕古如了齋陳公諱璿
者一門鼎甲日月爭光暨廷默堂諱淵者受業于岳翁楊龜山
公遂以道學配食詎非山川之靈所鍾歟象山朝南旗峯拱北
地靈人傑洵大觀也是役也始于庚寅十月越辛卯秋迄工道
流力踏若干以爲贍是有田而渡久有閣而田更久也良由二
公倡義先之諸公成之公明方正豈苟云乎予于是爲之銘曰

猗歟義渡　濟人以功　維嚴維李　克勤於焉
嚴李之功　匪私一已　厥田久豐　厥閣聿崇
佛靈福善　子孫永典

清流縣馮松撫裔馮君實　子凡　維正　捨義渡基一片
里人劉權甫　捨臨津閣基一片
李君貲　鄧伯賜　李景元　張文奇　李德甫
劉世琛　張文德　李元右　羅淨德　嚴汝可
林積善　林九靜　金德甫　林石泉　姜大三
共捨鈔五十錠置義渡田
姜眞常　仁壽　捨園一片在閣後米田一帳在洋厨溪鄧
舍山　田失管　主緣義士李君實
元至正二十二年壬寅九月　日
勸緣了然嚴覺心立石

義渡田段

一段土名水東稔洋坊石獅巷左邊馮宅祖墳明堂下田租連二大坵上至林聶二姓田下至劉宅田左至萊園右至陳宅田爲界遞年收早谷貳拾壹石租　鴨母二只計重四觔

左邊菜園一大片上至塘上山磅下至臨津閣花臺左至鄭姓菜園右上至林宅菜園右下至渡田爲界遞年收現租錢八百文

一段土名水東稔洋坊右獅巷內李氏宗祠門首路上一坵遞年收早谷八碩租　鴨母一隻重貳觔

一段土名大壠後大壠尾謝坑仔原名圻仔坑又名長道州鄭坑下上至姜宅田下至　宅田左至本田山塆右至本田山塝爲界遞年收早谷八石白　鴨一只計重貳觔

渡船式　四丈六尺長　底面六尺五寸濶

每逢子午卯酉年全新換造船隻及船舵水斗乙切齊全不得減少要付正月十五崇仁　崇福兩社花舡下水三年內或有滲漏朽壞務要抹灰補板修整遞年給舡匠早谷八石租　肆石白　逢新舡之年另補祭舡三牲價錢壹千文祭畢請耆理入至祭飲福

遞年給渡夫早谷八碩租　四碩白

一渡夫如遇大水河邊伺候接濟來往行人及官府公文

一平時不得將舡放去俾貨物及磚瓦石板牛馬樹木等物

一遞年正月十五夜送　崇福二社花舡至錦墩五月上渡瀧舡舵係渡夫事

吾鄉浮橋之設遞年各項費用浩繁俱難以減若於建醮之日加以辦酌益覺不敷今公議從本年乙亥起惟施主及講田三位前董理魏尚功公一位理應酬胙價錢壹百文桃四隻道士橋夫亦照此式現在橋存之緣首及鄉紳值年理應辦酌二席此後上手橋首一位請酌三年其餘一概減省以濟公用至秋冬收谷後作何費用年內橋首須請鄉紳值年照賬面算不得浮開若有剩餘錢文舉殷實者公存放息庶可永久批照

光緒元年正月　月

闔堡公誌

光緒紀年乙亥二月重建浮橋捐金芳名

嚴星泉公　捐鉄錬壹百貳拾股　又捐浮橋一全棚

興化木商客泰順號　捐番銀叁拾伍兩幽中錢五十四千二百五十文

劉進五公　楊旗峯公　嚴汝和公　各捐錢肆拾千文

高大成　捐鐵錬壹百壹拾股

許星達　星富捐鐵錬壹百股自造

余鴻飛　捐錢二十四千文

同春號　捐鐵鍊六十股

李紹文公　楊默齋　各捐錢貳十千文

劉涵萬公　李景新　各捐鉄錬五拾股

邢虬山公　羅文銘公　李星垣公　林證菴公　葉必榮公

姜蔭閩　蘇候暢　林元旺　各捐浮橋壹全棚

顏金甡　捐錢十六千文

陳宗緒公　嚴嗣縞公自造　楊懷漇公　郭長興　朱協興

各捐鉄鍊四十股

姜璧田公　捐鐵鍊三十八股

葉竹友　捐橋舡貳条

楊晨峯公　汀郡甲首董事陳喜財衆等　各捐錢十二千文

劉燦晨　劉繼儒　劉序玢　洋畲李其諒公自造

洋畲李以安自造　洋畲李孔長自造　姜先鎧　陳祥光

盧岑貴　福泰號　各捐鉄鍊三十股

羅雲鵬　劉援巻　邱雪軒　嚴嗣環

各捐錢十千文

張印六公　張耿堂　汀州上杭龍燈社　楊向斗　范永昌

姜雲亭　羅宗駿　劉粲玉　姜希六　林遠敬

陳學安　鄧耀東　謝日彰　各捐浮橋半棚

劉萬六　捐錢八千文　又充出罰蒙坑楊姓錢五千七百

六十文

高永明公　羅澗松公　林菊所公　羅魯山公

洋厨溪李福德　忠山陳勳齋集樹　岗頭李騰閣　陰常增

自岩下李彭年　東嶺馮典漢

各捐錢八千文

李雲程　鄧生吉　增田羅慶孫　姜學成　羅慶潭　雷必富

各捐鉄鍊貳十股

夏茂庭　石泉坪劉維芬　羅紹本　洋梅潭張景周

各捐角壹条

聶昇公捐錢六千四百文

廣東羅景堂捐番銀伍元㴱中錢五千四百廿五文

邱仰高　劉德詔　闕洪茂　李維文

劉序鏗自造　夏維揚　賴啓前　嚴啟謨仝嚴啟謨

鄧大生　各捐鉄鍊十五股

洋畬李容入公自造　蘇振輝

各捐鐵鍊十貳股

羅小松公　嚴輝五公　劉安齋公　鄧睿斯公　羅紋山公
劉成齋公　吳粤菴公　源春號　棗墩李應開
大源羅德亮　各捐錢四千文
石泉坪劉維才　石前坪劉元金　石泉坪劉維德
石泉坪陳連孫　魏肇嵩　胡隆昌　邱承德　夏聖友
嚴邦懷　劉大順　劉日新　劉序璋　龔文慶　鄧順德
黃明生　賴克榮　成美號　怡順號　嚴啟獻　楊訓元
劉世經　楊家城　劉星階　李正枝　賴佛晉　福利號
洋畬李世璪自造　嶺後劉紹棣　庄頭橋官石法
庄頭橋官正源　陳尚隆
各捐鉄鍊壹拾股

坡頭坑高以倫　姜彩儀　黄龍尚陳日照　發冲范廷輝
廣東祥興號　東毓李清讓
各捐錢叁千貳百文
洋畲李積武自造　李賓明　陳茂秀　嚴德紹
廖官連自造　鄭時中　林泉盛　和元堂　天和堂
各捐鉄錁八股
洋畲李祖亨自造　捐鉄錬七股
巖岐山公　劉家麟　邱法生　吳集茂　黄魯二
楊家山陳裕其　廣東張萬益和　興宁陳德成
廣東源泰號　姜樹孔　各捐錢貳千四百文
姜欽甫捐鐵鍊六股

鄧聚金　横岗頭鄧忠喜　横岗頭鄧忠祥　横岗頭鄧忠浩

各捐錢貳千文

羅芸壇　陳德廣　鄧樹端　陳醴泉　高尚德　元興榮

林允生　洋梅潭張樹奇　姜允吉　黄尊五　吳書增

魏源茂　嚴嗣友　嚴嗣偕　嚴德超　李集允　劉蘭友

嚴德慶　劉國臣　楊卓犖　劉序泉　楊廣源　楊慶庭

陳晋墀　賴招兒　林　享　蘇乾老　李有述　馬萬盛

邢　最　邢　杲　洋畬李沖九自造　洋畬李春瑶自造

洋畬李祖吉自造　洋畬李士珩自造　陳廣颺

各捐鉄鍊五股

羅　劭公　李成富公　姜懷牧公　蘇孝萬　劉　琳

姜亂綿　炭槎鄧元錫　林裕猷　楊松郁　楊錫琳　姜士德
封天俊　上杭丁錫招　熊天順　栟櫚張正泰　葛岩姜長生
貴龍崗陳兆燕　熊喜順
各捐錢一千六百文
協順和記　黃步周　陳長輝　顏秀法　蘇昌谷　張晉也
李加瑞自造　嚴嗣登　許華容
各捐鉄鍊四股
羅燕堂　嚴德流　李文厚　陳鴻南　李義興　姜盛清
各捐錢一千五百文
陳青選　烟公坪鄧簡書　劉世元　陳宗球
各捐錢一千二百文

李萬興　捐鉄鍊二股自造

姜元掄　庄頭橋官修富　張法岳　横岩頭鄧順騰

羅阿碧　羅阿來　羅阿浩　羅阿植

各捐錢一千文

魏宗松公　劉體仁公　李其信　盧應才　姜樹青

鄧天生　陳恒盛　溫元盛　楼前渡鄧振雄　華恒通

羅紹椿　熊志和　石泉坪劉元生　石泉坪劉維林

楊尙賢　楊晋芳　李新倫　陳朝興　庄頭橋官三淵

各捐錢八百文

劉家聖　劉玉華　劉生裕　劉生老　逢吉號　李毓東

羅德周　陳炳文　羅鳳楨　陳元鳳　陳佩華　嚴嗣哲

劉滙清　劉祥三　楊增林　邱笏亭　吳裕茂　培春堂
鄧慶良　邱思文　楊樹春　和吉號　周聚和　邱用五
楊先芳　賴思堯　張又年　呂日朗　高與咸　信和店
林景文　張景文　姜福梯　羅雲峯
各捐錢七百五十文
楊長興　葉秋老　各捐鉄鍊二股
共捐入鐵鍊壹千玖百貳拾伍股　除捐户自造叁百壹拾七
股　後實鐵鍊壹千六百零八股　每股叁百伍拾文算
共折入錢五百六十貳千八百文
共捐入浮橋十五棚半　每棚廿七千二百文算　共折入錢
二百陸十六千六百文

共捐入橋船六條每條六千六百文算　共折入錢三拾九千六百文

共捐入番銀並錢六百零六千叁百二十五文

通共捐入錢一千四百七十五千三百三十五文

一曹源東山僧代碧捐土名忠山觀音山原計正租米叁碩伍斗

連業　小租米四石遞年收早谷壹拾六石四斗鄉

其苗現存二十五都七畓四甲莊以交戶

現佃　楊騰芳

謹將新造橋船鐵鍊各項臚列于左

新造橋舡叁拾六条每条價錢陸千六百文共錢貳百叁拾七千六百文　鄧日煥造二十一條　鄧樹老造十一條　鄧大標造四条

舡鈸仔五百零四隻每隻八文共申錢四千零三十二文　温春生造

新造橋棚十八棚每棚四千文共申錢七十二千文　陳幹升造十三棚　陳祖升造五棚

掩棚一棚錢壹千八百文　陳幹升造

新造鉄鍊壹千貳百零壹股除各捐戶自造三百壹拾七股後實造鐵鍊八百八十四股每股價錢三百五十文計重二斤半共錢

三百零玖千四百文　大字號造四百三十四股　大字號造四
百股　謝謙友造五十股
舊鍊換造新鍊一百一十五股每股補工錢一百二十文共錢一
十三千八百文　大字號造六十八股　大字號造三十七股
新鋸橋板七十三塊每塊言議七伯五十文因鋸板人蝕本嘗聯
橋日向衆討添每塊加添一伯文共錢六十二千零五十文
李學賢鋸三十二塊　李啟緒鋸十六塊　李啓旺鋸十五塊
李啓明鋸十塊
蔴藤一伯四十圈每圈八文共錢壹千壹伯二十文
納蔑四十二斤半共錢一千二伯三十四文羅元老手
納一条錢肆伯文劉萬生手　篙奈二隻錢十六文元老手

造納工錢壹千壹百壹拾三文買柴炊納並燈心共錢三百六十
文　元老手　竹壹椗錢五十文大粽索貳条計廿七斤錢叁千
八百八拾文　卸連有手　鉄釘三十枚錢叁拾文釘拖棚用
記簿四本錢貳百二十文砂金黃紙四張錢四十九文頂貢文紙
貳刀錢貳百文起工香紙燭錢五十八文船下水並安鐵鍊紙燭
錢三佰壹十八文刻收票印錢三百三十文刷收票工錢八十文
五月初三過渡工錢三百文廿三聯檣香紙燭並炮共錢貳千玖
百三十九文搭布帆並連布帆工錢九百五十文吹手錢四百文
放地雷並硝共錢三百貳十文厨工小工共錢壹千零二十文
姜貴典　福托羅法順　敎老　辦酌五席共用錢壹拾五千六
百六十八文

夏學詩擇課錢四百文　陳紹泉覆課錢八拾文

通共用出錢七佰叁拾貳千貳佰壹十七文

重建來紫閣

陳幹升　泊木料並工資共錢八拾四千文　尤戲　坭水共大百五十八工半每工壹百貳十文共錢七拾九千零貳十文　秪頭石十貳隻錢七千六百文　棋盤石五丈五尺貳寸每尺貳百二十文共錢壹拾貳千壹伯四十四文　搭磚壹百玖拾条每条二个四共錢四伯五拾六文　斐胚磚四百四十条每条四个八共錢貳千壹百壹十貳文　花磚壹百三十條每條乙文八共錢貳百三十四文　地斗二百六十塊每塊十六文共錢四千壹伯六十文　瓦五千五伯三十六片計重貳斤半每片二文五共錢壹十叁千八百四十文　雙料天斗壹百一十四塊每塊四文共錢四百五十六文　龍骨釘並瓶釘共五十五斤五兩每斤價

九

錢壹百乙十二文共錢六千乙百玖十文　角釘十六包每包四
十五文共錢七百貳十文　大門菊釘二十枚錢八十文　石灰
肆千担每担乙百七十八文共錢七千乙伯貳十文　篾錢四伯
四十文　石竹錢四伯八十文　竹十枝錢叁伯廿七文　掃箒
四把錢五十四文　水瓢二隻　錢四十四文　粽索二付錢六
十八文画菩薩錢十二文　角金乙張錢十文　揀石乙船錢八
伯文起工香紙燭錢叁伯三十五文　担瓦脚錢七伯七十五文
担雙丕脚錢三伯五十貳文　担塔磚脚錢七十六文
担天斗脚錢四十五文　担花磚脚錢三十九文
担地斗脚錢三伯八十四文　包鍾搥鉄圈錢乙伯九十文
木匠穿栟並泥水石匠神福猪肉面共錢乙千零四十八文

坭水造棟並木匠神福豬肉面共錢九伯四十八文
坭水買色料裝彩共錢壹千七伯乙十八文　坭水茶葉錢貳百
八十八文　木匠等乙斤錢貳伯六十文　竹篩壹隻錢九十
五文　洗神工錢六十文　儿条樟並儿爐共錢三千八百文
黃艮石打柱頭石窰工錢壹百六十文　茶油半斤錢五十六文
穿拼用　紙脚十三斤半錢四伯七十八文　三妹子釘園門竹
錢六十文　小鉄錬四条錢乙千四百文　樓梯鐵鈸並蘿啇皮
匾吊共錢五百文　黃明生粉匾四伯文　劉志希擇課錢四百
文　黃明生釘案錢乙百二十文　泥糞箕錢叁伯三十文
安神香紙燭錢貳伯五十七文　陳昌迪爬溝工錢三伯文
通共用錢貳伯三拾五千貳百四拾壹文

重建臨津閣亭

荒歲　泊坭水共工錢壹拾六千八百文　陳祖升泊木料工資共錢五千文　雙胚磚八百五十條每條四个八共錢四千零八十文　担脚錢六伯八十文　塔磚三千五百九十条每条二个四共錢八千六伯乙十六文　担脚錢乙千肆伯叁十六文

東磚五十條每條十貳文共錢六百文　担脚錢五十文

瓦乙千九百八十片每片二文五計重貳斤半共錢四千玖百六十文　瓦壹千四百五十片每片乙文四共錢貳千零三十文

担脚錢四百五十乙文　灰斗三百四十塊每塊四文共錢乙千叁伯六十文　担脚錢乙百貳十六文　花磚壹伯四十條每條壹文八共錢貳伯五十二文　担脚錢四十貳文

石灰十乙担每担乙百七十八文共錢壹千九佰五十八文
鉄釘乙斤十兩錢壹百八十二文　紙脚九斤錢三百貳十四文
扼簷石板乙丈三尺五寸每尺貳佰二十文共錢貳千九佰七十
文　樑石二條乙丈九尺二寸共錢四千零九十二文
橙脚四塊共八尺的錢乙千七百六十文
通共用錢五拾七千七百陸拾九文

修來紫閣攀龍門水蹟

黄吉老石匠來堦石四拾丈零伍尺六寸每尺壹百六十文共錢
次拾四千八佰九十六文　饒法春石錢五百文
羅德生石錢四百文　扛石蔴藤錢貳百文　泥糞箕三担錢壹

百貳十文　林世官坭水共貳十工每工壹百貳十文共錢貳
千四伯文　尤戲坭水共貳伯零五工共錢貳十四千六百文付
乙枝錢三十文　搭鐵器錢七伯四十文　付劉旺生樹錢五伯
文

通共用出錢玖拾四千叁伯八十六文

丙子五月初八日建醮

香紙燭炮共錢五千貳百九十九文　大簿二本錢乙千七百文
文紙十五刀錢叁伯文　天把松光錢三伯三十文
搭壇錢四百文　笠乙隻錢三十五文　烟銀硃錢八文
冰斗二隻錢壹百廿文　修天燈吊錢六十文

放生酒擔錢四十八文　放生魚錢四十文　茶油四兩錢三
十二文　氷糖壹斤錢壹百二十文　和尚工錢壹千六伯文
先生資錢叁千貳伯文　補先生伙食錢八百文
船四条錢九百六十文　大士錢四伯文　贅工錢六百四十
文　夜點心錢貳百二十四文　傻芟錢貳千貳百零六文
吹手錢壹千文　孫荣錢四百文
通共用出錢壹萬玖千九伯壹十四文
修石坑拱橋仔
尤[illegible]官泊工共錢玖千文
勒芳名碑
石碑乙塊錢貳千文　嵌碑石乙付錢四千四伯七十文

陳鴻壽等碑石錢四百文　羅作求磨碑石工錢八百文
陳紹泉寫碑字錢八百文　楊木刻碑字錢壹萬零六百七十
乙文　黃履義貼碑字並金錢四千文　安碑泥水工並灰錢
七百文　付扛碑石脚錢壹十六文
共用出錢貳拾叁千八百四十七文
刻橋冊叁佰壹拾部
陳光仁刻工錢三萬貳千文後添錢壹萬文後又補陳光仁令
兄代湊完工錢八千文又陳光仁大支共錢三千七百乙十三
文　正興廣扣紙三十乙刀錢壹萬伍千三佰四十二文
集言廣扣貳刃錢乙千零五十文　徃溪口担印仔並搬家火
錢乙百九十文　黃明生造冊盤貳隻錢四佰八十文

買刻序板六塊錢貳伯四十文　買鍋仔乙口錢貳百文刻册
司阜用的　造床鋪櫈二条錢壹百八十文　當木盛柿汁皮
六百貳拾張錢貳千四百八十文　買線錢壹千零三十文
墨叁斤錢九百六十文　送高耀華對讀檣册錢四千文
買棕錢貳伯八十文
通共用出錢八拾千零壹百七十乙文
丙子九月廿五日算賬至廿九日並請
鄉紳値年酒二桌共用出錢壹拾叁千六百九十文
因各捐戶收來番銀價每両壹千五百五十文今每両只用壹
千五伯文共蝕銀價錢五千八百五十五文
大總通共用出錢壹千貳百七十貳千零九十文

對除後剩出錢貳百零叁千貳百四拾五文
旁胡根石匠泊修會清橋羅鵶嘴石並工共錢壹百千文再除
後更存錢壹百零三千貳百肆十五文因會清橋現未起工橋
册刻己完竣致未刻入册內候會清橋造完費用若干另立花
消匾出數

光緒三年丁丑元月　日　董事等誌

貢川稀見文獻四種

重刻乾隆貢堡書冊

重刻貢堡書冊小引

書冊之作，所以紀事蹟原委，垂後世俻徵考也。我貢堡創自明嘉靖間，並置奉先堂田谷以藉修葺。其事始末，無不悉登諸冊。歷年既久，卷帙散失。康熙間，司事者僅得羅如日先生寫本，以爲考据。乾隆十年，嚴承昊諸先生始得原印冊一本，乃重刊以廣其傳，幾于家有其書矣。然迄今歷百十餘載，存者又復寥寥。乙卯歲，奉憲重修貢堡，至今戊午告竣，首尾凡四年。所費工料若干，與夫列矦諭示及各捐貲芳名，當另刊新冊以附後，而舊冊不可以不存也。因並擺字印刷之用，誌創建之功，永世不忘云。

咸豐八年戊午孟夏之吉公述

修堡董事劉湘、羅宗鴻、姜培、李光宗、嚴廷揚、陳德懷、楊先明、楊達、林念書、夏光謙、劉承藜、劉祖元、嚴嗣謙、劉際熙仝刊

弁　言

本堡書冊内載創城原委、堡田地段。歷年既久，存者一二，珍秘不輕示人，堡田日就迷失。康熙辛未，鄉先輩羅如日先生值年任事，乃照書冊，一一稽查，而撮其始末，詳註田段，手寫一本，爲值年徵收考攄，厥功大矣！但流傳有年，日見損壞，且亦畧而不詳。今得原印冊一本，苗田庄基、始終本末纖悉靡遺，後之人得所稽，而不至迷失也。然恐日久又復散失，緣照原印冊，增以本朝親供、脩照冊，及今現管石數並架庄記、修城記、先賢永懷二祠祀田，統爲擺字印刷，以廣其傳，俾家喻戸曉，則世守不失，而堡城亦藉以永固矣。至其田之荒者議墾，失者議查，尤望後人各盡其心焉。

大清乾隆十年歲次乙丑季春朔公述

生員嚴承昊、楊紹侃、鄧維緒、賴天顔、陳元恕、羅成模、邱振騰等董刊

刻安貢堡田書冊内附永懷生祠記並各呈狀上官給帖序

善刱天下事者，夫豈獨謂其有以啟之而有以成之也？謂夫有所持其成于後，使所成者不至于亟廢也。人情多勇激于一時，而不能不諉慮于身後。成之而無以持其後，則成與廢相尋而至，而成者去矣，此豈善事之圖哉？吾貢堡城之設，蓋起事于嘉靖庚申盜賊標（剽）刼之後，越二年而堡成，又一年而呈准爲修葺。計令築堡人戸，每丈出銀五錢，買官廢本都奉先堂田一佰餘石，帖付堡衆，年收子粒以藉修葺。于是堡之成有恃以不廢，而守在萬世也。當事石畫者，其爲遠計深矣，其用心勞矣。而貲出于築堡之人，當奔命救死之間，方營費于堡，又割資于田，斯亦不云孔棘也哉！後之人目擊貢堡

而不樂于守，知所守而不知堡之有田可守長久而不廢者，蓋出于鄉民竭資于寇燹之日。與夫當事者奔走請命，任怨鄉閭，抵服僧訟，蓋厪若斯之難也。後之人不知其所歷之難，則何所望協力于堡而相與爲守也哉？何所望綜核本田而不爲奸究所漁獵也哉？乃鄉之耆長覩事而計曰：『貢中舊設義齋，爲教養賑乏，計立田若干，未幾而田駸侵没者，以稽查之，册書不行也。而堡田之設，可復尋其覆轍乎？』則謀鋟諸梓而衆頌之。使後之人，共知乎田之所自來且有所稽，而使之不至于乾没。與夫經出之度有在，不至借爲外費所浮，而或染指于中也。則庶夫田存于衆，而堡之守，可由今日至于百千年無廢也。夫民之安也以堡，堡之固也以田。斯舉也，則堡與田得俱永于後，而貢民之父祖子孫帖席于百千年之下者，非此誰貽之也？則册書之不可無哉！若乃追念前人當事之艱、設法之遠而世守之不替者，則在後之人哉，則在後之人哉！用敘以告，又按堡議，載請築堡呈一、請給助修葺呈一、乞委官住札呈一、乞編門夫呈一、乞復門夫呈一，而上官批允皆在焉。爲刁僧訐告者二，而官所給帖四。此見任事者劻勷之勞，而上官軫念堡民之重，用並登諸册，而以生祠、永懷祠二記弁諸。

大明萬曆甲午仲春朔

山東長山縣儒學教諭鄉人李珏書

敘買修堡米田來歷

其堡田，原係奉先堂沒官之業，堡首告乞給助。止報鄉民高源、林毓芳、羅庭桂、姜浩及顯父叔震威、震耀等承買，以完餘堡，非爲修葺計也。當時連遭寇刦，六人共認築堡一百一十二丈，費金千百餘兩，財力困竭，安能買此以爲私業？不已，赴按院告鳴，蒙批：『府問。』各願每丈出銀五錢，遂即秤價在官，通鄉同買，永存修堡。招申詳院、道批允，告給帖照，鄉民萬世賴之，後人毋忘所自云。

建貢堡原記

縣學生員楊名顯謹書

邑北四十里曰貢川，居人聯絡。嘉靖三十九年，廣賊入寇，掠刼燒戮，備極慘毒，民洶洶無甯日。撫、按行示村落築堡自衛。余倡士民捐貲營築，詢謀僉同，白歐陽尹宏。歐公力贊其議，遍呈巡撫劉公燾、巡按李公廷龍、分巡余公日德、分守張公翰，胥報：『可。』下本府議。知府周公賢宣痛惻民隱，區畫勸相，以堡築爲己任，顓委湯經歷岡責成之。湯君殫竭心力，速堡之成。至于周規畫、備工作、足粮糗、程能計功，則監生賴明任、生員鄧達材、鄉老賴章、陳珂、余粟也；分理庶務，則范普、鄧文紳、楊廷諫、林嘉言、黃應清、姜有道；至于樹長畫、成始終，則士民劉福、嚴煥、李正枝、賴明傳、林騰鵠、林文、吳從周、林嘉謨、羅廷桂、葉天祐、嚴奕大、劉巖升。廣計六百二十三丈，高計二丈四尺，費金六千有奇。大計貢民三則，派築五百七十八丈，餘四十五丈。時詘莫舉，分巡曾公一經、知府周公、知縣歐公、經歷湯君、縣丞張君世鑑與鄉宦按察司僉事李君杏咸贊之。堡北臨流，南水直衝，迅激崩塌，費不可支。上世都人范癸六捨田一百一十六石于奉先堂，以爲焚修費，乃爲善集寺歸俗淫僧所占，士民白諸當道，查賣助堡，定價二百三十金。召原派人戶，丈增五錢，官買存堡，以支傾頹。其田苗四石六斗四升，原在馮吉安、林守清戶，今收入黎永懷戶當差。舊有浮橋，徭編夫守，請移編門夫十名，守堡五門。堡無職官，靡督防禦，乃請移安砂巡檢永駐貢川。鄉有各牙，舊有恆課，請追入堡，以備修砌。巡撫譚公論（綸）、塗公澤民、巡按王公宗載、分巡史公嗣元、知府陸公相儒、知縣卓公光謨力張主之，以終底績。樓櫓修修，粉堞遒遒，上削下壑，晝逌宵遯，外奸潛奪，內犬靡聒，貢民自是永有甯宇哉！乃喜爲之記，記之日，落成日也。

里人林祥撰

安貢堡三公生祠碑記

鄉進士奉訓大夫湖廣興國州知州里人林騰鯉撰文

貢，原樂土也，盤紆沃壤，峯巒峭拔。故民酣詩書，姱奇節、精技藝、通貿易，宏麗爾雅而卒澤于質直，嬉恬弦誦，鬬訟罕焉。邇者，海患滋蔓，山黠飈起，跧伏流盜，數犯我貢，焚鹵蹂躪，厥慘甚矣。峕大藩伯洞巖周公守延，亟召本邑侯歐陽君及里父老數人計之。或請募武勇而罔禽，則風行而肅清也；或議遷民與貨于永安，嬰城以共守。公曰：『不然。茲禍孽芽未易芟也，倏忽往來，飃疾如電，吾能窮于其類乎？墨子曰：『城有五不守，食少、人衆與蓄積在外者，居三焉。』夫永安，貢之蔽也，爲財賦所都，設盜負之以困吾邑，是無永安矣。何以守？爲葵尤能以衛足。置數萬生靈而無一籬之衛，可乎？故築堡爲便。』父老曰：『民困甚矣，如新役何？』公曰：『吾能使役之而不勞。』公私大詘：『費當不貲，將奚出？』公曰：『吾能使費之而不懟。』『然則柰何？』曰：『患不得人矣！得公平敏達者蒞其事，量力以役之，役均自不勞也，量貲以費之，費均自不懟也。』

歐陽君深以爲然，即白巡、守、撫、按，俱報可。乃舉監生賴明任、生員鄧達材、鄉民陳珂、余粟、賴章等主之。五人即承德意、聚人民、酌戶實、閱丈尺、較高庳，度民之産，捐什之一以給費，度民之力，第于其等以給役。倧畫周詳，而無偏累之潎，情誼曲協，而無怨諮之形。是以奮迅競趨，不越朞月，而堡告完矣。樓櫓雉堞，屹然重鎮。然貢水時潦，激鬪迅奔，無何而塌者過半矣。時大藩伯心泉曾公分巡本郡，聞而嘆曰：『嗟！以有限之資而當屢築之患，以不繼之力而任無窮之勞，吾見民與堡俱敝矣。』乃與周公、歐陽君議，查奉先堂田一項，計入租米一百餘石，舊爲髡所乾沒。曾公曰：『是不可取以甦吾民乎？』乃議，直諭民當官買之，以爲修堡費矣。

當兵燹之日，非周公區畫于前，則堡何以始？遭屢塌之際，非曾公給資于後，則堡何以終？而歐陽君陰扶默相于其間，厥功尤鉅。諸父老以爲三公德在金湯，百世永賴，思報功而無由，乃闢地建祠，肖三公像而俎豆之，題其額曰『永懷』，志所思也。祠成，屬余記。余唯國家當熙洽之會，自城永安而來百餘年，不覩兵革矣。然君子爲政，時可樂也，固當以其身共天下之樂，時可憂也，即以心先天下之憂。昔渠邱公不修城郭，至使楚人浹辰克其三都，豈獨楚人之過哉？蓋隨時備禦者，功在一時；設險守國者，功在萬世。今三公慮民之無衛也，而城之；慮城之無繼也，而資之。出湯火而衽席，與山河並固焉，得非先憂而憂，藹然父母之念者乎？但余聞之，石城四塞，蠹之斯拔；金城凌霄，鑠之斯搖；心城巍巍，百代靡移。余于三公之政，重有感焉。曾公肅奸慝，清吏治，偃武修文，布德豐澤。周公躬節，儉察民隱，勞心焦思，惻然如傷。歐陽公雅持冰蘗，覆育羣黎。則是敦德以爲金湯，沛仁以爲樓櫓，憲法以爲管鑰，綱紀以爲雉堞，教化以爲險阻，不徒加意茲堡已也。今聖明在上，軫念遐陬，拊脾（髀）贊佐，聞三公之政，必將使之秉鈞持軸，訏謨密勿，光輔中興。而鴻名殷燿，追踪方召，則三公之像，又當丹青于麟閣之上，而與霄漢同輝矣，于茲祠奚有哉？

隆慶元年孟秋月吉旦立

大邦伯周公永懷祠記

《書》曰：『記功宗，以功作元祀。』故爲政者，能樹大功烈于民，民必元祀以報之。祀以明禋，元以崇享，禮莫殷焉者也。吾延在昔，守土諸賢彬彬競美，然而丕視功載，則大方岳洞巖周公其選乎？公曩由工部尚書郎以歲上章涒灘，奉命出守吾延，雄才剸劇，七邑恃爲保障。永乃屬邑，貢土隸焉，衣冠文物之盛，甲視他鄉。二百年來鼓舞，鳧鷖既醉之澤，詠歌太平者，匪一日矣。嘉靖末年流寇猖獗，大肆屠掠之慘，公也目擊創殘，瘝恫切念，展文武之志，介張弛隨宜，修扞衛民，不遑暇食。適貢衆蹙徃愬，公乃撫掩，而登進之曰：『匹夫不獲，伊誰之辜？余爲若等晝甚，籌將安出而可？』衆叩首曰：『積忿之極，矢各用奮，惟公大揮經畧，宏濟時艱。』公曰：『俞哉！然不可無備也。《兵法》：「毋恃不來，恃吾有待。」余將捐俸百若干緡，檄汝令，築汝堡，復汝室家，峙汝芻糗，而簡恤汝衆，以戒戎作，可乎？』于是民皆攬涕稽首，曰：『小人得更生矣。』公遂白于撫、按、巡、守，即日捐貲。

檄下邑尹歐陽宏氏者，奉命祗若，蚤夜率作惟勤，測土圭，分地域，稽夫力，度財物，辨施捨，作秩敘，纖悉罔弗戒。而鄉民咸踴躍仰承德意，富者具餱，貧者輸力，乃悉大和。會公仍遣湯經府岡、訓術萬全程督考成，而堡首陳珂等糾衆分猷，刻期底績，屹然虎踞，于邑若齒唇焉。父老歡呼，頓顙嘉績，廼復請曰：『完者將圮，可無慮乎？』公曰：『稽呈僧占廢堂苗田百餘石，可追入官賣。諭衆輸直以完工，而歲收羨餘以修圮。』議上諸道，道曰：『然。』乃復白于撫、按，各報可。則堡有備而不費金，城仡仡萬年可保于無虞也。計工肇于辛酉春正月，踰載乃告成。東西相距三百丈，南北三百二十丈，其用民力、木石、牡礪之費七千餘貲。蓋工以義役，民自樂從，一時之勞，萬世之利也。嘗觀《春秋》重民力，凡有興作，必書，而惟城邢無譏焉，美救患之義也。今者之役，下順于民，上孚于時，設備以禦災，體險以立制，儲峙以預防，非城邢之義耶？茲固君子所樂與也。

于時，貤封御史林公祥、國子生賴明任、邑學生鄧達材咸曰：『公德不可諼矣。曾道、歐尹之惠，亦嘗往來于懷者。立像生祠，以曾公並而歐尹侑焉，秩祀之謂也。』乃走狀，命杏記之。杏遂擊節颺言曰：『君子立政，凡可以利衆益民而協于義者，雖殫竭財力所不惜，以其所繫者大也。然非至誠惻怛而達時識勢者，惡足以語此。故于公之通變宜民也，可以觀智焉；于勤恤民隱也，可以觀仁焉；又于惠心惠德，民役忘勞也，可以觀誠焉。具斯三善，事雖大必濟。載睹祭法，義協功宗，貢民肖像而俎豆之。功以宗惇，祀以元秩，垂之萬載，世享公德不忘也。或謂公在延，廣曜德一鄉，乃其小者。愚則曰：民心之天，無小也。貢民之德公，亦猶南國之思召。召之澤不止于南，公之恩奚啻于貢。要之，隨在見思，不繫于祠之有無也。雖然，公何心哉？嘗聞古有道者，務其實而深避乎其名。今斯之舉，吾固知公之甚不欲，而奚愚言之贅耶？昔狄梁公生祠，先儒謂李邕記之爲有愧。杏何人斯？敢叨斯役？特以不肖邑人也，目其盛，重違其請，好德之忱根于心者爲尤切，故不揣濡毫，直書以記實，俾詔來政知所師焉。』

嘉靖四十五年歲次丙寅孟春月上元日

奉勅提督四川水利提刑按察司僉事致仕治下永安邑民澹齋李杏頓首撰

刻安貢堡田書冊

今將通鄉赴縣呈築堡城狀詞開具于後：

永安縣貢川里老、鄉官、監生、生員、耆民、鄉民劉福、陳珂、賴明任、鄧達材等，呈爲乞恩設堡以蘓民困事。切以本都治属永安，上通汀、廣，下接潭、榕，水陸必經，往來衝地，先賢桑梓文物鄉邦，輳進炊烟三千餘戶，應當里長一百餘率，素稱樂土，俗樸民淳。不意邇來草寇屢警，舊年冬末，流寇三千突刼本都，大肆荼毒，人遭殺戮，屋被燒焚，擄去妻兒，永離骨血。今年四季，寇復五臨，焚毀虔劉，視前尤烈，昔爲要地，今作賊衝。民居流離，不聞雞犬，街衢茅塞，十室九空，里役差徭無人接應，地方殘破，民若無依。咸願罄資，募工築堡，使獲保全，極苦。甘允原廢官倉，乞改公署，請委本縣佐官按季住札，督理錢粮兼盤奸細。事涉王制，不敢擅爲，理合繪圖，錄情陳告，伏乞轉達上司，軫念流移，俯從民望，曲爲區處，給助賛成。庶使民安故土，應役有人，國課無虞，公私俱便。蟻民感激，伐石紀功。有此實情，粘圖上告。

嘉靖四十年十一月十九日，蒙縣主歐陽爺准，差里老踏勘丈量堡基。十二月二十四日，縣申巡撫劉爺、察院李爺、守道張爺、巡道余爺、府主周爺批允，議行築堡。遂擇嘉靖四十一年正月初四日吉時興工，匠夫八厰一千六百名，磚匠四百名。

今將蒙官給助築堡銀共七十四兩開後：

武平道爺曾給助銀共三十四兩，府主爺周給助銀共貳十八兩，縣主歐陽爺給助銀五兩，縣丞張老爹給助銀四兩，典史任老爹給助銀二兩，原任四川按察司僉事鄉官李杏助銀一兩。

今將修堡米田緣由開後：

嘉靖四十二年，堡首陳珂等稱：『有餘堡未完。』赴府，呈將廢寺奉先堂米田一百三十石官賣給助，報鄉民高源、楊震威、羅庭桂、姜浩、楊震耀、林毓芳六人承買，以完餘堡。鄉民高源等赴按院，告爲蠹惡首假公科騙事，蒙批：『本府各提到官。』府主周爺令老人同生員羅天爵與鄉民議處，具呈永安縣：『豫章十三世孫生員羅天爵，呈爲懇恩俯順民情以圖堡工不朽事。緣本都被盜擄刼慘禍，民無聊生，幸蒙府主爺爺，憐准築堡，恩同再造，民得二天。今堡垂成，功虧一簣，陳珂等將本都久廢奉先堂田米一百三十石，具呈到臺，蒙准官賣給助。蒙牌提高源、楊震威、羅庭桂、姜浩、楊震耀、林毓芳，賴明任等，俱各遵允。但目今創堡固難，日後修葺不易，苟無預處防積之謀，恐功難垂悠久。况珂等協力爲首，義甚可嘉；高源等捐資樂助，亦爲尚義。合鄉照依丈均派民戶，每丈再出銀五錢，將前田公買，以爲存積義倉、修城防禦、拯濟公用，則恩垂不朽，萬世無虞。有此具呈，須至呈者。』

嘉靖四十二年十一月二十四日，蒙府主周爺准呈，發經歷司查算。

延平府經歷司經歷湯岡，爲蠹惡堡首假公科騙事。蒙本府鈞票，蒙巡按福建御史李批，據永安縣民高源等狀告前事，蒙批：『到府偹行。』本職照依事理，即將發來人犯、文簿逐一查算。原築貢川堡城通共若干丈，用過工、料，銀數若干，要見某人出銀若干，係何人收支對領，作急查明，具由連人回報，毋得狥私偏向不便。蒙此，遵依。隨吊各犯並文簿，眼同逐一查筭。貢川原議估申詳，築堡共陸百二十三丈，今實築陸百零三丈五尺。內周圍築墻垜，共五百八十八丈五尺，每丈原估議銀一十兩二錢，通共該銀六千零二兩七錢。內築五門，共計一十五丈，每門石工銀三十五兩，通共銀一百七十五兩。二項通共該銀六千一百七十七兩七錢。外五門城樓，每門木料、磚瓦、工銀一十五兩，通共銀七十五兩。外鐵葉五門，每門買鉄、工銀一十兩，通共銀五十兩。五門每門二扇，木料、工食、鉄鎖、門環、鉄筍共銀二兩一錢九分，通共一十兩九錢五分。已收過上、中、下民戶並恩給助償等項，通共銀五千七百零一兩八錢三分六釐。已支銷石、匠、磚、灰，通共用過銀五千五百八十六兩一錢八分六釐。外祭山川、來往答應雜用等項，共用銀二佰六十七兩一錢六分。二項通共用過銀五千八佰五十三兩三錢四分六釐。外民戶應湊，尚追得銀三百九十七兩一錢一分七厘。外民戶貧亡，難追銀二百一十三兩七錢六分八厘。及查，奉先堂田共一百二十石，共估價銀二百四十兩，已經呈詳兩院、守、巡衙門批允，准賣價銀，給助築堡。諭議：『楊震威、羅庭桂、賴明任等七名，每名均派一十七石一斗伍升。該價銀三十四兩三錢，責令每名先秤納銀二十兩，先給堡首買辦木料，外尚每名一十四兩三錢。』給帖行縣，張縣丞諭：『派各民戶，每丈外加銀五錢，追給堡首造完城垜、門樓等項，及填還楊震威、賴明任等七名代出銀兩。前田給發貢川公會收租，預偹修城、守堡公用，庶堡工得以完固，則通衆人民有賴。惟復別有定奪，緣蒙發仰查筭事理，未敢擅便，合就回報。』爲此，今將查算過築堡銀數、緣由同原鈞票，理合備由粘連呈繳，伏乞詳審施行。須至呈者。

文簿七扇，文卷四宗。

嘉靖四十二年十一月二十八日，經歷湯呈回報

今將通鄉當官買得修堡米田，蒙府主周爺給賜印信、文簿、田段錄後：

永安縣二十六都冲村民人范普，祖公范癸六、陳五七、張信三、陳清熙、胡安定、張國昭、嚴子三、張信五、陳榮三等，創捨二十六都奉先堂一所，米田一百三十石，隨田苗頓寄二十五都一甲林守清、十甲馮吉安戶内當差，卻被善集寺霸管。因二十六都貢川築堡，蒙府主周爺、整飭兵備分巡武平道曾爺、巡撫福建軍門都察院譚爺、巡按福建察院李爺批准，官賣給助貢川築堡，永存修葺。開後：

計開佃戶姓名：

廖日琳，水南坊米田二石二斗；

巫清，漈坂米田一十二石；

鄧崇、嚴壽，水南坊米田一石；

鄧石大、長孫，杉林坑口米田一石；

夏文海，山竹坑米田五石；

張福貴，水南坊栗子墘米田二石；

魏成智，石結塘米田二石；

劉辛富，漈坂米田五石；

鄧瑫，水南坊米田二石；

鄧天，水南坊米田二石；

鄧墓祖，堂子坑米田二石一斗，石結塘米田二石；

鄧智庫，水南坊米田一石七斗五升；
鄧仕祿，水南坊米田二石六斗五升；
鄧金富，水南坊米田一石；
嚴應，堂子坑米田二石；
鄧福成，大王墘米田二石；
鄧成付，墓窟子米田五斗，柿樹坂米田二斗；
吴金保，姜坑子米田二石；
劉盛福，漈坂米田五石；
黄福琳，長坑米田四石三斗；
鄧隆，墓窟子米田一石五斗；
劉長成，水南漈坂米田七斗；
邱天士，墓窟米田二石；
鄧福成，漈坂米田二石；
鄧文田，杉林垩米田一十三石二斗；
劉文水，崩墘米田一石五斗；
范信，庵門首米田陸石，又砂坂米田一十七石；
魏福金，水南坂米田一石；
劉福孫，普連仔池米田五斗；
黄長成，池租垢米田一石，小名塘泉坑；
胡成貴，長泉坑米田一石；
陳福金，水南坊米田二石一斗；

黃福通，破排坑米田六石八斗；
邱智生，石簿堂米田一石；
羅成起，文章窠米田一石，又楻坂米田二石；
鄧福成，潦坂米田二石。
嘉靖四十二年十一月二十九日具。

今將通鄉當官買得修堡米田下帖計開于後：

延平府周爺給賜下帖：

延平府爲懇恩給帖照管田業以永堡功事。本年十二月初六日，據永安縣二十六都一等圖民高源、楊震威、羅廷桂、姜浩、林毓芳、楊震耀、賴濂等連名告稱：『貢川連遭盜害，幸蒙恩，建堡城，三千烟戶萬載沾恩。蒙斷，本都民人范癸六、陳五七等創捨本都沖村奉先堂米田壹百三十石，隨苗每石肆升，原寄頓二十五都馮吉安、林守清戶內，堂廢無僧，經蒙兩院批允，斷入官賣完堡。合鄉人等思得：目令築堡固難，日後修緝不易，議將築堡民戶，每丈增派銀伍錢，照依官給價銀二百四十兩，零秤官，給發完堡。其田充入合鄉，公衆預防、修緝堡墻、賑濟等用，乞賜執照，以便管業。』等情。據此，案照先蒙巡按福建監察御史李批，據高源等連僉狀告蠹惡堡首假公科騙事，蒙批：『仰延平府嚴究詳報。』依蒙行提堡首陳珂、賴明任、鄧達材、高源、楊震威、僧守明等，各到官審。發本府湯經歷查算，申稱：『貢川原議估申詳築堡共六百二十三丈，今實築五百八十八丈五尺。實用過銀五千捌百伍十三兩三錢四分六釐，外民戶應湊未追銀三百九十七兩一錢一分七釐，貧亡難追銀二百一十三兩七錢六分八釐。』備申到府，覆審前堡，委係公同僉議，照依上、中、下戶甘認丈數，自僱工匠出辦公料，對支俱有支收文簿可據。其陳珂等，止是倡首總督，工、料、銀委不經手。其奉先堂苗田，震威等既各不願承買，合行本縣，縣丞張世鑑將未築餘堡並五門，照依各戶原填姓名，每丈量出銀五錢，共湊銀二百四十四兩二錢五分，給與堡首陳珂等收領助築。奉先堂田苗米五石三斗五升，照舊存留，逓年除納粮差外，有餘租米俱要公收，專備修繕堡城公用。及審僧守明等，執稱：『前田委係民人范癸六、陳五七創捨之田，情願退還官賣。』取退狀附卷外，看得：奉先堂田原係貢川本都人捨施之田，今爲廣賊林朝曦等刼掠九次，僉議築堡，陳珂、鄧達材等原以義，舉一堡之人協心共舉，並無侵尅之情。除具招呈詳本院批允，另行本縣及縣丞張世鑑，照依原築各戶先填姓名，每丈量出銀五錢，共湊銀二百四十四兩二錢五分，追完助給。外今據前因，合就給帖付照。爲此，帖付本告，照依事理，即將本都民人范癸六等原捨冲村奉先堂米田一百三十石，帶苗五石三斗五升，准充入本鄉，照依田段管業。逓年除納粮差外，有餘租米公衆收貯，預防、修築堡城、賑濟等用。各戶毋得通同侵取租苗，亦不許棍徒展轉妄稱已業告爭，如有故違，許即呈告以憑，拿究問罪不恕。須至帖者。

嘉靖四十二年十二月　日給帖，付告人高源、楊震威、羅庭桂、姜浩、林毓芳、賴濂、楊震耀執照。

延平府林爺給賜下帖：

延平府爲懇恩給帖執照堡田以衛生靈以垂經久不拔事。據永安縣堡首陳珂、賴章、里長姜萬欽、老人楊淳、約長潘一經、耆民劉福、鄉官林騰鯉、監生賴源、生員林嘉謨等，連僉告稱：『本都范癸六等創捨奉先堂祭田一百一十六石，載苗四石六斗四升，向係二十五都善集寺僧守正代管。因姦問革還俗，前田隨例，盡數入官。緣都三千餘烟，應役一百餘率，路當賊衛要地。自嘉靖三十九年以來，連遭寇刼，焚戮慘極。通鄉甘願捐資築堡防禦，算欠餘堡四十五丈，工料告求上裁給助。隨蒙撫院游、譚、察院李、武平道曾、府主周詳允，議將本都堂田變賣，朋開原派人戶，每丈出銀伍錢，共計二百四十四兩二錢五分，承買在官，隨給督工官萬全，發匠築完餘堡。因而衆議，即以前田充堡，抵爲不時修緝之貲。其田苗米，四十五年收入本都七圖一甲黎永懷戶內明白。今僧守明隱案越赴軍門殷爺告准，行縣究報。蒙府主林提吊原卷審明，堂田與寺田無干，仍照給助預防修堡，告乞給照。』等情到府。擄此，卷查先奉欽差提督軍務兼巡撫福建地方都察院右副都御史殷批，據永安縣申爲霸佔寺田事，奉批：『仰延平府再酌議妥報。』奉此，依奉行。據該縣提吊犯人僧守明、陳珂、賴章等並原行文卷到府，查得：冲村奉先堂前田原係范癸六等捨入，向係僧守正掌管，後因姦問革還俗，前田入官。先年流寇竊發，貢川堡首陳珂等呈稱：『餘堡四十五丈尚欠工料價值，懇求在官銀兩給助。』隨蒙分巡道曾呈詳兩院，議將前田變賣，給價以助築完餘堡。當報附近人戶高源等承買，見係在官物業，堅執不肯承買前田。堡首倡率貢川居民，分別上、中、下戶，各令捐價，認築丈尺不等之數，明開人戶，承買于官。衆議歲收租利，抵爲逐年修葺之資，以與民間祭田無異。俱經兩院批允，當官給有執照，並無別項情弊。前苗已于四十五年收入黎永懷戶內，訖近，擄僧守明因欠錢粮不能完納，遂藉口虛粮貽累，因而具告。合斷：前田照舊聽陳珂等管業收租，抵爲不時修緝之資，其粮差責令堡首自行赴縣秤納。及查懸寺苗，已有人戶承認，並與僧守明無干。具由申，奉本院批：『依議行。』各遵照繳。今擄前因，合就准給。爲此，帖付堡首執照，遵依前去照管前田，收租逐年修緝，粮差自行赴縣秤納，毋得違錯。須至帖者。

萬曆元年三月　日給帖，付堡首陳珂、賴章，里長姜萬欽執照。

永安縣許爺給賜下帖：

延平府永安縣爲保固地方乞僉公正收租以備修緝以免絕祭事。擄本縣二十六都典膳賴諫狀呈到縣，隨喚耆民張成魁、賴明偁、葉文福等，並本堡約長劉頊、楊震威、林騰鵬等、里長劉仲華到官。查得：奉先堂原助修堡田租米一百一十六石一斗，隨民苗四石六斗四升四合。逓年原議：內抽並合撥補共米田四十七石四斗四升，與本都十圖里長劉仲華收租，應納前項粮差；及撥出米田九石捌斗，與耆民葉文福等收租，逓年買備祭儀，致祭酬恩；又扒米田二石，與原施主范癸六香燈；又除先年洪水流塌成溪松林坂、水南坊等處米田共二十四石三斗外，實收米三十二石五斗六升。遞年收積本堡，以防修葺，公用不許隱瞞。自今爲始，以前如有錢粮私債，俱陳珂理落，不涉約長之事，寫立合約認狀，呈縣覆審相同，擬合就行。爲此，合行帖付照，速依事理。遞年收管撥出地名浩排坑、水南坊、塘泉坑佃戶鄧仕祿共租米九石八斗買祭儀，至期會同鄉官、生員、耆民、約長致祭永懷祠，毋得違錯不便。須至帖者。

萬曆四年三月　日印帖，付嚴昇、張成魁、葉文福、張濱、賴明偁，准此。

延平府永安縣爲保固地方乞僉公正收租以備修葺以免絕祭事。據本縣二十六都典膳賴諫呈稱：『貢川先因流寇，殘毀受害莫言，蒙院、道、府、縣查，將奉先堂田一百一十六石變賣助完。率都民上、中、下戶，各捐價認築丈尺不等之數，承買于官，歲收租利，以備修葺。給帖執照，創建三公祠，抽出九石致祭，聊報前恩。其田暨被陳珂收一十五年費用，祭禮不行。合詞呈乞，將奉先堂田帖僉殷實公正約長，並苗寫立，承認收存，使無推託。仍乞下帖，將祭田九石僉定耆民遞年收租，買辦祭儀，會請鄉官、生員、耆民、約長，致祭酬恩。』等情。及據陳珂將原蒙府給收租下帖送繳前來，隨喚耆民張成魁、賴明偁、葉文福等，並本堡約長劉瑱、楊震威、林騰鵬、潘一經、羅庭桂、姜浩、張瓊等到官。查得：奉先堂原助修堡田租米一百一十六石一斗，隨民苗四石六斗四升四合。遞年原議：內抽並今撥補共米田四十七石四斗四升，與本都十圖里長劉仲華收租，應納前項粮差；又撥出米田九石八斗，與耆民葉文福等收租，遞年買備祭儀，致祭酧恩；又撥米二石，與原施主范癸六香燈；又除先年洪水流塌成溪松林坂、水南坊等處米田共二十四石三斗外，實收米三十二石五斗六升，遞年收積本堡以防修緝，公用不許隱瞞。自今爲始，以前如有錢粮私債，俱係陳珂理落，不涉約長之事，寫立合約認狀，呈縣覆審相同，擬合就行。爲此，除撥祭及納差田各另給帖外，合行給帖付照，即將前田照舊遞年收租存積本堡，以備修緝等項應用，不許別項花費，俱毋違錯不便。須至帖者。

萬曆四年三月　日給帖，付約長劉瑱、楊震威、張瓊、羅庭桂、嚴威、林騰鵬、葉天祐、陳鳴鳳、潘一經、鄧文紳、姜珍、姜浩，准此。

外本堡北門前開墾廢義齋基田，租米一石一斗，逓年存積修祠公用。

永安縣蘓爺給賜執照：

告執照狀：堡首陳珂、鄉官賴源、監生林亮、生員嚴學光、耆民羅庭桂、里長姜萬欽、老人鄧文縉、保長葉天祐等，年甲不齊。嘉靖四十年，流寇竊發，刼掠慘極，衆願捐資築堡。今查縣卷，本都冲村奉先堂范癸六等捨立祭田一百一十六石，苗頓各甲。因被忠山善集寺僧守正代管，姦犯累堂沒官。僉呈縣張爺，據申道曾爺、府周爺，仰官給助，准以本都范癸六等捨立廢堂之田，責令本堡原派上、中、下戶築堡之人，照築丈數出銀，官買田價，給助完堡。田租盡數付堡，逓年公收，以充萬世修堡之用。轉詳軍門游、譚爺、察院李爺、粮道餘爺批允：『廢堂之田，與其棍僧混侵之浪費，孰若捐助地方防禦之用，尤爲保安黎庶之要務。』行府，委縣唐爺臨寺查勘，堂田與寺田無干，苗收入堡黎永懷戶內當差。隆慶六年，僧守明隱案揑赴軍門殷爺告准，行縣究報。蒙縣主許爺同申，奉批，送府主林爺審。堂田已屬官賣物業，節查案卷，皆可信憑，合無仍照原斷，前田聽陳珂等管業，以充不時修堡之資。今年四月，汀府王爺清查寺田，僧成立揑詞具告，蒙送縣主爺臺，究報審斷：『堂寺異都，隔遠二十餘里，田苗收入本堡黎永懷戶，三班與寺無干。』詳允照管外，理合懇恩金印批照杜擾，含情洪休，不朽萬命，切頼爲此上告。蒙青天縣主蘓爺給賜印，准照。

萬曆二十一年七月　日，連僉告執照狀人陳珂、賴源等狀。

今將請官鎮堡來歷開具于後：

永安縣安貢堡鄉官林祥、林騰鯉、監生賴明任、生員鄧達材、耆民劉福等，呈爲懇恩委官住劄以衛民命事。切有本都三千餘家，應當里長一百一十率，禍因慘遭強寇年刼九次，赴縣具告，蒙申詳撫、按二院，憐准築堡。週圍六百餘丈，民各捐資築完，實堪守禦。柰鈐束無人，衆心渙散，恐有違法刁奸難以攝服。竊聞福清縣海口新堡，委本縣佐貳官員住劄，官無添設之擾，民得保全之安，公私稱便。理合此例，懇恩俯順，將本都原廢官倉基左邊隙地，均派附近唇齒二十四、五都里甲，協同架造公署，專委本縣縣丞住劄，永爲定規。庶使堡城有主，功垂萬世。爲此具呈，須至呈者。

嘉靖四十二年八月　日，蒙察院李爺準呈，發行着縣，專委本縣縣丞住劄。後因本官奉委督造黃冊，改委安砂鎮巡檢雷震、戴廷重、張汝學、唐襄住劄本堡，鎮守至萬曆六年七月吊回，原鎮止委本縣千戶所巡捕、百戶代管。

延平府爲乞官住劄以保地方事。本年五月十三日，蒙福建等處承宣佈政使司劄付，蒙巡按福建監察御史安批，據分巡建南道右叅政鄭呈清查，近據永安縣安貢堡鄉官高翔、林騰鯤、陳伯椿、生員林騰鵠等連名呈稱：『本鄉原因盜刼，申請築堡，堡成請官。蒙委本縣縣丞鎮守，後因督冊，復蒙改委安砂鎮巡撿（檢）移堡住劄。近因吊回，復委百戶徃來巡視，盜賊乘間竊發，堡幾不保，生靈無依，乞將佐二官一員移鎮本堡，以固地方。』等情。隨批：『該堡有三千餘家，可當一小邑治也，且民頗殷實，盜賊易于垂涎。覩嘉靖四十年一歲之中，遭刼九次，可不爲永鑒乎？但縣佐分治于外，未有此例，得有空閑巡司一員移住其地，責之糾察防禦，亦可爲一方保障。仰府查議速報。』去後，今據延平府申，查得：『永安縣貢川地方，居民輳集至數千家，去縣治尚遠，固宜以官司彈壓，且徃歲刼賊每每于此肆害，雖經築堡，民尚懷憂，據呈乞官住劄，委不可少。但縣佐分治，原無此例，且應分理縣務，亦不暇及。再查巡檢在本縣者，止安砂、湖口兩處，安砂則路通清流鉄石機（磯）、炭山等處，湖口則路通秋瓜嵐、連城朗村、大埔等處，俱先年流賊往來之區。其在各縣者，非緊要關隘，即人民原多頑梗之處，無可移置。又查，隆慶三年，曾令安沙巡司徃來貢川兩處巡戢，以路遠不便且安沙人民又苦告不願，遂而中止。今欲從長計處，莫若延平衛及將樂所各千、百戶官內，選取賢能一人，令其常川于安貢堡地方鎮守。庶堡中羣聚之民，就既得以永賴他處額設之官，且不必移置，覺于事體爲便。』等因，申報到道。看得：『永安縣所轄貢川地方，去縣治四十餘里，居民繁夥，頗稱富饒。先年鑒于流賊築堡環衛，既而請以安沙巡檢移住，稍賴鎮戢。近年又以安砂要害之地，議將巡司官掣回，止委永安所巡捕舒國珍兼管。然去往不常，終難鎮攝，故高翔等復有此請，且謂鼠竊狗偷之輩，無夜無之。本道邇因巡歷經由其地，細加詢訪。該堡路有九徑，民係四合，小戶既多錯雜，易于生奸，大戶又相雄長，難于倡率，故法立不行，盜生莫柰。其僉議請官，皆鄉士夫，及衆庶，卻顧長慮以爲桑梓之計，似非私意。今擬該府查議，縣佐有難分治，巡司無可更易，欲以千、百戶一員當之，亦屬相應。合無候詳允日，本道行府，就于延平、永安、將樂等衛所千、百戶內，擇委才行兼優者一員，准作協理永安巡捕名。目前去該堡常川住劄，專管督行保甲、禦盜賊一節，其帶用人役，止許本等奉例跟伴。到日，將該縣原編該堡保甲人戶姓名查點一次，有經商外出及新來寄寓者，各審令同甲供報有無來歷不明，以便稽查。居常則糾察巡邏，有警則督率防禦，此外不許干預別事。諸凡提調，務在秉公服人，更不得紛擾多事，以爲地方之害。本道仍嚴行該府、縣官時加廉訪，有不奉公守法或受民詞、或抽取客商各項情弊者，揭報叅呈究罪，另詳官員委代。庶民相安，地方攸賴，沙、永之間屹然一巨鎮，而可相爲唇齒矣。』等因。蒙批，復議報奪。蒙此，備劄：『仰府即查前項地方，果有民居若干，何年議行築堡？各該居民，是否俱在新堡之內？本堡原設幾門，一向典司啟閉之責，屬之何人？本鄉原編保甲，共有幾甲，每甲原設保甲長正、副幾名？今議委官赴彼防守，有無官房可以常川居住，或止旬月，間往查點一次？該縣原設佐貳守領幾員，可否分往彼中巡邏？如用縣佐，與用千、百戶孰爲便利？逐一酌議停妥，繪圖做冊，作速具由，申報以憑，復議轉詳。』等因。蒙此，擬合就行。爲此，帖仰本縣官吏照依事理，即查前項地方，果有民居若干，何年議行築堡？各該居民若干，是否俱在新堡之內？本堡原設幾門，一向典司啟閉之責，屬之何人？本鄉原編保甲，共有幾甲，每甲原設保長正、副幾名？今議委官赴彼防守，有無官房可以常川居住，或止旬月，間往查點一次？

該縣原設佐貳守領幾員，可否分徃彼中巡邏？如用縣佐，與用千、百戶孰爲便利？逐一酌議停妥，繪圖做冊，一樣三本，作速具由，申報以憑。復核施行，毋得遲延不便。須至帖者。

萬曆九年五月　日到縣。本月二十八日，又蒙分巡建南道張爺行文，到縣查議。後蒙縣主史爺、府主易爺申詳，守道鄭爺、巡道張爺轉詳，察院安爺、軍門勞爺批允，准委延平衛百戶安民住劄，週年一替。

今將本堡呈編門夫來歷開具于後：

永安縣安貢堡鄉官林騰鯉、監生賴明任、生員鄧達材、耆民劉福等，呈爲懇恩查復舊徭橋役更編堡夫以生地方事。切有本都浮橋一座，歲編橋夫六名，後因故民楊𣏌募衆新架石橋，浮橋致毀，徭役不編。民遭毒寇，告蒙前任歐陽爺慘憐築堡，今已幸成，設門六座，晨昏啟閉，未有人役。恐悞防禦，連僉詞赴本府，蒙准。鈞語：『橋夫六名，更替盤詰，以守六門。』牌行臺下，加編六門，從長議報。伏乞爲德爲民，俯就編排，庶啟閉維謹，堡城有賴，萬世沾恩。須至呈者。

嘉靖四十一年五月二十三日，赴縣主李爺呈准，蒙申府主周爺，轉詳巡道曾爺、守道余爺，蒙批：『貢川居民數千，築堡保障，懲先年屢被流寇焚掠。生員鄧達材等義舉驅除大盜，而地方始安；監生賴明任等戮力斂財築堡，而衆方復業。原有徭編橋夫，後改編門夫，事干防守，不涉虛靡。』仰永安縣詳由報，又蒙察院李爺批：『查照撫院詳，行繳。』又奉軍門游爺批：『如議，行繳。』嘉靖四十二年十月十四日，案行到縣，准編門夫十名。

萬曆元年三月初三日，堡首陳珂等赴武平道周爺呈，爲懇護地方以衛民命事。緣都三千餘烟，里役一百餘率，地當賊衛要地。嘉靖四十年來，連遭寇掠，焚戮慘極。時蒙縣主歐陽悼憐民瘼，創建堡城，原設六門，日夜無役。續蒙縣主李查，都舊有浮橋一座，徭編橋夫六名，後因橋廢停止。議申府主周，轉詳院道批允，查復橋夫，改編門夫十名，晨昏啟閉盤詰，往來十載無異。近縣主卓見勢稍寧，暫革。切思本堡萬命所關，目下各處有警，理合匍赴天臺，呈乞俯念下情，賜復前役，庶六門有防守之嚴，一堡得安生之慶，功德齊天。爲此具呈。須至呈者。

蒙道周爺批縣查報，蒙縣主許爺申文，遵依，查得：『貢川一堡，地界水陸之衝，鎮接咽喉之重，人烟三千餘家，週圍七八餘里，六門啟閉，勢不容缺。舊有橋夫十名，往來稱便，士民快之。自兵寇之後，橋毁夫撒（撤），蓋亦多事之後裁革，甦困之意，所恃以司晨昏、掌啟閉者，輪排門之夫也。顧堡在衝要，公文往來所関，堡民休戚所係，使非額設責成，恐致推託誤事，故堡人編夫之呈，誠長顧卻慮之意也。但全復十名，則地方多事之後，十室九空，瘡痍未盡起，流移未盡復，昨日開路樹杆，見其鄉落滿條，若以全盛之役責之疲憊之時，豈能堪命？然非門置一夫，則堡在山谷之中，業篁岑蔚，加以里許一門，荒僻居多，小有急迫之虞，莫援意外之變。茲折多寡之中，酌損益之宜，在門置一夫，于徭差編銀十貳兩，追徵在庫，按季給領，使專其啟閉之司。則節省之意寓于額編之中，保障之任專于守門之人，文移往來星夜皆便，使客絡繹晨昏有期，而堡民亦賴以高枕矣。』緣奉批，查報事理，未敢擅便，擬合就行。爲此，卑縣今將查過前項緣由，同原蒙批呈粘連，合行具申。伏乞照詳，鈞裁施行。須至申者。

萬曆元年三月二十六日縣申。

今將堡首陳珂回報《奉先堂修堡田官冊》田段列後：

計開：

一、租米共計壹百一十六石一斗正。

一、隨民苗肆石六斗四升四合正。

內佃戶鄧慕祖耕田二石，撥與范普香燈。內佃戶劉文耕田四石五斗，地名松林坂，水流無收。內佃戶張智成耕田九斗，連年並未還租。內佃戶吳金進耕田五斗，抛荒，經手未收，係高豎姜棄仔田共段。除去四項租米七石九斗正，通年實收租米一百零捌石二斗。

外隆慶五年冬起，鄧成大開墾菜園，租米二斗。

計開：

黄積貴作田一段，地名長坑，租米四石，冬米二斗，牲一隻，由帖黄字一千九百三十一號；

魏長福作田一段，地名石結塘，租米二石，冬米一斗，牲米五升，由帖黄字一千九百三十二號；

鄧慕祖作田一段，地名石結塘，租米二石，冬米一斗，牲米五升，由帖黄字一千九百三十四號；

張辛起作田一段，地名長子坑，租米二石，由帖黄字一千九百三十三號；

羅智士作田一段，地名油楻坂文章窠，租米三石，冬米一斗五升，牲米七升五合，由帖黄字一千九百三十五號；

鄧智宗作田一段，地名墓屈仔，租米二石二斗，由帖黄字一千九百三十六號；

陳文威作田一段，地名墓窠，租米二石，冬米一斗五升，由帖黄字一千九百三十七號；

劉勝福作田一段，地名漈竹坑，租米陸石，牲二隻，由帖一千九百三十八號，報租五石，劉新富作；一千九百三十九號，報漈坑，租米三石，劉勝福作；壹千九百四十號，報漈坑，租米一石，劉新起作；

劉長成作田一段，地名茶林干，租米七斗，由帖黄字一千九百四十一號；

邱天仕作田一段，地名墓窠，租米二石，冬米一斗，由帖黄字一千九百四十二號；

劉孫作田一段，地名漈坂，租米二石，由帖黄字一千九百四十三號；

邱智生作田一段，地名石磜塘，租米一石，係魚池一口，由帖黄字一千九百四十四號；

高豎作田一段，地名姜窠仔，租米一石五斗，由帖黄字一千九百四十五號；

鄧文田作田一段，地名白石分清龍�，租米一十三石，牲二隻，由帖黄字一千九百四十六號；

巫士清作田一段，地名大王墘，租米一十二石，由帖黄字一千九百四十七號；

黃隆作田一段，地名浩排坑，租米六石五斗，冬米三斗二升半，牲一隻，撥充永懷祠春秋二祭，餘存修祠用，由帖黃字一千九百四十八號；

鄧福保作田二段，地名水南坑、塘泉坑，租米三石二斗，冬米一斗七升半，內魚池二口，撥祭永懷祠公用，由帖黃字一千九百四十九號；

劉新友作田一段，地名波連子，租米五斗，冬米三升五合，池□□，由帖黃字一千九百五十號；

鄧石大作田一段，地名杉林坑，租米一石，冬米五升，由帖黃字一千九百五十一號；

張智成作田一段，地名住屋基坪水南坊，租米三石一斗，由帖黃字一千九百五十二號，止報租米五斗，外因水流除去租米二石陸斗；

范信作田二段，地名砂坡堂門首，租米二十三石，親供報內池二口，由帖黃字一千九百五十三號，止報租米一十二石，外因水流，除去租米一十一石，理合開墾復舊；

鄧石崇作田一段，地名水南坊，租米一石一斗，冬米七升半，因水流，除租壹斗，由帖黃字一千九百五十四號；

嚴永壽作田一段，地名水南坊，租米一石一斗，冬米七升半，水流，除租一斗，由帖黃字一千九百五十五號；

鄧福壽作田一段，地名水南坊，租米一石一斗，冬米七升半，因水流，除租一斗，

鄧京付作田一段，地名水南坊，租米一石一斗，冬米七升半，因水流，除租一斗，二段共報親供二石，由帖黃字一千九百五十六號；

魏辛奇作田一段，地方横坑仔，租米一石，由帖黃字一千九百五十七號；

鄧成大作園一片，租米二斗，被僧守明盗賣與嚴永壽管業，一向未收；

夏文海作田一段，地名長坑壠，租米五石，牲一隻，由帖黃字一千九百五十八號；

張福貴作田一段，地名柿樹墩，租米二石，由帖黃字一千九百五十九號。

已上佃戶共貳十九名，計租米一百八石四斗。

萬曆十五年親供，除撥與范普香燈並被水流無收、冬米在外，實報田二十八段，正租米九十三石九斗鄉，又池一口，租米一石。

科民正耗米：

官正耗米：

魚池課米：

今將堡田苗米來歷、合約開具于後：

永安縣二十六都安貢堡鄉官林勝鯤、陳伯椿、高翔、生員林勝鵠、保長約長潘一經、鄧文紳、楊震威、葉天祐、羅庭桂等、耆民葉文福、嚴昇等，原因：『寇亂，通鄉願捐資築堡，防衛生民。荷蒙巡撫譚爺、巡按李爺、武平道曾爺、府主周爺、縣主歐陽爺申詳，將本都冲村遠廢奉先堂無僧沒官民田一百一十餘石，原隨民苗四石陸斗四升四合，案驗批允，官買價田，給助本堡，永爲修葺之資。從嘉靖四十二年冬起，至四十五年冬止，已上粮差、津貼，二十五都善集寺問革占管僧守明、守正等，納官明白。至隆慶元年，縣造實徵冊，蒙縣主卓爺責令二十五都僧守明小戶林守清、馮吉安二戶，將本苗推入本都七圖一甲姜有道甲下，衆立黎永懷戶收回當差，豈擬互弊？田租侵漁，錢粮丟欠，貽累各佃完官。况有道告脫里役，議將前苗推寄本都十圖八甲劉仲華甲下，立安貢堡戶收當，差堡首賴章、陳珂等立合約。照依鄉例，升苗斗米津貼，共計逓年撥米四十七石肆斗四升，撥出與仲華逓年收租，應納本苗錢粮。外餘租米，後蒙縣主許爺令保、約長潘一經、劉頊等，當官承管堡田，給帖分爲四班，逓年輪收租米，存積修堡公用，不許妄費。』等因。目今丈量田苗歸戶，通鄉思得：本田被水，流塌甚多，城堡各項未完，若依前例貼納，無餘修堡。幸遇條鞭事例，錢粮比前節省頗多，合鄉另行商議，應納條鞭，以得有餘，防修堡用。會衆推舉本都十圖十甲誠實約長劉頊甲下立安貢堡戶，收苗歸戶當差。就日議定：逓年止撥田米三石與劉項，以爲答應、排年、追徵等費。其錢粮，具係保長、約長逓年輪收之人辦納，交付劉項完官；其田租，項不經收。幸遇府主爺爺撫臨治邑，理合賫約呈鳴，蒙准，照約收納，仍令保、約長劉項甲下立安貢堡戶收苗當差。逓年租米令保、約長鄧文昇、潘一經等收送，鄉官林騰鯤、高翔、陳伯椿貯積，辦納錢粮；餘剩米，候修葺堡城公用，登簿支銷，以杜妄費。一堡生靈有賴，感德無涯。爲此，告給執照。

萬曆八年十一月　日，具蒙府主三爺黎署本縣事准給印信、文簿、執照。

外本堡北門前，開墾廢義齋基田，租米一石一斗，逓年存積修祠公用，田苗在外。

又萬曆二十年新冊合同文約開後：

永安縣安貢堡，先年屢寇荼毒，鄉民僉呈自築。堡外祠奉縣主歐陽爺，垂念堡城無修，申詳巡撫譚爺、巡按李爺、武平道曾爺、府主周爺批允給帖，着落堡民高源、楊震威、羅廷桂、林毓芳、姜浩、楊震耀等，當官照依築堡丈數派銀，買置本都冲村奉先堂遠廢民田一百一十陸石，案驗批允，逓年收租，修葺堡城。原隨民苗四石六斗四升四合，以前頓寄、津貼明白。後因洪水，流塌甚廣，止存實收租米九十三石九斗，又池一口，租米一石。奉例勻苗一石八斗零，親供由帖，照證明白。先年寄頓約長劉項戶下，逓年粮差，本堡輪收，租人自納官外，後止貼劉項答應、追徵之費，租米三石。近因鄉官陳伯椿收戶，每苗一斗貼米壹石，是比劉項更多矣。今因堡務甚多，修葺不偹，通堡僉舉原築堡首監生賴明任男賴濂收戶，津貼比陳議減，仍照劉項原約，逓年擔米三石，與賴濂收受，以爲答應、追徵之需。其有差徭加減，俱係經收之人，將原收租米偹辦銀兩，付與見年里長前去完官，不涉賴濂之事。外有推收造冊之費，俱係衆理。凡事非堡務不得動支此米，庻苗以納，堡以脩，租米無妄費之虞。堡民受安全之福，功垂永久，變故不生。此係通堡公議，且濂不得異說。倘十年以滿，二家不願，另行憑衆公議，用立合約存照。其黎永懷，即安貢堡一丁，係衆納官。

萬曆二十年九月　日，立合約人賴濂號。

其親供由帖，一並存在鄉官　處。

今將通鄉原派築堡民戶丈數，並當官買得本都奉先堂冲村米田一百一十餘石，俱照丈數每丈派銀五錢，通鄉輪收，永爲修葺堡城公用。外每丈並拱門，共派磚石、工食等銀一十兩五錢。

計開：

高璘貳十六丈。林毓芳、毓華二十丈。羅庭桂一十八丈。姜浩一十六丈，楊震威一十六丈，楊震耀一十六丈。賴源一十五丈，嚴威一十五丈，嚴昇一十五丈。賴明偁兄弟一十二丈，嚴煥一十二丈，林毓良兄弟一十二丈。鄉官林祥一十丈。

姜惠捌丈，李璧、珏兄弟八丈。羅橙八丈（外自造包車碓二丈）。葉文福柒丈，潘賜福七丈，劉珮、珏、璘、項共七丈。夏永豐六丈，高翔六丈，高亨六丈，劉震六丈，羅天龍六丈，張成魁六丈，賴諫、章兄弟六丈。李宗樂五丈，聶富五丈，賴遷五丈，鄧養正五丈，葉天祐五丈，吳恢五丈，張成俊五丈，姜斂五丈。李童四丈五尺。高陞四丈，李豎四丈，劉繼週四丈，張灝四丈，張濱四丈，聶明四丈，嚴智福四丈，陳成嚚四丈，高應魁、應揚共四丈，李正枝四丈，姜應時兄弟共四丈，夏京賓四丈，嚴新富四丈。廖璘三丈，聶文源三丈，熊啟五三丈，張洪榮三丈，嚴杲三丈，黃應滋兄弟三丈，林間、良、接共三丈。李辛二丈五尺。劉福二丈，廖元弼二丈，呂起二丈，惠照庵二丈，鄧德二丈，鄧文紳二丈，羅鵬二丈，楊廷紀二丈，謝文秉二丈，陳琰、珂兄弟二丈，劉珊兄弟共二丈，黃英兄弟共二丈，陳伯椿二丈。何一衢一丈五尺，賴潮一丈五尺，賴濤一丈五尺，姜文忠一丈五尺，高旺一丈五尺，鄧基興一丈伍尺，熊啟二一丈伍尺，熊啟三一丈五尺，楊元夫一丈五尺，吳祖良一丈五尺，吳應老、吳琛一丈五尺。

賴波一丈，林思至一丈，嚴道清一丈，嚴道宗一丈，張洪恩一丈，羅衣一壹丈，林德秀一丈，林日盛一丈，黃壬耉一丈，何其清一丈，鄧奇材一丈，鄧達材一丈，葉天喜一丈，陳福臻一丈，陳應宣一丈，姜新廉一丈，劉喬齡一丈，鄧養民、姜仕賓共一丈，楊暮金兄弟一丈，葉天輔兄弟一丈，聶巖一丈，姜勳一丈，吳恒一丈，魏玄椿一丈，陳宗噐一丈，張天成一丈，鄧文縉兄弟共一丈，姜法保、劉倫、謝文濱一丈，賴明偉一丈，李佛光、童瓚、劉進保一丈，鄭曙一丈，賴溥一丈，鄧基旺一丈，林智勝一丈，吳仕福一丈，林時泰一丈，李廷芳一丈，陳荷三一丈，佘粟一丈，鄧一勤、一儉共一丈，林應禮一丈，楊廷詔兄弟共一丈，林聘兄弟共一丈，劉巖升一丈，陳可欽一丈，李嘉敏壹丈，林德美一丈，劉宏賜一丈，林文忠一丈，楊環、呂仲武、楊盛茂一丈，劉永道一丈，劉永綿一丈，楊象一丈，周白、楊應吉共一丈，陳來富一丈，張正裕一丈，黃日養一丈，謝有孚兄弟共一丈，林嘉謨兄弟共一丈，謝應龍兄弟共一丈，楊喬年兄弟共一丈，吳一科叔姪共一丈，呂梁一丈，鄧佛通、佛大、姜文噐一丈，鄭祿、羅長貴、長明一丈，呂文儉、葉文大共一丈，吳一舉、成周、黃藕一丈，羅恢、應、偉一丈，劉環兄弟共一丈，李福起、道行、賴景成一丈，黃應清、應潮共一丈，黃應濟、應淮共一丈，陳臯謨兄弟共一丈，楊進富、進保共一丈，高舉立兄弟共一丈。

陳宗勝九尺，鄧宗大九尺。吳一陽、從周共八尺，姜橙楫八尺，羅永壽八尺。姜壽七尺，楊智勝七尺，鄧成美七尺。鄧宗壽六尺，羅環六尺，黃道通兄弟共六尺，謝成大、呂娗共六尺，徐天富兄弟共六尺。謝長付五尺，李文湧五尺，羅長大五尺，楊新起五尺，嚴應五尺，陳中和五尺，黃承恩伍尺，陳河圖伍尺，麻應鳳五尺，陳信五尺，吳公噐五尺，鄧成廣五尺，高友源五尺，楊表、吳祖大共五尺，李鍾五尺，姜勝五尺，林富、賴希程共五尺，黃德旺五尺，吳乾元、仕元共五尺，楊長成、陳安共五尺，葉天明、羅永祿共五尺，楊烏兄弟共五尺，吳成起、黃佛恩共五尺，高盛、鄧孔周共五尺，廖文享、高志興共五尺，林奇、陳留宗共五尺，羅友大、李科共五尺，姜秀、姜芳伍尺，羅正茂叔姪五尺，鄒天德兄弟五尺，羅遷、羅謹五尺，鄧京榮、京華五尺，范普、楊燦五尺，陳甘霖、高勝大五尺，羅璘兄弟五尺，姜來貴、范福生五尺，嚴師導、師誠五尺，鄧祖成、劉長勝五尺，嚴師訓兄弟共五尺，楊惟興、惟勝五尺，陳嘉猷、姜仕明五尺，張源、曾添丁五尺，庄存德、羅基五尺，黃德源五尺，羅思義五尺，楊表正兄弟五尺，黃福金兄弟伍尺，林茂旺兄弟伍尺，姜派、姜瑜五尺，鄧賜金、李椿五尺，孫惟真、余文進五尺，劉奇、廖天祥五尺，姜新成、姜勝細共五尺，魏道恩兄弟共五尺，張璉、林尚志共五尺，梁梓材、徐周郎共五尺，江日濬兄弟共五尺，陳情表五尺。楊廷選四尺，陳思孝四尺，李成玳四尺，羅日松四尺。陳柏岷三尺，陳應麟三尺，羅正隆三尺，楊應淳三尺，廖天祿三尺，姜子善三尺，姜福成、福明共三尺，李成祖、張發福三尺。

今將本鄉未派築堡民戶出銀壹兩以上者開後：

林昂銀一兩，朱福起銀一兩，羅德資銀一兩，劉崑銀一兩。劉世斌銀一兩三錢。謝繼森銀貳兩五錢，姜春闈銀二兩五錢。楊福起銀二兩，楊體道銀二兩，李文魁、佛大銀二兩。黃日盛銀一兩五錢。羅佛仕銀一兩，林賜銀一兩，羅體常銀一兩，許清奇銀一兩，周福大銀一兩，黃金五銀一兩，李文桂銀一兩。鄧孔明銀一兩五錢。鄭孟宗銀一兩，黃疇銀一兩。姜鏘銀一兩五錢。張文大銀一兩，潘昇銀一兩，賴新起銀一兩，陳法留銀一兩，楊大銀一兩。劉厚富銀二兩五錢。吳必長銀一兩二錢。楊元韶銀一兩，吳昇銀一兩，蕭旺銀一兩。鄧智保銀二兩。鄧增丁銀一兩，李成宗銀一兩，蕭成祖銀一兩。

外民戶出銀壹兩以下者不可勝載。

又募化各鄉民戶銀一兩以上者開具于後：

鄧泰銀一十兩。鄧積六銀一十五兩。姜文德兄弟銀五兩。湯佛保銀一十五兩三錢。周福大銀二兩。羅子芳銀貳兩。鄧智福銀柒兩。鄧先定銀陸兩。高永銀二兩。高輝銀二兩。高必和銀一兩。高燦銀一兩。高遵銀一兩。高瓊銀一兩。林興銀三兩。羅吉銀一兩。羅恢銀一兩。羅象銀一兩。姜接祖銀三兩。姜仕琳銀一兩五錢。鄧文琳銀一兩。姜仕成銀一兩五錢。賴進田銀一兩。王文保銀一兩。鄧新屋兄弟銀三兩。嚴文鳳銀三兩。姜日大銀二兩。劉新友銀二兩。邱田銀二兩苗。翁全三銀一兩五錢。林地榮銀貳兩。游地銀一兩。王新興銀一兩。鄧倫銀一兩五錢。練清銀二兩。鄧佛琳銀一兩五錢。李子堅銀一兩。陳石璧銀一兩。葉本立銀六兩。黄建文銀四兩。陳珊銀一兩。陳添丁銀一兩五錢。徐行銀一兩。蘓威銀一兩。楊余慶銀一兩。曾永琳銀二兩。姜時銀二兩。

外一兩以下者不能悉載。

萬曆二十二年三月吉旦

安貢堡鄉官、貢士、監生、生員、耆民、約正、副保、約長、里老人等合衆同刊

二十六都四圖四甲康熙四年親供冊

一戶黎永懷：

田二十伍段，租米九十三石一斗二升八合。池一口，租米一石正。

官、民田三十五畝九分三厘七毫六絲六忽二微二纖，民米一石七斗六升一合七勺三抄六撮七粟。

魚池三分六厘八毫八忽，課米一斗二升四合一勺八抄二撮八圭。

一段土名長坑，租米肆石正，佃黄積貴，實田一畝伍分四釐三毫六絲壹忽六微；

一段土名石結塘，租米四石正，佃魏長福，實田一畝五分四釐三毫六絲一忽六微；

一段土名長仔坑，租米二石正，佃張辛起，實田七分七釐一毫八絲八微；

一段土名油楻坂文章窠，租米三石正，佃羅智士，實田一畝一分五厘七毫七絲一忽二微；

一段土名墓屈仔，租米二石二斗正，佃鄧智宗，實田八分四釐八毫九絲八忽八微八纖；

一段土名墓窠，租米二石正，佃陳文威，實田七分七厘一毫八絲八微；

一段土名漈竹坑，租米六石正，佃劉勝福，實田二畝三分一釐五毫四絲二忽四微；

一段土名漈坑，租米九石正，佃劉新富，實田三畝四分七厘三毫一絲三忽六微；

一段土名茶林干，租米七斗正，佃劉長成，實田二分七厘一絲三忽二微八纖；
一段土名墓窠，租米二石正，佃邱天仕，實田七分七厘一毫八絲八微；
一段土名漈坂，租米二石正，佃劉孫，實田七分七釐一毫八絲八微；
一段土名姜窠仔，租米一石五斗正，佃高豎，實田五分七厘八毫八絲伍忽六微；
一段土名白石分清龍垩，租米一十三石正，佃鄧文，實田五畝一釐六毫七絲五忽二微；
一段土名大王墘，租米二石八斗三升正，佃巫士清，實田一畝九釐二毫一絲三忽七微一纖二沙；
一段土名浩排坑，租米六石五斗正，佃黃隆，實田二畝五分八毫三絲七忽六微；
一段土名水南塘泉坑，租米三石二斗正，佃鄧福保，實田一畝二分三釐四毫八絲九忽二微八纖；
一段土名波連仔，租米五斗正，佃鄧新友，實田一分九釐二毫九絲伍忽二微；
一段土名杉林坑，租米一石正，佃鄧石大，實田三分八厘五毫九絲四微；
一段土名住屋基坪水南坊，租米三石一斗正，佃張智成，實田一畝一分九厘六毫三絲二微四纖；
一段土名砂坂堂門首，租米一十二石正，佃范信，實田四畝六分三釐八絲四忽八微；
一段土名水南坊，租米四石四斗正，佃鄧石崇，實田一畝六分九釐七毫九絲七忽七微六纖；
一段土名橫坑仔，租米一石正，佃魏辛奇，實田三分八厘五毫九絲四微；
一段土名園一片，租米二斗正，佃鄧成大，實田七釐七毫一絲八忽八纖；
一段土名長坑壠，租米五石正，佃夏文海，實田一畝九分二釐九毫五絲二忽；
一段土名柿樹墘，租米二石正，佃張福貴，實田七分七厘一毫八絲八微；
一段土名冲村池壹口，租米一石正，實池三分六釐八毫八忽。

歷班傜照冊

康熙六年，撥入二十六都一圖三甲姜槐戶，承到本都四圖四甲羅宗立戶丁黎永懷田、池二號：

一、收黃字號土名冲村長坑等處田，租米玖十三石一斗二升八合；

一、收黃字號土名冲村，池米一石；

一、收本都四圖四甲羅雲龍戶丁羅克臣院田；

一號元字號土名田砂溪，撥舍前冲村官路下田，穀貳十石（康熙三十年辛未歲，羅如日先生寫本，此田係羅小紋先生寫出書院米田一十四石。因歷來皆無足收，姜子靜先生權收入米田十石，載苗一斗八升九合一勺七抄六撮）；

共民米一石九斗五升一合，課米一斗二升四合一勺八抄二撮八圭，丁一丁，女一口。堡苗無雜派，增丁歷係呈明邑父母豁免。

康熙二十五年，撥入本都一圖十甲楊宗復甲內。三十五年，撥入本都十一圖六甲葉廖李甲內。四十五年，撥入本都七圖一甲姜成金甲內。五十年，撥入本都二圖四甲許李高甲內。雍正十年，撥入本都二圖七甲張林賴甲內。乾隆六年，撥入本都八圖四甲廖魁萬甲內。

現管田段開後：

砂坂堂門首，租米十七石，冬米八斗五升，牲二隻，權收秋早穀二十五石二斗鄉，辛未寫本賠劉六皆，佃余成泰；

庵門首，租米六石，冬米三斗，牲一隻，權收秋早穀一十四石四斗鄉，佃馮旺，內值年量交廖魁萬戶丁，收谷四石鄉（此段並上段，原冊共米二十三石，親供報十二石，辛未寫本內米柒石，地名庵前坂，又名洋坂，賠嚴明秋）；

住屋基坪水南坊，租米三石一斗，又水南坊米一石，權收秋早谷八石一斗鄉，牲一隻，佃陳亮；

油榿坂文章窠，租米三石，冬米壹斗五升，牲一隻，權收秋早谷五石五斗鄉，佃李其祥；

柿樹坂，又名栗子墘，租米二石，冬米一斗，牲一隻，權收秋早谷四石八斗鄉，原撥西門夫收，佃李法霖；

水南坑，租米一石六斗，冬八升，牲一隻，牲值年收，權收秋早谷四石零二升鄉，佃鄧章兒；

塘泉坑，租米一石六斗，冬八升，牲一隻，牲值年收，收冬谷四石二斗鄉，並前段原撥祭永懷祠，今值年交永懷祠住持收，佃劉鼎老；

改坑白石分青龍平，租米一十三石，冬六斗五升，牲三隻，權收晚秋穀十六石八斗租，佃李其祥（此段，原冊及親供皆載米十三石，嘉靖冊尚多貳斗，辛未寫本內八石，楊慎初賠正租，扒門夫收。今清平，堡自收。內二石，又名改坑潦東坑，賠李華先，辛未收穀一石五斗，今嚴旺；並水南坊段作內二石，楊德昭四房賠，賠租退還堡管。內一石，鄧默作二項，遞年八月初一還租銀，辛未還穀三石二斗，今二項正、賠俱無收）；

長坑，又名長坑仔，租米四石，冬二斗，牲一隻，權收冬谷七石五斗鄉，佃余瑞生（此段，原冊及親供俱載米四石。辛未寫本，賠夏誦孔兄弟夏斗橫一半，歷無租還，經李尚文將賠寫還堡管；夏慎言一半，亦將賠退還堡管。今正租尚收不足）；

石結塘上、下分，租米四石，冬二斗，牲二隻，權收冬谷柒石五斗鄉，佃劉鼎老；

長坑仔，又名長子坑，租米二石，冬一斗，牲一隻，收冬穀五石鄉，佃馮健老；

墘頭墓窟仔，租米二石二斗，冬壹斗一升，牲一隻，收冬谷四石四斗租，牲錢四十文，佃迎神人（作四分耕，游必文二分，林宗兒、廖子仁各一分）；

官路下墓窠，又名墓堀上分，租米二石，冬一斗，牲一隻，收冬穀四石五斗鄉，佃陳亮生；

官路下墓窠，又名墓堀下分，租米二石，冬一斗，牲一隻，權收冬谷四石五斗鄉，佃江新生（此段並上段，原冊、親供、寫本皆只分二段，未分上下。寫本内一段，載賠林涣如，賠還堡自管，不知賠在何段）；

石礫堂，租米一石，權收冬穀一石五斗鄉，佃黄帝瑞（原冊、親供俱載池一口，米一石。辛未寫本賠羅克彦，原羅志升，賠還堡自收。庚戌數年，夏允吉將正、賠任意收去，止留穀二、三斗還堡，辛未還谷一石。今正租尚收不足）；

改坑杉林坑，又名杉林岺，租米二石，冬一斗，牲一隻，收冬穀四石租，原撥西門夫收，佃吳昌元；

埔頭楝池仔坵，池米五斗，水南坊一石一斗，改坑漈東坑二石，共權收冬穀四石鄉，牲一隻（聞説池仔坵，即係冊載土名波蓮子，池米五斗，辛未寫本池賠劉萬悅，佃嚴旺）；

山竹坑長坑壠，租米五石，冬二斗五升，牲一隻，權收冬谷十二石鄉，辛未寫本賠夏長、夏以利，佃夏允瞻、劉子周；

水南坊長老墓對門，租米二石，冬一斗，牲一隻，賠劉萬悅，權收早秋谷四石租，值年交傳鑼人收，佃陳亮生；

余地大王崁，租米十二石，冬六斗，牲二隻，權收早穀一十二石鄉，冬谷九石六斗鄉，佃魏晋侯；

余地漈坂，租米二石，冬一斗，牲一隻，權收冬谷四石五斗鄉，佃魏晋侯；

余地漈竹坑，租米六石，又漈坑，租米九石，牲三隻，權收冬谷十六石鄉，佃劉應壽（親供冊二段，共米十五石，歷係劉宅耕，不肯照冊立佃，止寫米九石，猶不肯還足。聞此田果分二段耕作，須查）；

冲村浩排坑，租米六石五斗，冬三斗二升半，牲一隻，權收價錢三千文，辛未寫本賠嚴以健，佃余成大；

本堡北門外廢義齋基池一口，租米一石一斗，又地園一大片，作三分，遞年七月，原收銀一兩八錢，佃羅老吉；

冲村官路下案廚前李舍窠圳頭埔頭，又名佛嶺門首石坑頭圳頭池，內有二段，又名埔頭楝池垢仔，共租米八石，冬四斗，牲二隻，權收冬谷十石五斗鄉（此係羅先生寫出院田，原撥賢祠住持收穀四石租，今值年收，交量與住持），佃陳亮生；

田砂溪峽頭扒舍前，租米六石，牲一隻，冬三斗，權收冬谷十一石鄉（此亦係羅先生寫出院田，遞年九月初九，照時價送錢來還，牲除與佃食飯，又與胙壹斤，不如期送來無胙），佃徐恭兒。

冊有載今無收田四段：

姜窠仔，租米一石五斗，辛未寫本賠羅克彥；

横坑仔，租米一石，辛未寫本賠夏佛老，還穀二石；

菜園一片，租米二斗，辛未寫本被僧守明賣嚴永壽；

茶林干租米七斗。

乾隆二十七年，先達李芳妍等具呈，蒙准撥入二十六都八圖一甲黎永懷戶內，其田段、石數並佃戶姓名，俱照原冊刊刻。

貢堡庄記

吾人讀古人書，見古人建樹卓卓，裨于時而傳于後，莫不心焉慕之。而又念身居蓬蓽，屏足蹜手，無由納身囊中，以自試其鋒穎，則又感慨傷懷，不能自已。然吾嘗聞明道先生有言：『一命之士，苟存心于愛物，于人必有所濟。』則以爲吾人值事會之可爲。苟不自因循，無誘于利，無怵于謗，以濟事爲心，則隨分樹立，雖不能如古人之卓卓，要皆可自表見，雖無一命之綮，亦可也。吾鄉居人數千家，自宋以來，名臣賢士輩出，號爲樂土。明正、嘉之間，萑苻弄兵，乘墉焚巢，歲九數見，人心驚惶，其不爲墟者僅矣。鄉先輩鄧、賴諸上具其事，呈諸當事，諸當事公請，得築堡城，周環五里，民有守備，寇不敢窺，迄今賴之。乃諸公又念城雖築而修葺無資，久且圮，又買冲村奉先堂入官之基並田若干，以爲堡田。何其用心之周而永也！鄉感其德，立祠俎豆，歲時將事，禮亦宜之。夫諸公曷嘗有一命之綮，不忍鄉閭之禍阨，奮身爲民請命，雖室内戈生，瀕于患害而不悔，卒以有成，豈非豪傑士哉？堡田既立，凡櫺虜、雉堞、石塌、木撓及堡中諸公費，以所入給之，沛然有餘。邇來，歲以子衿六人司其事，事以無缺，但收租無公所。每歲，值事者借他人之庄以寄收，歲易其處，佃之納租者，望望不知所投。甲子，姪承昊暨楊君紹侃、賴君天顔、陳君元恕、羅君成模、邱君振騰直事，乃即奉先堂基架竪公庄，經營于甲子之冬，閲乙丑告成。規模寬廠，氣色新鮮，收者納者咸樂之。諸君司事二年之間，既刊賢祠新冊，復重刻堡田舊冊，乃復成此役也。豈非不自因循，以濟事爲心者乎？諸君積學，有美才行，且虎變龍騰，效用王家。異日，值事會之可爲，當必有建樹卓卓如古人者，咸以此卜之也。是爲記。

大清乾隆十年乙丑孟冬朔

歲貢生嚴萬懷謹書

貢堡庄，土名冲村官路下庵前坑口，計房屋壹棟五植，兩邊飛簷横廂，前門後山，四圍並基一大座。

修堡城記

堡城之建，在當年捐資芳名已悉登書冊矣。丈尺必記，銀數必詳，所以傳後，永誌不忘也。今癸巳重修，所慷慨好義者止數人，其可不表而出之而令湮沒焉已乎？爲悉記姓氏銀數于左：

羅南星捐銀十二兩二錢。劉達捐銀十二兩。聶儆捐銀六兩。邢最捐銀十二兩。饒仲球捐銀伍兩。李光炯捐銀四兩。張岳捐銀三兩。嚴承昊捐銀肆錢。

康熙五十二年癸巳吉旦

督理生員楊寅、賴日晋、林廷弼同記

咸豐重修貢堡書冊

重修貢川堡後序

永安北四十里曰貢川，士橫經農緯耒，闤闠喧闐，儼然一大都會。舊有堡，承平歲久，傾圮過半。咸豐三年，會匪滋事，由永而沙。貢川當水陸之衝，屢被蹂躪。是年秋，金公谷笙再涖永安，以剿以撫。迄明年五月，事平，貢之人鑒于前事，請脩舊堡以自固。堡之廣凡數里，前臨溪後枕山，設門六，樓櫓、雉堞備具，規制與城等。金公乃召紳董，度基址，籌經費，不數月而貲集。于是庀材鳩工，諏吉經始。未幾，金公擢守延平，繼之者叔安陳君，又與司事諸君子經營圖度，不遺餘力，堡之工乃十得六七。丙辰冬，叔安以憂去，余奉代庖之檄，道出貢川，版築尚未竣。詢之父老，得其巔末，余嘆金公用意之周，而貢之民能自衛其身家也。乃與諸君子籌，所以成此善舉，而不使功虧一簣。抵任後，往來貢川者數次，見諸君，必先以堡工爲囑。去年春，粵匪自江石入閩，先陷邵武，再擾汀州。與永錯壤者，若清流，若歸化，同日被陷。吾永清水池、星橋諸鄉，均有土匪竊發，惟貢川有堡以自守。又得諸君子激勵，紳民同心戮力，永安藉以無北顧憂，則堡之爲功不綦大哉？戊午二月堡工成，貢之人來告成功，並請序于余。余愿諸君子安不忘危，賡偕作之詩，鼓同仇之氣，儲餱糧，勤訓練，人和地利兩操其勝。則不獨貢之民，田廬室家有以自保，即官斯土者，亦將重有攸賴矣。是役也，始于乙卯，迄于戊午，首尾凡四載，計縻工料錢六千九百餘緡。司事者劉君湘、陳君德懷、劉君際熙、姜君培、羅君宗鴻、林君念書、李君光宗、劉君承藜、嚴君嗣謙、夏君光謙、劉君祖元、楊君先明、楊君達、嚴君廷楊，實始終其事云。

戊午四月之吉

補用同知署永安縣事浙江俞林撰

重修貢堡序

今上御極之三年，詔天下建築城堡，所以爲安民計至深遠也。清不佞，再涖永邑，值會匪肆擾，爰承大吏命，下其法于四鄉，賊至則堅壁自衛，賊退則擊，民始知堡之爲利，經年亂定，而築者益繁。貢川之有堡也，自明嘉靖閒（间）始也。稽諸志乘，當其興築時，紳士鄧、賴諸公不忍鄉閭有粤寇之禍，首建斯議，屢遭疑謗而不悔，賴郡縣維持而成就之。樓櫓雉堞，卒爲巨觀，蓋前人獨爲其難而居民世蒙其福，至于今勿諼。然自我朝以來，海宇又安，民至老不見兵革，貢堡亦駸駸乎頹圮矣。今既幸當定亂之後，乃與諸縉紳父老謀，所以鼎新之，顧費鉅，非他堡可比。按舊址，廣六百二十三丈，高二丈四尺。今其存者，不及十之六，召匠計直，約需五千緡有奇。貢川故蕃盛之區也，俗敦古處，以義相尚，而比歲所出禦寇之費若干、聯甲之資若干，又繼之以大興作，恐將不支。然余一臨涖而董勸之，不數日集有成數，于是諏吉鳩工，擇公正爲衆所推服者董其事。羣情喁喁，咸願執畚鍤而應命焉，是何也？鑒于前事之利害則樂從，而出于人心之自然則易集也。夫古之成大事者不惜小費，諸君既聞之矣，而任大勞不計衆怨。昔之建是堡者，確有明徵，亦首事諸君之所宜是則而是傚也。而以余揆諸今日之人心，其歡欣鼓舞，必不至如當日之疑且謗者，事固不難成也。信道宜篤，問心宜堅耳。是役之成，應俟之期年以後，而余庖代之吏，其能蕆事與否，均未可知。諸君室家田廬之所庇，子孫之所以生息而長養，毋廢前勞。仰承國家德意，以鼎新此堡，屹然爲我邑藩蔽，自貢以北，猶將得所依焉。矧其居，是鄉者乎？一日之艱難，百世之利也，諸君勉之哉！俟堡成，當建設義塾，爲後世勸學。而余未敢驟議者，欲以修堡之所有餘者，更謀之也。

咸豐五年歲次乙卯四月吉旦

賜進士出身升用知府即補同知署永安縣事會稽金萬清譔

重修貢堡緣由開列

具稟：拔貢生陳德懷、歲貢生劉湘等，爲脩葺貢堡承諭稟覆事。切貢川地方，自明嘉靖間奉憲築堡，歷今二百餘年，圮壞崩頹十居八九，前承明諭修理宜急。生等即邀同衆議，公舉公正之生、監十二人董理其事，但功程浩大，籌辦維艱。伏乞仁明老父師臺，俯念貢川爲永北要途，恩賜親臨，諭各殷戶酌量捐輸，庶堡垣得以有成。萬姓沾恩，公侯頂祝，計開董事姓名，另單呈電。

監生姜培、監生劉承藜、監生嚴嗣謙、增生劉祖元、監生李光宗、監生夏光謙、監生楊先明、增生羅宗鴻、生員楊達、生員嚴廷揚、生員林念書、廩生劉際熙。

咸豐四年七月初八日，蒙邑侯金批：『貢堡地處要衝，業經本縣勸諭興修。』在案。茲據具稟，候諭飭各董事迅速勸捐，一面公同估計工料，開列高廣尺寸、基址、繪圖，稟報以憑轉詳立案。本縣樂觀厥成，該貢生等務須認真經理，毋任稽延。名單附。

欽加同知銜署永安縣正堂加十級紀録十次金，爲諭飭遵辦事。本年七月初七日，據該貢生陳德懷、劉湘等禀稱：『竊貢川地方，自明嘉靖間奉憲築堡，歷今數百餘年，圮壞崩頹，亟應修葺。但工程浩大，籌辦維艱。』等情到縣。據此，查貢川爲永北要途，原建土堡，既因年久坍塌，當此賊氛未靖，自應赶緊興修，以資捍衛。維此項工程浩大，必須量力捐輸，衆擎易舉。除禀批示並出示曉諭外，合行諭知，諭到該董事等，即便遵照，馳赴各殷戶暨商賈之有力者，勸令踴躍輸將，以爲集腋成裘之舉，切勿苟安旦夕，吝惜資財，以致身家莫保。要知一堡既成，闔鄉無患，爲目前守禦第一要務也。該董事務須善爲開導，實心經理，捐有成數，限一月内，開單禀報。仍會同估計工料應需若干，造具細册，並開列原堡界址、高廣尺寸、繪圖、貼説，禀復赴縣，以憑詳請立案。一面擇吉，示諭興工，本縣爲爾等保衛鄉閭起見，妥速臻善，毋得推諉因循，致負委任。切切特諭。

右諭仰貢川紳耆董事等，准此。

咸豐四年七月初十日給

五年三月初十日，紳董等奉諭估計工料，赴縣禀覆。四月初五日，案臨貢堡，面諭勸捐。

即補分府署永安縣正堂加十級紀録十次金，爲曉諭事。照得貢川一堡，自明建築，至今數百年之久。前年遭亂時，閉堡固守，合鄉蒙福。惟查現在坍塌既多，急宜修葺，屢經本縣出示曉諭，並選舉紳董經理興工在案。緣工程浩大，集腋爲難，是以本縣親臨，延集各姓族、房長並殷實紳民，面爲勸諭。據各踴躍樂捐，集有成數，其餘尚有漏未捐資以及零星各戶，由董事分别秉公續勸，務須有盈無絀，俾工程得以赶辦，合行曉諭。爲此，示仰合堡紳耆士民人等知悉：本縣現飭各董事，分勸合堡士民，凡有力量之家，均當勉力題捐，共襄義舉。本縣爲爾等保衛地方永遠平安起見，度此禮義之鄉，共爲子孫之計，斷不至有推諉、觀望情形。已捐者速籌完繳，未捐者踴躍題捐，一面由董事妥議存貯、支發章程，購辦工料，迅速興工。本縣仍不時親臨督理，聿觀厥成，是所厚望。切切特諭。

咸豐五年四月十一日給

即補分府署永安縣正堂金，諭貢川磚戶郭開、李奎知悉。現在本縣勸諭捐修貢堡一案，業經選派紳董經理興修，惟此事用磚數萬塊，急應分厰赶辦。現經磚戶黄祖登等議明價值，赴鄉燒造。如爾等二厰，照價承辦，並不得兼理別工，以期迅速應用，即向貢川總局認定，按月收繳。倘不願承辦，即將該厰退出，讓與現造堡磚之工匠居住。其厰租亦由総局照數認付，毋得違延。切切特諭。

四月二十二日給

五月念一日，奉縣主金諭，謹擇六月十二日卯時興工。

候補分府署永安縣正堂加十級紀錄十次金，諭貢川甲局紳耆暨董事人等知悉。照得本縣此次勸捐脩築貢堡，係爲保固民生起見，並無他意。凡在紳民，自必共諒業據，陸續踴躍題捐，集有成數，深爲忻慰。惟現當興工之際，需用甚急，已選舉董事按戶支取。所有出入數目，亦屬共見共聞，必須于捐數內先行照收三成以上，以敷現在開發工價，然後再行陸續收清，不致貽悞要工。本縣于本月十一日來鄉，查閲收數，尚爲寥寥，殊不可解，旋飭地保劉法養等分別傳知，均稱赶緊辦繳，諒亦實情。兹本縣回署，合行諭飭，諭到各董事等，即速分赴已捐各家，妥爲催取，必須先收至三成以上，于五日內開單赴縣，稟覆以憑查考。如有何戶遷延推諉，聽候另派書役分別查催，此係合堡自爲保衛之計，該紳董等斷不至稍瞻狥延忽等情，各捐戶亦不得任意宕延，致干未便。切切特諭。

咸豐五年六月十二日給

候補分府署永安縣正堂金，諭貢川磚戶李奎知悉。照得現在修築貢堡，前經本縣分諭磚戶按價承認，每廠每月燒磚一千塊，以應堡工，不得燒造別磚。查各廠均已確遵，獨李奎一戶，尚有貪利另賣，恐于堡工有礙。本應拘訊，姑再諭飭，諭到該磚戶，務須遵照認定章程數目，燒成磚塊，運赴該堡應用。如有燒造別磚，以及任意短缺等情，查明訊究。凛之，切切特諭。

此單着地保赴廠查明，限二日内，到縣稟覆，毋延。

咸豐五年六月十三日給

候補分府署永安縣正堂金，諭貢川甲局紳耆暨董事人等知悉。照得貢堡現在興工，所有捐項，急宜按戶辦繳，業于本月十三日，諭令各紳董催收在案。兹已届五日，未據收數稟報，合行諭飭，諭到該紳耆董事等，即速分别催收，一面核明何人名下已收若干？各捐戶是否遵諭均繳至三成以上？抑尚有不及三成以及任意延宕，致悮要工情事，務即公同開單稟覆，以憑核辦，毋稍違延。切切特諭。

咸豐五年六月十八日給

即補分府署永安縣正堂金，諭貢川甲局紳耆暨捐戶人等知悉。本縣查現在脩堡捐項，前飭令先繳三成，以應目前之用。兹據各董事賫簿送核，其中，遵照脩繳者固不乏人，惟尚有不及三成、甚至亦有絲毫未繳之人，殊属不成事體。試思此事，本縣爲保固地方起見，豈容任意玩延？合再諭飭。爲此，單仰該長班，即速協同董事，查明未繳以及不足三成之各捐戶，迅速催收。俟本縣于初九日道經時，再行親自催收，一面將簿移送新任辦理。本縣晋郡後，仍當來貢督辦，斷不中止，毋稍觀望遷延。特諭。

咸豐五年七月初七日給

署永安縣正堂加十級紀錄十次陳，爲諭飭赶繳捐費以資修築事。查貢川修築土堡，經前陞縣金勸諭，各捐戶題捐經費並以先繳三成，擇吉興工，其餘統俟早稻登塲，照數繳完。是于保衛之中，復有體恤之義。昨本縣赴任，道經貢川，見石磚堆積，未見工作。查詢各董事，據稱：『捐資除已繳三成，或不足三成及全未破白者，不得不停工以待。』等語。修築貢堡，原以保衛地方，乃各捐戶題而不繳，致令工程掣肘，殊屬非是，合行諭知。爲此，諭仰貢川地保劉法養等知悉：立即前赴各捐戶催令，查照捐數，赶緊全繳，速共觀成，倘再玩延，定即差催。各宜凜遵毋違，特諭。

咸豐五年七月二十日給

具稟：偹堡董事拔貢生陳德懷、歲貢生劉湘等，爲懇請案臨飭繳以全修堡事。切生等世居貢川，蒙前陞任金大老爺舉理修堡事務，本年四月案臨，勸捐具有成數，一面擇本年六月十二日卯時興修在案。嗣蒙疊諭捐戶先繳三成，再候秋收如數盡繳，以便迅速完成。七月二十日，復蒙鈞，諭飭地保劉法養等按戶催繳，感激莫名。殊料捐戶至今繳三成者，甚屬寥寥。竊思貢川爲永邑下北要地，既奉諭飭興修在案，豈容功廢半塗？似此抗拒，將來費用無處措辦，勢必中止，有負兩侯前後德意。不已，伏乞仁明大老爺恩賜案臨飭繳，庶功成不日，保衛有資。合堡沾恩，無既頂祝。切稟。

咸豐五年九月廿七日遞

欽加分府銜署永安縣正堂加十級紀錄十次陳，爲示諭催繳經費以應要工事。照得貢川爲永邑下北路大甲，下接杉口，上達縣城，旁連冲村。各鄉舊有石堡，年久傾圮，當此四邑交緝匪徒之時，是以金前陞縣親臨，勸諭該方紳民，捐助修堡經費，派令董事，召匠興修。于本年六月十二日起工，迨本縣莅任，道經貢川，查勘情形，又經飭諭該董事赶催工費，速冀觀成，並飭地保催繳在案。乃九月二十七日，據董事拔貢陳德懷等具稟，經費不敷，要工將止。隨吊查捐簿，各戶原捐共錢七千六百餘千文，僅據交出錢一千三百餘千文，是三份之一猶不能及，無怪各董事辦理掣肘。禀請催追查，修復堡工，係居民賴以保衛桑梓有光之事。如力果有不足，斷難樂輸，既經題捐于前，恃此鳩工庀料，何得措交于後，致令欲罷不能，一切所需無從措辦。揆之情理，殊屬乖張。除飭差挨催外，合行再諄切諭。爲此，諭仰各捐戶人等知悉：務將前項題捐堡工經費，各照原數繳清，不得再有蒂欠，致稽要工。倘此催之後，仍敢觀望不交，本縣有惟據實，詳報府憲飭提押追，後悔無及，言之必可行也。凛之，此諭。

咸豐五年九月二十九日給

欽加分府銜署永安縣正堂陳，諭爲催交捐貲速竣堡工事。照得貢川堡工，經前升縣金勸諭，各紳民捐題工費，諏吉興修，並經本縣催交經費，以憑嚴飭各董事赶報工竣在案。茲因公親臨貢川，于本月初一日周歷查勘，自西而北一帶工程完繕，此外工作未輟，順道親蒞公局，查詢所存經費，又將不繼。除將未交各捐戶名單另飭差保守催赶繳外，合再諭催。爲此，諭仰該董事等，既經承辦前項工程，原爲保固地方，安輯（緝）桑梓，自竭力圖成，勿稍畏難中懈。至于各捐戶應交工費，亦當破除情面，諄切催完。倘有前捐後欠，貽悞要工，許即指名禀追，斷不准停工以待。仍將收捐錢文修完工段，隨時報縣察核，毋再狗延。切切此諭。

咸豐五年十二月初一日給

欽加分府銜署永安縣正堂陳，爲勘明曉諭事。照得貢川堡圮廢日久，自咸豐三年賊匪滋擾以後，保衛尤宜加慎。又經前升縣金勸諭，紳民捐貲修復，業于本年六月，諏吉起工。又經本縣照案，催交捐項，諭令趲修在案。茲因公親臨貢川，查勘堡工，西北一帶，修整堅固，惟中有民房，架造在舊堡基址之上，必須折讓原基，方可累加磚石，一律繕完，合行出示曉諭。爲此，示仰紳董居民知悉：

現在農功已畢，歲暮務閒，赶緊將堡工迅速完竣。如有房屋造壓堡基、有礙堡埰馬路者，立應遵諭折讓，免悞堡工。倘遷延撓抗，定即飭差押折，仍律以侵佔之罪。舊基俱在，無可飾詞，而保衛地方、安居所共。各宜凛遵毋違，特示。

咸豐五年十二月初一日給

欽加分府銜署永安縣正堂陳，諭貢堡工程局董事知悉。照得各捐戶應交工費，先經本縣傳集劉、嚴、楊、姜各紳，剴切勸諭，明定完清限期，均已遵照辦理。該董事赶緊設法，庀偹磚石、人工，務于來年四月內，擇吉工竣。本縣親臨履勘，同光盛舉，合即諭知，諭到該董事，遵照示內章程，將各戶分限應交錢數開列清單，届期收局稟報，並將發去告示實貼局首，均毋違悞。切切此諭。

咸豐五年十二月初八日給

欽加分府銜署永安縣正堂陳，爲堡工捐貲勒限完交以期工竣事。照得貢川堡工，自本年六月起工，已歷半年之久，修復四分之一。經本縣嚴切諭催，皆謂捐貲不齊、工料不偹，而吊查捐簿，各戶所完核原捐之數僅止三成，又無怪曠日持久，工程不就也。惟現值歲杪，工匠無多，當經傳到董事暨各捐戶，諭以來年正月爲始，召集工匠，廣購磚石，迅速完竣。稟請親臨驗工，所有各紳民未完捐貲，勒限具繳。原捐錢四百千文、五百千文者，除交外，分三限清完；原捐錢一百五十千文以下者，除交外，分兩限清完；原捐錢五十千文以下者，除交外，限一月清完。均以來年正月起限，三限者，以正、二、三等月爲滿；兩限者，以正、二兩月爲滿；一限者，應正月爲滿，不得再有蒂欠，合行明晰示諭。爲此，示仰紳董、捐戶人等知悉：自示之後，務期應催應交前項經費，按限分收，不得再有宕悞。當知此工爲富民衛身家，爲貧民安生理，名實兼到之善舉也。若因循吝惜，非惟不足副前升縣勸諭初心，並無以慰本縣籌維至意。総之，前後兩任，並以民事爲重。倘敢抗延，律從違犯，照數追完。各宜凛遵。切切特示。

咸豐五年十二月初八日給

具稟：拔貢生陳德懷等，爲遵諭稟覆事。切上年十二月間，蒙諭催收捐修貢堡項數，統限三月繳清。生等遵，向捐户催收，雖經陸續交繳，不及五成。刻下工料無處措辦，要工將止。生等係爲地方公事起見，不已具情叩懇，伏乞仁明大老爺，俯賜按臨飭繳，俾各捐户得以踴躍急公，而要工不至有初鮮終矣。闔堡士民，不勝感戴之至。切稟。

計開粘單一紙。

咸豐六年三月十六日逓

欽加分府銜署永安縣正堂陳，爲工准展限諄諭嚴催事。照得貢川堡工，經本縣上年冬杪親臨查閲，因未及半，欵絀尚多。當即傳到捐數較多之各紳士，查明：原捐成數，分爲三限完繳。自餘各户以次分爲兩限、一限，並勒限本年三月内一律工竣，四月擇吉，親赴查勘收工。先經詳晰，出示曉諭在案。兹據堡工局董事拔貢陳德懷等赴縣，稟請展限收工。詢其緣由，實因各捐項均未遵限具繳，以致工延，殊屬不成事體。查堡工，原爲保衛桑梓、安定室家，前此寇至無虞，究得頽垣之力。是以金前陞縣勸捐于前，本縣董修于後，非有欵可恃必不鳩工，非有事裨益亦不求速，雖士民之篤義，亦官長所切心。既已案牘在公，即與捐輸無異，但有短絀，例得追完，勢不能令堡工輟于半途，更不能任捐户懈于衆舉。况金前縣擢守延津，近在咫尺，是此事爲府憲經始，爲本縣責成。詢據前情，大失期望，應即親赴催追，勒令工竣。姑先移請永安縣學吳，前往該堡諄諭督辦，合行傳示。爲此，諭仰各捐户人等知悉：此次示諭之後，務即赶緊措交捐項，俾得嚴飭董事督匠完工，不得再有宕延。總之，堡工必成。則捐項必繳，或作或輟，伊誰之咎耶？今定以六月擇期工竣，倘延前玩忽，或稍繳些須以圖搪塞，本縣惟有按數嚴追，不能寬假。剴切言之，毋自取戾。切切特諭。

咸豐六年三月十七日給

特授永安縣儒學左堂加三級吳，爲傳諭繳捐修堡項事。照得貢川堡，業經府憲金勸捐興修，疊經本縣陳催繳在案。茲本學現奉縣請，駐該堡督辦盡數掃清，查核收數，短絀甚多。面同董事等酌議，姑先湊收七成，以應目前急用，嗣後三成隨時續繳。除傳捐五百千、四百千之捐戶等面諭照數具繳外，合行曉諭。爲此，諭仰各捐戶人等知悉：限三日內，務照原捐項數湊合七成，即繳應用，庶要工不至中止。爾等既已樂輸于前，自應急繳于後，自諭之後，如敢仍前延宕，本學惟有照實覆縣，以憑究辦，勿謂言之不早也。

咸豐六年三月廿三日給

具稟：拔貢生陳德懷等，爲稟覆事。切捐修貢川堡項，業蒙出示曉諭，移請學師吳駐堡督辦。現蒙傳各捐戶面諭，並前酌繳七成，以濟目前急用。除遵繳外，欠戶尚多。學師以考期甚迫，要回署選考生等，誠恐欠戶仍前觀望，難服遵繳之人。不已，伏乞大老爺台，迅速改飭公差赴堡，按戶催收，俾遵繳畫一，經費有資。闔堡沾恩，無既頂祝。切稟。

咸豐六年三月二十三日遞

欽加分府銜署永安縣正堂陳，爲特再限繳捐費以應要工事。照得貢川修建堡工，先因經費短絀工程停止，經本縣親臨該鄉傳集紳董，查明認捐成數，分限完繳，勒限三月內一律工竣，稟請查勘，出示曉諭在案。嗣據堡工局董事陳德懷等赴縣稟稱：『各捐戶均不遵限完繳，致難報竣，懇請展限。』等〔情〕。當查興修石堡，原爲保衛地方起見，既已認捐于前，即與捐輸無異，豈容任延于後，致令工輟中途。又經剴切諭催，並移請永安縣學左堂吳，親詣該鄉諄催督辦。去後，茲經儒學左堂吳查，各捐戶等欠繳甚多，而工程實関緊要，斷難任延。業已傳集各捐戶、紳民等，查照原捐之數，赶繳七成，以便赶修堡工完竣，其餘准隨後陸續具繳。此係于萬難寬緩之中，再四熟籌，而分先、後之限也。當經各捐戶嚴星泉等，遵諭報完七成，此外捐數較少，各戶自應一律催完。若各以爲數無多，仍存觀望，互相效尤，積少爲多，則于赶築工程，實有支絀。除分別列單飭差嚴催外，合行再諭。爲此，諭仰各捐戶人等知悉：自諭之後，爾等迅將未完捐項，按照七成數目，刻即赶緊繳齊，俾該董事等得以督飭工匠、購料興修，赶于六月內一律完竣，擇吉收工。倘再觀望不前，或僅完些少，藉圖搪塞，以致工程延誤，本縣定即提案嚴追，不能再事寬貸。凛之，此諭。

咸豐六年三月廿九日給

具稟：拔貢生陳德懷等，爲稟覆事。切捐脩貢川堡項，前蒙移請學師吳駐堡，酌繳七成，以濟急用，嗣蒙飭差，按戶照數催齊。茲各據捐戶遵諭，出票繳完，惟有某戶抗拒不繳，催勸莫何。似此違諭，倘不稟乞傳繳，則遵繳票錢勢必阻用，致悞要工。不已，伏乞大老爺台，迅賜飭傳遵繳，以示齊一，經費有資。合堡沾恩，無既頂祝。切稟。

咸豐六年四月二十日逓

欽加分府銜署永安縣正堂陳，爲諭飭查覆事。案照貢川捐修土堡，先因各捐戶完繳不前，停工以待，經本縣量爲展緩，查照原捐之數，先繳七成，以應要需，其餘准予隨後陸續具繳，飭差查催。去後，現據該董事等具稟：『各捐戶均已遵諭，先繳七成，惟某戶抗不遵繳。』等情前來。除飭差傳案勒追外，查貢堡工程曠日已久，茲各捐戶遵繳已有七成，亟應赶緊興修，依期報竣，以資保障。其餘未繳三成，先經金前陞縣任內議，將修堡餘剩錢文作爲興建義學之需，實屬以公濟公。修土堡以衛桑梓，建義學以育人才，均屬目前要務。現在堡工將次告竣，自應接續興辦，以襄義舉。惟各該捐戶未繳三成，究竟何時可以收繳清楚，即將此項錢文俻建義學，合行諭飭查復。爲此，諭仰該董事等，立即遵照，迅即督飭工匠，購料興修，赶于六月內一律工竣，擇吉收工。一面查明，各該捐戶尚有未繳三成，何時可以收繳清楚。除建修土堡外，約有剩若干，尅日公同籌議，稟覆赴縣，以憑核奪，均毋違延。切切此諭。

咸豐六年四月廿四日給

具稟：拔貢生陳德懷等，爲懇恩押追事。切貢川堡，經前升縣勸捐興修，復蒙疊諭催收、展限告竣在案。生等現在赶催工料督修，茲有石匠盧太福，于舊年八月包造慧照禪林前堡一帶石板。迄今核算，大支錢二十三千二百七十文，隨投地保朱永吉、劉法養理取，殊福只稱抽還，並無刻限。生等誠恐被福戲弄，無以清數申報，且俻堡經費，既已案牘在公，即與捐輸無異，何得任人侵吞。不已，將福親送赴案，伏乞大老爺台，俯賜案奪押追，庶匠工知警，經費不至侵吞。頂祝，切稟。

咸豐六年六月廿一日遞

欽加分府銜署永安縣正堂陳，爲飭追完繳事。本年六月廿一日，據貢川堡董事陳德懷等面稟：『貢川堡工，現已督飭工匠遵諭赶修，不敢延悞。惟有石匠盧太福，並磚瓦匠郭開、李奎、黃祖登等，承領工料錢文，延不俻料應用。懇請拘究。』等情前來。除將石匠盧太福枷示勒追外，再行飭催。爲此，票仰本役協仝地保，立即押令石匠盧太福，迅將承領貢堡工料錢文照數完繳，該董事陳德懷等承領。一面催令郭開等，赶緊購齊磚料，繳局應用。倘敢違延，即將郭開等鎖帶赴縣，以憑訊究察追，去役毋得狥延干比。切切須票。

咸豐六年六月廿五日給

具禀：拔貢生陳德懷等，爲經費不敷懇恩詳催繳完事。切修貢川堡經費，業經飭繳七成，各戶遵繳在案。茲核堡工，現有一百餘丈未完，經費又存無幾，務必十成全收，庶不至功虧一簣。不已，伏乞大老爺台，迅賜詳催飭繳，庶堡工得完，不至有初鮮終。合堡沾恩頂祝。切禀。

咸豐六年　月　日遞

欽加分府銜署永安縣正堂加十級紀錄十次俞，爲諭飭完繳修堡經費以濟要工事。案准前縣陳移開：照得貢川土堡，年久損壞，經前陞縣親詣貢川，勸捐錢七千六百餘千，諭令捐戶先繳三成，擇日興工，其餘統限早稻登埸，照數完繳。未及蒇事，旋即卸篆，敝縣到任。又經親歷該鄉，諄切勸諭，一面出示諭催，當據各捐戶陸續投繳七成，其餘未繳錢文，分限完繳，以資應用。茲據拔貢陳德懷等具禀：『切修貢川堡經費，業經飭繳七成，各捐戶遵繳在案。茲核丈數，尚有一百餘丈未完，經費又存無幾，務必十成全收，庶免功虧一簣。倘不按戶繳清，勢必中止。』等情，備移前來，准此。本縣到任，路經貢川，據堡工董事陳德懷等面禀前由，當經諭令，赶緊修造。惟查原捐經費，共制錢七千六百餘千文。初議樽節動用，以七成修堡，三成留爲興修義學之用。現在，堡工尚有一百餘丈未竣，而各捐戶原繳之七成餘存無多，不得將酌留之三成全數支用。工程浩大，細查卷内粘呈工料數目，悉属相符，自應先儘要工辦理。惟恐各捐戶膠執前議，心存觀望，以致經費不敷，要工中止。除另諭各董事照數催收、樽節支用、修堡堅固、尅期竣事外，合行諭知。爲此，諭仰各捐戶知悉：爾等各有身家均資保衛，務各全數完繳，不致一簣有虧。當此年穀順成，戶有蓋藏，尤覺衆擎易舉。諭到，限一月内絡續清繳，倘有延挨觀望、抗不繳清，即着各董事禀請，飭差嚴追，必不使垂成之功廢于得半也。切切此諭。

咸豐六年十月十七日給

欽加分府銜署永安縣正堂加十級紀錄十次俞，爲堡工緊要赶修完固事。案准前縣陳移開：照得貢川堡城，年久損壞，經金前陞縣親詣貢川，勸捐錢七千六百餘千，諭令捐户先繳三成，擇日興工，其餘統限早稻登塲，照數完繳。未及蕆事，旋即卸篆，敝縣到任。又經親歷該鄉，諄切勸諭，一面出示諭催，當據各捐户陸續投繳七成，其餘未繳錢文，分限完繳，以資應用。兹據拔貢陳德懷等具禀：『切脩貢川堡經費，業經飭繳七成，各捐户遵繳在案。兹核丈數，尚有一百餘丈未完，經費又存無幾，務必十成全收，庶免功虧一簣。倘不按户繳清，勢必中止。』等情，備移前來。等因，准此。本縣到任，路由貢川，即據該董事面禀前由，以經費之不敷，致要工之未竣。現已諭飭各捐户，限一月内，全數完繳，以濟要工。爲此，諭仰該董事等，刻即照數催收備用，各捐户倘敢延不遵繳，即着禀請差追，必不使垂成之功廢于得半。該董事等仍須樽節支用，悉心妥辦，修堡堅固，刻期竣事，無悮要工。切切此諭。

咸豐六年十月十七日給

具禀：拔貢生陳德懷等，爲經費不敷懇恩飭繳事。切修貢川堡經費，前蒙示諭完繳十成在案。迄今月餘，遵繳者甚屬廖廖。工急費繁，恐難濟用，勢必停止。不已，伏乞大老爺台，俯賜案奪，迅飭完繳，庶堡工得完，不至有初鮮終。闔堡沾恩，公侯頂祝。

咸豐六年十二月　日遞

欽加分府銜署永安縣正堂俞，爲堡工要緊催繳捐欵事。案據堡工董事拔貢陳德懷等禀請，飭差催繳捐欵，開明各捐户繳過若干、未繳若干清單，呈核到縣，當經飭差催繳在案。查現在廹近歲暮，用過工料，均須絡續支給。各捐户既經題捐，于前繳過七成，未繳之項，各宜踴躍完繳，以濟要工，豈得任意拖延，合行添差辦催。爲此，單仰原差徐源並添差等查照，單開未經清繳各捐户，催令：將未繳捐欵即日繳清，交堡工董事查收，該役仍將繳過數目隨時禀明，以憑查核。速速須單。

單內某某二名，屢經本縣飭差催繳，延不遵完。迨經飭傳面諭，復敢違抗不到，殊屬玩違。仰該役先行守催清繳，如再違延，即將某二人帶縣，以凴押追。此諭。

咸豐六年十二月初九日給

欽加分府銜署永安縣正堂俞，爲飭催完繳事。據堡工董事禀請：『催繳脩堡經費，以濟要工。』等情。節經飭差催繳，旋據該差禀覆：題捐各戸均已照數繳完，惟某等屢次往催，延不遵繳。並據各董事禀，同前情到縣。查堡工緊要，該捐戸既經題捐，即與官項無異，豈容任意拖欠，本應押追，姑再飭差催繳。爲此，單仰本役協保嚴催某等，限即日內，將題捐未繳之錢如數繳清。如再違延，即將某等各正身禀帶赴縣，以憑押追，去役毋得狥延干比。速速須單。

咸豐七年正月廿八日給

欽加分府銜署永安縣正堂俞，諭貢堡董事陳德懷等知悉。照得頃據禀報貢堡告成，懇請諏吉謝土等情。該董事等捐修堡工，始終勤奮，今得蕆事，足資一方保障，深堪嘉尚。惟所用工料數目，合飭具報。諭到該董事等，可即于本月十九日謝土，並將所用工料若干、尚餘若干，開列細數，送縣備查，以便勘驗，毋違。切切此諭。

咸豐八年二月十六日給

欽加分府銜署永安縣正堂俞，爲特飭清繳修堡捐費事。查貢川堡工現已落成，所有各捐戸尾欠甚多，未據清繳，合飭追。爲此，單仰本役，迅將後開尚未清繳捐戸，各照單開欠數一律繳清，以便刻入簿冊，以垂永久，毋再泄延。仍將催追緣由禀覆赴縣，以憑查核，去役毋得違延。速速須單。

計開欠戶。

咸豐八年戊午五月二十三日給

現在刷印堡工書冊，捐戶一概登載捐貲數目，以垂永久。因爾等捐欵未清，致印匠守候。昨面諭該董事，限爾等三日內繳清者，一體載入。如再遲延，毋庸等候，並前番繳過錢數槩無庸議，以示罰可也。

欽加分府銜署永安縣正堂俞，諭修堡董事陳德懷等知悉。查貢川堡早已修葺完竣，足昭鞏固，各捐項正宜刻入簿冊，以垂永久。先因某某戶尾欠未繳，以致稽候，乃延今日久。該某戶節催終無清繳，鄙嗇疲玩，至此已極。大工告蕆已久，安可因此再稽通案，遲悞大局？合亟諭飭，諭到該董事等，即將各捐戶已繳實數刊刻入冊，可也。其所欠之數，應按名追繳充公，以昭平允，毋違。特諭。

咸豐八年七月初十日給

具稟：拔貢生陳德懷等，爲修堡告竣事。切貢川堡于咸豐五年，蒙前陞主金按臨勸捐重修，計各戶共捐錢柒千陸百叁拾玖千貳百文，諏吉興工，命生等董理其事。嗣蒙前任邑主陳，節次催收督辦，又蒙恩臨勘驗，飭差繳清，維持成就。今戊午四月告成，計周圍陸百貳拾叁丈，高貳丈肆尺，共費工料壹切錢陸千玖百伍拾壹千捌百叁拾九文，統收入各捐戶錢柒千伍百伍拾伍千伍百壹拾叁文，外捐戶欠數錢捌拾叁千六百捌拾柒文。現蒙諭准，照收數刻冊，已將本票繳案，後實賸錢陸百零拾叁千陸百柒拾四文，業經查驗在案。竊思此欵，原係官捐官收，所有餘貲，應作何項義舉，理合具稟，叩請察奪。伏乞仁明大老爺台，俯賜批示，俾生等得以遵照辦理。頂祝，切稟。

咸豐八年七月十一日，蒙邑侯俞批：『該鄉醵資脩堡，今大工已竣，足昭鞏固，以資保衛。急公好義，已屬可嘉，且捐項尚有長餘，辦理亦屬妥洽。惟金升任初，意本擬將此起造義學，啟育英才。今所賸無幾，勢尚未能應將餘錢妥爲存放置產，以備將來建塾可也。錢存何處，仍具報備查。』

外收捐戶欠數錢伍拾千文，又收捐戶欠數錢叁拾叁千陸百捌拾柒文。

今將通鄉派捐修堡民戶開列：

嚴啟絡裔捐錢伍百千文，姜才捐錢伍百千文，劉序琳捐錢伍百千文。姜培捐錢肆百千文，嚴嗣鑲捐錢肆百千文，楊運元、先發捐錢肆百千文。葉肇堅裔捐錢貳佰陸拾千文。楊震威裔捐錢壹百陸拾千文。楊振鱗裔捐錢壹百伍拾千文，李奎發裔捐錢壹百伍拾千文，劉家昀捐錢壹百伍拾千文，劉序瑋捐錢壹百伍拾千文，劉序玢捐錢壹百伍拾千文。羅廷望裔捐錢壹百叁拾千文，羅文銘裔捐錢壹百叁拾千文，李騰驤裔捐錢壹百叁拾千文，楊慧墅捐錢壹百叁拾千文，楊懷韶捐錢壹百叁拾千文，劉世經捐錢壹百叁拾千文。邱仁裔、作龍裔共捐錢壹百貳拾千文。嚴景安裔捐錢壹百千文，劉進五裔捐錢壹百千文，劉繼周裔捐錢壹百千文，羅庭桂裔捐錢壹百千文，陳宗續裔捐錢壹百千文，李光鐸裔捐錢壹百千文，羅宗駿捐錢壹百千文，李光輔捐錢壹百千文，劉樹雷捐錢壹百千文，邢維揚捐錢壹百千文，姜啟沭捐錢壹百千文，羅長軒捐錢壹百千文。鄭德彰裔捐錢捌拾千文，劉以盛捐錢捌拾千文，巫成宗捐錢捌拾千文，許和順捐錢捌拾千文。林遠徵裔捐錢柒拾千文。羅嗣元裔捐錢陸拾千文，嚴啟基裔捐錢陸拾千文。林菊所裔捐錢伍拾千文，林祥號竹泉裔捐錢伍拾千文，劉遠裔捐錢伍拾千文，高永明裔捐錢伍拾千文，邢鍾岳裔捐錢伍拾千文，鄧朝日捐錢伍拾千文。羅彥榮裔捐錢肆拾千文，夏槐裔捐錢肆拾千文，夏長宏裔捐錢肆拾千文，劉家泰捐錢肆拾千文。劉文先裔捐錢叁拾千文，夏永石裔捐錢叁拾千文，吳粵菴裔捐錢叁拾千文，姜夢宗裔捐錢叁拾千文，聶上周裔捐錢叁拾千文，鄧宗禹捐錢叁拾千文。嚴昇裔捐錢貳拾肆千文，張濱裔捐錢貳拾肆千文。邱士增裔捐錢貳拾千文，張家璽裔捐錢貳拾千文，李朝郁裔捐錢貳拾千文，劉長成裔捐錢貳拾千文，姜浩裔捐錢貳拾千文，鄧睿斯裔捐錢貳拾千文，聶昇裔捐錢貳拾千文。陳雍裔捐錢壹拾陸千文，嚴威裔捐錢壹拾陸千文，饒孟仁裔捐錢壹拾陸千文，李貴初裔捐錢壹拾陸千文，劉祖瑞裔捐錢壹拾陸千文，楊天富捐錢壹拾陸千文。李樵雲裔捐錢壹拾肆千文。葉天祐裔捐錢壹拾貳千文，葉文福裔捐錢壹拾貳千文，陳尚經裔捐錢壹拾貳千文，姜盛文捐錢壹拾貳千文。張明一裔捐錢壹拾千文，楊廷紀裔捐錢壹拾千文，李成富裔捐錢壹拾千文，聶大嫌裔捐錢壹拾千文，朱文建裔捐錢壹拾千文，陳康登裔捐錢壹拾千文，黃尊五裔捐錢壹拾千文，楊仰鎔捐錢壹拾千文，李永增捐錢壹拾千文。葉幼履裔捐錢捌千文，羅宗登裔捐錢捌千文，楊先訓捐錢捌千文，楊先標捐錢捌千文，姜先鎧捐錢捌千文，陳瑞書捐錢捌千文。陳金三裔捐錢肆千文。張成俊裔捐錢叁千文，張成魁裔捐錢叁千文。羅寯裔捐錢叁千文，姜世衍捐錢叁千文。

甲寅年，賢祠司事劉祖元、楊達、羅宗鴻、嚴廷楊、林念書、劉際熙、邢繼康，共捐錢壹拾玖千貳百文，共捐入錢柒千陸百叁拾玖千貳百文。

今將用出數目開列：

磚六廠，共計壹拾柒萬九千六百九拾塊，共錢叁千六百九拾叁千七百一拾叁文。另擔腳錢肆百四拾六千零七十七文。塔磚並雙胚磚壹千貳百四十六塊，共錢貳千七百九十七文。黃竹壠窑租錢壹拾壹千文。

大、小坻，共壹萬二千七百七十片，共錢壹萬一千八百九十文。另擔腳錢六百六十文。

大、小石，共計四百四十船，共錢二百二十五千九百二十文。另扛石腳錢八十叁千七百二十四文。填槽石仔，共錢八千六百叁拾六文。

石版，共計一百四十四丈六尺七寸，並城門、匾石、門限、石嵌、碑石，共錢二百一十八千九百文。修石工並炭，共錢一拾一千四百二十文。另扛腳錢一十四千八百四十文。

開黃竹壠磚廠工料，共錢二十伍千九百零二文。

坭水匠，共計壹萬伍千七百八十工，共錢壹千四百二十六千六百一十五文。安神、謝神，共錢四千二百文。

石灰，共計二十一萬八千零伍十九觔，共錢叁百零伍千二百五十文。擔腳錢一十五千六百二十七文。

修各城樓、城門並雜項木匠、工料，共錢五拾八千叁百四十文。

城樓、城門鉄釘及工匠鉄噐，共錢壹拾六千壹百六十叁文。

官府往來答應，共錢九十九千七百叁拾七文。

給發原差地保催收工食，共錢二十二千四百二十二文。

糞箕、水桶、水瓢、竹棕索、舂槌、紙碎、刻印、磚篚、布包、硃漆、紙劄、筆墨、香燭及屋租等，共錢叁萬四千八百九十二文。

上縣遞稟伙食、轎夫、舡腳，共錢二十叁千九百叁十七文。

送信及雜工費，共錢九千六百叁十文。

刻制浮橋木雞，共錢叁千文。

劖城工錢，共一十二千五百一十九文。

啟建謝土安龍醮叁日夜，共錢七十六千二百叁拾文。

碑石四片，共錢一十二千文。

泐碑貼金，共錢二十一千九百叁十八文。

刻冊一百叁十付，共錢叁十八千六百文。

辦酌叁席，請存錢放息諸位，並完工算賬，共錢一十五千文。

通共用出錢六千九百五十一千八百叁十九文，兌除用後，實存錢六百八十七千叁百六十一文。外入息錢四十千零伍百文。

今將修堡餘數買義學田開具：

一段下甘地車碓後分折，正租米叁石二斗，正收早谷八石鄉足，冬牲一隻，戊午年九月置，佃鄧法樹；

一段水東員木鐀秋竹坑胡楓墘，正租米叁石，正收早谷六石租，冬牲一隻，戊午年十月置，佃李租兒；

一段劇頭胡舍坂後山干，正租米四石七斗半，正收早穀十一石四斗鄉足，冬牲一隻，戊午年十月置，佃鄧振忠；

一段劇頭胡舍坂塚坑口石木碎，正租米二石，正收早穀四石八斗鄉足，冬牲一隻，戊午年十一月置，佃姜昌儒，冊載塚窠口，俗呼石木碎；

一段劇頭半路洋汲水壠，正租米二石，又連業米二石，正收早穀九石六斗鄉，冬牲一隻，戊午年十二月置，佃鄧馨禧；

一段金井芙蓉山，正租米七石，又連業米一石，正權收早谷九石租足，又貞穀六碩租足，己未年叁月置，冬牲二隻，佃陳貴孫。

共計六段，契價、中禮、筆資除扣銀水後，實用錢陸百柒拾肆千伍佰肆拾貳文。投稅、分戶、查苗、推收，共錢柒拾捌千貳佰四拾貳文。兌除後，用過錢貳拾肆千玖佰貳拾叁文，候本年收穀抵還。

義學田完納銀米額數：

二十六都八啚一甲雲龍戶，正供銀捌錢貳分六厘正，秋米壹斗四升伍合五勺正，己未行糧。

跋

吾貢川之有堡也，自明嘉靖四十一年始。首事鄧、賴諸君，既董其成，漆漆蕩蕩，保障巍然，又慮久之不無壞墮，廼更置奉先堂田穀百餘碩，以備續修，思深謀遠，宜乎金湯永固矣。迄今三百餘年，雉堞半湮，臨江一面，夷與街道等，其未頹毀者，亦菑嶷攲傾，無復所爲漆漆蕩蕩。蓋國家昇平日久，人皆視此爲非急要，故至此也。癸丑歲，會匪滋擾，谷笙金公再篆永邑，念貢爲永北保障，慨然有修葺之思。爰召紳耆共議捐輸，咸踴躍聽命，不數日集有成數。于是遴選賢能分任其事。總理則歲貢劉湘、拔貢陳德懷、廩生劉際熙，掌記則監生姜培、增生羅宗鴻、附貢林念書，存錢則貢生李光宗，辦料則監生劉承藜、嚴嗣謙、夏光謙，督工則增貢劉祖元、監生楊先明、生員楊達、附貢嚴廷揚等，諏吉鳩工，百堵皆作。無何而金公升守吾延，幸接踵而篆永者叔安陳公、壬甫俞公維持而成就之。始于乙卯六月，至戊午二月竣事，周圍六百二十三丈，悉仍其舊。木石、牡礪、匠工，共費金陸千玖百有奇。蓋至是，而貢堡居民欣歡鼓舞，樂斯堡之復完也。是役也，非金公無以開其先，非陳公無以善其繼，而非俞公之總理精明與司事諸君之始終不懈，則亦無以底于成。夫其續修之易，非比創始之難，而猶須集羣力、經歲時乃得畢其事，而收其功，使其間少有牴牾，或勤惰不齊，或公私各異，或上之人不時從而督察，事雖及熱，又何能奏績也乎？今既仡仡言言矣，此後尤須繼事者咸得其人，則惡陋無虞，而斯堡可千萬年鞏固也。僕舌耕于外，不獲與勞，然安享其成未嘗不深，感羣侯之德澤並念司事諸君之奉公維勤也。謹詳書之，以告來者。

咸豐八年歲在戊午四月吉旦

里人陳錫嘉撰

宣統賢祠書冊

新序

卷一

重修賢祠書冊序

聖賢之道彌綸于宇宙間者，燦然若日月經天，江河行地，未或息于人心。况生理學名邦，居大儒故里，流風餘韻，□被□□，□道之士□□前修□□□□弗克，□□□輒相與瓣香尸祝，以崇奉之。俾人倫日用間，凛然有臨上質旁之思，以求合于道，此賢祠之所由建也。吾鄉崇祀七賢由來已久，凡鄉先達之嘉言懿行可法可傳者，舉得祔祀左右，以模楷後學。至文昌、關聖、永懷、六烈諸祠爲闔堡所公祭者，皆以次肇舉。鉅典煌煌，洵足楷今傳後。昔人所爲，有書冊之作也。𢽾書冊肇始，距今百有餘年。顧其中所載，有前人所已爲者，有前人所欲爲未爲而待後人之爲者。溯前輩纂修，屈指五十餘年矣，後此續增之產業，酌定之章程，祔祀之名宦，皆未一登。諸君不忍聽其抱缺守殘，屬耆老、紳衿而會議重修，議決：訂梓人，分執事。公舉高君振聲、羅君慶華、陳子啟斌暨宗弟書榕、高君孔嘉董其事。闕者補之，畧者詳之，廢者舉之，彪炳琳琅，蔚爲鉅觀。卷成，頒諸同志，由是家藏者，胥得展卷而朗若列眉，不至嘆文獻無徵，則斯冊之成，豈惟桑梓之光？先賢列聖之靈，定將默爲呵護翻喜，後起者之能廸前光，而吾道不至墜地也。異日文明大啟，珥筆彤廷，緯武經文，正誼明道，以爭光史冊，更將望于後來者。

歲逢宣統三年辛亥麥秋月吉旦

後學劉德驥撰文

高振聲、羅慶華、陳啟斌、劉書榕、高孔嘉、嚴振鐸、劉書榮等督刊

原 序

重建先賢祠序

吾鄉崇祀先賢其來舊矣。祠宇之設，地凡數易，要皆廟貌未稱，無以表後學奉揚之忱。前此三十年，于後街特開基址，創建新祠。氣象唐皇，威儀清肅，用以尊崇師表，斯其最善者也。祠經始于乙酉，迎祀于丙戌，神既居歆而人文丕振，鬱鬱蒸蒸，蒸日以遒上矣。迨丁酉，吾鄉回祿，祠亦就燬，乃奉神主居于慧照。慧照，故佛地也，雖改崇正祀，古人有行之者，而揆以不屑不潔之心，毋乃有蹙然者乎？况內係官房，往來雜沓，近復覬覦，旁宇開造鹽場，則益污穢難堪矣。用是復謀重建，以還

舊觀。衆志協同，莫不踴躍，此亦氣機將振之一驗也。蓋斯基之美，其善有四：宅中而居，環堡瞻仰，其善一；地勢尊高，規模開朗，其善二；拱衛深密，風水無侵，其善三；遠離井市，不雜埃囂，其善四也。昔人有銅山鐘應、木華栗芽之語，蓋一氣感召，物理自然，不容誣也。況先賢、後學淵源一脉，心同理同者哉！誠見輪奐一新，人士瞻仰而感興有自，則心地當益開朗，學問當益深密，遠絕埃囂而直詣清明。將來彰闡正學，求志達道，不待異地人任也。然則此舉所係，良非淺鮮。夫磁鐵之通，理無隔閡，而邪許之助，事藉同聲，其在我諸同人夫！

雍正十一年癸丑蒲月望後一日公序

乾隆十一年丙寅正月，後學嚴承昊、嚴宏模、劉世健、鄧維緒、夏聲仝董刊

原序

太古何爲乎？吾不得而知也。中古何爲乎？吾不得而詳也。晚近何爲乎？吾可得而悉數也。其不得而知者，文字未興；其不得而詳者，簡篇有缺；其可得而悉數者，典籍俱存。書冊之爲功鉅矣哉！古者，朝廷以訖閭里皆有史書，故天下土地之廣狹，人民之衆寡，皆可按籍而稽；風俗人心、盛衰升降之由，皆可循覽而得。今直省猶古之州也，府縣猶古諸侯之國也。其爲書也，一統志所載不能如省志之詳，省又不能如府縣之纖瑣備登。然則鄉黨間所經營建立，縣志不能悉書者，不可無書冊以紀之也。名山古刹，太倉稊米耳，而其廢興因革尚付諸梨棗，俾本末源流燦然可考。矧崇祀先賢，使道學著明，如日月麗于中天，以昌扶景運者哉！吾貢賢祠于乾隆十一年，將規儀、田產、原委印刷成部，詳哉紀載，無遺矣！嗣是以來，嘉慶、道光間祀田日增，又另立鄉、會及童試費，視昔時蒸蒸日上也。夫國家以賓興取士，士之行義達道者，非制科無由，見鄉、會試兩科，正鄉賢道學之藪也。

今創建書院，設立膏伙，廣置義倉，諸美尚未備，而小大之科，少有佽助，亦足以爲激勸先聲。是前人有創爲後人能繼，其所欲爲後人有繼爲，猶冀後人能益其所未及爲也。茲合衆議，以遞增之田及科費、規條，集而重刊之以垂諸奕，禩將見家有其書，觀覽者咸奮興焉。人文蔚起，科甲蟬聯，名宦鄉賢，媲美前代。謂茲書册之修，即爲他日天下省、府、縣志之光也可。

咸豐八年歲在戊午孟夏月之吉

後學陳錫嘉偕同人共序

後學陳德懷、聶家祥、嚴儀、劉祖元、李光宗、聶錦龍、聶家聲、羅宗鴻、嚴廷揚、林念書、姜榕、邱珽、劉際熙、高家驥、劉祖祺、楊錫璵、楊世芬仝董刊

原　例

凡　例

一、賢祠、永懷祠、六烈祠、文昌閣、學堂、關帝廟、無祀壇，遞年元旦、立春、上元、清明、端午、七月望日、中秋、十月望日、冬至、年夜，各點中宵燭壹對；左右鄉賢、左邊城首，每次各點中宵燭一條；無祀每次加香二束、紙十二刀、錫箔四十張，七月望日、十月望日，須加倍。每次補鑼夫詣壇點香、紙、燭工資錢廿四文，必須臨期買交住持，不得厭煩，一併折價盡交。

一、每祭三日前，具紅單，照式寫明通知，另具名帖，登達遵門請主祭，至期再請。通知帖共計十四張。

一、賢祠祭後，交住持買好香錢一百二十文；關帝廟祭後，交住持買好香錢一百二十文；文昌祭後，交住持買好香錢八十文。

一、額祭賢祠錢壹萬七千文，天把錢八十文，永懷祠五千四百文，六烈祠五千四百文，另麪桃錢二千四百文，關帝錢四千文，麪桃在內，文昌錢四千文，艾粿在內。

一、遞年十月十五日，額定無祀普度錢三千文，今添錢一千文，供菜齋果、戒牒真言、放生物一切在內，香、紙、燭、金箔係值年事務，要親行到廟，發文上供送佛，不得辭勞。

一、祀田、堡田皆係正租，宜用租斛，但折鄉者多。舊置堡庄，租斛、鄉斛斗各一隻，今增置堡内租斛、鄉斛各一隻，值年人不得失落。

一、祀田、堡田現管未符原數，然較之從前則稍復矣，此亦值年管理之力也。但事必以漸，毋庸急遽，若改佃復租，必須查田爲何如，照冊議復；至于租已復而佃又無掛欠，決毋妄改。惟佃約須通行寫換。今議：每逢甲年收冬日，值年託人代書，喚各佃或照現收、或議租另換佃約，其飲食、筆資俱用公項，不得索佃，不得辭勞。

一、祀田、堡田秋、冬兩穀，除量交住持、鑼夫、門夫外，必須照佃約現收碩數，每碩照同行糶斛大價交數，租斛加二折鄉，不得掩匿短少。經收公項亦必逐項開明數目，所入若干、所用若干、所剩若干詳明登簿。

一、列位先達苗田銀各照捐入碩數貼納。

一、祀田、堡田、山場不論大小，凡有人開墳、批樹，值年會同紳衿公正者面議立約，不得擅自舉行。

一、遞年八月，付城局，劉城錢二千四百文，今扣一千四百文，酬新城首。

一、城街貼租久不照舊，難以驟復，今須逐植照現租收足，不得徇情。

一、賢祠住持並鑼夫早穀六碩八斗鄉、大穀六碩鄉，另大穀壹碩鄉，折錢二百文；永懷祠、六烈祠住持早穀陸碩鄉；文昌住持早穀肆碩鄉；關帝廟住持早穀壹碩鄉；東、南、西、北、水門門夫，各早穀三碩鄉。届收穀期，本人入庄，向值年照數領穀，不得先期扦借。

一、冲村秋、冬收穀額用伙食、人工等，共錢壹萬叁千陸百文，食飯穀伍碩鄉，算穀賑錢壹千陸百文，不得濫用。

一、堡中議事及每月朔、望禁用粗錢，俱係鑼夫通知。大鑼一面，遞傳交管。

一、鑼夫、住持、住庄人若不照約盡職辦事，即召別人住管，不得徇情。若其人的當，亦不得妄改。

一、新入庠生、太學捐銀，係值年理寫收存，交班日，一同清算，公舉放息。新入者毋吝，值年不得辭勞。

一、公舉禮生，須求誠實秉公、力量任事之人，其人既經舉出，不得推辭請託。

一、遞年交班，額定四月朔日，辦三大席。三日前，照式寫具名帖，登達尊、存錢領錢人、上下值年門請算堡項。至期，再請辦酌額錢玖千文，今添錢叁千文。

一、堡內有要緊費用，穀價不敷，值年須會同紳士公議，不得擅專。

一、堡內課祭等費，俱有額規。如有臨時要費伍兩以上者，值年須會同紳士公議舉行，不得擅專。

一、堡內有公事會議，上班值年俱要齊集，不得推諉。

一、屠饗原爲兩祭胙價，從嘉慶丁丑年起，公議：除照舊例分發後，所有剩餘錢暨生、監新捐入祠銀兩、堡項剩餘錢數，公舉同學殷實者一位，領存放息，行息一分，閏月亦要算息，隨置科田，爲通堡鄉、會試盤費。

一、舊班于未交班時，代新班完廿六都八圖一甲黎永懷戶正供銀三兩，不得減少。

一、出入錢穀數目，俱要據實開銷，不得浮開、濫費致滋物議，內歸銀廿四兩，折制錢壹萬玖千貳百文，爲值年六位酬勞，于四月初一日清算後，將花銷開貼照墻，仍行開列簿內，以備查核。

一、遞年七月初，僱人劉冲村一帶大路，從卓步橋頭起，至官坡止，額錢貳千肆百文。又劉卓步橋頭，工錢壹百文。

一、從乾隆丙午年起，貼會清橋頭基租錢陸百文。此基原係葉宅物業，因逼近橋頭，兩次回祿，將延及橋折毀者，再衆向葉宅商議，不必架屋，遞年照依原租貼納。壬辰年，葉宅賣與城局，其租錢照貼城局收。

一、從嘉慶庚申年起，貼會清橋尾基租錢陸百文。此基原係關帝廟公衆物業，因逼近橋尾，遞年照葉宅式貼納。

一、堡内及堡外數里地方，如有路斃，每次給地保收埋錢貳百肆十文，後係地保向舖戶斂入湊用。

一、堡內值年六位，向例俱舉文生，從丁丑年五月十七日在賢祠公議：從本年歲考起，有新進武庠者，照依入學名次許舉一位，不得異議。如新進無人，將老班未舉過者，照依入學班次補舉一位。若舉過一次後，再勿藉口不舉互相爭執。

一、乾隆戊戌年原議：凡新捐報名與祭者，必先完銀，然後書名分胙。如僅本身新捐入祠者，必須有土田、廬墓在本堡，住居三十年爲一世，方許會公酌議捐田、入祠、與分，值年人不得因親戚、知交徇情妄入。

一、凡新進貢、監入賢祠者，照量加捐，少者以壹兩、貳兩爲則。

一、漆箱二隻、鎖二把並匙，凡新捐、新置帖約以及各田約，攄歷年銀米券、上年歷班出入記備照冊本。賢祠書冊一本，又新冊一本，貢堡書冊一本，又新冊二本，捐銀入祠並胥餉記一本，闔堡紳士名次一本，上、下班遞交，不得失落。

一、科田、考田、義學田出入記三本，交經理者存，遞年三月内清算俑明，毋得浮開。

已上凡例，俱係通堡公議，永爲定例。若值年内有任意不依者，下次決不可復舉其人。

本堡原例附記

一、城街、南門橋上、新門上下、東門上下，每植原貼銀壹錢。文昌閣上，每植原貼銀五分。今崩壞，無收。

一、堡門：臨津門，係看渡人啟閉。餘六門，門夫三名。原遞年撥收穀壹拾碩均分，不得先期扦借。

一、本堡猪屠，原貼縣屠祭肉六百觔，因費多，情願貼本堡祭二祠，求堡紳衿呈朱父母，蒙批：『允歸祭二祠。』日久，各屠奸鬼，或臨時逃避，或將宿肉抵塞。從前甲子年起，照時價折錢交堡，自買辦祭。後因縣採買猪隻，又藉口不肯貼價，隨呈何父母，蒙批：『採買自有發價，各屠不得藉口推攙，仍照舊例行。』各屠始遵依辦價。今係通堡每宰一猪，預存肉二觔屠戶處，届期，每祭各收叁百觔，照時價折錢。

一、張父母諱守讓，字吶銘，原遞年捐立祭二祠，牛課三百六十斤。

一、閩笋行，原遞年貼堡紋銀壹百貳拾兩，貼祭賢祠銀壹拾兩，永懷祠銀三錢五分。

一、雜貨等行，原遞年貼祭二祠銀柒兩。

一、草芽，原貼祭二祠銀壹兩。

一、甘蔗、胡蘿苩牙，原貼祭二祠銀壹兩貳錢。

右四項俱奉禁不收。

祭規

五月十三日祭關聖廟通知帖式

十三日虔祭關聖，敬此通聞：

午刻停桃，值年司事同具。

陳設：

銅爐、棹幃、燭臺、果福、五果、桃瓶、爵杯、牙筯、拜簟。六通燭一對，到廟即點；中宵燭一對，祭時點。帛一幅、火紙十刀、金錢四帙、好線香二束、檀香五錢、三牲一局、老酒一届、地雷三聲。僱吹手四人，共錢壹百陸拾文。給住持香赌錢壹百貳拾文、千子炮壹對。

白糖麪桃，每觔八隻。與祭者各領四隻，未與祭者無，主祭者另送二十四隻，值年各另四隻（七十歲以上者送，公出送），鑼夫四隻。住持四隻，吹手各四隻，廚工四隻。

午設小席。

儀節：

就位，參神，上香（初上香、再上香、三上香），鞠躬，跪，叩首、叩首、三叩首，興，平身，跪，獻酒（初獻酒、再獻酒、三獻酒）、獻果、獻饌、獻粢盛、獻帛，宣祝，俯伏，興，跪，叩首、叩首、六叩首，興，跪，叩首、叩首、九叩首，興，平身，焚祝，焚帛，辭神，徹饌，禮畢。

祭文式：

維大清宣統　　年歲次　　仲夏十三日，貢堡紳衿　　（全名）等，謹以牲醴昭告于至聖關夫子神前，曰：大哉夫子，浩然正氣。至大至剛，塞乎天地。志在春秋，深明大義。忠貫日星，統存漢季。萬古綱常，賴以弗墜。達德有三，夫子悉備。至我聖朝，屢顯靈異。護國功宏，佑民澤被。疊晋褒封，推崇極致。普天之下，咸立廟位。恭逢聖誕，虔修祀事。蠲潔蘋蘩，拜瞻肅志。大哉夫子，萬古翹企。尚饗！

八月朔祭永懷祠通知帖式（若值科年改期，則寫十月朔補祭）

謹依舊規，用八月朔日祭永懷祠，敬此通聞：

午刻停胙，值年司事同具。

對聯：

諸公澤壽花城一川月萬載風世挹清光揮紫霧，

我輩心存俎豆數瓣香三秋桂歲陳嘉栗映朱露（霞）。

泰山可徙滄海可移世德常新貞覆載，

彤管難紀翠瑨難鑱人心永戴祀春秋。

城首對聯：

昔日經營奕葉金湯垂不朽，

今時妥侑千秋功績永毋忘。

捍患禦災先固吾圉，深思遠慮復立堡田。

功高衆志成城日，祀永千秋戴德餘。

陳設：

銅爐二隻、棹幃二幅、燭臺四對、果福二架、桃瓶二對、銀杯十二隻、牙箸十二隻、拜簟、筆、墨、硯、分胙單、烟筒。六通燭一對，到祠即點；中宵燭三對，祭時，三廳各點一對。錫箔六十張（摺錠，作三分）、火紙二十四刀（作三分）、帛十二幅、京香四束、檀香一兩、三牲二局、麪桃四盤、老酒二小壺、地雷三聲、千子炮壹對、正連城炮五聲、五百炮一封。僱吹手四人，共錢壹百陸拾文。烟隨用，燭隨用。

午設大席。

儀節：

就位，上香（初上香、再上香、三上香），鞠躬，跪，叩首、叩首、三叩首，興，平身，跪，獻酒（初獻酒、再獻酒、三獻酒）、獻果、獻饌、獻粢盛、獻帛，宣祝，俯伏，興，跪，叩首、叩首、六叩首，興，平身，焚祝，焚帛，徹饌，禮畢。

祭文全名：

維　年　月　日，貢堡紳衿　　　　（全名）等，謹以牲醴昭告于大方伯洞巖周公祖、大僉憲心泉曾公祖、大邑尊少梧歐陽父師、吶銘張父師、葆初陳父師、縠生金司馬之靈前，曰：維我諸公，鳩靈孕瑞。卓犖邁倫，喬松勁栢。威鳳祥麟，出臯郡國。懷保若嬰，流盜猖熾。屢肆憑陵，鴻恩厚德。錫我長城，惟我列侯。建墩創院，捐俸百金。詳憲請部，廣額泮林。菁莪雅化，照耀古今。亦越金公，削平逆匪。燕水重臨，勸捐修堡。功懋澤深，士民永賴。祠祀明禋，惟此禋祀。庶鑒我歆，惟我俠烈。文學琬仲嚴先生，殺身禦侮，壯志全城，均祈來格，咸薦藻蘋。尚饗！

禮生用大衣祭畢，請主祭者祭左廳城首。

儀節：

就位，上香（初上香、再上香、三上香），鞠躬，跪，獻酒（初獻酒、再獻酒、三獻酒）、獻饌、獻粢盛、獻帛，宣祝，俯伏，興，跪，叩首、叩首、三叩首，興，平身，焚祝，焚帛，禮畢。

祭文：

維　年　月　日，合堡紳衿　　　　　　　　等，謹以牲醴昭告于明文學若梅鄧先生、處士竹山陳先生、太學肖峯賴先生、處士少峯余先生、處士小山賴先生之靈前，曰：𧔥賊煽妖，我鄉罹毒。幸布鴻猷，萬民安堵。屹屹金湯，功垂不朽。歲事聿修，薦兹簠簋。尚饗！

右廳諸城首點香、紙、燭，禮生四拜。

分胙，每分要揀制錢壹百文，用紅紙包好。酬城首五位五分，主祭另送壹分（壹百貳拾文），禮生六分（公出送，七十歲以上者送），與祭者各壹分，未與祭者無分。本祠住持壹分，陸拾肆文；傳鑼壹分，陸拾肆文；保長同斂錢各壹分，陸拾肆文；另送主祭麵桃三斤，每斤八隻。本祠住持飲福一日。收本堡猪屠餉叁百觔，照市價，每觔扣錢拾貳文算。

另酬新城首一十四位：劉湘、陳德懷、劉祖元、夏光謙、羅宗鴻、林念書、劉承藜、嚴廷揚、劉際熙、姜培、李光宗、嚴嗣謙、楊先明、楊達，每酬胙錢壹百文。

八月初二日祭六烈祠通知帖式

八月初二日祭六烈，敬此通聞：

午刻停桃、胙，值年司事同具。

對聯：

之死矢靡他恥爲瓦全甘同玉碎，

惟名垂不朽既隆廟祀還載誌書。

品高琬琰琮璜上（廳），貞心直是松和石（廳）。

香溢蘋蘩薀藻中（頭），亮節真如日與星（尾）。

陳設：

銅爐、棹幃、燭臺、果福、五果、桃瓶、銀杯十四隻、牙箸十四隻、拜簟、筆、墨、硯、分胙單、烟筒。六通燭一對，到祠即點；中宵燭一對，祭時點。錫箔四十張（摺錠）、火紙十二刀、帛十四幅、京香四束、檀香五錢、三牲一局、麪桃二盤、老酒一小壺、地雷三聲、千子炮壹對。僱吹手四人，共錢壹百陸拾文。烟隨用，燭隨用。

午設大席。

儀節：

就位，上香（初上香、再上香、三上香），鞠躬，跪，獻酒（初獻酒、再獻酒、三獻酒）、獻饌、獻粢盛、獻帛，宣祝，俯伏，興，跪，叩首、叩首、三叩首，興，平身，焚祝，焚帛，禮畢。

祭文：

維　　年　　月　　日，合堡紳衿　　　　　等，謹以牲醴昭告于貞烈嚴鄧氏孺人、鄧陳氏孺人、吳鄧氏孺人、羅劉氏孺人、羅姜氏孺人、林姑娘，附祀貞烈林羅氏孺人、林嚴氏孺人、羅劉氏孺人、劉嚴氏孺人，李楊氏孺人、李楊氏孺人，楊嚴氏孺人、高嚴氏孺人之靈前，曰：天地正氣，鍾之于人。人之志正，其氣以伸。卓哉六烈，現丈夫身。舍生取義，殺身成仁。以志帥氣，節全其真。四烈二烈，不緇不磷。先後同揆，衰世鳳麟。邑乘徵實，鄉祀妥神。貞心大節，歷久彌新。維桑與梓，歲薦藻蘋。尚饗！

白糖麪桃，每觔八隻。與祭者各四隻，未與祭者無，主祭者另送二十四隻，禮生各另四隻（七十歲以上者送，公出送）。傳鑼四隻，本祠住持四隻，吹手各四隻，廚工四隻。

分胙，每分揀制錢壹百文，用紅紙包好。酬嚴宅貳百肆拾文，楊姓壹百貳拾文。主祭者另送壹分（壹百貳拾文），禮生另各壹分（公出送，七十歲以上者送），與祭者各壹分，未與祭者無分。本祠住持壹分，陸拾肆文；傳鑼壹分，陸拾肆文。從道光元年起，酬羅姓捐基錢壹百文。光緒乙巳年起，酬嚴宅胙錢壹百文。本祠住持飲福一日。

新對聯附：

里被妖氛先後捐生欽烈婦，

碑登邑乘歲時崇祀慰貞魂。

巾幗仰完人同彰節烈，

冠裳修祀事永薦馨香。

九月初九日祭先賢通知帖式

謹依舊規，用重九日子刻虔祭先賢。凡我同人，各宜頂袍，聽首炮、次炮、三炮爲號，詣祠肅班行禮，毋或參差，有乖盛典，謹此通聞：

黎明停胙，值年司事同具。

對聯：

搆鼓鐘之地于乾位岳峙鸞騫凡茲縉紳父老繁連冠舄殷薦無休永爾崇祀貢水，

衍伊洛之源于海濱雲奔雷洩遂使後學晚儒遙挹波瀾玄風不斷真能霞映尼山。

至聖其斗極天樞指碧漢以挹晶光三三聯驂並轡，

大儒乃書淵圖府儼匏楷而祈肸蠁一一鏘佩垂魚。

道德事功卓爾芳規榮梓里，

蘋蘩藴藻丕哉懿典寄芹誠。

顯斯道光斯土桑耶梓耶千載江山常儼若，

登其堂法其心危也微也數傳風月尚悠然。
萬古真同星日月，千年長憶德言功。
宮墻萬仞仰前哲，二祀千秋鍾後人。
鵾鵬皷翮騰雲路，岳瀆輸靈炳聖燈。
昭明有融，正直是與。
傳絕學于伊水由是師友相承閑聖闢邪直爲天地立心生民立命，
崇正祠于貢川從此歲時將事盡誠致敬咸知綱常有主道德有宗。
北學得薪傳上追鄒魯，南來衍道脈廣訖閩甌。
由濂洛而閩繼往開來渺渺陬隅遵道法，
自生成以教事三如一循循子弟薦馨香。
絕學紹洛北真傳繼起一方輝映後先欣立雪，
羣賢啟閩南至道大成再集澤存州里幸聞風。

陳設：

線香、檀香、果福三架、桃瓶四對、銅爐三隻、剛鬛、柔毛、牲儀三局、麵桃六盤、毛血二碗、茅沙並盤、雅燈、好彩、幔帳、棹幃、大棹幃一幅。牙箸每位神前各一隻，銀盃每位神前各一隻，飯湯茶每神前一碗，爵杯四隻，銅盆手巾並架，四通燭四對並臺，中宵燭每位神前各一條並臺。大箔二刀（作三分）、帛三十二幅、火紙一大毬、老酒、拜簟、天把錢八十文、地雷十二聲、千子炮一封、帖紙貳張、聯紙二張。樂工四人錢三百貳拾文，香贐錢壹百二十文。

儀節：

序立，執事者各司其事，主祭者就位，助祭者就位。瘞毛血，參神，鞠躬，跪，助祭者皆跪，叩首、叩首、三叩首，興，平身。詣盥洗所，盥洗，詣香案前，上香（初上香、再上香、三上香），降神，主祭者跪，酹酒，傾茅沙盤，俯伏，興，跪，叩首、叩首、三叩首，興，平身，復位。

興樂，樂止。

行初獻禮，詣酒罇所。司罇者舉觶酌酒，主祭者致祭于宋大儒列位夫子先生之前，跪，進酒、獻酒、奠酒，進饌、獻饌、奠饌，俯伏，興，平身。司罇者舉觶酌酒，主祭者致祭于明鄉賢列位先生之前，跪，進酒、獻酒、奠酒，進饌、獻饌、奠饌，俯伏，興，平身。司罇者舉觶酌酒，主祭者致祭于清鄉賢列位先生之前，跪，進酒、獻酒、奠酒，進饌、獻饌、奠饌，俯伏，興，平身，復位。

興樂，樂止。

詣宣祝位，跪，助祭者皆跪，宣祝者跪，宣祝，俯伏，興，跪，助祭者皆跪，叩首、叩首、三叩首，興，平身，復位。

興樂，樂止。

行亞獻禮，詣酒罇所。司罇者舉觶酌酒，主祭者致祭于宋大儒列位夫子先生之前，跪，進酒、獻酒、奠酒，進果、獻果、奠果，俯伏，興，平身。司罇者舉觶酌酒，主祭者致祭于明鄉賢列位先生之前，跪，進酒、獻酒、奠酒，進果、獻果、奠果，俯伏，興，平身。司罇者舉觶酌酒，主祭者致祭于清鄉賢列位先生之前，跪，進酒、獻酒、奠酒，進果、獻果、奠果，俯伏，興，平身，復位。

興樂，樂止。

行終獻禮，詣酒罇所。司罇者舉觶酌酒，主祭者致祭于宋大儒列位夫子先生之前，跪，進酒、獻酒、奠酒，進帛、獻帛、奠帛，進飯、獻飯、奠飯，進茶、獻茶、奠茶，俯伏，興，平身。司罇者舉觶酌酒，主祭者致祭于明鄉賢列位先生之前，跪，進酒、獻酒、奠酒，進帛、獻帛、奠帛，進飯、獻飯、奠飯，進茶、獻茶、奠茶，俯伏，興，平身。司罇者舉觶酌酒，主祭者致祭于清鄉賢列位先生之前，跪，進酒、獻酒、奠酒，進帛、獻帛、奠帛，進飯、獻飯、奠飯，進茶、獻茶、奠茶，俯伏，興，平身，復位。

興樂，樂止。

詣飲福位，跪，飲福，受胙，俯伏，興，跪，叩首、叩首、三叩首，興，平身，復位。

興大樂，跪，助祭者皆跪，叩首、叩首、三叩首，興，平身。詣焚帛所，焚祝，焚帛，辭神，徹饌，禮畢。

祭文：

維　年　月　日，後學　（全名）等，謹以柔毛、剛鬣、牲醴、庶饈之儀昭告于宋大儒龜山楊夫子、豫章羅夫子、延平李夫子、晦菴朱夫子、了齋陳先生、栟櫚鄧先生、默堂陳先生神位前，曰：道闢自天，有源有委。肇自鄒魯，有如河水。傳至濂洛，碣石是擬。吾道南來，其流遂侈。維我四賢，師弟繼起。任重詣極，士無近似。秋月冰壺，大本在是。註明六經，始終條理。陳鄧三公，前後濟美。異端洪瀾，羣賢中砥。伊洛會同，洙泗渺瀰。決濬宏功，不可涯涘。某等，未遠遺徽，幸側桑梓，私淑宮墻，溯流仰止。維我明鄉賢竹泉林先生、少泉林先生、三泉林先生、養泉林先生、六竹林先生、鳳軒高先生、龍屏李先生、左泉嚴先生、海日嚴先生、素履姜先生、紋山羅先生，清鄉賢蒼霞楊先生、榆園羅先生、理齋邱先生、桐川聶先生、圓亭李先生、東隅邢先生、訒齋楊先生、東巖聶先生、實岡李先生、彥菴劉先生、敬齋劉先生、厚齋聶先生、蘊山張先生、侯在張先生、蘭庭陳先生，均係先達，堪同畏壘，各祈來歆，薦茲簠簋。尚饗！

分胙，每分揀制錢一百文，用紅紙包好。林竹泉、林少泉、李龍屏、楊蒼霞、邱理齋、李圓亭、邢東隅、楊訒齋、劉彥菴、劉敬齋、姜素履、嚴左泉、聶厚齋、張侯在、張蘊山、林養泉、陳蘭庭，以上先達，各送一分一百文。林六竹、高鳳軒、嚴海日、羅紋山、羅榆園、聶桐川、聶東巖、李實岡，以上先達，各送一分一百二十文。主祭另送一分（二百四十文、羊胙三觔、麵桃廿四隻），禮生各另一分，與祭者各一分，未與祭者無分（七十以上者送，公出送）。本祠住持一分，六十四文；傳鑼，六十四文；保長同斂錢各一分，六十四文；管路門斗一分，六十四文。

午設大席。

二月初三日祭文昌通知帖式

初三日虔祭文昌，敬此通聞：

巳刻停桃，值年司事同具。

陳設：

六通燭壹對，到堂即照；中宵燭壹對，祭時點。帛壹幅、火紙拾刀、金錢肆帙、好線香貳束、檀香伍錢、三牲一局、老酒壹小壺、地雷三聲。吹手捌拾文，香贓捌拾文。烟隨用，燭隨用。艾粿，與祭者各領肆隻，未與祭者無，主祭者另送廿肆隻，禮生另各肆隻（七十歲以上者送，公出送），傳鑼肆隻，住持肆隻，吹手各肆隻，廚工肆隻。

午設小席。

儀節，與關聖同。

祭文：

維　　年　　月　　日，後學　　　　（某）等，謹以牲醴昭告于九天開化司祿梓潼文昌星君之神前，曰：『恭惟星君，文昌之精。權司祿位，職掌科名。有文無行，如木弗榮。有行與文，如金斯聲。予之奪之，世得其平。昭昭在上，敬畏以生。惟敬惟畏，事罔不誠。尚啟佑我，不失心正。謹告！』

十月十五日無祀普度疏式

奉佛度亡。紳士某率領合堡人等，特掃無祀道場，冒干有靈。諸佛具呈意者言，念生則爲人，死則爲鬼，鬼而不祀，鬼且弗安，鬼而無祀，鬼將何託？依草附木，土著不乏游魂，嘯月啼風，旅人亦多羈魄。哀同伯道，痛切無兒，恨等若敖，空言有後。髮（鬢）眉似戟之夫，飢火化青燐一點，巾幗如花之秀，餓紋鋪白骨千堆。嗚呼！覓杯羹而寂寂，求滴酒于茫茫，眼已枯矣腹其餒而。嗚呼！壇高三尺，敢收隻影之魂，偈誦千言，還闢三皈之路。欣逢水官大帝降生華辰、解厄星君臨凡令節，延仗法流于玉毫庵中，啟建度亡道場，另設攔門斛食一所，賑濟孤魂等眾于中，開啼大悲無礙神呪、往生淨土真言、焚化孤衣戒牒。託佛光中，敬伸薦拔本堡無祀壇中四生六道孤魂滯魄等衆，慈雲蓋處，立脫輪迴，甘露沾來，先施醉飽，轉爲作祖作父之身，加以多子多孫之福。奉佛無方，聞經自在。謹疏。

法事：

發文、誦經、上大供、放生、課誦、出食、送佛。

交班帖式：

四月朔，清算堡項，治酌候教。

值年司事弟　　　　頓首拜

卷二

先賢祠圖

先賢祠圖

祠在本堡後街天后宮左畔，計二棟五植三龕，中安七賢，左、右安本鄉先達牌位。歲以重九節行嘗祭，分胙同人。底至夏宅坪，前至大路，左至楊宅基坪，右至天后宮，四圍各有外牆爲界，坐向與龍，均詳先達。清奇許先生記。

里人羅慶華繪誌

先賢祠圖記

賢祠坐向記

貢川之龍，從大羅紋開浪天水帳出身，行龍如波湧馬奔、虎踞鳳舞，貴不可言。大關、大峽俱辛酉，此乃金水相涵之格也。至建旂峯頓起，少祖帳下出脈至入首，有七節，丑占四節，子占一節，亥占二節，其一爲束咽入首，主山坐乾，是一路皆兑。丁、已、酉、丑之金氣山運，又逢乾、亥之金氣，旺虎衰龍，水歸艮丑，當立金局之生向，值巽加巳，則玄竅相通，乃成富貴旺丁、發福悠久之地，切不可加戌以亂正局也。且隨身小河從辛來，合輔星巽向，納之爲催官，速發科甲。大河從巳丙來，爲帝旺丙，合武曲一派，庚酉辛水來，俱合貪巨吉星，餘凶無犯，此水法之最清純者也。山則從吳景鸞輔星對宫起，法天馬之峯，合貪卯甲之峯，合輔與巨，離午爲曜，卯爲劫。然《曜煞歌》有云：『遠託雲霄曜爲貴，反作貴格丁財與。』《煞曜歌》亦云：『破碎照穴真可怕，秀麗端正是貴人。』今天馬之遠託雲霄，卯甲之秀麗拱揖，則劫曜亦化吉也。且分金加亥應亥，卯未年出貴；向加巳應巳，酉丑年出貴，前已有驗，則用明代原向，不可易也。又乾爲頑金，得火煅煉方成器。今造文閣于艮方，收兩河丙辛之水，爲三合連珠。火以煉金，天馬丙午之方高起，亦爲煉金之助也。文閣，坐艮兼寅，三分方合貪狼。基址築盤，高四尺三寸，下爲土室，第一層木閣乙（二）丈五尺六寸，二層木閣一丈一尺一寸，連地基四尺三寸，共四丈一尺六寸，葢瓦及葫蘆頂不算也。奎閣，坐庚向甲，亦金局旺，方巽向之，三合坐亥龍之同氣。此方高起，不獨發文，兼發武貴。若要起，須坐庚兼申坐向，盡收貪巨武輔之美，高只三丈餘，或五尺七寸，或七尺三寸，俱佳。

乾隆四十六年辛丑十月　日吉旦

汀州府歸化縣學諭許清奇經制

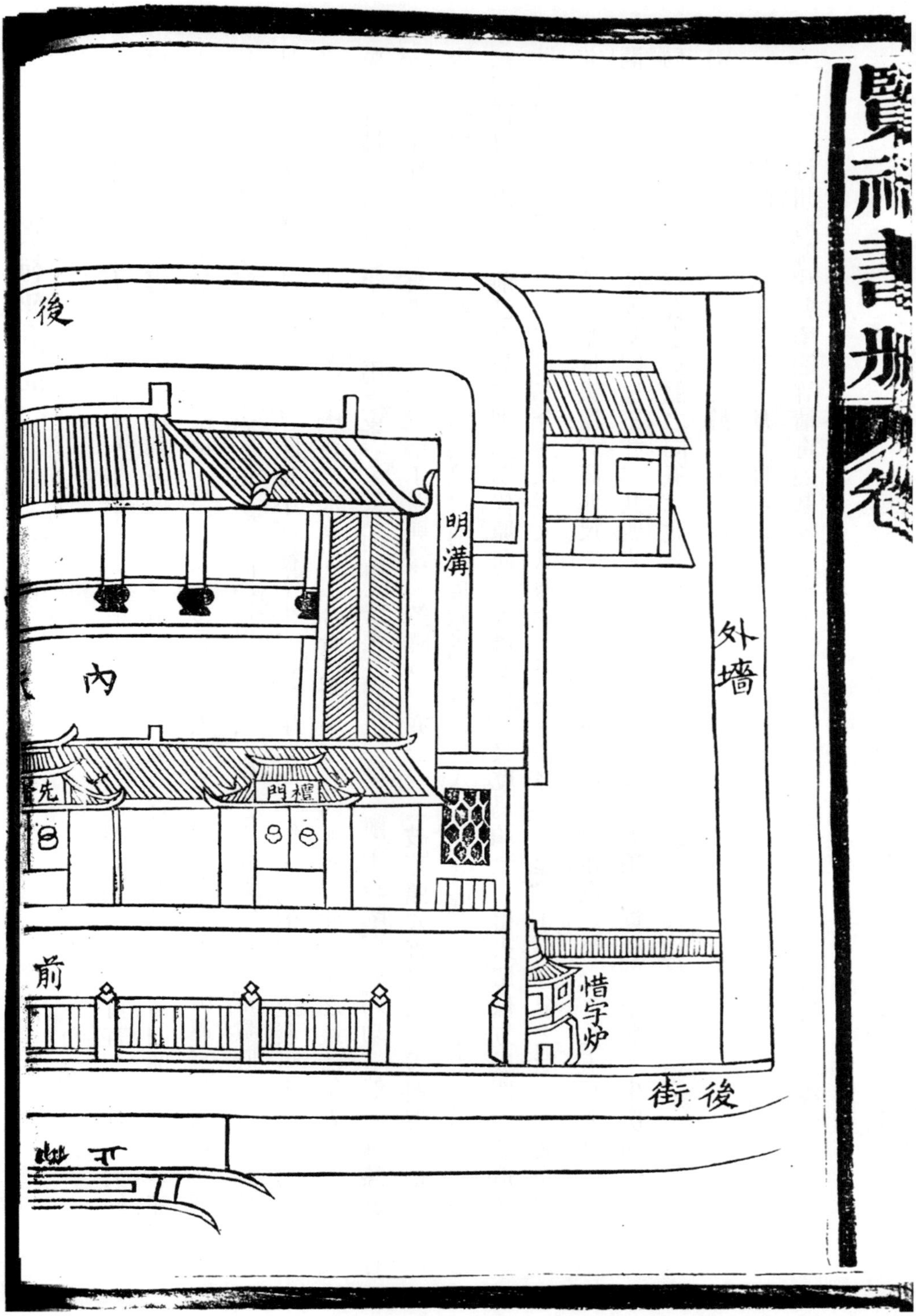
後
明溝
內
外墻
櫺門
先
前
惜字炉
後街

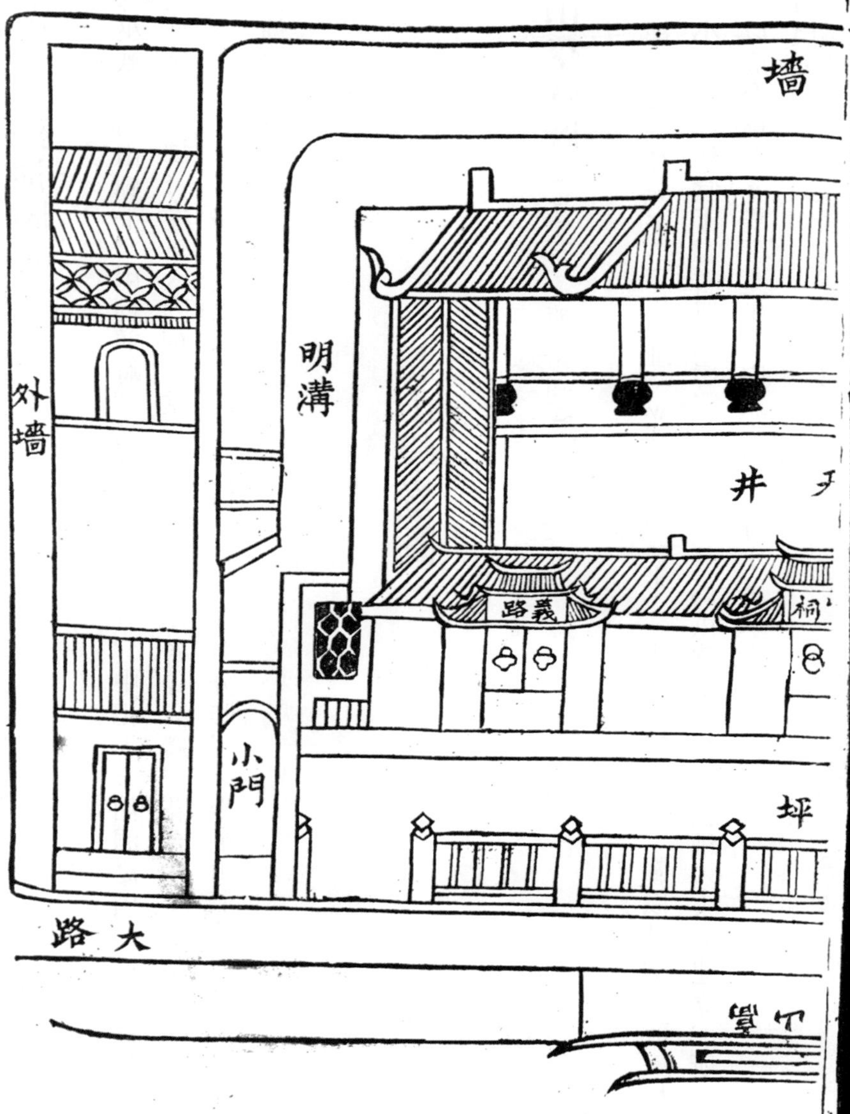
墻
明溝
外墻
井
義路
祠
小門
坪
大路

永懷六烈祠圖

永懷、六烈祠圖（江右二酉齋刊）

地在本堡南郊巫峽頭名山廟下，兩祠並峙。爲堂一，列室三，中祀大方伯洞巖周公祖等祿位，左祀城首諸公，右安捐堡芳名碑。左毗六烈祠，堂一，室一，四圍各界以牆，花台內菜地數行，給祠佃種蔬。華表外，各一坪，直至官路。歲以八月初一、初二日，致祭分胙，仝坐辛山兼酉。

里人羅拙傭繪誌

龍山學堂圖

龍山學堂圖（江右二酉齋刊）

地爲後山環秀樓，祀水神元天上帝舊址。光緒乙巳三十一年，奉旨特建，圍以磚牆，計五植二堂，左附横廂，二小屋，俾住堂丁，右擬正屋，三横屋，一爲供饍所，刻因款絀，未克建立，所望後之君子留心經營，以成全璧則幸焉。堂坐子山兼壬，三分水路放丁字。

里人羅古虞繪誌

江右二酉齋刊

永懷六烈祠圖

賢祠書冊 卷二 永懷六烈祠圖 一號

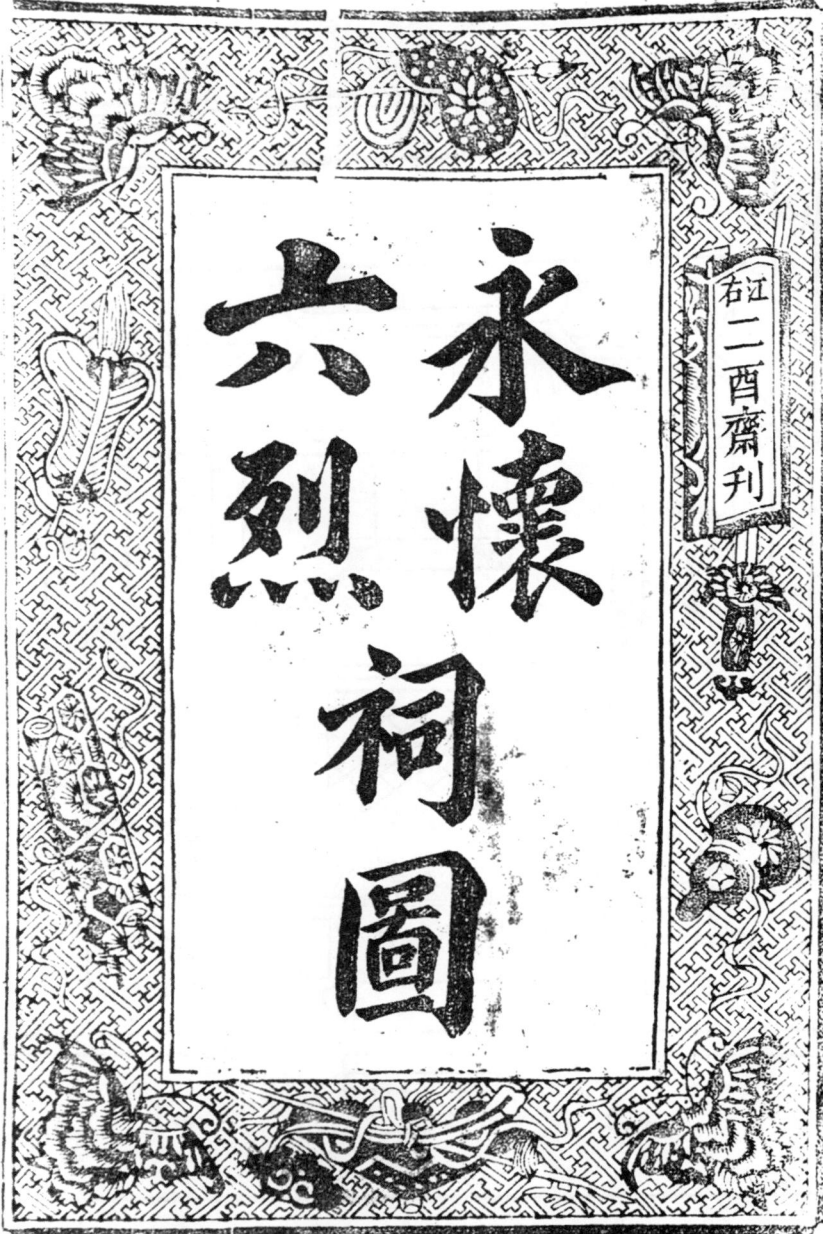

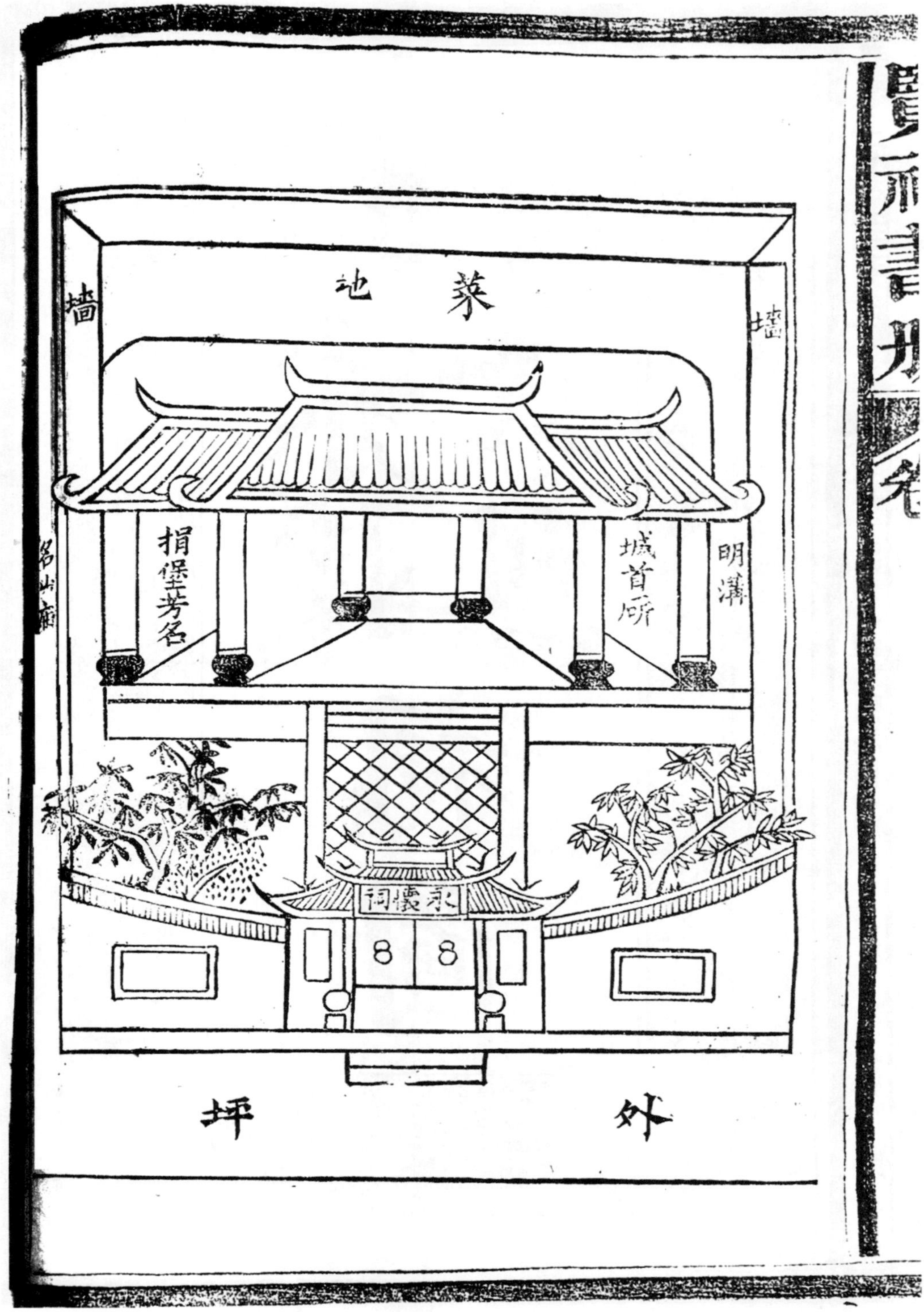

菜地
墻
墻
捐堡芳名
城首所
明溝
永懷祠
外坪

花台
墻
墻
明溝
明溝
六烈祠
外坪

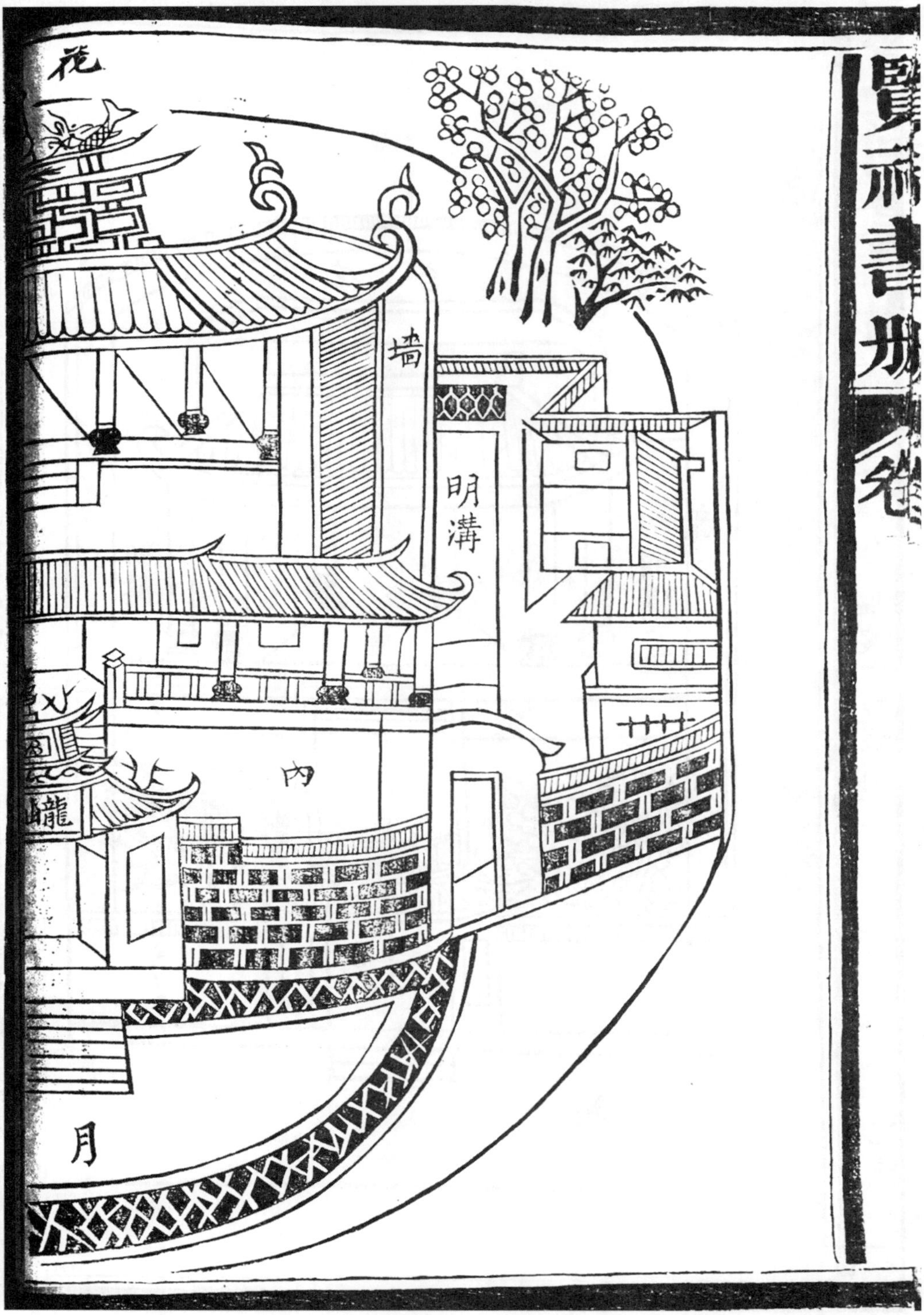
花
墙
明溝
内
月

賢祠書冊 卷二 龍山學堂圖 二號

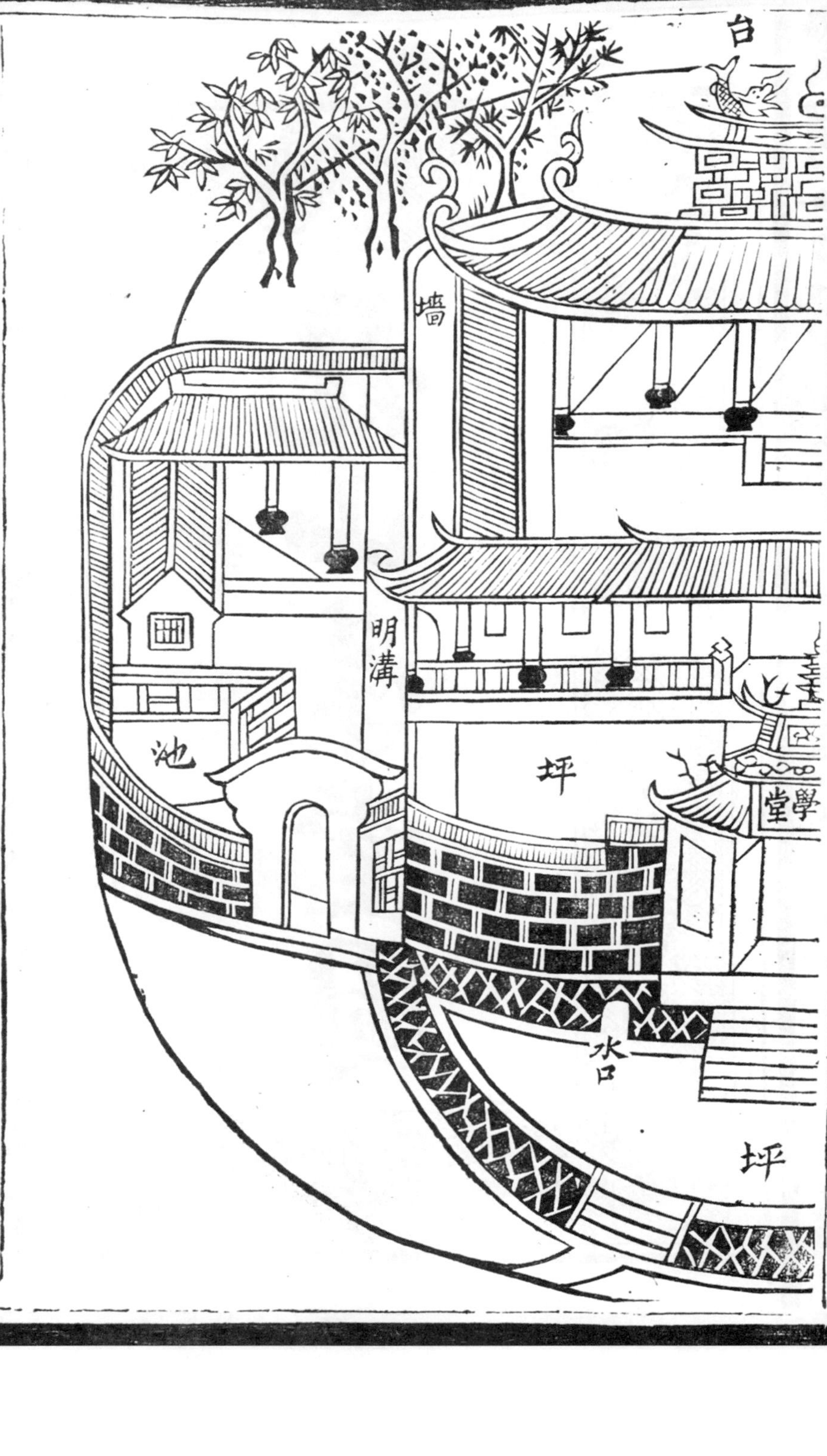

江右二酉齋刊

龍山學堂圖

寶同書册 卷二

龍山學堂圖

一號

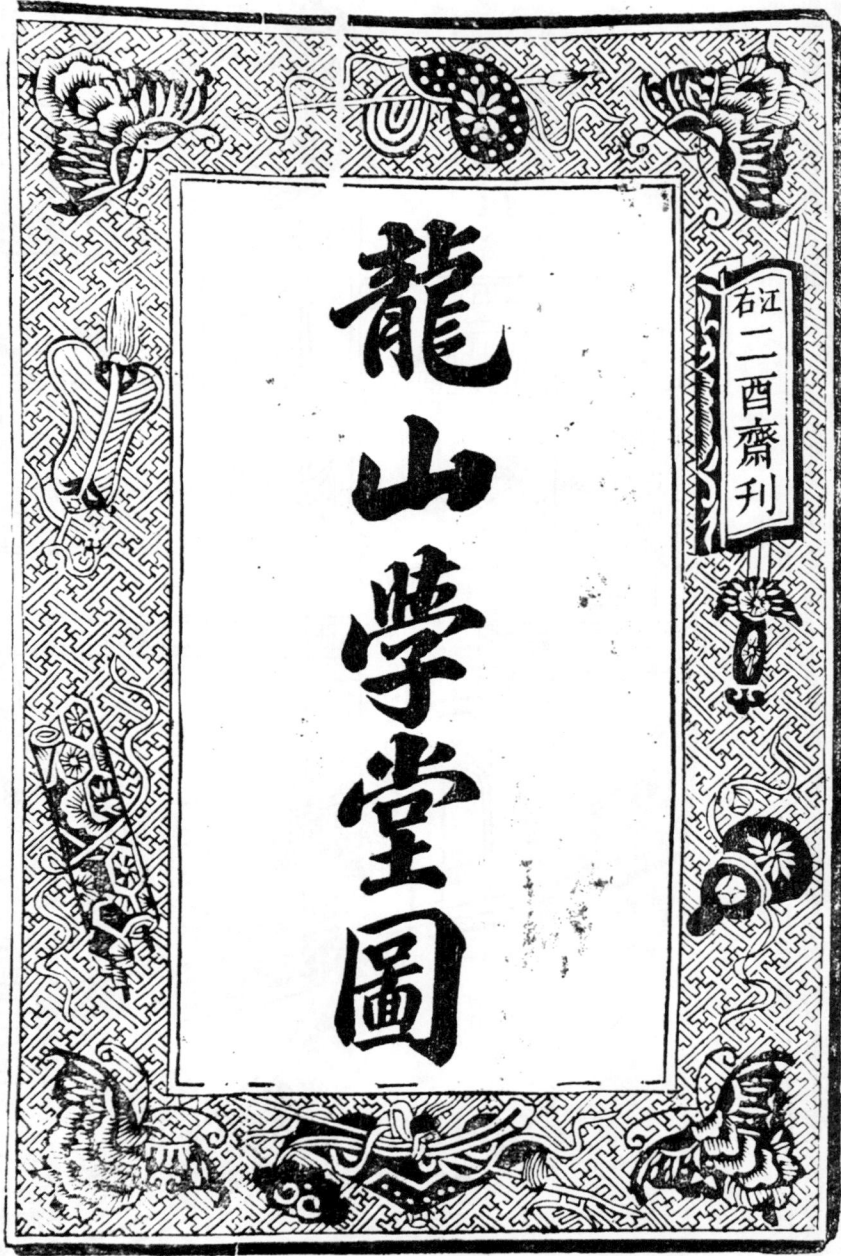

庄圖

冲村庄圖

右地冲村中央坊後埔，計上、下二堂，各五植兩龜頭，下堂左邊横廂，舖屋一植，前至本宅庄石塝，後至石塝下，左至鄧宅庄壕屋，右至黄宅屋花台邊，四圍各有牆爲界。上堂坐癸兼子，下堂坐子兼壬。

里人羅拙備繪誌

對聯附：

入公地，理公田，勿喪公心虛公舉；
傳正宗，談正學，當思正誼作正人。
司出納，杜侵漁，所望端方共矢；
撫先疇，懷舊德，毋忘創立維艱。
新舊遞供君子役，秋冬兩過野人家。

沖村庄圖

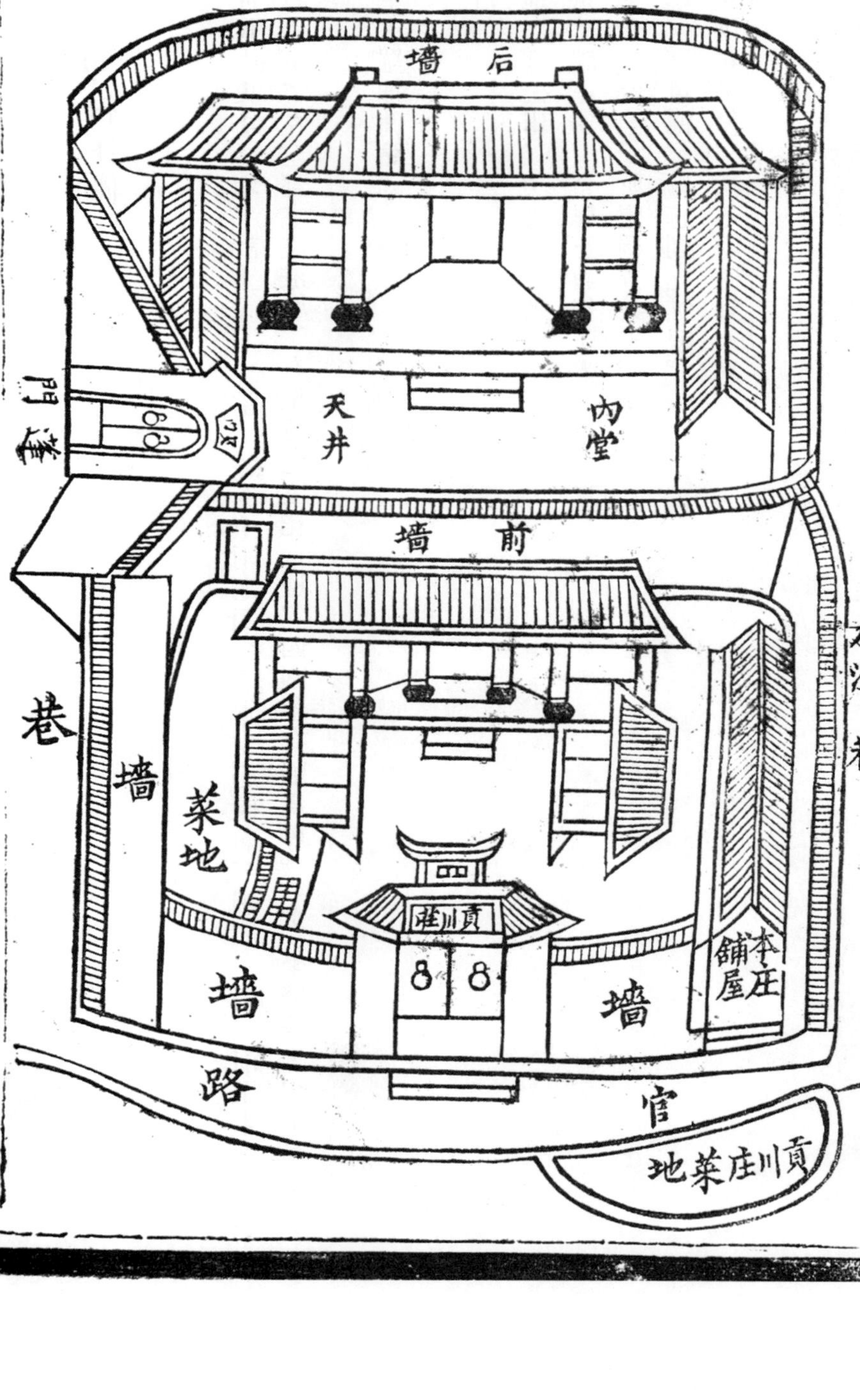

田段

現管沖村堡田田段開列（今爲祀田，詳載乾隆十年堡冊內）

一、土名沖村砂坂堂門首，正租米拾柒碩，冬米捌斗，權收早穀貳拾捌碩鄉，牲二隻，佃：

一、土名沖村庵門首，即庵前坑門首，正租米陸碩，冬米三斗，收早穀拾肆碩肆斗鄉，牲一隻，佃：

一、土名沖村住屋基坪水南坊，正租米三碩壹斗，又米壹碩，權收早穀捌碩壹斗鄉，牲一隻，又水南坊收早穀肆碩零叁升鄉，佃：

一、土名油楻坂文章窠筍廠邊榨坪，正租米叁碩，冬米壹斗伍升，權收早穀伍碩伍斗鄉，牲一隻。

一、土名沖村柿樹墘，又名栗子墘，正租米貳碩，冬米壹斗，權收早穀伍碩伍斗鄉，牲一隻，佃：

一、土名沖村水南坊，正租米壹碩陸斗，冬米捌升，權收早穀肆碩零貳升，牲一隻，佃：

一、土名泉塘坑，正租米壹碩陸斗，冬米捌斗，權收冬穀肆碩貳斗鄉，牲一隻，佃：

一、土名沖村改坑白石坋青龍坖，正租米壹拾叁碩，冬米陸斗伍升，權收晚秋穀拾陸碩捌斗租，又收早穀伍碩鄉，牲三隻，佃：

一、土名長坑，又名長坑仔，即山竹坑長坑壠，正租米肆碩，冬米貳斗，權收冬穀柒碩伍斗鄉，佃：

一、土名石結塘上下坵，正租米肆碩，冬米貳斗，權收冬穀柒碩伍斗鄉，連田頭山一片，各有原管界址，佃：

一、土名長坑仔，又名長子坑，正租米貳碩，冬米壹斗，收冬穀伍碩鄉，佃：　　此田現分二佃耕作，顔金牲包收伍碩鄉，陳水貳碩伍斗鄉。

一、土名墘頭墓窟仔，正租米貳碩貳斗，冬米壹斗壹升，收冬穀肆碩肆斗租，牲一隻，佃：

一、土名官路下墓窠，又名墓窟上坵，正租米貳碩，冬米壹斗，收冬穀肆碩伍斗鄉，牲一隻，佃：

一、土名官路下，又名墓窟下坵，正租米貳碩，冬米壹斗，權收早穀肆碩伍斗鄉，牲一隻，佃：

一、土名石樸堂，正租米壹碩，收冬穀壹碩伍斗鄉。

一、土名改坑杉林坑，又名杉林岩，正租米貳碩，冬米壹斗，收冬穀肆碩租，牲一隻，佃：

一、土名山竹坑長坑壠，正租米伍碩，冬米貳斗伍升，權收冬穀拾貳碩鄉，牲一隻，佃：

一、土名水南坊長老墓對面，正租米貳碩，冬米壹斗，權收早穀肆碩租，牲一隻，佃：

一、土名余地大王墘，正租米拾貳碩，冬米陸斗，權收早穀肆碩租，牲一隻，佃：

一、土名余地漈坂，正租米貳碩，冬米壹斗，權收冬穀肆碩伍斗鄉，牲一隻，佃：

一、土名余地漈竹坑，正租米陸碩，又漈坑，租米玖碩，權收冬穀拾陸碩鄉，牲三隻，佃：

一、土名浩排坑，正租米陸碩伍斗，冬米叁斗貳升半，權收早穀伍碩柒斗伍升鄉。

一、土名小波源浩排坑山，租錢肆百文。

以上田段俱買自奉先堂，苗推入黎永懷戶，堡冊有載。今失管無收田四段：

一、土名姜窠仔，正租米壹碩伍斗。

一、土名横坑仔，正租米壹碩。

一、又菜園一片，正租米貳斗。

一、又茶林干，正租米柒斗。

賢祠從祀田收數

一、收少泉林先生從祀田一段，土名鄭坑蛇坑仔，正租米壹碩，收禾穀貳碩伍斗鄉，原收冬穀，佃：葉。實貼林宅苗錢捌拾文。

一、收海日嚴先生從祀田一段，土名東坑鳳凰窠，正租米肆碩，實收早穀捌碩白，牲一隻。田苗推入四賢祠戶內。

一、收小紋羅先生寫出書院田二大段。一段土名田砂溪撥舍前，正租米陸碩，冬米叁斗，牲一隻。原權收冬穀拾壹碩鄉，從嘉慶十九年立佃，不論豐歉，實收貞穀伍碩鄉，佃：　　一段土名官路下案廚前李舍窠圳頭埔頭，又名佛嶺門首坑頭圳頭池，共正租米捌碩，權收冬穀拾碩伍斗鄉，牲二隻。從乾隆四十年起，折出李舍窠一段，收大穀貳碩鄉，四十九年，又議官路下案廚前等處貞穀貳碩鄉，大穀陸碩伍斗鄉，佃：　　二段苗推入黎永懷戶。

一、收榆園羅先生從祀田一段，土名庄頭橋樟樹墘竝坡頭，冊載庄頭橋橋仔頭，正租米貳碩五斗，收早穀伍碩租，牲一隻，佃：　　此田向佃劉文佳，住屋横廂前石磅下，有田二坵，右邊明溝外烟壕、牛欄、糞池、地基及相連旱地、荒山，係堡內與嚴姓、羅姓三股同管物業。羅宅立合同票二紙，交堡內與嚴宅各執存據。嚴姓正租收穀伍碩租，羅姓賠租收穀柒碩捌斗鄉。田苗並下二位聶先生田，俱推入四賢祠戶內。

一、收理齋邱先達從祀田一段，土名發冲前倉坪，正租米壹碩，收早穀貳碩鄉，牲一隻，佃：
一、收桐川聶先生從祀田一段，土名鴨母壠天星墘，正租米肆碩，收早穀八碩租，牲一隻，佃：
一、收東巖聶先生從祀田二段。一段土名東坑猪母窠，正租米貳碩柒斗，收大穀叁碩肆斗伍升租，牲一隻，又收貞穀貳碩鄉，佃：
　　一段土名曹源竹林干竝筍厰基，正租米壹碩壹斗，原收大穀貳碩貳斗租，牲一隻，佃：
　　此田爲聶姓架厰，有年無有知其故者，從嘉慶壬戌年查覺，已爲姜允如業矣，着伊明立承約。從癸亥年起，不論豐歉，永遠理還早穀叁碩貳斗租。
一、收竹泉、六竹林先生從祀田一段，土名蒙坑漈坂紙槽坑，正租米肆碩，連業小租米壹碩，收秈穀捌碩租，又貳碩鄉，牲一隻，佃：
　　苗載沙戶，貼叁元。鄧宅苗錢原肆百捌拾，從戊申增添，今玖百陸拾文。
一、收鳳軒高先生從祀田二段，一段土名冲村白石，分收早谷伍碩鄉，牲一隻，佃：
一段土名東坑頭桃樹墘，分折收貞穀伍碩鄉，牲一隻，俗呼桃窠壠，佃：
一、收龍屏、圓亭李先生從祀田一段，土名冲村大王墘對面蚊坑後杓，米叁碩，冬米壹斗伍升，小租米壹碩，收早穀拾碩鄉，牲二隻，佃：
　　又原添捐錢捌千文。
一、收蒼霞楊先生從祀田一段，土名黄坭坰柒拾勺，分折米二碩，冬米、牲全，收貞穀伍碩，今收肆碩租，牲，佃：
一、收邢東隅先生從祀田一段，土名水東老鼠窅，分折米貳碩，包收早穀肆碩租，足稅，佃：
一、收楊詞齋先生從祀田一段，土名東坑崇福坂，分折米貳碩，冬米、牲全，收早穀肆碩租斛，足租（稅），佃：
一、收李實岡先生從祀田一段，土名冲村墘頭大墘後，米貳碩柒斗伍升，收早穀伍碩鄉，佃：
一、收彥菴劉先生從祀田一段，土名冲村洋蓬壠，分拆（折）米貳碩，包收早穀肆碩，租戶足稅。

以上田八段，俱田苗推入四賢戶完納。

一、收敬齋劉先生從祀田一段，土名大田坑官舍坂圳頭墘官舍坂，米貳碩伍斗，收早穀伍碩鄉，牲一隻，佃：　　苗載沙縣興都五圖一甲劉受咸戶，貼苗錢叁百陸拾文，今代完。此田約載大田坑，其實土色在圳頭墘，其田坂上連墘，至山邊有圳，右邊隨圳直上有一壠，栽分龍早。

一、同治壬戌年，收厚齋聶先生從祀田一段，土名碗坑石橋頭，分折正米　　碩，收早穀肆碩伍斗租，牲一隻。上手未繳，苗存二十五都六圖七甲聶九如戶，現貼聶宅苗錢叁百貳拾文。

一、同治甲子年，收楊啟振捐入祠田一段，土名下甘地車碓後，正米叁碩貳斗，小米連業，收早穀陸碩鄉，牲一隻。上手繳入，代完在都十一圖九甲楊夏福戶，供銀玖分陸厘，秋米一升玖合貳勺。

一、同治丙寅年，收素履姜先生從祀田一段，土名冲村官路下饅餃份車碓前，分折正米貳碩肆斗，實收早穀陸碩鄉。苗載二十六都一圖一甲姜誠菴戶，現貼姜宅苗錢肆百文，上手未繳。

一、同治己巳年，收侯在、蘊山二先生從祀田二段，土名南郊外牛角池口，分折正米貳碩，實收早穀肆碩租。代完二十六都六圖四甲張傑表戶，供銀捌分，秋米壹升六合。又段土名深壠池西坑，分折正米貳碩，實收早穀肆碩租。代完二十六都二圖七甲張賴林戶，供銀捌分，秋米壹升六合。上手俱未繳。

一、同治壬申年，收左泉嚴先生從祀田一段，土名大田坑林宅門首磅兜墘，分折正米貳碩叁斗，實收早穀陸碩陸斗白。代完二十六都五圖二甲嚴闇泉戶，寄庄銀貳錢正。

一、宣統己酉年，收養泉林先生從祀田一段，土名冲村油楻坂，正租米貳碩，實收早穀肆碩租足。此田捐約內載：『如有收租不足，議將本宅祖業土名官路下獲山嶺田租早穀，任堡內向佃收入，補足肆碩租數。』上手未繳，代完二十六都四圖九甲林養泉戶，供銀捌分，秋米壹升六合。

一、宣統辛亥年，收蘭庭陳先生從祀田一段，土名黃垊垇墩仔尾，正租米貳碩，收貞穀肆碩租足。連田頭山一片，山內松杉竹木俱捐祠管。上手繳入，苗載沙邑九都八圖七甲楊在我戶，權貼楊宅苗錢貳百肆拾文。

一、收羅士綱公兑換余地大王墘漈頭田穀貳碩正一段，土名本堡北門外上水筆龜墳前，米壹碩伍斗，收早穀叁碩壹斗伍升租。冊載土名北門外大橋頭，田苗已推入永懷戶内，佃：

一、收冲村庵前坑口老庄基並庄前路下左畔租，收早穀貳碩伍斗租。庄前路下左畔，原係老庄餘地，庄廢，爲鄧仙通佔墾，久已成熟。通故爲伊弟仙旺所有。經嘉慶壬戌年諸先生查覺，究稟立約退還，即另召佃，竝庄基承去開墾。遞年七月權貼租錢叁百文，至乙亥年，始還早穀壹碩租，足稅，佃：

一、姜宗謨公兄弟捐田一段，土名小坡源長窠漈，正米二碩，實收早穀伍碩肆斗鄉，牲一隻，佃：　　田苗推入永懷戶。此田上逼陳屋磅干，左至路，右至石塝，下至劉宅田爲界，大、小共計六十四坵。

一、乾隆四十三年，公置冲村中央坊庄基一片，計二棟五植，連左、右横廂，並後門花臺，現架前棟五植兩龜頭及左邊横廂。後棟基址至花臺，因被下南陳倩官盜栽生理，咸豐甲寅年查覺理较，議從乙卯年起，貼納租錢貳百文，佃：

一、劉冲村路田二段，乾隆丙午年合鄉公置。一段土名官路下陳宅門首李石坑，實收早穀貳碩伍斗鄉，牲一隻，貼羅宅苗錢壹百捌拾文，佃：　　一段土名泉塘坑，實收早穀壹碩伍斗鄉，牲一隻，貼楊遠昭公苗錢壹百貳拾文，佃：

一、咸豐十年，買得蒙坑洋坑正租米貳碩，收早穀肆碩租。代完二十六都三圖七甲劉利仁〔戶〕，供銀壹錢陸分，秋米叁升貳合。

一、光緒癸未年，收楊訓元捐入祠田一段，土名北郊外馬糍坪尾，分折正米貳碩，實收現租錢貳千肆百文。此田原計正米捌碩，貼楊宅苗錢貳百肆拾文，上手未繳。

一、光緒丁亥年，收余岐嵐捐入祠田一段，土名深壠過路洋，分折正米壹碩柒斗壹升，實收早穀肆碩鄉，牲一隻，又收田價錢肆拾千。上手未繳，苗俩二十五都九圖三甲羅來安戶，供銀陸分捌厘，秋米壹升三合六勺，權貼余宅苗錢肆百文。

一、光緒戊子年，收羅書勳捐入祠田一段，土名小波源坑頭劉宅廠，又名馮舍廠，正米貳碩，小米壹碩捌斗，收早穀陸碩鄉，又捐田價錢拾兩。上手繳入，貼羅宅苗錢肆百文。

一、光緒癸卯年，收巫家駒（可順）捐入祠田一段，土名冲村油楻坂，正米壹碩柒斗伍升，小米連業，收早穀玖碩壹斗白，又捐田價錢拾兩。苗俩二十六都二圖六甲巫永盛戶，上手繳入。

一、收鄧順德捐入祠田一段，土名後山洋金墩下洋堘並坑邊，正米貳碩，小米柒斗，收早穀陸碩白，又捐田價錢壹拾貳千文。上手繳入，貼鄧宅苗錢肆百文。約俩：子孫要入永泮者，方准與分科、考田。

一、咸豐己未年，收姜宗祿捐入祠田，價錢肆拾千文，入堡項，公存放息。

一、光緒癸未年，收姜士德補捐入祠田，價錢貳拾肆千文，入堡項，公存放息。

一、收本堡北門外義齋基租米壹碩壹斗，池一口，又地園一大片，作三分，原收紋銀壹兩捌錢。此地緊貼城邊，可以復租，理當議復，不得徇情。或將池暫停數年，應人傾糞積起，成基架屋召租更妙。

一、收城街租數十植，從攀龍門數起上十八植，每植貼租錢陸拾文，又從第十九植起數至臨津門，每植貼租錢肆拾文。

一、收猪屠肉三百斤，照市價，每斤扣錢壹拾貳文算。

一、收南門邊下畔基租錢貳百文。乾隆庚子火後無收。

一、收新門邊下畔基租錢三百文。乾隆庚子火後無收。

一、收高嶺尾直衝奎星閣基租錢壹百陸拾文。乾隆乙巳折後無收。

一、收南門邊上畔炮臺租陸拾文。今修堡折還。

一、收水門下畔炮臺租錢陸拾文。今脩堡折還。

一、乾隆乙酉年十月，里人羅上高仝姪正甯捐入堡北無祀路下山一片，上至大路，下至溪邊，左至陳宅墳邊，右至狐狸坑口爲界。

一、土名小波源浩排坑田頭山場數片，左從墩仔後窠頭，本田小壠頭窠心，直上至山頂分水爲界，又隨本田，直出至夏宅山爲界。

界平合約抄附

立界平合約。小波源坑頭住人羅旭逵、旭宜兄弟，原續買得嚴宅米田一段並田頭山場，土名冲村浩排坑賴宅墳前，與貢堡田山相連。緣因有小土名墩仔後窠頭，原約界至不清，今托公親登山看明界至，二家各由堡田小壠頭窠心，直上至山頂左右分水爲界。由左至本田，係羅宅管理，由右隨堡田直出至夏宅山，係堡田管理。自立約之後，各照約管業，不敢侵佔。今來二家甘允，再無異說。欲後有憑，立界平合約二紙，一様相仝，各執爲照。

乾隆六十年乙卯三月　日

立界平合約　羅旭逵

羅旭宜

地保　魏騰升

代字勸諭公親　庄惟崑

科田收數

一段土名蒙坑車碓坂，正租米捌碩，冬米肆斗，收早穀拾陸碩捌斗租，牲二隻，佃：道光戊子年置。

一段土名冲村大王墘下壠，正租米肆碩伍斗，冬米、牲全，收早穀拾貳碩伍斗鄉，牲一隻，佃：道光庚寅年置。

一段土名小坡源仙人坑，正租米肆碩，收早穀捌碩肆斗鄉，牲一隻，佃：　道光甲午年置。以上田苗，俱推入四科戶。

一段土名小溪坂，收早穀伍碩鄉，佃：　代完二十六都　圖　甲楊翹仲戶，庄銀壹錢捌分正。

一段土名大墘後瓦窰前竝砂坪尾，正租米肆碩伍斗，小租米壹碩伍斗，收早穀玖碩伍斗租，又貳碩柒斗伍升鄉，佃：　道光戊戌年置。完二十六都三圖七甲劉受咸戶，寄庄銀三錢陸分。咸豐八年，查係永苗，已推入四科戶。此田上分土名瓦窰前，與姜巖老共段；下分土名沙坪尾，與邱長生、姜巖老二姓共段。

一、收土名本堡北門外晏公廟後湖田牛角池張、吳二姓墳前，正租米伍碩，小租米肆碩，收南京早穀拾伍碩鄉。因田坵隘窄，不能任稅，折實收拾碩鄉，牲一隻，佃：　道光己亥年置。田苗推入四科戶。

一段土名冲村油榿坂，俗呼大路邊羅巴堂，正租米叁碩伍斗，收早穀捌碩柒斗伍升鄉，牲一隻，佃：　道光乙巳年置。田苗推入四科戶。

道光三十年正月十八日，公議：科田照原議，收入數目作叁股折開。二股爲鄉科文、武盤費，照人數分，到省給發。一股爲入京盤費，舉人暨副貢、拔貢、優貢、歲貢俱在一股内分，舉班每位在此一股内分二，貢班每位在此一股内分一。如無貢班入京，盡係舉班領入；如無舉班入京，貢班只領一股。後二股仍存，置產增入科田。堡眾或有費用，不得在此挪移，永爲定例。

一、咸豐庚申年，置得劉宅永苗田二段。土名庄頭橋秋竹岃，正租米壹碩陸斗伍升，冬米捌升，收早穀叁碩捌斗租，牲一隻。又段土名牛埪橋仔頭並洋尾坑，正租米貳碩，冬米壹斗，收早穀肆碩貳斗租，牲一隻。代完二十六都三圖七甲劉利仁戶，供銀壹錢肆分柒釐，秋米叁升。

新生考田收數

一、收浮橋頭下前畔第十五植舖屋竝基一植，租錢柒千文。
一、收浮橋頭下前畔第十六植舖屋竝基一植，租錢柒千文。
一、收浮橋頭下前畔第十七植舖屋竝基一植，租錢柒千文。

每逢歲、科考領出到郡，查實上入賢祠内應考文、武新生名數匀分。如上未入賢祠者，不得與分。開發酬分、匀分考費之後，備悉開單，貼賢祠牆，仍復詳載堡簿，以便稽查，永爲定規。舖佃若欠租錢，值年人即行呈官究追。

此舖並基叁植，原道光己丑年鄭麟書公捐典價銀叁百叁拾貳兩伍錢。每逢歲、科兩試將此叁植舖租匀分之日，内俱加匀一分，酬送鄭宅。又黄希周公三房捐找價銀玖拾兩。逢歲試，在叁植舖租内折出錢貳百文，科試折出壹百文，酬送黄宅。如有水火不虞，舖租無收，鄭、黄酬分亦應停止，候堡内另架收租，匀分考費之日，仍行酬送，永爲定規。

一、收土名冲村破排坑壠尾分，正租米叁碩，小租米壹碩，收早穀柒碩伍斗鄉，牲一隻，道光戊戌年置，佃：

一段冲村山竹坑官坡草坑老虎壠，正租米叁碩，收早穀陸碩柒斗伍升鄉，並田頭山一片，道光戊申年置，佃：

上二段，田苗俱推入四科戶。

一、庄頭橋後壠上分，正租米壹碩伍斗沙斛，收早穀叁碩叁斗，冬牲一隻，道光戊申年置，佃：

田苗載沙縣廿二都五圖一甲劉開人戶。

一段西郊外大口鐵爐坑，正租米貳碩伍斗，收早穀伍碩租，冬牲　隻，道光庚戌年置，佃：

田苗推入四科戶。

一、同治丙寅年，置得楊宅苗田一段，土名卓步紅鶴坑，正米壹碩捌斗柒升五合，冬米、牲全，收早穀肆碩鄉，牲　隻。上手繳入，代完二十六都三圖七甲劉懷亭戶，供銀柒分伍釐，秋米壹升五合。

一、光緒乙酉年，置得劉宅苗田一段，土名牛埪廟仔坑壠，正米肆碩伍斗，小米連業，收早穀壹拾伍碩捌斗鄉。上手繳入，代完二十六都一圖二甲劉安齋戶，供銀壹錢捌分，秋米叁升六合。

一、仝年，置得嚴宅苗田一段，土名西門外石橋頭連坡頭坵並標林前，正米柒碩柒斗，冬米、牲全，折實收現租錢壹拾千零陸百文。上手繳入，代完二十九都三圖三甲嚴永貞戶，供銀二錢八分三厘，秋米五升六合六勺。約批：此田原作四處。一在石橋頭上坡頭坵，計二大坵、二小坵；一在石橋頭下坡邊轉角大路下，一大坵；一在總司廟洋溪邊，一大坵、一小坵，兩頭俱有樹爲界，係本田管理；一在總司廟洋標林前，從田塍直上盡尾第五坵，一大坵，此係田塍底。共五大坵、三小坵，務要管理清楚。

一、光緒辛卯年，置得劉宅苗田一段，土名栟櫚口鐵爐坑坂彌陀墘，又峽仔壠並墘，正米陸碩，小米、牲全，收早穀拾貳碩，租連田頭山一片，貼劉宅苗錢陸百文。

義學田

此係邑父母丁諱溶斷入貢川義學收租。

一段土名楊家山前洋胡包壠，即楊宅笋厰對面壠。舊冊載胡楓壠，連田頭山一片。

一段土名楊家山大岃獅鈴坵。舊冊載雙連坵。

一段土名楊家山扁擔干，即深洋壠。舊冊載扁擔干、深洋壠。

一段土名楊家山巖干，即洋墩。舊冊載巖下溪坂仔。

後二段俱在洋内，只隔一坑，共收穀柒碩貳斗。此田官給，本堡約正、先生收自先達邱理齋先生。始原佃李興當，官認佃子孫接耕，已歷數世，而堡冊不載，又無粮戶可稽，只收租柒碩貳斗。今將查實土色數段附入堡簿，後之君子更加察焉。

此田止有楊家山迎神穀伍斗、李姓穀壹碩，共段分租，餘田竝山，俱係本堡公業，此批照依嘉慶廿二年堡簿所載。

義學捐數現爲學堂收費

一、光緒乙巳年，高嚴氏捐創建龍山學堂番銀肆百員正，遞年九月初九日，值年酬嚴宅胙壹百文。

一、光緒庚子年，賴宅捐賴李馮戶田一段，土名凝真堂前楝坂，即水門前砂坂，計正米　　碩斗，權收早穀陸碩鄉，苗存本戶（推四科戶），值年酬賴宅胙壹百文。

一、光緒丁未年，曹源陳南卿捐田一段，土名曹源北坑尾洪水坑，正米壹碩陸斗，小米連業，收早穀叁碩鄉。上手繳入，田苗推入四科戶。

一、收本堡猪屠餉陸百觔，照市價每觔扣錢一十二文算。

一、里人羅潤松原捐環秀樓香燈田一段，土名西郊大口橋大口坂，正租米叁碩，收早穀陸石鄉，今改建學堂，仍捐管理。遞年神誕日，堂佃照舊辦齋，慶祝元天上帝，答羅宅桃十二隻，苗錢貳百肆拾文。

六烈祠收數

節烈楊嚴氏孺人附祀田四段：

一段土名西郊小溪青布坂並看水坵，米捌碩，連業皮米柒碩伍斗。苗載在都九圖九甲饒周玉戶，寄庄銀伍分陸釐，貼錢壹百貳拾文。又貼三元黃成五戶，沙苗米叁碩肆斗，錢肆百叁拾伍文。又貼完三元鄧善萬戶，沙苗米叁碩玖斗，錢肆百二拾文。

一段土名青布坂，米壹碩。苗載廿六都三圖七甲劉受咸戶，寄庄銀捌分，戊申交班日劉宅將分關來對，內載此段應完寄庄銀壹錢。今公議：從本年戊申起，代完壹錢。

二段共收早穀廿五碩伍斗鄉，牲二隻，佃：

一段土名長峽洋猪母窠株林窠並門首池，共米伍碩，連業皮米壹碩，收早穀拾叁碩伍斗鄉，牲二隻，担稅，佃：　　田苗完廿六都二圖七甲張允升戶，寄庄銀肆錢。

一段土名水東渡頭壠，俗名四大坵，連田頭壕基並菜地一片，正租米柒碩伍斗，連業小租米壹碩伍斗。遞年三月，收現租錢玖千伍百文，佃：　　苗推入四賢戶。

銀　米

祀田堡田完納銀米額數

二十六都八圖一甲黎永懷戸：正供銀肆兩貳錢叁分捌釐，遞年三月，上班當未交班時，代下班完銀三兩，後數係下班自行完清，秋米捌斗壹升七合四勺。

二十六都八圖一甲四賢祠戸：正供銀壹兩伍錢陸分四釐，秋米叁斗零四合九勺。

沙縣二十二都五圖一甲劉受咸戸：沙苗銀貳錢貳分玖厘七毫五，秋米叁升一合二勺五。

二十六都三圖七甲劉受咸戸：寄庄銀壹錢。係新捐六烈祠田。

二十六都二圖七甲張允升戸：寄庄銀肆錢。係新捐六烈祠田。

科田完納銀米額數

二十六都八圖一甲四科戸：正供銀壹兩貳錢零九厘，秋米壹斗玖升一合六勺。

新生考田完納銀米額數

二十六都八圖一甲四科戶：正供銀叁錢叁分柒釐，合上共壹兩伍錢肆分陸；秋米陸升五合七勺，合上共二斗伍升柒合叁勺。

沙縣二十二都五圖一甲劉開人戶：沙苗銀貳錢。

原捐名次

重建賢祠捐銀並續捐名目

刑部江南司主事聶儆壹拾貳兩（甲子舉人），廣東高州府知府聶大勳壹拾貳兩（貢生），山西大同府朔州知州羅南星補捐貳兩（壬子拔貢），甯化、莆田、龍岩三縣教諭邱坦補捐貳兩（甲子解元），淮安批騐所大使楊爟壹拾兩（貢生），詔安縣訓導邢最壹拾肆兩（歲貢），州同聶大㦦肆兩（監生），州同邢三宅捌兩（監生），縣丞聶世忠貳兩（監生）。

恩貢：陳璉補捐壹兩。

歲貢：楊平政三兩，嚴萬准補捐壹兩，嚴萬懷柒兩，劉文先五兩。

貢生：饒孟仁捌兩、楊廷颺捌兩、劉光兆捌兩、劉兆羲捌兩，聶大榮陸兩、饒孔孝陸兩，楊廷干伍兩，劉輝融肆兩。

監生：鄭德積壹拾貳兩，張善科壹拾兩，羅漸陸兩、邢叄頌陸兩、陳昌連陸兩、楊康新陸兩、劉紹祐陸兩、陳庚陸兩、劉孔卓陸兩、羅勧陸兩、嚴承祐陸兩、邢三顧陸兩、劉輝彥陸兩、陳元憲陸兩、鄭璟陸兩、嚴承敬陸兩、鄭璜陸兩、劉遵剛陸兩、嚴承參陸兩，李爲龍伍兩，楊息新肆兩、嚴宗佶肆兩、聶大熉肆兩、周肇邠肆兩、楊聖春肆兩、陳元忠肆兩，劉天署三兩、嚴萬世三兩、高泳三兩、張宗祚三兩，劉天錦三兩，楊金貳兩貳錢伍分，吳榮貳兩、周廷光貳兩、聶大光貳兩、聶大烱貳兩、邢三兼貳兩、陳昌遵貳兩、楊國柱貳兩、邱道舒貳兩、劉輝猷貳兩、姜錦貳兩、劉世敏貳兩、聶亮忠貳兩、劉昌明貳兩、劉廷宗貳兩、吳思立貳兩，高遵壹兩二錢伍分、邱官元壹兩二錢伍分、李項壹兩二錢伍分，劉祖向壹兩二錢伍分，劉苞兆壹兩、聶履忠壹兩、李九標壹兩、楊廷鈺壹兩、饒孔弟壹兩、饒孔慈壹兩、高光裕壹兩、劉兆哲壹兩、劉兆鯉壹兩、劉梅壹兩、劉祖屏壹兩。

生員：陳昌游肆兩，羅宏模三兩、劉世健三兩、劉金三兩、劉世達三兩、李芳妍三兩、陳元恕三兩，羅策驥貳兩伍錢，林常潤貳兩、羅承海貳兩、夏聯貳兩、葉上苑貳兩、羅格貳兩、聶大經貳兩、楊其昉貳兩、吳江貳兩、楊廷樞貳兩、嚴承矩貳兩、嚴承立貳兩、羅成模貳兩、楊暻貳兩，嚴一熊補捐壹兩伍錢、劉勳壹兩伍錢、鄧維緒壹兩伍錢，姜士濂壹兩貳錢伍分、羅承炳壹兩貳錢伍分，張宗載壹兩、羅一鴻壹兩、劉宗啟壹兩、嚴尚瞿壹兩、劉文兆壹兩、嚴尚彰壹兩、夏長緒壹兩、楊廷士壹兩、嚴承昊壹兩、李繼龍壹兩、楊勳壹兩、許朝黻壹兩、嚴承載壹兩、李元音壹兩、嚴夢松壹兩、夏烈壹兩、羅夢筆壹兩、楊必登壹兩、楊紹侃一兩、林一元一兩、陳元鋐一兩、楊繩祖一兩、夏聲一兩、葉維蓮一兩、姜承春一兩、羅遠模一兩、劉拔一兩、楊帝懷一兩、楊錫祉一兩、夏恬一兩，葉元伍錢陸分，姜淮伍錢、姜演伍錢、鄧師孔伍錢、姜宗培伍錢、夏求遠伍錢、劉向耀伍錢、嚴鼎元伍錢、嚴萬聖伍錢、劉朝極伍錢、嚴承岱伍錢、羅藩城伍錢，李頤肆錢，葉叄英叄錢。

鄉士：李濬貳兩、劉崑兆貳兩、周熾貳兩、魏德祿貳兩、陳龍舉貳兩、楊岕貳兩，聶岱壹兩、嚴一爐壹兩。楊南新、嚴萬嗣、羅濂、陳國鼎、陳承家、高渭、陳昌逸、姜寅、黃盛祖、姜篤生、嚴宗柱、陳昌進、林桂一、林宗洛、林遠江、李爲棟、夏求武、陳昌适，以上各捐銀壹兩。

宣統辛亥年，劉先交捐銀捌拾角正。

六烈記

六烈祠記

節義者，天地之正氣，無男女，一也。顧在男子宜易，而在婦人、女子難，乃至于男子無聞，而婦人、女子反多表見。或在窮山下邑，生丁末世，得與古之侶傳姆而嫻圖史者比芳揆烈，不亦奇哉？閩中庚申歲，寇盜被埜。當時刓貞鏟素，甘爲瓦全者，無論婦、女，即以人士自命，翻爲賊鄉道，以魚肉鄉閈。甚而身膺民社，不聞背城一戰，率奉頭鼠竄，令赭衣輩撫掌而笑惡。今永安爲延平外邑，安貢堡又永之一鄉聚，顧有婦、女六人，抗節死如，諸生稱説。嗚呼烈哉！六人者，嚴師訓妻鄧氏，抗聲罵賊，賊以刀鍼其口，尚作咄啐聲，至斷咽乃已；鄧林彩妻陳氏，延頸大詈賊求死，賊怒，叢刺之，溪其屍；吳天性妻，被執，過井邊，紿賊釋手，躍入井死；羅正茂妻劉氏、羅正卿妻姜氏妯娌，奔舟爲賊所及，各相攜抱子投水死；林祐女尾姑，同母被縶隙室，度不能免，乃拜母，縊而死。嗚呼烈哉！鼎鑊在前，白刃在後，歸人不歸鬼，在呼吸間耳。乃慷慨就死，不少低徊，豈非天地間正氣激昂、噴薄不能自禁者哉？庚申至今，衹十六歲，當時從賊以生者，老死無算，僅同腐草，而六烈之名，烱與天壤共盡，則謂之不死亦宜。先是，余以行部經其地，諸生以祠請，已請督學胡公、部使者孫公，咸報可。縣令復請予碑之，余曰：『昔秦人虎噬六國，靡然北面，獨魯仲連不肯帝秦；燕下齊七十餘城，爲主死節者，惟晝邑王蠋，至今歆羡。夫國有一士，猶然重于九鼎，矧一鄉有六烈女，何爲不可風哉？予獨惜夫六烈者，不在通都大邑，不爲大丈夫耳！』嘗讀陵母碑銘云：『婦人之服，衣兮衾兮，有忠有烈，男子之心兮。男子之服，冠兮蓋兮，惟邪惟佞，婦人之態兮。』余于六烈亦云。是役也，倡議則諸生，勸相則父老，而始終之者，前令今陞興化判許君培之也。

僉事毛爲光撰

雲龍書院記

雲龍書院記

延津史溪之上流有貢川焉，截然永安之藩蔽也，生齒不下數萬，宋大儒了齋桑梓在焉。堡築自肅宗皇帝之辛酉歲，歷有廵司守禦。司無居，煢煢一官，都人恤之，治其舍于公署之左空地。繼典是職，而來者矯令滋擾，郡、邑核，知爲大蠹，裁其官，坐是司舍頹圮，猶空地矣。今皇上丁酉歲，縣大夫張君領縣事，巡行堡內。一旦，進諸士謂曰：『此中固名賢梓里，以科目顯者，夫既節義著聲矣，今士獨扼于科目，何耶？豈其干將鏌鋣，不可以試無，亦用力之不專、彈射之無素歟？』遂捐貲，鳩工程材，于久廢之司舍而刱書院，院成，題曰：『雲龍書院』。令諸士肄業其中，仍于堡內公課，昔屬之乾沒者，設爲定制，入之院以資會膳，葢兩載于兹矣。諸士欣然，銘佩相與，模其像而俎豆焉。賴生尊賢、李生中桂、賴生希顔馳狀請言，以勒之石。余曰：『有司之養士，猶之農圃，然時耕而耕，時耨而耨，時穫而穫，善養故也。洚水爲溢，嘉穀不生，疾風振之，嘉樹不植。張君之造士，教之必因其材，會之必因其地，曲意責成，深于善養之道矣。昔人謂魯人陟岱岳必先東山，吳人涉滄溟必先震澤，由觀法近也。諸士虁牆，張君是必舉。張君之廉于官、愛于士、戴于野者，觀法之審矣。自是而得售于時，以君之廉廉于官，以君之愛愛于士，以君之戴戴于野，國家將有賴焉，夫非東山、震澤之謂歟？余謂是院之成，育士也，乃所以育天下也。《易》曰：「養賢及民。」則斯院顧不大哉？』張君諱守讓，號吶銘，庚午鄉進士，南海人。

萬曆己亥

脩撰侯官翁正春譔

門人楊名顯、嚴九齡、楊名第、賴尊賢、賴希顏、楊如林、葉聯第、劉晴奎、葉春震、林璜、賴敬賢、賴希忭、嚴學光、劉芳、羅應亨、李中桂、葉必正、賴如價、林日森、嚴一槐、葉春陽、嚴九岳、林音、夏彥、嚴九穗、劉延第、姜頤祥、鄧繼光、張友顏等立石

石塔記

重建水東石塔小引

余自都抵家數日，里縉紳、耆老造廬，請曰：『始予日夜冀先生之來，而尤恐其不即來，而今而幸其來也。吾鄉將有事于石塔，聞乎？』余曰：『聞而未既也。』曰：『昔里之東面塔峙焉，爲層九級，嵯峩插漢，而少泉、三泉二先生鵲起，其間不可不謂地靈力矣。厥後圮，而南海張公、江右許公先後涖永邑，爲巨墩，以當洪波之一柱，奠石址，搆層臺，而海日先生復轟然振焉。今地乃遂竭，其

膏液而鍾美于先生也。何以旌吾地而奬其能也？夫塔圮，而墩巍然巨搆也；墩存，不可使塔墳然而並鎮也哉。且夫塔復也，非創也。吾聚士庶于四達之衢，盟諸東門之外。欲祈一言以爲勸，使斂衆緡以底厥績，將如發諸私篋也，而豈靳之乎？』余惟是。吾里大舉三焉：建塔、築堡、搆墩，咸罄私産，而力維桑梓，費皆縻金錢千計，而踴躍樂輸，義不敢請公帑一錢。夫上有所爲，而以爲病者，是不可爲也；下有所爲，而將以利之者，是不可不爲也。里先人罄其私産，將爲桑梓萬世計，舍其舊而新是圖，將何以見我先人？毋亦墩既插淵而霞絡，塔亦拔地而霄騫，元氣鬱蒸而精英不散，其有利于茲土也，不多乎哉？首事之人，毋圖便，毋中墮，度山林，具畚鍤，嚴簿書，慎出入。落成，而走一介之使覆我于華亭，曰：『塔千尋矣，勢流雲矣，事告成矣。』余因是，得藉手而謝諸耆老、縉紳，而亦可以其事語吾華亭父老也。

里人羅明祖譔

梯雲塔記

梯雲塔記

貢川自南來復，逆流南上，其水則直從北去。昔人于東建塔作墩，皆以上水爲功第。水勢北流，艮方乃其去處，建塔于此，使水得纏元武，于堪輿之法合。且艮東北之卦，萬物之所成始而成終者也。貢北有白石、狐狸二坑，其水本貢護龍逆上之水，而其口順流而下，形家病之。于是，里人聶昇自以爲功，于白石坑口築爲上水筆，又鑿狐狸坑水挽水上流。貢川日以殷繁，聶君之功宜稱誦者，久而不衰也。以此例之，塔之宜于艮益信。乾隆二十年，耆舊、紳士咸有志于建塔，得首事若干人，奮起而圖其新，計歷年堡田羨餘，益以題捐之數而成之，一時和氣薰蒸、義聲載振。遂定卜艮方在貢北二里許，遴匠庀（庀）材而建之。甃石爲址，址務堅；煉磚爲層，層務均。塔成七級，凡若干尺，每級二牖，以達其氣，由内搆梯，可登其極，勢若凌兢而不危，形極嶙峋而巨麗。經始于丙子年，越三載而落成，糜金錢若干，猶以其餘，建爲塔院，募僧居之。綜建塔來，丙子李君芳妍獲雋，乙酉劉君英捷經魁，而劉君安善、安璧、陳君天寶皆相繼中副舉，登國子上舍。視紋山先生所稱，『水東塔建，而少泉、三泉二先生鵲起』，後先輝映焉。繼自今，文峯峙于上而文運昌，去水止于下而財物阜，功可勝述哉。是役也，首事某、助緣者某、石工某，例得並書。

乾隆四十三年戊戌三月吉旦

賜進士出身翰林院檢討紀名御史劍津官志涵譔

木塔記

重建堡東木塔序

建塔始于釋氏，而形家謂可以補山川之缺憾。故自京都達省會，凡州郡、城邑、市鎮所在多有，非以地形不能全美，于不能全者全之，奇峯起而插天，文筆聳而凌漢，地靈人傑，其感應之理，自有不爽歟？永安自分置後，言文人物者，多推吾貢。夫貢爲治北一大鄉，前明之世，建石塔于東伏獅山，爲層九級，三泉、少泉兩先生出焉。後塔圮，建墩于水尾，海日、紋山兩先生復通藉。國朝乾隆間啟建北塔，實岡、彦菴諸先生復相繼登賢書，然而甲科尚有待也。鄉諺云：『木塔倒，文風頹。』今金墩雖插淵而霞洛，北塔無復拔地以霄騫。葢建塔甫百二十年已，就圮于光緒庚寅之夏矣。邇來文風漸衰，習俗不古，論者輒歸咎于二塔之俱壞，而思有以復之于東塔，尤爲當務之急。溯自紋山先生有重建小引，而成否未可知，僅存基址。故文筆之凌雲者，無以受生生之氣而大發其精神。鄉之君子，往往有志于斯，但以工程浩大，旋議旋絀。予切謂：事無不可爲，要在得人以爲之耳。如縣治舊無考棚，近鄒明府倡建于先，葉太史督成于後，高堂廣廈，煥然一新。即吾鄉咸豐重修土堡，得金公祖親臨而董勸之，不數月而聚貲八千有奇，閱四年而功竣。有志竟成，未聞絀于費而中止也。矧合一鄉之力，營一小塔，址仍舊，而非創哉。近歲，各城、祠、橋、路次第修餙更新，其間糜費，或數百金，或千餘金，當其創始，皆以爲難，迄乎終事，究未聞不足，以是知事無不可爲，要在得人以爲之也。今里中咸願重建，爰邀同事集議，遴公正者司簿書、董工役，矢慎矢公，毋畏勞，毋中絀，積日累月，期于必成。所有經費，業將賢祠公項儲數百金，以資倡導。仍望闔堡信善踴躍捐輸，助成厥美，使文筆插天凌漢者聳秀于東方。庶地脉鍾靈、山川輝映，俾科甲蟬聯而起，一如前代數先生，功業文章彪炳誌乘，是誠桑梓無窮之利也。敢綴弁言以爲券。

光緒二十八年甲辰吉旦

里人劉德驥譔

貢堡庄記

貢堡庄記

吾人讀古人書，見古人建樹卓卓，禆于時而傳于後，莫不心焉慕之。而又念身居蓬蓽，屏足蹜手，無由納身囊中，以自試其鋒穎，則又感慨傷懷，不能自已。然吾嘗聞明道先生有言：『一命之士，苟存心于愛物，于人必有所濟。』則以爲吾人值事會之可爲。苟不自因循，無誘于利，無怵于謗，以濟事爲心，則隨分樹立，雖不能如古人之卓卓，要皆可自表見，雖無一命之榮，亦可也。吾鄉居人數千家，自宋以來，名臣賢士輩出，號爲樂土。明正、嘉之間，萑苻弄兵，乘墉焚巢，歲凡數見，人心驚惶，其不爲墟者僅矣。鄉先輩鄧、賴諸公具其事呈諸當事，諸當事公請，得築堡城，周環五里，民有守備，寇不敢窺，迄今賴之。乃諸公又念城雖築而修葺無資，久且壞，又買冲村奉先堂入官之基並田若干，以爲堡田。何其用心之周而永也！鄉感其德，立祠俎豆，歲時將事，禮亦宜之。夫諸公曷嘗有一命之榮，不忍鄉閭之禍阨，奮身爲民請命，雖室內戈生，瀕于患害而不悔，卒以有成，豈非豪傑士哉？堡田既立，凡櫺虜、雉堞、石塌、木撓及堡中諸公費，以所入給之，沛然有餘。邇來，歲以子衿六人司其事，事以無缺，但收租無公所。每歲，值事者借他人之庄以寄收，歲易其處，佃之納租者，望望不知所投。甲子，姪承昊暨楊君紹侃、賴君天顔、陳君元恕、羅君成模、邱君振騰直事，乃即奉先堂基架豎公庄，經營于甲子之冬，閱乙丑告成。規模寬廠，氣色新鮮，收者納者咸樂之。諸君司事二年之間，既刊賢祠新冊，復重刻堡田舊冊，乃復成此役也。豈非不自因循，以濟事爲心者乎？諸君積學，有美才行，且虎變龍騰，效用王家。異日，值事會之可爲，當必有建樹卓卓如古人者，咸以此卜之也。

大清乾隆十年乙丑孟冬月朔日吉旦

歲貢生嚴萬懷謹書

義倉記

倡立義倉記

自積儲爲生民之大命，而後世備荒之策，有常平、富平、廣惠等倉，歷代迭舉而行之，要其法，莫善于義倉。吾鄉義倉之興廢，以前渺不可稽，惟堡内向稱殷實，民食不虞告匱。邇來逐末者衆，規利之方日巧，米穀之耗滋多，雖錙銖所在，不憚空積，聚以營之，居奇者又坐擁倉箱，以希高價，無復有惠顧桑梓者。致近年，每介夏秋之交，新穀未登，舊穀已缺，至于市販一空，隣近幾無從告糴，迄本年尤甚焉。幸而邑侯張明府催科至貢，憫堡衆之嗷嗷待哺也，爰與當事者悉心籌畫，拯救有方。既而思，苟且目前以濟一時，曷若先事預防以計久遠，用慨然捐廉，以倡義倉之建，並遴堡中急公好義者董其事。我同人謹前車之鑒，先罄堡内所蓄以輪之，首得谷百伍拾碩，諸董事各重揭己貲以導之。雖人情公私不一，有富而一毛不拔者，有貧而力捐不吝者，爲義爲利，悉任乎人之自爲，而未嘗相強。乃不兩月，而慷慨樂施踴躍，以襄盛舉。計捐谷八百余石，除置倉、勒石等費，後實儲谷七百餘石焉。是役也，非張侯之捐廉倡建，無以導于……（以下缺頁）

義倉序

義倉序

我貢自明景泰間築堡以來，稱爲樂土。大約堡內米穀一年所入者，必得有餘一年，或餘數月，比比皆然。邇來田地易主，彼此買賣，固不限在堡中，田業視昔，不無暫少。且人多好利，其米穀或有運賣他鄉者，有開窨爲麯者，有貸食採辦松烟客夥者，弊端不一。惟船車搬運，今昔公禁特嚴，其他即竭心力究，難以爲末俗維持。所以近年每虞米穀缺少，迄今歲爲尤甚。自春來，凡鄰近各鄉，皆禁將米私運出境，即密邇之地，人亦無從告糴。及五六月，新舊交接，不過旬日之間，街店市米俱空，四境待哺嗷嗷。而關心時事者，欲爲地方籌畫而勢迫倉卒，皆莫能善于設計也。竊幸是時，適遇邑侯仲華張父師催租至貢，予與同人劉德驥、劉馨賢、羅慶華、姜懷鴻、聶詩風、羅本楨、聶詩誠及男先穎、再姪孫家澍等，于館晋謁，因以目前情形上陳焉。邑侯念食爲民天也，立命販暨四出採買，給諭通關隘，旋由縣中買得客米百餘石，事賴以濟。復謀善後之策，捐廉以倡立義倉，仍行出示，永禁爲麯及貸食松烟客夥，毋得輕賤米穀。再擇堡內殷實公正者董其事，得高君家櫟、羅君聯忠、嚴子振湘、姜子嗣演及再姪世祿，隨勸各姓各戶咸樂捐穀，以勷盛舉。嗣後夏秋，出陳入新，庶幾有備無患，堡內依然得爲樂土，而飲和食德于無窮也。豈不懿歟？

光緒十有九年癸巳季夏月吉旦

里人楊懷桂謹誌

龍山學堂記

新建龍山學堂記

古者里有塾，黨有庠，州有序，鄉有校，無非納斯人于學中，成就其才，以儲國家之用。自世教既衰，先王教育人才之規渺不復覯，雖建學設校，而規制代更，幾于名存實去，蓋古制之就湮久矣！今國家舉行新政，力圖自強，尤冀教育普及爲自強基礎，自京畿以迄郡邑，莫不以興學爲急務。伏讀《欽定學堂章程》，凡府縣由官徧立外，四百家以上之鄉，宜設學堂一區；十年後，二百家以上之鄉，均宜推廣設之。延教習，置校具，分科講肄，循序遞升，蓋欲使無地不學、無人不學。所以甄陶庶類，牖民智而造通才者，意美法良，直復舉三代之隆規，非徒采外國之偏長也。吾鄉戶口千餘，應設小學數區，而建置伊始，籌費維艱，爰集同人公議，就環秀樓遺址先建一區，稟官，命名爲龍山兩等小學堂，特遴公正好義者董其事。先即公款籌捐千元爲倡，復偕同人募捐千有餘元，不帀月而貲集。由是鳩功庀材，經始于乙巳之春，迄丙午夏落成，廊舍通明，學廡軒爽，遂于是秋開學。是役也，予雖熱心倡建，非得張君永奎、羅君聯忠、慶華、楊君世貞、家鈴、林君有光、聶君升庸、劉君序咸、嚴君振岡等之協力任勞，矢公勷贊，曷由始終其事以聿觀厥成？今既規模粗具矣，莘莘學子造就有基，尤望後之任事者加意改良，廣籌經費，以垂久遠。他時正學昌明，人才輩出，文明大啟，風氣日開，俾與古庠序相媲美，以增鄉邑之光，庶無負國家興學育才之盛典也。是爲記。

里人劉德驤譔

按，是時科舉未停，非假神道以倡建，則貲無由集。故中祀文星，其左龕神像，係原祀環秀樓中，右龕諸牌位，則捐銀百元及八十元者附之，以誌不忘。

老堡冊弁言

老堡冊弁言附

本堡書冊內載創城原委、堡田地段。歷年既久，存者一二，珍秘不輕示人，堡田日就迷失。康熙辛未，鄉先輩羅如日先生值年任事，乃照書冊一一稽查，而撮其始末，詳註田段，手寫一本，爲值年徵收考據，厥功大矣。但流傳有年，日見損壞，且亦略而不詳。今得原印冊一本，苗田庄基、始終本末纖悉靡遺，後之人得所稽，而不至迷失也。然恐日久又復散失，緣照原印冊，增以本朝親供、備照冊，及今現管石數，並架庄記、修城記、先賢永懷二祠祀田，統爲擺字印刷，以廣其傳。俾家喻戶曉，則世守不失，而堡城亦藉以永固矣！至其田之荒者議墾、失者議查，尤望後人各盡其心焉。

大清乾隆十年歲次乙丑季春朔公述

生員嚴承昊、楊紹侃、鄧維緒、賴天顏、陳元恕、羅承模、邱振騰等董刊

禁碑告示

〔永安縣爲越界受殃立禁碑〕

特授永安縣正堂、加五級、紀録五次楊，爲越界受殃懇立禁碑永保安寧事。本年三月初六日，據拔貢生劉承美、附貢生楊秉淵、劉其昺、生員吳錦、劉序謨、楊懷遠、劉揚、楊誠忠、耆民嚴興、羅聖復等呈稱：『切貢堡地方偪窄，原沿途開放水溝，以通煞氣，各處古界尚存。緣大街一帶前後舖屋，多將舖床葢溝，溪前，店又越堡城超架，舖寬路隘，以致時釀火災，此際受殃實甚。今闔堡爲保寧地方起見，各照原界起架，恐後越佔難鋤。幸逢福星照臨，瞻仰陽春筆判。爲此，僉呈禀懇恩准立碑示禁，地方永寧。』等情到縣。據此，除批示外，合行出示，立碑嚴禁。爲此，示仰貢川居民人等知悉：爾等貢川大街一帶前後舖屋，務照歷來古界葢造，開放水溝以通煞氣，毋得將舖床葢溝、越城超架，致使道路窄隘、火患難防。自示之後，如有仍敢將舖床葢溝及越城超架等事，許該紳衿、地保人等，立即指名具禀，赴縣以憑嚴究，決不姑寬。仍將此示刻石立碑，永遠禁止，各宜凛遵毋違。特示。

嘉慶二十四年三月十二日給

附録：

乾隆二十四年己卯，闔堡請禁水坡涼棚立碑，慧照庵抄白：

貢堡山高煞重，居人屢被火災，兼以水坡涼棚，舖戶蔽抑陽氣。今闔堡公議，聯名僉呈，蒙縣主林爺押折示禁，得見青天白日，快覩景星慶雲，各宜凜遵，共相勸諭。如仍踏前轍，罰銀二兩存公，倘相率效尤，呈官，三尺莫恕。敬勸碑銘，永垂監戒。

乾隆二十四年歲在己卯三月吉旦

合堡紳民公立

兑換約

兑換合約

立合約崇義社福首劉子謙、嚴㬌諸、陳夏玉、賴克千等，原有本社自置迎神地基一植，坐落三華宫左邊，與公館毗連。原通堡承去架屋，與堡官住居，遞年担米一石，與本社迎神用。嗣後公館焚燬，止存地基，租米無貼。今公館改爲賢祠，承羅柳次、邱文度、聶允功、李爾康、夏近樂列位先生等公議，仍照舊例，將賢祠續置租米一石，坐落巫峽頭水苧坑，寫與本社福首，自行召佃收租，以爲收積迎神之費。自今以後，三華宫左邊地基係賢祠管理，巫峽頭租米係崇義社管理，各管各項，永遠爲業，再無添找、取贖、恢悔之例。其田苗載在二十六都四圖九甲林宅戸内，遞年照例貼納粮差，候大造黄册之年，任本社推出收入，自納粮差。今來二家甘允，各無恢悔，用立合約存照。

其田上手文約一紙，一竝繳照。其地基上手文約無存，不得交繳，再照。

地基：貢川三華宫左邊一植，前至大街、後至三華宫牆、左至賢祠牆、右至三華宫牆爲界。其屋基換與通堡，爲公物，不許私自獨歸一姓。若借通堡名色私自换者，許本社仍自管業，其田退還不換，再照。立合仝約二紙，各執一紙存照。

康熙六十年辛丑九月　日

立合約　劉子謙、嚴昴諸、陳夏玉、賴克千

在　見　劉彤友、夏道勇、嚴詹山、楊師晦

代　字　劉言可

鹽倉租約

立租約水客林天衢，今在貢川慧照庵，租得前棟全座並兩廊及大殿東、西四椚，堆貯官鹽，散賣民食。每年議定，貼堡内公衆租銀一十六兩正，交付值年、禮生收入，以爲公用之費。欲後有憑，立此租約爲照。計開其房屋，如有破壞，脩整俱係渠事，不得將舘租内扣，並除面前坪内，不許閒雜人等曬涼以及堆積等物，再照。

有合同。

乾隆八年九月　日

立租約　林天衢

此因嘉慶庚申年七月十八日，大水流壞，至甲子年，諸董事改爲鄉約堂。

田段履歷

鄭坑蛇岃田履歷抄附

林宅原捐入賢祠從祀田米壹碩，土名鄭坑蛇岃，又名蛇坑仔，佃詹其勳立約承耕。查此內，林宅另有分折正租米壹碩，賣與詹佃。年久獘深，詹佃創立賠穀貳碩伍斗鄉，並正租轉賣與小波源鄧付寶爲業，自其勳物，故後並不向堡立承。乾隆四十三年，時值臘末，此田錢穀兩虛，只擬向詹佃取討。隨僱人到詹家查問，據說其勳已故有七、八年矣，此田交小波源付寶承耕已久，追問付寶，又稱係瑶田葉乾承耕。不已，一村越過一村，方知付寶自行安佃包收，他遞年收穀伍碩，而又善于彌縫，屢值歲晚，付寶折價，親自送租。值年人擬爲詹佃耕作，只理收租，並不令其立佃，所以上下接班，俱不知田是佃非。本冬年畢，臨春，付寶了然，不向堡立承佃。四十四年四月，愚等呈控張主，蒙批：『堡田苗載何戸？詹其勳曾否立佃？于何年身故？究係何年值何人司事？』失收租穀，至今逐一聲名，並抄苗冊，條號粘連，堡冊另立，奪看批殊多節續，難以紛解，然已有案可憑。經愚等議定：安、承二約寫與瑶田葉宜浩耕作，遞年還堡早穀貳碩伍斗鄉，無有增租；付寶正米壹碩，佃自認向立承。至于有無賠租，其勳承約諒已申明，佃人自能與較諒，亦無禁，我等何其安、承二約内申說？佃人以及別人，並無賠租在內。此田，瑶田有葉大目前在付寶承耕有年，賠租被他侵佔多無穀還。因大目不知堡內有田，未向堡立承，後被付寶改佃，此人知情可詢。又據葉宜浩說：『此田分作二段，一段割得谷五石，可任二家正租，另一段不止五石之數。』料付寶與葉乾不無串通情獘，希圖割裂入己。嗣後，諸同人再勿聽付寶串佃套耕，以誤公產，至囑至懇。

乾隆四十三年戊戌

值年同誌

承租約

長子坑承包租約附

立承耕合同約永春州顔藝武，因在廈坑洗礦，水從堡田通流過圳，致將田畝崩壞。田主托親、保理較，議定開造完好賠還。仍托親、保，向貢堡陳載游、聶爾琛、嚴日華六位值年先生邊承去，包租耕作。面議不論豐缺，遞年到冬熟之日，包還干淨好貞穀貳碩鄉，又清流紅大穀三碩鄉，冬牲一隻，擔送至堡庄，面扇交量，不敢拖欠升合，並牲一隻，一足明白。自承之後，以前崩壞田畝，務要開造完好耕作，不敢賣弄界至、移坵換段等情。其田並無作水承錢之費，如有欠租等弊，任田主改佃無辭，不得藉端霸佔；如無欠租，任其永遠耕作，通流過圳洗礦，堡衆不得另行召佃。日後，若佃人不願耕作，有崩壞田畝，當開造完好交還，不敢異説。欲後有憑，立承耕合同約爲照。立承安耕合同約貳紙，各執存照。

咸豐六年丙辰十一月　日

立承耕合約　永春州顔藝武

保佃　謝盛彩、黄福順

代字　劉鴻士

俱　押

書冊字號

今將領冊字號開列

劉德驥，大字號。劉耀西，地字號。
劉纘周，中字號。劉杰夫，黃字號。
劉汝賢，宇字號。劉書標，宙字號。
劉德文，豐字號。劉肯堂，盛字號。
楊幹庭，日字號。楊家鈴，月字號。
楊志熙，盈字號。楊子飛，昃字號。
楊家璥，辰字號。楊仁科，宿字號。
嚴集五，列字號。嚴振鐸，張字號。
嚴樹榮，寒字號。嚴鳴石，來字號。
嚴仁章，暑字號。嚴映秋，往字號。
嚴緝臣，秋字號。高振聲，收字號。
高朗卿，冬字號。陳　光，藏字號。
陳仰煥，閏字號。陳啟斌，余字號。
陳作舟，成字號。羅金餘，歲字號。
羅秉哲，律字號。羅書勳，呂字號。

羅瑞衡，調字號。　羅慶華，陽字號。
羅紹本，雲字號。　羅冠南，騰字號。
林有光，致字號。　林嘉崑，雨字號。
鄧順德，露字號。　鄧家隆，結字號。
鄧世維，爲字號。　鄧有勳，霜字號。
鄧本鐄，金字號。　李實萬，生字號。
李德文，麗字號。　葉紹基，水字號。
邱　仁，玉字號。　邱先俊，出字號。
聶　汪，崑字號。　聶蔚堂，岡字號。
聶布文，劍字號。　聶升庸，號字號。
聶詩芩，巨字號。　姜世奎，闕字號。
姜宗祿，珠字號。　姜世吉，稱字號。
姜承流，夜字號。　夏克繩，光字號。
夏克連，果字號。　鄭　福，珍字號。
鄭　賢，李字號。　余岐嵐，柰字號。
吳學程，菜字號。　黃世忠，重字號。
巫駿良，芥字號。　張承魁，薑字號。
張承佑，海字號。　賴　生，鹹字號。
劉先芬，河字號。　林克猷，淡字號。
聶瑞卿，鱗字號。　先賢祠公存，潛字號。

共書冊七十部，以千字文大字起至潛字止，七十箇字編號，俾知某字係某人所領，易于稽查。

光緒重建貢堡浮橋冊

〔光緒重建浮橋序〕

今皇上御極之元年，吾鄉之重建浮橋也。蘅巖、雲史兩先生偕同學諸君請予敘之，予曰：『是舉也，時勢易而得人難。苟得三、兩內外交孚之人以專任其事，則倒橐傾囊，不啻行者之赴家、食者之求飽，欲罷不能耳。橋成矣，橋成矣！向者鄉先生之創建浮橋也，以大橋廢壞，故難于恢復，爰改建斯橋，而復置橋產，立橋夫，酌規例，以貽成式。換新整舊，歲無或缺，確而守之，期諸百年不敝也。無如成虧有數，變易靡常。考康熙、嘉慶、道光朝，隨滅隨復，間有引咎不辭者。彼時，橋船、鐵練（鍊）尚不盡漂流也，況修造現未多年，迄同治甲戌，春水不甚漫，而悉蕩于斜曛之頃，練掣雙條，轟然曳響，解人欲索，亦但付諸繫鈴者耳。人是以不無黎（字伯雲，原籍豫章人）、魏（諱宗松，本里人，皆舊理橋務，爲眾推重）二公之思也。今楊君先標、嚴君德植、羅君慶揚、邱君珠暨姪孫先魁，出其平日干濟之才，首爲之倡，允知不勸而動、不勞而成已。維時肇捐于本歲二月上澣之八日，東西朔南，閭風鼓舞，代捐鉄索，彙聚百有餘股，若洋畲之鄉某某、水東之里某某，洵足嘉尚，及船隻、棚跨，無不樂助其成，極之老損窮民，僅僅朝夕還，且勉捐不遑，不百日而工竣。嗣後復有續補自來者不一，其數是操何術以致此成？蓋義以爲質，信以成之有素也。君不見泉之蓄也流自充，山之嗚也鐘遂應乎？記聯橋時，適五月二十有三日也，橋求而尚有當議者，尤望諸君以橋數所羨餘者，續建水東來紫閣、臨津對面上渡閣，暨南門會清橋、水東石坑拱橋仔、大溪河�一切整修，及刊橋冊、勒芳名，一事舉而諸善兼得，未有如此番之快事也。董理者使明，夫歷歷興廢之故，實由義利之分，斷不至讓古人之耑美于前也。是爲序。

旹光緒元年乙亥溽暑之吉

里人劉祖元蘭友譔

續脩浮橋序並書冊

吾鄉東面臨河，舊有浮橋焉，其廢興之故不一，昔人已詳之矣。惟自道光戊子重建以後，于今四十年，日即朽壞，而或以爲物久則敝，理勢固然爾，何必爲橋者？顧嘗攷昔人爲橋，計至沵，且起落甚惜焉。橋駕以舟，舟有新者、有補者；橋跨以版，版有增者、有易者；橋聯以鐵索，鉄索有剝蝕宜陶鑄者；役以橋夫，督以橋首，而又置橋產，以備橋費。蓋慮橋有易敝之勢，而酌以不敝之理也。乃自物價漸高，額用如故，庸有具舟而牢固者乎？庸有載版而堅厚者乎？惟鐵索差可維之耳。況橋夫常統其事，橋首屢易其人，橋產之入不無乾沒，橋費之出或致侵漁，加以橋例建醮，每多冗食糜金，即橋未敝，亦難博不敝，有不待已敝而知之。噫！橋敝矣，以千萬人往來所必由者，而任其日敝而不顧，其勢不至于沈溺焉？漂流焉而未止，則續脩其亟亟矣。爰集同人勸捐善信，肇工于丁卯四月，至十月事竣。因其餘貲，而更拓其產，重脩其冊，凡昔所未及載者續刊入內，以期歷久不敝，于以繼昔人之志，庶幾理勢亦可垂諸百年也夫。

旹大清同治七年歲次戊辰之暮春月吉旦

勸首陳德懷、楊懷桂、劉祖元、姜榕、李光宗、夏光燃、陳懷美、陳振鏞、鄧有能、魏克明、李邦耀、劉德驥、劉馨賢、林先魁仝誌

重建浮橋勸捐序

吾鄉自大橋廢壞改建浮橋，而據形家者言，以浮橋之設不若大橋之善。蓋謂貢川水尾隨山勢而反挑，宜建大橋以爲欄截，庶不見江流反背而去也。故後人于大橋壞後，將橋石立爲羅、星二墩，以障水尾，實爲地方風水起見。然自吾燕江、貢川以及沙邑大河一路，舊建大橋皆歸傾圮，不能興復。推其傾圮之故，皆由閩江上游作木者多，一遇大水爲殃，則萬木漂流，隨波撞擊，橋非砥柱，莫敵狂瀾，其傾圮也必矣。而况木造浮橋，既不若石橋之固，加以橋夫懈怠，夜間失守，一遇大水，山溪横木滚來，野碓漂流，車樑激射，有不一掃而盡耶？幸賴前人功偉，沉江鐵索兩岸猶存，故浮橋雖屢壞而能屢復。而議者則以此番橋壞，咎在看橋非盡橋夫之罪，是則典守者甘受指摘而不敢辭者也。夫建大橋以利濟行人，黄金累萬，當時尚能傾助以成厥功，况浮橋鐵索猶存，則木料、人工猶易爲力，其功程固可刻日而竣也。吾知今人樂善不讓古人，必有好義君子踴躍樂捐，而快覩斯橋之成者，請持此言以爲四方樂善好施者勸。

旹大清道光八年戊子清和節

勸首劉承美、劉承信、陳尚經、楊周烈、劉青芝、鄧宗禹、楊先覺、劉祖元、羅宗堯、楊紹祖、楊仰茂、嚴啟猷、李克祥仝誌

序

吾鄉浮橋，襄事諸君殫力多年，既完固，乃詳述其施買新、舊田段以及修葺、督理諸事宜彙爲一冊，將付梓以貽永久。適值予告假回，而請序于予。予曰：凡事不患其不成，而患其難久；不患其法之不立，而患其立一法而法中之弊已隨其後也。然而事在一家，利病關己，恒必多方顧慮而預爲之計。至若橋梁、道路，往來共由，鮮不謂苟可以安而止。今諸君獨監從前迭經興廢之由、侵沒之故，且慮夫鍊之折而維以雙，舡之疎而增其數，田有土色，承有工匠與（輿）夫，換新補舊，各有限期。其爲謀至悉，爲慮至深，真不啻一家關己之務焉者，行見勞勩在一時，而功德垂奕世也。歷任邑父母暨鄉先生，皆樂于襄事，而各有弁言矣。余兹更喜觀厥成而爲之序。

旹大清康熙丁酉中秋

刑部江南清吏司主事加一級、前奉命監賑奉旨行取、勅授文林郎、山西河津縣知縣加一級、己卯河南鄉試同考官，里人聶儆題

增貢川浮橋鐵鍊引

程子云：『一命之士，苟留心于濟物，于物必有所濟。』顧以物類之眾、待濟之殷，而又限于財力之無多，欲其有所濟也，不其難乎？然事固有施力易、成功多而利無窮者，莫若于橋焉。貢川當水陸要衝，而限以大澤，既不能奮翼以飛，復無由褰裳而涉，即或乘舟濟渡，要亦不免守候之艱難、風濤之險阻，望洋興嘆，其奈此天塹何？自建設浮梁以來，憑河涉坎如履康庄，往來行人之受其利濟

者，不啻戴覆載之功、沐生成之德，而且垂諸遠久，誌之不朽。此非利人濟物之彰彰而不可掩者乎？獨是利濟雖弘而修葺不易，蓋舟舡易于破壞，洪波時又漂流，大約數年必爲補葺，更數年必爲新造。今各船俱屬漏卮矣，鐵鍊又且朽壞矣，使不亟爲修理，是以枯木、朽鍊駕乎急湍飛濤之上，而加之馳驅奔走，致遠任重，危莫危于此矣。然則利人濟物者，無如此橋，而人以利濟爲心，欲使物蒙其濟者，亦孰是修葺此橋之爲要，孰是重增鐵鍊雙關之爲固乎？夫成杠、成梁爲政所重，有司身膺地方之責，自當竭蹶勸事，匪異人任也。第因功程浩大，費既不貲，而且仁人君子誰無好施樂善之心，豈可使一二人專有其功而掩衆善哉？恭疏短引，用相勸募，凡同志者，其各量力捐輸，共勸盛事。蓋獨力者難支，而衆擎則易舉，庶使有涉川之利，而無胥溺之危，翳誰之賜乎？請各勉諸。

旹康熙四十六年丁亥花朝之吉

文林郎知永安縣事古潞張士垍書

浮橋鐵鍊序

貢川之有浮橋多歷年所，濟者咸賴焉。其橋之修，原則薄立米田及盛德長者捐貲修葺，故橋歷久不壞。歲癸未，暴風爲災，橋鍊以折，舟隨漂去。司事者苦之，以爲復有風浪如是，則斯橋之存廢，未可知矣。于是有預爲計者，舟之不牢，橋之弗固，病在以一鍊而維數十舟。夫以一鍊之微而遇暴風之烈，欲其保有此橋不亦難乎？今爲久遠之謀，莫若以鍊貫之者二，繫之固則撼之難，顧其費將安出乎？幸逢邑侯張公，福星照臨，以橋梁爲重，首先倡率，不日成功。可知況貢川浮橋，貢川之人由之，不必貢川之人無不由之也。持利濟之説，以徧告乎東西南北之人，自非若釋子之募化善緣，誑愚人以求福田利益者，誰則或吝錙銖乎？當必有大破慳囊，而歎然襄此盛舉者矣。

奉直大夫、原任山西大同府朔州知州事、前任山東登州府棲霞縣知縣事、甲戌計典卓異特賜披領蟒袍全襲、癸酉科山東鄉試壬午科山西鄉試乙酉科山西武鄉試充兩省同考官、隨帶陞任加一級仍加紀錄四次，里人羅南星題

重增浮橋鐵鍊碑記

貢川之浮橋久廢，雖重建于癸丑之年，鐵鍊之雙鎖連環，實增修于丁亥之歲。蓋以幸際張侯恩澤弘敷、仁心利物，捐貲首倡，襄茲盛功，指日告成，人無病涉。且總計修橋田畝之數，逐一鈐印，垂諸無窮，使永無漂流之災，長享蕩平之福。猗歟！立人達人，固仁者之心體無私，隨時博濟，乃盛德之周流無限。庶民歡呼，快覩今日，難忘天覆地載之恩，聊誌千年萬載之績。

康熙四十七年正月

門生張能五、楊濳、賴日晋、姜淮、邢最仝拜誌

增鐵鍊並買田小序

橋梁之制，至浮橋而其制善矣。凡橋必累石架木，而此僅聯之以舟；凡橋莫難于築址，而此唯浮之水面，其簡便莫過乎是。顧凡橋可期盡利，而此則利常與害俱；凡橋可一勞而永逸，而此獨必于常勞。何者？水以載舟，舟僅維之以一鍊，風與水日相搏，有時風生鍊折，舟漂流而人以覆焉，是爲利而即有害也。况舟浮于水，水能嚙舟而使之壞，其不至盡壞者，僅可一、二年，即補而塞之，亦

止得五、六年或四、三年。創之者僅一時，而修理之功，歲罔有間矣，且其間旱澇不常，防護難弛于日夜，此所爲必于常勞也。吾鄉之浮橋已經屢廢，而邇年來獨復其舊，顧其舟之聯合處，多惜費而板過小，且亦間多朽腐。余于辛未歲，竊勉力而更新之，較之從前爲大，而一時有識者，猶以橋之有害以鍊之或折也。鍊之或折，以一鍊之力孤而無輔也，計非增設一鍊以夾持之不可。于是，募遠近好善之君子，計所題總得若干，隨召工人具爐冶費共若干，指顧而鐵煉成，而橋庶永無害矣。至于欲釋其勞，熟思更無別法，計惟有多置橋田，足以給夫任勞者之費，庶幾可以永久耳。因總計造鍊剩餘銀若干，爲置田若干畝，悉登樂助姓名，以誌不朽，附之舊時橋田之後。俾後之殫心橋梁者，得所取給焉。嗟乎！爲一事而不圖其可久，鹵莽一時其不爲害者，有幾哉？亦願後之同志者，幸勿恤勞焉耳。

康熙五十六年歲次丁酉春王正月

里人邢最書

跋

浮橋之屢興而屢廢也，非無人于方興之時而即預爲後日之或廢計也。立橋田則修葺有資矣，僱橋夫則守理有人矣，乃橋田立而有侵沒之弊、橋夫設而多怠玩之弊者，何也？則以法雖善而不得行法之人，故滋之弊而卒至于廢也。邇年來，公舉黎伯雲總理，伯雲獨殫力効勞，無見侵之田，無或曠之役，橋船換者換而修者修，橋棚、欄杆一無朽壞，而其間旱潦不常，開聯有候，雖當午夜冥晦、電掣雷轟、急雨翻江、狂風倒海之時，獨毅然身親，率先荷笠披蓑，攘臂跣足，徧河干而與洪流爭烈，抑何勇于趨事歟。若以爲總理有錙銖之利，則以伯雲一生所揮，固亦多金，吾決知其無所貪于此矣。況橋之費用，不時往往當租力未收，不吝倒橐傾囊，先期取辦，苟計利人，寧得慷慨，若是也。獨惜伯雲以如是之才干，使得効力戎行，必能身先士卒，有以成功閫外，而僅施之于橋，亦大可慨矣。顧以率性戇直，時拂人意，然吾謂後之總理橋務者，苟得人皆如伯雲，則浮橋直可千萬世而永無或廢也。余因彙輯橋冊，附誌于此，一以徧告今人，一以遺勸後人云。伯雲，原籍江西建昌人。

峕康熙五十六年歲次丁酉蒲月

在園賴光前跋

原序

延平永安縣北出四十里爲貢川，汀水與清水合流而前，名曰貢溪，折劍浦而南入江，江入海，蓋四達之衢，商旅輻輳、泉貨轉轂之門戶也。溪當上流，舊設浮橋以濟。先時鄉薦紳文學林君騰鵠，義民林日弘、日光，率輸租爲修費，歲遭猾匠乾沒，舟日圮，猝遇潦則漂斷而去，遞修遞毁，往來稱厲，數矣！邑侯張公至，深念吾民之病涉也，慨然起而新之。乃下令核所侵匿貲，且捐俸爲倡，于是庀工程材，舟衡而綆縮焉。舟若鈎聯，綆若繩貫，橋日完固矣。復飭卒以守，重申爲令，使歲歲葺理不至廢墜，爲慮至深遠已。工既竣，父老士民均飫侯之賜，請勒石紀伐，相率征詞于予。予聞之，辰角見而除道，天根見而成梁，此有司濟人事也。苐財出于公帑，而役索于閭閻，雖云暫勞永逸，其如力詘舉羸何？張公視邑猶家，視民猶子，一切紛更喜事，屏絕不爲，獨于興利舉廢，則不惜己私，而務紓民急，斯誠仁人長者之用心，得爲政之體矣。且也儲租以待，踐更以守，皇皇未雨之戒，可爲後事之師，使嗣公爲政者率公意而行之，則斯橋其永永無虞哉！公抱經濟才，宰永安，多異政，具風鵶、雪山諸記中。其興革有條，則烹鮮之政也；課民有歌，則弦誦之化也；歷官如水，則四知之風也。至于勸學育材，建置義廪，增修臺堡，纚纚足述，余不具論。論其著者，則以永民之思，尤在橋矣，是宜鐫諸貞石，以垂不朽。乃若文學林君首義可嘉，並諸士民輸金姓名，舟租額數，例得並載于左，用詔來者。張公名守讓，庚午科鄉進士，廣東南海人。

萬曆二十六年十一月

賜進士第嘉議大夫、南京太常寺卿、前河南道監察御史，晉安陳聯芳撰文

鄉進士奉訓大夫、湖廣承天府荊門州知州，邑人蕭時中篆額

鄉進士奉訓大夫、貴州普安州知州，邑人賴萬嶼書丹

原建浮橋疏言

永溪從清、甯二邑蜿蜒而來，至吾鄉而厥流斯侈。原有浮橋通達廣濟，南上則航東甌，西入則輿江右。四達之衢，綰轂其口。厥後圮，而南海張公，公名守讓，蒞吾邑，春潮帶雨，舟危如葉，公實憫焉，重爲架造。穹然虹梁，翼然鴈齒，而二臺以及藩臯驛使晨馳飛檄夕至，所至如歸，無有菑患。邇來滄桑，獸駭鳥竄，魚龍讒瀡，欄楯解散，而民斯病已。幸逢邑侯朱公舊臘視篆，興利剔弊，百度鼇舉。于是里老聚族而謀求，所以副公志者，莫急浮橋，于焉僉舉鯁直端亮以董斯役。厥後，肩輿有祝，畚鍤有謳，其敢自以爲功，咸頌祝乎朱侯。

康熙十一年壬子

里人楊鳳瑞書

浮橋田冊引言

貢川盈盈一水，上接汀、漳，下通建、邵，乃四達衝衢，利濟攸關也。浮橋之設其來舊矣，前因山寇竊發，毀于清初明末之際。順治甲午歲，縣建浮橋，邑侯陳公爰借鐵鍊，載縣聯橋，行僅匝月，旋即毀焉。至丙午歲，鄉眾思復浮橋，苦于鍊之久假，因而中止。歷至癸丑，奮然有倡建之舉，推予首事。盛等思縣橋久廢，鐵鍊毀遺，詣邑簽呈，蒙邑侯朱公批允給還。但沉沒于縣西爐後之潭者尚多，而砂掩于北門之原處者亦復不少，百計挖撈，運回無幾，僅獲其半也。費財費力，竭蹶圖成，于癸丑三月十五日聯橋通行，遠近歡躍。及查《堡田書冊》，載橋田租穀五十碩，細究其詳，俱爲林氏散賣，展轉易姓，半粒無存。迨至秋熟，親詣永漿佃處，查係橋田，理之于官，僅獲租谷二十餘石。嗣隨確查，有願歸原田充入本橋者，亦有頑梗固執半粒不吐者，苐道路遙遠，惜未終其事。今尚查明數項，田有土色，佃有姓名，皆有實據，俱係豪強篡奪，必須經官理論，方得管回。噫！一介寒微自慙力薄，安能獨肩其責，徒付之一嘆而已。專望後之首事諸君舒一臂之力，搜尋新舊物業，無致遺漏，則事獲周全，斯地方之福，亦本橋之幸矣。但新置米田若干石，新募米田若干石，原存田池屋基並中渡舊業，皆有額載。近有水東、枣嶺二處烟戶，呈免水陸差徭，每年斂谷若干石，分給橋夫，懇後來緣首詳查，收租完粮修葺，毋致佃戶拖欠。至于的係橋業未經管回者，皆詳載于後，當邀同事理論，合眾共擊之，此予等所以日夜禱祝而顒望也。

康熙十二年歲次癸丑

緣首楊鍾盛、羅劼、李殿挹、嚴尚訥同誌

重修浮橋並募義渡田跋

從來事有廢興，物有成毀，雖曰天數，實由人事使然。吾鄉貢堡浮橋，廢復重建，昉于康熙癸丑，迄丁亥歲，增貫雙鍊而橋以固。襄事前輩，鄉先生殫心竭力，釐以成法，垂諸久遠，彙輯橋冊一帙，凡新舊田房土名租數、修葺董理事宜，一一楷註于內，至詳且悉，固宜行人賴之，永無圮廢之患矣。然而陵谷尚有變遷，橋梁豈能保無成毀？第旋毀旋修，每易爲力，未有如嘉慶庚申歲馮夷播虐而浮橋漂失殆盡也。松等目擊橋毀無存，往來苦于病涉，爰邀同志共襄厥舉，幸諸信善心存利濟，踴躍捐輸，計得金錢若干。遂于庚申九月十五鳩工，十月念八聯橋，指日告成，俾千百載，虹橋依然如故。更思春夏之間，水漲橋開，每受渡夫苛獘，于是以造橋餘貲，復于辛酉歲募捐義渡米田若干碩，新造渡船二條，歲給渡夫工食，禁以毋許私索行旅半文。又逐年額穀船匠，朽漏隨時修整，三年另造換新。且念往來之舟常繫于橋，舟重則橋必沉，兼以頭梢架壓橋上，晚間行人多致失足，故請邑侯童公永禁，止許安泊洋路，不得維繫橋邊。至若修葺橋尾來紫一閣，奉祀元天上帝，無非事當綜理詳密，實皆體前人爲久遠之謀。邑侯童公旌獎匾額，松等曷敢當焉？厥後，修葺浮橋規宜，悉遵古冊成法，無容意爲變更。而此番題捐芳名及糜費金錢、新義渡田段土色碩數，自當續刊冊內，以見樂施者利澤無窮，與斯橋並垂不朽。不揣固陋，爰敘顛末，附名于諸君子後。

嘉慶十年歲次乙丑

勸首姜承烈、魏宗松、林康儆、李長大、陳魯瞻、楊仰文、羅魯源、陳其言、林廷光、劉安慎、羅宗聯、羅宗驪仝跋

灣舡禁碑

署延平府永安縣正堂加五級紀錄十次童，爲僉叩流芳等事。據職員魏宗松等呈稱：『貢川浮橋被水冲流，現已捐資造竣。從前上下舡隻到貢，每多安泊橋邊取便，司事橋夫均致不理，應其將梢直架橋上。或遇夜行，每多勾跌失足致陷，或遇暴風甚雨，河水湧漲，適值舡載重貨，勢力洶激，致使鐵鍊掣斷，橋舡隨水漂流不一，匪徒遂將撞壞木棚、柵欄、傍板乘勢拉取。松等今議請禁，如有上下舡隻，無論大小，必須安泊洋路，無許仍前安泊橋邊，責成橋夫稽查諭阻，勒碑載道，以垂永久。』等情到縣。據此，除批示外，合行出示嚴禁。爲此，示仰來往一應舡隻暨橋夫人等知悉：嗣後，凡有上下大小舡隻，均各灣泊洋路，毋許仍前停泊橋邊，致多未便，並不許橋柵、探板妄借失落。如敢不遵，許該橋夫會同地保指名具禀赴縣，以憑拿究。該夫等亦不得藉端滋擾，致于並究。各宜凛遵毋違，特示。

嘉慶五年十一月　日給，發貢川東門浮橋勒碑曉諭

貢堡東門新立義渡碑記

原夫堡東浮橋之設以便通津，然時開時聯，究不免有臨涯喚渡之嘆。矧春夏間，天時多雨，甚至有經旬不復聯者矣，則義渡之設，宜輔浮橋而並舉也。今庚申洪水之刼，橋流殆盡，較甲申尤酷矣。隨醵眾善之金，不數月而全橋復聯，旋將所羨之貲，新置渡船二隻，僱夫四人，爲水漲開橋之候交梭接濟。仍募渡田，逐年收穀，則渡工有給，不索行人之貲，修造有資，可免朽壞之虞。至相水勢之大

小，度舡載之重輕，尤願往來行人戰兢是凛，切勿爭先，再若怠勞懈怠緩事挨延，在承管渡夫自有專責，然此皆好義諸君，不吝輸捐，以成盛舉也。今將樂施芳名暨田段石數，勒諸瑁石，以垂不朽云。

嘉慶六年歲次辛酉孟冬月

勸首魏宗松立

浮橋原田段

計開：

邑侯張公捐俸銀壹拾貳兩，置鐵索壹百貳拾股。

鄉官林騰鵠捨田修葺浮橋。地名：永漿村尾和尚壠共計七段，租穀貳拾七碩零大半升；又一段山凹，租谷壹石八斗；�竹坑三段，共租谷六石叁斗叁升；又白石壠二段，共租谷五石八斗；又一段林坑隔，租穀五斗，坑仔池二口，並西瓜坑租穀叁石壹斗五升；又山干屋基租穀壹石八斗；又永漿坑後租穀四碩。遞年共捨苗田租谷五十石叁斗八升半。

義民林日弘、日光捨巫峽貢川舖下屋四植，共租銀貳兩四錢；又浮橋下前畔樓屋壹植，租銀九錢；又後山洋池一口，租銀九錢；又晏公廟前池一口，租銀壹兩；又巫峽屋基二片，租銀九錢。

林良瓚捨劍州墩園租米五斗。

勸首楊長孫、林柏椿、劉智福募置中渡苗田。地名：冲村張坊後租坑租米叁石，又車碓後米五斗，又長尾窠壹石，又余地柘坑二段，共米叁石，又送錢坑租米四石、香坪墘仔租米貳石。

王積十捨馬坑黃沙坑苗田壹石。

上田段、石數，照《堡田書冊》登入，但自浮橋屢廢之後，多被人混賣，今亦有管還未清及新置田施主捨田，謹逐一條列于左：
一段秋竹坑西坑樺樹下，正租米四石五斗，冬米貳斗五升，冬牲貳隻，原佃張伊遠，現佃陳述老。
一段牛馬坑大壠，正租米叁石，冬米一斗五升，冬牲一隻，原有賠米壹石叁斗，原佃余宜序，現佃李順凱。
一段長仔壠，正租米貳石，冬米貳斗，牲一隻，原佃鄧接老，現佃嚴盛奎。
一、李達四公捨大坡鐵銚巖正租米貳石五斗，冬牲、米全，原佃鄭靖節，現佃鄧娥祖。
一、林鍾文公捨狐狸坑正租米壹石，原佃李士魁，現佃李友老。
一、陳昇公捨狐狸坑賠租米貳石五斗，原佃許老昆，現佃李友老。
一、嚴若士公捨大田坑圳頭墘南岩窠正租米貳石，原佃葉洋孝，現佃陳元敬。
一、楊素玉公捨大坡水井邊正租米壹石，原佃楊濟可，現佃楊懷川。
一、嚴乃明公叔侄捨冲村梘坑漈干正租米四石五斗，冬米貳斗貳升五合，牲二隻，原佃魏純老，現佃廖繼樹。
一、劉士美捨冲村黄垊壠正租米貳石，原佃李吉，現佃蔡安士。
一、羅萊次公捨張公山旗坪頭正租米壹石五斗，佃陳細老。此段，與黄垊凹陳朝正眾業共段。因陳宅族眾原有貢堡西門坪埔祠前坡頭、標林前、北門後山洋爐都尾、黄道嶺、上長壠並壠口溪邊坂等段，共正租米七碩。内除陳宅前將黄道嶺等處正租米二碩，並連業暨田頭山一片，又除將坪埔祠前折出正租米一碩，共叁碩，捐入堡内東門新渡收租。後剩坪埔祠、標林前、爐都尾，共正租米四碩，仍係陳宅自己管業。今陳宅以黄道嶺、坪埔祠等段已折出叁碩捐渡，以張公山旗坪頭橋田與陳宅眾業共段，二家不便收租，托親向堡議，情願併將後剩坪埔祠、標林前、爐都尾共正租米四碩，盡與此張公山旗坪頭橋田正租米一碩五斗兑換，已立合同，議約：二家日後，不得以田有肥瘦、租有多寡生端叛約、各自管回等情。二家田苗，照依兑換租米石數貼納，其陳宅兑換並捐新渡等田共正租米七碩，遞年橋內貼納上手高宅苗仔錢陸百文，其張公山橋田正租米一石五斗，遞年陳宅貼納橋內苗仔錢二百文，候大造黃冊之年，二家各自推收入戶，不得阻撓。張公山旗坪橋頭田上手文約，年久無存，未獲交繳，其陳宅坪埔祠坡頭、標林前、爐都尾、黃道嶺等田上手高宅文約，共計七紙，並陳宅兑換合約一紙，已交繳橋首魏尚功存照。

一、西門坪埔祠前坡頭第貳坵、第三坵、第肆坵並標林前、北門後山洋爐都尾，共正租米四碩正，原佃李佑遠、鄧才，現佃邱來貴。

已上三段，內除陳宅已折出正租米一石捐渡，後正租米四石，即係陳宅兑換張公山旗坪頭橋田，任橋永遠收租、管理。

一、買羅克毖公半溪麻公夾正租米貳石，佃高成龍、鄭福長。康熙辛卯年三月眾收，羅宅贖回田價八五色銀三兩，還已丑年呈狀公用訖。

一、朱善臣夫婦大坡梨坑正租米二石八斗，冬牲、米全，佃楊立、王齊婆。本田上手嚴孚先兄弟賣與姜二若，姜轉賣與朱善成，上手文約二紙、由帖一紙俱繳付橋收照，現在失管候查。

一、鄧仁奴公捨枣嶺詹坑正租米二石，原佃馮白婢，現佃馮其興。

一、僧人行甫捨和峯分折租穀一十四石，又分折穀貳石，又黃依墘租谷貳石五斗，本橋遞年十二月貼納沙縣福聖寺僧慧三租銀五錢正，佃楊法壽。

一、陳珎/珍芝捨眉山西墘正租米八石四斗，雞米貳斗，鴨二隻，佃鄧君籌、汝明，現佃鄧長老。

一段上渡閣後正租米四石，佃姜福壽。

一段水東李宅祠堂前租米二石，佃林細。上渡閣後門原計租米一十二碩，李宅祠堂前租米肆碩，原係臨津渡舡看渡之需，日後接濟公文。康熙癸丑年重修浮橋，通堡公議：渡舡剩有餘租而公文俱係浮橋，過割出米田共六石，以修浮橋，今于癸巳年歸還臨津上渡管業。

一、貢川晏公廟前魚池一口，原收租銀九錢紋正。本池四圍池墘，前至街市大路，裡至後山，前屋六植半，每植租銀　　此池一口，現係蔡吉承租，權貼現租錢三百六十文，立有承約。前屋池墘地基六植半久年無租，今嘉慶七年已議復租，每植遞年貼現租錢八十文，其第一植文昌社楊合三，第二植北門晏公廟社，第三植魏聖，第五植蔡吉，俱已立有承約，其第四植太保社、第六植劉宅、半植楊福，俱候各郎立承，一並交橋存照。其半植係本池東口，裏屋係高宅于康熙三十四年新架房屋，俱係本池物業，此裡屋現係蔡吉住居，其池墘地基久年無租，今嘉慶七年已議復租，遞年貼納現租錢二百四十文，立有承約，交橋存照。

一、貢川東門浮橋頭下畔路前第九植屋基一植，原租銀九錢五分正，其屋皮一植，嘉慶二十四年己卯四月羅右臣公捐，原收租錢五千六百文，今共權收租錢七千文正，現楊允生租。

一、巫峽頭牌樓邊從第二植起，連共屋基四植，首植地基並房屋共原租銀九錢，二植地基原租銀六錢，三植地基原租銀六錢，四植地基並房屋原共租銀九錢，已上四植，遞年共收現租錢九百二十文，今權收租錢八百文，原承租賴進兒，現承租朱法仁。

一、後堂巷前後地基共八植，嘉慶七年查得後堂巷又有中坪地基四植，合前、後、中三坪，現共計地基拾二植。前坪首植地基，屋皮饒周玉，二植地基，屋皮饒周玉，三植地基，屋皮張雪，四植地基，屋皮張雪。中坪首植地基、二植地基、三植地基、四植地基，此四植地基俱余正接承租，遞年共貼基租錢四百文，現承租余坤元。後坪首植地基、二植地基、三植地基、四植地基，此四植地基俱羅宗老承租，遞年共貼租錢叁百文，今收租錢八百文，現承租蘇坤官。

一、巫峽頭德隣書院下後畔小樓屋基一小植，現在失管候查。

一、貢川東門上畔城樓邊屋基一小植，原佃春竹公住，啟閉城門，夜間看守浮橋。松等重建浮橋，得讀原冊緣首楊鍾盛諸公引言，內有『專望後之首事諸君舒一劈（臂）之力，搜尋新舊物業，無致遺漏』，又云有『的係橋業未經管回者，當邀同事理論，合衆共擊之』等語。因查得此東門上畔城樓邊屋基一小植，現在李宅佔管，托親與議，據稱：康熙六十年係羅非近售賣伊，係價買。考橋田原冊，此植舖屋于康熙五十九年現刊在冊，豈六十年而羅非近敢盜賣橋業耶？公親諭其退出還橋，或將伊自米田兑換，即謂伊係價買，亦屬買錯，抑或將伊所買價銀寫出捐橋，其舖屋仍歸橋管也。可李恃勢不依，無奈于嘉慶七年壬戌五月，以橫佔橋業等事，向童邑主僉控，蒙批：『侯（候）勘訊』。續李訴，將舖後城街混指爲此舖地基，拴列賢祠值年司事祖証。經邑主勘丈，從舖前量起，深入三丈六尺係橋物業，後五尺二寸乃屬城街，隨于五月十三日在慧照庵公署審斷立讞：『訊得橋冊、堡冊，現據鄉紳同供，均屬真的。即核冊載，亦非假僞，但係從前遺失輾轉售賣三手，究非李姜老侵佔。若將李姜老契買舖屋斷歸橋管，未免向隅；若全斷李管，無以折服衆心。斷令：李姜老那出米田一碩官擔交入浮橋，以爲修費，該舖斷歸李姜老照契管業，該差郎取，兩造遵依，毋許再行滋訟，依法備案，此判。』閱此判案，所斷那出米田實爲兑換，第云壹碩官擔未照估值，不可以言兑換，則此令那出米田壹石官擔，童主乃狥情率斷已殊。斷後，並無半粒米田交橋，延至是年十二月，值府尊廣適臨貢堡，松等上稟，賢祠值年司事亦符同護李祖稟。蒙批：『查前任童縣所斷，甚屬公允，今該生等照前縣斷秉公理處。』稟覆：『不料李人又串值祠司事暨紳士，俱屬伊一棚親友，私相受授，背造交領。議約將伊土名深壠下則米田折出一石鄉擔，不照讞斷官擔，又以官斷那出米田揑載爲捐田施主，誕請飲福，甚將斷案盡行弊換，並不向浮橋董事議處，反稱松等遺斷混向。』府尊吳邑主賚呈，蒙批：『查魏宗松並非遺斷，因前縣所斷租米一石，係指倉斛而言，今該生等理處，自應于約內註明、交執，再無不允，約字、佃批發還。』此從嘉慶七年壬戌至本十年乙丑，迄今四載，仍不遵吳主批示，猶無半粒米田交橋，總恃祖護有勢。竊思賢祠與浮橋雖皆屬堡物，紳士俱屬堡人，第祠業與橋業各自有司事分理。今祠值年司事而減收官斷橋業，無乃越俎藐斷乎？夫上之有侵佔橋業及錯買者，前輩紳士暨祠董事諸公，同心協力，且捐己貲，僉控一一管回還橋，載在橋冊，彰彰可考。今之紳士及祠值年司事諸人，私狗親友，袒護侵佔，其視前輩諸公，實大相左，良可恥愧。廣憲批示秉公理處之謂何哉？悖謬若斯，安知後之接理橋務者不亦阿諛乎？李漫以私改鄉擔，妄准所斷官擔，收理且冒認其爲捐田施主，並請飲福齋酬，既得掩其侵佔之惡，及得博其施主之名耶。然李人此番搆訟勾串弊端，較買舖屋，倍耗多金，黨庇致害，誠不足惜。松等因欲效原緣首爲橋辦公起見，非挾私仇希圖肥己，今竟如此，不再與計，而其中之誰私誰公，孰是孰非，必有能辨之者。茲修橋冊，附註此植舖屋搆訟原由，一以質諸當時公論賢者，一以垂之後起能事君子，毋許符同簸弄，袒護侵佔，則得歸橋業事獲周全，本橋之幸，地方之福，松等正如前輩諸公所日夜禱祝顒望也爾。茲復修橋冊，訪採彼時收領捐田之約，附錄。

立奉憲收領捐田約楊辰等。乾隆五十一年，李奎兆之父卿雲價買劉受師浮橋頭上前畔第壹植舖屋並基壹植。緣舖後城樓邊公地，曾架屋爲守城門並看橋人住居，載在橋冊，橋首魏宗松因而搆訟。前蒙縣主童爺勘訊，斷令李奎兆照約永遠管業，仍諭奎兆捐出田米壹碩，交入浮橋，爲修葺費，逢祭橋神，帖請奎兆飲福。奎兆隨將土名深壠洋龍船坵分折田米壹碩，開明土色呈繳。宗松未曾具領，因而上控。復蒙府憲廣大老爺鈞批，着落辰等，遵照前斷秉公理處。因立約，將李奎兆所捐深壠洋龍船坵分折米田壹碩，收領轉交董理浮橋之人，召佃收租備用，一切照依縣斷遵行，並將此約刊入橋冊。合立收領捐田約壹紙，付李奎兆執照。批田苗現存本邑廿六都十畐六甲李福戶內，分折完銀三分九厘七毫米七合七勺四抄，係浮橋推收完納。嘉慶七年壬戌拾貳月　日，立收領捐田約楊辰、邢謐、羅竊、羅宗寶、劉承信、劉家瀛、吳朝晃，書約陳尚經。

一、收領李卿雲捐捨深壠洋龍船坵分折正租米壹碩，佃　　　現佃嚴邦懷。

一、吳三鳳捨冲村埔頭正租米二碩，冬米一斗，牲一隻，佃魏德雄，現佃張法松。又冲村文章窠正租米一碩，冬米五升，佃余基富，現佃潘留官；又迎坑上、下分正租米三碩七斗五升，牲二隻，佃陳奀，現佃蘇遠；又松栢坑並山茶坑正租米二石五斗五升，牲一隻，佃魏德其，現佃魏旭騰；又蕉林坑分折正租米七斗，牲一隻，佃夏求元，現佃夏細奀；又葱坑賠租米五斗，佃魏德其，現佃鄭壽雅。已上田五段，共計正租米十碩，小租米五斗，原係三鳳吳公于康熙廿一年壬戌九月，捨與貢川浮橋爲業。因田冊未載施主吳公名號，乾隆十二年丁卯，令嗣吳子舟執合約前來理論，經現理橋首嚴又倉、張瑩中、邱象德、楊繼光、劉克明、楊宮臣、羅上梯、嚴衹六，值年董事嚴儆游、羅宗道、姜旭臨、邱懷玉、楊堯允、羅任重，即于浮橋壽誕日，合眾而批施主吳三鳳字樣于伊徵稽冊內，及合約抄白之後，以爲吳宅子孫永遠存照。嘉慶六年十月祭橋日，又經後裔吳樹藩執出，橋首批攄花押，交堡看明，今當刊入冊內。

本堡東門中渡原田段

一段冲村余地張坊後祖坑正租米三碩，佃李光榮，現佃蘇學官；

一段車碓後正租米五斗，佃李光榮，現佃蘇學官；

一段長尾窠正租米壹碩，佃李光榮，現佃蘇學官；

一段余地柘坑正租米三碩，佃李光榮，現佃蘇學官；

一段余地送錢坑正租米四石，佃李光榮，現佃朱廉；

一段荊山香坪墘仔正租米貳石，佃姜大顯，現佃姜榮科；

一段馬坑黄砂坑正租米壹石，本田在西溪地方，原係王積十公捨田，歷來未經收管，橋賠錢粮田苗，當割還王宅；

中渡原田，于康熙二十九年在本都七啚七甲羅林朋小戶林茂生戶內推出，收入在城坊十啚二甲王啟佑戶當差，共計正租米壹十四石五斗，隨苗貳斗七升四合三勺七撮。

一段冲村漈頭分折正租米貳石五斗，牲壹隻，佃魏通岑，現佃魏玉壽。漈頭田原係饒白生業也，緣浮橋有林坑隔租米叁石五斗，又和尚壠筠竹坑上、下分租穀五石，饒宅坐收。今將漈頭米田折出二石五斗，牲壹隻，與本橋田兑换，立有合約存據。

永漿田段

一段林璋作筠竹坑租谷壹石貳斗五升大，佃陳仙龍；
一段林意作永漿社後租穀貳碩大，佃陳仙元；
一段林祉老作寺後坑租穀三碩五斗大，佃陳仙元；
一段林元富作林坑隔租穀二石大，佃陳新生；
一段白石墘仔租谷壹石大，佃陳仙保。
已上田共計五段，先年私賣與文筆山陳細公錯買爲業，今橋重建，已退出，還橋管理。
一段鄧洪老作村尾橋頭租穀三碩五斗大，佃陳啟孫；
一段林一良作和尚壠禪寮前租谷貳石大，佃陳元楷。
已上二段，先年林宅私賣與安砂陳希臣錯買爲業，今已退出，還橋管理。
一段林福斗作村尾壠正租穀四石大，佃陳易孫。
本田先年林宅私賣與羅老娘，錯買爲業，今已退，還橋管理。
一段丁允作白石棟又名筠竹坑正租穀壹碩大，佃劉樹森；
一段陳日順、日貞作白石棟正租谷七石大，佃陳仙保。
已上二段，先年林宅私賣與文筆山陳旭初、旭兆錯買爲業，今已退，還橋管理。

一段林繼老作茅坪岃正租穀七石五斗大，佃
一段林烏作和尚壠嶺尾正租谷壹石五斗大，佃
一段林烏作茅坪岃正租穀七碩五斗大，佃
已上三段，先年林宅私賣與在城劉弘器，今已退，還橋管理，現在失管候查。
一段永漿和尚壠筠竹坑上、下分租穀五碩，賠主黄奇老，佃林和老；
一段永漿和尚壠林坑隔租穀三碩二斗五升大，佃陳安、林聖佛。
已上二段，先年林宅私賣與饒白生爲業，今饒宅已將漈頭田撥出兑換。
一段永漿禪寮前租谷貳石大，本田林宅私賣與饒白生，佃吳德臣；
一段永漿和尚壠嶺尾租谷壹石五斗大，佃郭永懷；
一段永漿茅坪岃租穀七斗五升大，佃林烏；
一段永漿和尚壠租谷一碩五斗大，佃程文燦；
一段永漿和尚坑租穀五斗大，佃陳福；
一段永漿茅坪岃租穀七斗五升大，佃陳勝。
已上五段，林宅私賣與徐名第，今徐宅佔收。
一段永漿砂圻租穀壹碩大，林射三霸收，佃范正四，住永漿巖寨。
一段西瓜圻租穀三碩一斗五升大，佃鄧仁，此田在山干七車上，作三大圻，穀種二斗五升，鄧仁霸收。
一段山干溪邊屋基一大片租穀一碩八斗，佃朱棟峯，鄧宅架屋養馬，今作圻寮安柩，朱棟公子孫已立承佃，貼租銀三錢，候架屋再議，後林宅私賣與鄧宅，橋首到鄧宅面議，止認貼銀一錢，橋不願領，候理論。
一段竹林坂租穀三斗五升，佃林順，今瑞仲，本田在永漿，林福斗瞞匿，林順即福斗之弟。

一段曾日太作永漿租谷六石，佃曾十一，今惟勝，本年萬曆廿四年，張邑侯印照開載詳明。
一、嚴封君捨入浮橋賠租米六碩，此項自重建橋來，並未收租；
一段大坑頭租米壹碩二斗外，正租係夏天如，佃賴有老；
一段石米田頭租米一碩五斗外，正租係張福五，佃官成；
一段肥壠仔租米壹碩三斗外，正租係張福五，佃官成；
一段陳福坑租米二碩外，正租係張福五，佃官長老；
已上四段，即係嚴封君捨入久年失管候查。
一、楊俊芳捨枣嶺牛奆坑上洋賠米二碩外，正租米係嚴宅，原佃馮祿、馮松大；
一、姜天成捨田一段，土名楊家畬糍邊嶺，正租米五斗，又一段，楊家畬巖後，正租米壹碩，原佃李惟知；
一、楊俊秀捨田一段，土名黃坭凹下山壠，租米三石三斗外，姜法友正租米三石；
已上田四段，現在失管候查。
一、林良瓚捨劍州墩園租米五斗；
一、羅賡鹿捨劍州墩大園一大片租銀壹兩，佃馬和。
已上二段，乾隆壬午年經嚴敘九先生手兑換，與劉宅前去栽木蔭墳，劉宅將伊土名巖下神仙殿下正租米三石貳斗內，折出正租米壹碩與橋，戊子年二月，羅嗣成立佃，不論時年豐歉，遞年還橋貳碩壹斗租。
一段巖下神仙殿下分折正租米壹碩冬米五升，此即係劉宅兑換劍州墩二段橋田，佃羅嗣成，現佃高家松。
信生嚴順天新捐東門水東來紫閣右邊嶺上地基二植，辛酉年將橋項新架房屋二植四榀，遞年收現租錢二千文。同治丙寅年崩壞，丁卯年十二月重新架房屋二植，樓上四榀，樓下二榀。公議：其樓上龍亭邊一棡，留存賭笏篙撐等物，樓下貳棡，留賭存探板，遞年實收租錢四千八百文正，並舖邊龍亭一所俱仝新架。原住佃葉狗，現佃李俊良。

忠山陳氏捨修橋田始末緣由

明崇禎十年，通堡于北門外創建石橋，有忠山義民陳勳兄弟捨田五段，計租米貳拾壹碩五斗，永爲修橋之費。其田因爲庄儀甫霸佔，經通堡士民僉控，前府、道、司列憲大老爺奉批，斷還橋管業，案卷刊在堡冊。緣橋成隨遭焚毁，無力再造，乃議建架浮橋，其田併屬浮橋管理。值明季山寇蜂起，人皆逃竄，浮橋亦廢，橋田因無專管，復爲豪強占收。迨康熙十二年，始募義重建，查究其田，未知着落。至四十八年三月，有陳登雲者，即陳勳之姪孫也，始查覺此田現係庄儀甫之族姪庄以交收租，細查土色、佃人的確，首告通堡。因有對質，連僉具控，會未審結。而縣主李公諱可材丁艱，迨建甯府二太爺張公諱梅來攝縣篆，尋復調署延平府印，改尤溪縣主劉公諱宗樞來署。公呈拘審，而庄以交始托公，親將田兑換，立有合約，内一段土名曹源秋竹嶺正租米貳石五斗，查係人盜賣與楊伯敬爲業。已經查出，衆勸其孫楊諱琯退出還橋，因此田附入隨役，願將忠山許宅神公前正租米貳碩五斗兑換，亦立有文約。今將其田始末，自明季列位老爺斷還審章，及今年陳登雲首告通堡僉呈狀詞、批語，並庄、楊二家文約田段，敘述詳悉，刊載《浮橋徵稽冊》内，俾後人知此來歷，永遠管業，無更致豪強侵佔也。

明陸刑尊審語

審得：林文昌、庄儀甫皆猾吏之雄也，昌父林以仁曾以田租米貳拾石貳斗，售故民李春芳銀貳百兩。此乃因田訐訟十餘載不少，直至舊任陳刑舘斷，將前田各分其半，而訟乃平。崇禎十年，貢川創建石橋，民間多有義助者，春芳遂將經斷後等田共壹拾碩壹斗，慨然捐助，衆方矜爲義舉，而文昌復欲據爲己業，奪佃霸田，貪横一至此歟？庄儀甫者，天啟年間亦曾以租田壹拾五碩有零，典陳勳銀八拾五兩，自典之後，既逋其租並負其本。勳于是激而捐之，儀甫自當照原價取贖，而顧乃昧心白賴，似與文昌疊爲倡和者。生員等以公憤僉呈，兩人之罪一盤托出。今橋雖告成，而磚石、工料費用尚不貲，兩人所捐合照數追出，襄此勝事。文昌、儀甫姑從薄杖，具招詳道，蒙分守建南道胡批：『李春芳、陳勳捐田，此義舉也。而林文昌霸佃，庄儀甫賴占，真無惻隱之心，非人也！何怪諸生以義氣發爲公憤，合照數追給，以襄勝事。』依擬並杖，發實收領狀，繳林田贖回銀兩，係羅鄉宦手公用訖。

崇禎十四年正月告給領狀

永安縣儒學生員嚴九命、李肇白、熊安楚、楊冠林等僉呈，爲恩勅給領以杜脫空事。訪吏庄儀甫侮法異常，經訪無賴，前霸陳勳所施質田五段，共計米貳拾壹石五斗，本銀八十五兩，田約、由帖存攄。舊蒙審斷給領，以襄勝事，又蒙守道依擬。切恐訪惡乘臺高陞，侮斷懸給，仁臺美意落空，乞天恩批，發永安縣比追。如無給領，本田應許本橋住持管業，候銀取典，庶惡不得跳梁，本銀不至落空，本橋不至朽壞，陰功萬代。爲此上呈，蒙刑舘陸批，准照。

今將陳勳捨出田段開具：

一段烏石新墈正租米七碩五斗，原賠庄以待、庄奎甫，原佃楊體冲、曹九老，現佃陳敬時；

一段烏石池乜坂正租米六石，原賠庄以臣，原佃黃惟祥、許汝皆，現佃庄法壽。

一段藍坂正租米二碩，原賠張尚行，原佃楊遜，今佃藍斗，現佃陳敬時；

一段洋頭神公前正租米三碩五斗，原賠曾元，原佃黃以忠、元老，現佃庄法壽。

已上四段，查係庄以交叔姪收租，今庄宅將小護泗州壠、石蕉坑、各水長坑壠、羅紋嶂竹林下四段田，共計正租米一十壹碩，寫出兑换，立有合約，附列于後。

一段曹源秋竹嶺正租米貳石五斗，原佃羅鑑，今佃陳烏，此一段查係人盜賣與楊伯敬，今其孫楊自西，將忠山許宅神公前正租米貳碩五斗寫出兑換，立有文約，附列在後。

已上共永苗田五段，計正租米貳拾壹石五斗，遞年納粮銀壹兩五錢。

林、庄二姓田，俱係生員嚴九命、李肇白、楊冠林三人捐資僉告守道，蒙批本府許後，刑舘陸署府審奪。事經三載，費用銀貳百餘兩，今堡收管，毋忘所自。遞年十月建醮祭橋，前三日偹帖，請楊、嚴、李三公後裔，至期飲福答齋，以酬其功德。

康熙四十八年通堡公呈狀

僉呈狀：

貢川鄉紳羅南星、邢杲，貢生羅之楨、陳璉，監生聶大嫌，生員張能五、楊濳、賴日晋、嚴萬敏、賴光前、姜淮、林廷弼、李錫祿、羅治、陳周岱，里民劉敏、姜翔春、楊璟、陳應標、楊伯祖等，爲隱没橋田懇究追復恩弘普濟永垂不朽事。切貢川地方，郡省通衢，隔河難渡。崇禎十年，創立石橋，以通往來，行人稱便。時有忠山義民陳勳兄弟，原買到庄儀甫田五段，計租米貳拾壹碩五斗，土名烏石新墘等段，充入堡橋，永爲修理之費。已經管業收租無異，詎庄儀甫坐地霸侵，業經通堡士民僉控，前府、道、司列憲大老爺奉批審詳，斷還橋管業，案卷刊載堡冊鑿據。緣石橋焚毁，架造浮橋，米田併屬浮橋管業。明季山寇猖獗，居民逃竄，浮橋隨毁。橋田因無專管，復爲豪強吞佔，膽敢欺隱本田苗粮，黄冊滅跡無稽。康熙癸丑十二年，通堡重建浮橋，隨清查橋租，又遭甲寅耿變，不遑控理。今查得，本田現被庄儀甫之族姪庄以交佔收四段，已經原田主陳勳之姪孫陳登雲首告，蒙批准拘在案，伏乞老父師臺，俯念橋梁利濟攸關，迅賜拘審，究田究租，俾橋梁世保無壞，永戴洪恩不朽矣。

康熙四十八年三月十二日遞呈，蒙縣主李批，准拘。本年八月十三日復呈，蒙建寧府二太爺攝縣事张批，准查。本年十月又呈，蒙尤溪縣主署縣事劉批，准拘。訊仍即查明此田歷佃何人一並稟拘究可也。十月念三日呈，念五日批。

庄宅文約

立約忠山人庄以交等，有族伯庄儀甫于天啟年間，將田四段，地名烏石新墘、池乜坂、藍坂、洋頭神公前，共計租米壹拾九碩，出典與陳勳爲業，已得契價銀八拾五兩。後陳勳捐與貢堡橋梁，以爲修葺之費，儀甫應辦價贖回，後因未贖，時值變亂，橋毁，以致年久失管荒廢。今庄宅查覺開荒，陳登雲報知貢川橋首僉控，縣主老爺蒙准在案。今公親調息議處，勸庄宅辦原典價銀八十五兩贖回，本宅因銀未便，情願將自己續置米田壹拾壹碩，准還原典價銀八十五兩。其田即交橋首召佃收租，永爲修葺橋梁之費。其苗現存庄宅戶內，任橋首早晚推收入戶，照冊過割完粮。庄宅不得阻佔等情。如有來歷不明，係庄宅出頭抵當，不涉貢堡之事，其烏石新墩四段，租米共計壹十九碩，任庄宅管理爲業，日後貢堡人等不得異說。其苗原存庄戶，照舊完粮，此係甘心意允，欲後有憑，立約存照。

計開田段于後：

一段土名小護泗洲壠，正租米七石正，係永苗；

一段土名石蕉坑，正租米貳碩正，係永苗；

一段土名各水長坑壠，正租米壹碩正，係沙苗；

一段土名羅紋障竹林下狗腎隔，正租米三石五斗，係永苗。

內折出正租米壹石，湊成一十壹石之數，與貢堡橋首收租，外米貳石五斗，係庄宅自收。其小護泗州壠田米七碩，或收租斛不足，願將羅紋障竹林下狗腎隔自收租米貳石五斗內，任堡收補足數。如天時荒旱，不在此論，再照。

康熙四十八年十月　日

立約　庄以交、姪庄聘也

在見公親　楊人芳、楊甸夏、嚴亮升、賴孟尊

代字　高煥章

俱各花押

楊宅文約

立約忠山楊瑄，原有貢川橋田一段，土名曹源秋竹嶺，正租米貳碩五斗，于先年被人盜賣與祖爲

業。今貢堡鄉紳士庶查出，勸本宅退出，還橋管業。但此田久附隨役，情願將忠山許宅神公前寵坑口正租米貳碩五斗，兑换秋竹嶺之田，與貢堡爲修葺浮橋之費。其田即退與貢堡管佃收租，楊宅不得異説。其苗現存二十五都二啚九甲姜昌上手戶內，遞年照縣例津貼粮差，候大造黄册之年，任貢堡前去推割入戶。其秋竹嶺之田，任楊宅永遠管業，通堡不得異説。或有上手來歷不明，係楊宅自己抵當。今欲有憑，立約爲照。

康熙四十八年七月　日

立約　楊瑄

在見　伯楊宣子

在見親識　鄧允吉、陳九可

佃人　楊公如

俱各花押

〔浮橋應理事宜〕

今將浮橋應理事宜開具于後：

康熙二十九年，將浮橋田段推割入在城坊十啚二甲王敔佑戶應納粮差。三十五年，轉撥入二十五都七啚一甲楊曾元戶完納粮差。共載民米壹碩三斗三升七合，該正供實銀貳兩貳錢七分三厘，該秋米五斗四升六合八勺；池租米貳碩，該課貳斗四升八合三勺六抄五撮陸圭六粟壹粒，該課銀九分。

康熙三十四年六月初七日，橋首楊鍾盛等呈免橋一應雜項公務，蒙縣主梁准免在案。

一、橋舡三十貳隻。舊額每舡高貳尺七寸，濶五尺三寸，長壹丈八尺。四十六年，蒙縣主張捐俸首倡，新增橋舡四隻，通共舡三十六隻。
一、橋棚、探板厚實堅固，欄杆齊全。丁亥年衆議，撥出穀三十二碩，與匠人，每年從新修造棚、探、欄杆，牢實完備，或有不脩，責在承泊之人。
一、浮橋鐵鍊壹條，共計壹千伍百餘股。四十六年，蒙縣主張捐俸首倡，新增一條，共計壹千五百餘股。今雙鍊閂鎖牢固，皆張侯之功也。
一、撥出穀與舡匠造舡、抹灰、修葺等項公費，谷六十四石。今增谷八石，共計七拾貳石。
一、看守、開橋、聯橋民夫四名，長年共計給工食穀貳拾肆石鄉。
一、橋首僉呈縣主張，豁免水東、枣嶺、發冲、東坑地方烟戶水陸差徭，烟戶僱人看守浮橋，遞年貼橋夫旱穀壹拾四石鄉。
一、公舉督理船隻橋棚、收租完粮等項事務人，遞年酬勞穀壹拾碩，從乾隆甲申後，另增六碩，後又增穀四石，共計二十石鄉。
一、從癸亥起，遞年董理到冬穀收完後，請鄉紳值年，先將田段兌記不錯後，再將記簿出入數逐條清算，隨貼花消，不得鹵莽悮事，奉行具文，辦酌一席。
一、遞年額定造新船七條，灰舊船六條，造新棚四棚，餘棚及鐵鍊、舡等件，隨破隨修。
一、造新舡，灰舊舡，董理人宜于舡上寫『某年某月造，灰第幾條』爲記。
一、遞年十月十五日祭橋設醮，每月朔、望日及立春、夏、秋、冬，至清明、端午、中秋、上元、中元、下元、除日、元旦，董理人在于來紫閣並左右三聖，點香紙燭一付。

計開現行完粮米記

一、公項完二十六都一啚八甲黎粱戶，供銀貳兩玖錢玖分七厘五毛，秋米五斗六升六合三勺；

一、沖村大王墘正米壹碩，又沖村埔頭楝正米壹碩，俱代完二十六都一啚五甲楊尚亭戶，供銀八分，秋米壹升五合六勺；

一、深壠葡萄墘正米壹石貳斗，代完二十六都二啚二甲姜相章戶，供銀四分四厘，秋米八合六勺；

一、沖村大王墘三埕坑沙米二碩，代完二十六都三啚七甲劉受咸戶，寄庄銀貳錢貳分；

一、小坡口黃道坑正米七碩二斗五升，代完二十六都五啚四甲鄧馮朋戶，供銀二錢九分，秋米五升七合；

一、羅紋障陳尾大墘尾正米三碩六斗，代完二十六都五啚六甲嚴東山戶，供銀壹錢四分三釐，秋米貳升八合一勺；

一、東坑塔後壠正米壹碩五斗，代完二十六都十一啚九甲姜盛亮戶，供銀六分，秋米壹升壹合七勺；

一、東坑崇福坂正米壹石，代完二十六都一啚九甲楊認齋戶，供銀四分，秋米七合八勺；

一、沖村鹿角墘正米壹石，代完二十六都一啚六甲楊地順戶，供銀四分，秋米七合八勺；

一、沖村泗洲墩正米一石，代完二十六都三啚七甲劉利仁戶，供銀四分，秋米七合八勺；

一、沖村下洋坑正米壹石，池西坑正米一碩，小米連業，代完二十六都一啚九甲楊忠文戶，供銀八分，秋米一升六合；

一、新橋仔藍聯正租米壹碩，代完二十六都十啚六甲李福戶，供銀四分，秋米七合八勺；

一、深壠龍船坵正米壹石，代完二十六都十啚六甲李福戶，供銀四分，秋米七合八勺；
一、冲村官路下大壠下份正米二石，代完二十六都十啚五甲鄧孔有戶，供銀八分，秋米壹升
六合；
一、大坑頭峯口正米二石，代完二十五都九啚七甲吳榮戶，供銀八分，秋米壹升五合六勺；
一、庄頭橋和尚壠岃尾壠壠仔邊沙米　代完二十六都五啚一甲劉受咸戶，沙銀叁錢貳分
二厘，秋米四升三合；
一、深壠池西坑正米貳石，遞年貼楊正模苗錢貳百四十文正；
一、小坂口後坑正米四石，遞年貼李德新苗錢陸百文正；
一、大坪巫頭壠正米貳碩五斗，又大坪峽頭正米二石五斗，二段共貼羅志年苗錢六百文；
一、忠山烏石坂坡正米六碩，又洋頭神公前正米三碩五斗，二段共貼庄百兼苗錢四百文；
一、巖下神仙殿下崩盂墘正米乙碩，貼嚴紹孔苗錢壹佰貳拾文正；
一、冲村塚前坂正米壹碩，貼夏聖友苗錢壹佰肆拾文；
一、大坑頭色仔嶺並屋勺正米壹碩，貼劉成齋苗錢壹百貳拾文；
一、冲村黃壠正米壹石，貼劉順山苗錢壹百貳拾文；
一、東坑蛇頭岃正米壹碩貳斗，貼羅潤松苗錢壹百貳拾文；
一、鉄爐坑民主前正米壹碩，貼嚴汝和苗錢壹百貳拾文；
一、樓前渡墩定墘正米乙石正，貼邢怗齋苗錢乙百貳拾文；
一、卓步魚水坑對面壠正米乙石正，貼劉康侯苗錢一佰貳十文；
一、和豐僧行甫即今呼下堂正米一石，貼沙邑福聖寺租錢八佰文；
一、義渡西郊標林前正米二石，代完二十六都一啚九甲楊連章戶，供銀一錢正，又完秋米二升；
一、水東員木權垻塛坑正米四石，代完二十六都四啚四甲羅雲龍戶，供銀乙錢五分九厘，又完秋

米叁升乙合二勺；

一、深壠洋金墩正米一碩五斗，代完二十六都一啚九甲楊錫峯戶，供銀六分，又完秋米乙升乙合七勺；

一、巫峽張坑正米三碩，貼黃相老苗錢三佰文；

一、深壠洋均墩正米貳石，貼嚴又倉苗錢貳百四十文；

一、東坑巖仔角正米貳碩，貼李慶椿苗錢三百二十文；

一、大坑頭色仔嶺崩溶干正米一碩，貼劉俊卿苗錢乙佰貳十文；

一、黃道嶺上長壠並壠仔邊坂正米貳碩，苗錢二百壹十文；

一、西門坪埔祠坡頭正米一石，苗錢壹佰乙十文；

一、西門石板橋並姜宅書齋正米壹石，貼苗錢壹佰零五文；

一、西門標林前並山庄正米壹碩，貼苗錢壹佰零五文；

一、西門坪埔祠坡頭第二、三坵正米二石五斗，貼苗錢二百七十文，此段入公項；

五段共貼高中和苗錢八百文。

〔浮橋渡船事宜〕

一、從辛酉年起，新立東門渡舡二隻。每隻舡式，議定造三丈六尺長，舡面頭腰五尺五寸，大尾腰六尺，大底三尺五寸，大腰內二尺五寸深，交舡匠泊造。遞年秋熟之日，額給木料、工資早谷七石五斗鄉，又冬熟之日，額給貞谷七石五斗鄉，共額給秋、冬穀一十六石五斗，發米斛向董事、船主交量。其舡二隻，議定三年末到十二月，另行全新換造，三年內或有滲漏朽壞，務要早晚抹灰修整，又須照船式尺寸，造好堅固，不得短小了草抵塞。如有不照議行，任舡主將工資穀扣除，另改召造，立有承約存照。後又增谷乙石五斗白，共計十八石白。現承造匠人鄧啟老，現匠人鄧日煥、鄧大標。

一、新立渡舡二隻，承管渡夫四人，遞年額給工資穀貳拾八碩鄉，向董事交量。或值水漲開橋之時，早晚在河邊伺候，交梭接濟來往行人，不得索取渡人已貲，以及挨延懈怠，推倘逃避。其舡或有滲漏朽壞，務要刻召承匠修整，不得遲悮。至水退聯橋，亦須管泊河邊，不得私借與人常儎貨物。如有等弊，任舡主將工貲穀扣除，另行召管，立有承管約存照。

一、遞年額給來紫閣住持早谷二碩五斗租，向橋董事交量，爲燒香奉佛暨三月三日辦齋設醮之費，後只給燒香錢八百文正。

康熙四十六年丁亥三月，議增鐵鍊一條，橋船四隻。勸首周文璣、姜必柱、楊洵、陳盛麟、陳觀祿、邢最、林朝紳、聶岱、羅漸、吳榮，通共募鉄鍊二千零二十四股。除新造一千五百股，後剩下五百二十四股，每股折銅錢七十二文，通共銅錢三萬七千七百二十八文。本年新造石庄、橋探、橋夾、欄杆、柱木、枋板及載石扛石、接鍊竹炭、上鍊聯橋、石匠木匠小工工銀橋夫酒錢等費，共用銅錢三千四百八十六文；又整換舊棚、欄杆、枋板、木匠小工等項，共用銅錢二千壹百九十八文；又迎送買紅綾、猪、羊、雞、鵝、魚、酒等物並印冊稅契，共用銅錢一千二百九十四文。已上通共用出銅錢六千九百七十八文，除用後，剩下銅錢叁萬零七百五十文。隨買米田八石，計價銀三十三兩壹錢，折銅錢貳萬九千七百九十文，除用後，剩下銅錢九百六十文。辛卯年十二月，楊繼和得小護泗洲壠田，知契過苗禮銀壹兩二錢，折錢九百六十文，此項錢公用訖。勸首羅延采募增橋船銀共一十一兩，丁亥年三月，新造橋船四隻，計銅錢八千八百文，折銀一十一兩，此項銀公用訖。丁亥年六月初十日午時，上鍊聯橋、祭河牲儀一切雜費，係勸首十一位各捐銅錢壹百文，即日公用訖。今將各勸首所募鐵鍊股數、橋舡銀數、新置田段並自捨田段、山塲開列于後，其衆信善名姓，緣年深日久，故簿殘缺，恐有失落，統祈神明洞鑒庇祐。

計開捐助鉄錬股數

信官羅南星、聶儆，信生邢最，各捐鐵錬一百貳拾股。信士劉達捐鐵索壹百零二股。信官陳塏、陳文海（在城）、陳堠（龍江），各捐鐵索壹百股。

信士李簡（洋廚溪）捐鐵錬五十股。〔信士〕李孔明、劉維讓、陳盛麟，各捐鐵錬三十股。〔信士〕楊敬新捐鐵錬二十五股。信官楊瑨（忠山），信士嚴承綱、楊起元（忠山）、劉全吉、陳麒愛（黃坭凹），各捐鐵錬二十股。信士鄧應先、丘福來、陳朝翰、余士卿、劉崑兆、陳觀祿，各捐鉄錬一十五股。

信官丘垣、楊爟、楊息新、饒孟仁、鄧嶷齡（柳州城）、邢纘（邢庄），信士邢樹勳（邢庄）、邢樹霖（在城）、邢恒泰，信士嚴尚勉、陳盛光、陳日光、魏元桂、劉适、嚴良任、劉晋錫、劉文燦、賴祖文、邢崑岳、邢翰書（邢庄）、吳鴻翰（西洋）、李順禧、李順受（龍嶺），已上各捐鉄錬一十股。

信官高遵、吳榮，信士鄧宗瀾（柳州城），信生張黻，信士姜必柱，各捐鉄錬八股。信士楊梁、姜以魁（草巖），各捐鉄錬七股。信官姜邦俊（沙口），信士劉人鶯、李應成、林良齋、楊峑、馮光鳳（枣嶺），各捐鐵錬六股。

信官楊嶰，信生楊寅、林廷弼、劉崇、羅南宮、楊岑、邢瑛（邢庄），各捐鐵索五股。信士聶可聞、楊溥、魏祖瑞、鄧漢、周文璣、劉維淵、聶儀、林朝紳、聶岱、楊岕、鄭用肅、羅延采、劉鸞兆、楊堦前、嚴萬琦、黃積慶、曾尚琦（在城）、曾九儀、李彭年（白巖下）、邢翰筆（邢庄）、邢端本（横岕頭）、邢端祥（羅紋嶂）、姜孟祖（熊荊山）、姜孟右、陳正禮（黃坭凹）、陳秋老（黃道嶺）、李榮禎（龍嶺）、李忠貴、黄麟，已上各捐鐵索五股。

信士楊開新、劉大雄、姜景夏、嚴萬在、劉選、嚴萬繹、周烱、張儼、吳士德、吳成章、姜禧、饒昌禮（大坡）、李勝美（洋梅坪）、李章成（李家畬）、李永侃（龍嶺），已上各捐鉄鍊四股。

信官陳璉、羅南晋、楊康新、林光祖（樓前），信生張能五、楊平政、姜淮，信士姜守爵、鄭希明、高謙、林懋申、劉述、劉萬吉、嚴萬維、賴朝爵、林揚、嚴萬力、林應穆、姜應基、周建章、楊泮、劉蘧、姜渭、楊儀、夏長弦、林朝治、楊紹本、嚴承芳、李益卿、林應鯨、林應德、陳福有、林福春、魏麟祖、張振堂、陳文炳、陳鵬昌、吳縉禹、雷福興、鄧宗鼎（柳州城）、余士芳（余荊山）、林應熙（樓前）、姜明進（甘地）、姜一涵（熊荊山）、馮光祖（枣嶺），已上各捐鐵索三股。

信官李錫祿、夏求仁，信生賴光前、楊潛、嚴尚彰，信士劉震昌、羅延第、陳煥文、姜盛時、楊大亨、夏長源、李宗華、姜翔春、李士大、姜學春、官宜清、魏正本、李駿、羅和仲、黄正南、夏長宣、高元鴻、李馭、高積、楊永華、楊洵、姜必鳳、李駒、嚴萬修、羅綰、嚴家禧、李振鱗、李啟英、丘中豸、劉維鼎、范暨聯、羅孔、林閔、葉向陽、夏勅、羅日昇、余琰、魏椿齡、陳東老、陳俊元、鄧士勝、劉孔亮、魏伯祖、嚴正祿、陳日祖、吳聶生、王以行、嚴順陞、楊應老、楊侃、鄧應成、鄧應崙、林熙慶、王愷若、潘堅、余滄、林崇、姜宗盛、葉燿、李梓、丘士成、羅謙、何福、陳學孟、李榕曾、李榕節、潘昌繡、李士榮、雷士保、楊鳴岡（黄龍源）、李日福（洋廚溪）、李松秀、李必愛、李章龍、范一俊（發冲）、高尚贇（巖下）、李光焜（楊梅坪）、李光炷、姜閏錢（塗林）、王舜友、姜壽宇（葛宕）、姜壽日、姜壽接（横宕頭）、陳獻、姜春游（張公山）、姜兆福（羅嶺頭）、陳全老（黄道嶺）、陳積椿（黄坭凹）、李錫龍（龍嶺）、李永椿、李永亮、李永署、李昌琳、李順楠，已上各捐鐵鍊二股。

信士羅緄、羅繪、劉文灼、夏長仁、夏長德、許士能、王必元、楊孫禮、楊吉生（江西廣昌）、黎中焯，各捐鉄鍊一股半。

信士楊熽、羅岳、余壯、陳麟文、葉炳、楊立信、葉毓英、張宗文、羅澤、林嗣鐔、庄正楷、李仁仲、姜相、劉維珍、夏秀、李文邦、羅長齡、姜涞、劉增榮、李貞孫、羅宗彝、林元楷、劉一汧、許士靜、林穀、高尚業、賴文昌、鄧蕙、吳啟明、魏豐祖、朱聖德、鄧顯老、葉毓著、葉毓芳、嚴長青、馬汝仲、葉德臣、李宗旺、鄧必增、姜聯穩、熊德老、馮士選、姜延澤、鄧一標、楊明老、張宗彝、蕭明儉（星橋）、姜元章（雙峯）、姜萬若（熊荊山）、陳麒會（黄坭凹）、饒昌義（大坡口）、江君求（長坑）、李永淳（龍嶺）、李昌祺、李順樟、李順梓、陳順木（洋廚溪）、張斗、陳顯泰、張宗祚、張兆燦、劉紹烟、張子能、楊必熖、周肇聖、周肇鵬、賴光龍、丘道舒、周肇鯤、劉輝彥、劉天祥、賴騰祉、周肇鮫、劉天錦、賴以亨（上杭）、丘良旺、蔣存裕（連城）、羅煜（樓前）、曾繡（白葉坑）、朱季孫、嚴承鏗、周家龍、庄琦成（大源）、俞仕逢（巖下）、黄起琳、李孔爵、羅珍如、陳啟祥、鄧宗韶（樓前渡）、鄧宗貢、鄧老鱗、李子章、鄧長明、高尚兒、鄧老佛（坡頭坑）、高應老（石馬）、高元豸、高興益、羅元老（曹源）、張萬老、李章輔、俞惟敬、羅文友、姜周老、邢景翰、曾文楚、馮光賢（枣嶺）、馮光明、馮光謨、姜存如（甘地），已上各捐鐵索一股。

東山僧宗溟、僧宗洽、僧達潤，各捐鐵索三股。

計開捐助橋船銀數

信商吳泓（新安）捐銀三兩。信官羅南星、黄兆祥（浦城）、邢杲，各捐銀二兩。〔信官〕劉紹祚、高泳，各捐銀壹兩。

附識：

康熙五十五年丙申十月，因買樹修橋致訟，衆將永漿等處田割出租谷八石大，在聶鄉紳典得九八色銀三十兩，公用。至康熙五十六年丁酉十一月，又割出永漿等處田谷七石大，典得九八色銀二十六兩，公用外，中人禮清錢五百文。二項約載，候有便之日，備辦原價，對月贖回，錢粮係本堡自納。願同事諸君努力經營，贖回此田還橋，無貽後人口實爲望。

計開田段山場

一、康熙戊子年閏三月，買羅克禧沙苗田一段，土名半路洋馬糍坑，正租米六石，外賠租米二石，計價銀三十三兩一錢。本田苗原寄沙縣陳永麟戶內，每石正租米，遞年貼納苗銀一錢四分。佃鄧周先，現佃鄧杞老、鄧雄老。

一、康熙戊子年五月，林聖取仝姪遠可捨出金墩柘園三分之一，遞年收租銀三兩三錢三分三厘。此段後裔林爾達公，乾隆己丑十月立約，將糖二十斤安佃交橋，遞年折納租錢四百五十文，今權收租錢六百文。佃葉公郎，原佃劉新慶，現佃劉新福。

一、康熙庚寅年三月，嚴敦善捨出巖下蕉同坑嚴宅書齋邊廖均蕉林岃竹林山場三片，遞年收山租早谷六石。佃高廉如。

一、環秀樓僧德川捨出楊梅坑鉄爐坑正租米一石五斗，今佃陳彩魁。此田原係白銅坑馬在衢捨入環秀樓，共正租米三石，已隨割化坑正租米一石五斗，還馬宅子孫收回，完納此項田苗。今鐵爐坑田米無苗，遞年馬宅子孫向環秀樓吃忌晨一餐。

一、康熙丁酉年三月，姜朝宷捨出和豐分折租米貳石正，遞年貼納沙縣福聖寺租銀壹錢貳分，係橋首交付楊宅完納。康熙丁亥年鐵索告成，衆議刊刻浮橋全書，括其始末，以垂不朽。乃統計樂捐名姓並新、舊田冊，暨歷任邑父母、列位鄉先生敘記，通共一萬貳千三百壹十有奇，工資、紙張、木料頗費不貲。即鐵索剩餘，除買置田外，僅支零星雜用，此項銀兩苦于無辦，其事遂寢。竊恐有初鮮終，不惟埋沒一時捐助姓名，且令他日有繼創始諸公而修理浮橋者茫無可考。爰于丁酉蒲節，另募捐銀十六兩零，付之剖（剞）劂，以成盛事。乃閱三箇月，甫及一半，而梓人有事別去，尋以堡遭回祿，不暇修理。今庚子二月重新整頓，至五月而事竣，四方信善，復有聞風向義、捐資補助者，計所題鐵索共壹百貳十股，折銀九兩六錢正。其列位芳名，隨照例登入，而銀亦即交付，印刷裝釘，公用訖。願後之督理諸君，矢公矢慎，毋致田破橋毀，福有所歸也。

大清康熙五十九年歲次庚子蒲月

貢堡橋首仝誌

重捐浮橋芳名開列

信官楊機垣，捐橋貳棚，〔計〕佛銀肆拾員。耆賓嚴汝和，信官劉兆恒，耆賓李祈騰（龍嶺），信善林應亨、陳天錫（黃龍崗）、陳天祿（黃龍崗）、陳龍祥（黃龍崗），各捐橋壹棚，每棚計佛銀貳拾員。信善李孔賢（龍嶺）、李孔尚、李孔恒，共捐橋壹棚，計佛銀貳拾員。

信官鄧光琅（柳州城），信生陳國樑，各捐佛銀拾貳員。信官張肇吉，信善劉涵萬（江右），貢堡鹽館，各捐佛銀拾員。信官楊旗峯、高瞻、楊觀國，信善羅仕通、汪星宏（江右）、嚴啟絡，信生楊懷儒、許誦周（江右），各捐佛銀八員。

耆賓陳士美、嚴又蒼，信善劉承梅，信善姜克恭、陳龍榜（黃龍崗）、李福英（水南坑）、李紹武，信生李騰閬（雙峯）、鄧慶章（沙洋），各捐佛銀六員。信官高鳳軒、高西峯、高永明，信善劉建章，各捐佛銀伍員。信官聶篤忠、魏光河（在城）、楊睿齋、陳元依，信生高遵、魏宗轅、高肇杞、吳錦、羅非武、鄧克承（沙洋）、鄧祚新（沙洋）、劉待舉，信善姜連吉、羅成九、李仲儀（白巖下）、饒以成（大波口）、汪龍山（江右）、劉占魁（江右）、和順號（江右）、楊其通，耆賓姜永瑛（熊荊山）、陳宗續、李生有、李世琛（洋畲），各捐佛銀四員。

信善羅賓臣、高先獻、黃祥也、闕永興（汀州）、黃世璉（汀州）、李庚有（汀州）、茂興號（江右）、黎翰魁（汀州）、蔣道升（北溪）、陳冬兒、陳良犄（甲盛岃）、鄒子茂（箭竹窠），各捐佛銀叁員。信善黃順生、李進老，各捐佛銀貳員半。

信生劉東崗、羅立菴、劉世選、姜朝俊、鄧成崟、嚴啟魁，信官高聖時（石馬），信生鄭濳圃、楊文斗、魏士峯（在城）、魏光沐（在城），職員魏紹湯、鄧中極、陳開祁、姜道昌，信善陳鳳池、林用裕、朱光祖、羅繼先、楊仰思、李芳盛、羅光如、朱正也、楊紹起、李爲材、張茂華、李峻三、李朝極、陳廷穎、鄧輝齡（劇頭）、楊兆義、楊仰哲、市垣號、范祖恭（發冲）、胡炳如（江右）、王廷輝（大波）、王增富（大波）、陳禮孫（忠山）、姜允如（熊荊山）、李開也（水南坑）、李如也（水南坑）、李騰閱（白巖下）、李上舉（白巖下）、李騰閣（白巖下）、鄧以理（大波口）、鄭上取、黃兆寧（江右）、林遠、丘克遠、鄧子麟、順利號、姜庄玉（發羅坑）、余景周（余荊山）、吳佛林、余藩臣（余荊山）、黃福林（大坪頭）、張雙進（廣東）、姜昊生（熊荊山）、姜申九（雙峯）、陳永景（黃龍崗）、陳盛惟（黃龍崗）、陳彝菴（上坪）、羅友候（箭竹窠）、龍雲魁（江右），各捐佛銀貳員。

信善陳順禎（神宮後）捐佛銀壹員五角。高鳳彩（巖下）。信官楊仰澄，信生劉見、吳俊、劉世澤、嚴濟寬、楊占三、李爲章、劉奐唐、丘効良、楊正謨、余明欽、夏元秩、聶于崗、聶利生、羅化臣（樓前）、陳聖寵（上坪）、陳聖廣（上坪）、陳聖渠（上坪）、陳正翔（上坪）、陳夢花（上坪）、陳含輝（上坪），耆賓鄧昌達，信善姜起侯、楊旭明、葉希泰、鄧以行、魏漢三、張聖時、姜作明、丘冬老、林元卓、嚴憲孔、姜志道、張仲安、吳式周、羅逐先、李卜五、邱志元、劉維嘉、饒紹元、李燦如、蕭景虞、鄭大成、楊光、羅志張、劉尚純、謝羽儀、李峻山、林相承、姜希光、楊振千、姜連愷、鄒有兒、藩仲良、羅希瓊、姜耀卿、夏居一、劉其發、楊楷瑶、夏素卿、李英言、羅錫韓、劉映元、余紹尹、林以庄、鄭佑純、陳占文、鄧茂老、劉躍鯉、鄧仁孫、鄧啟老、姜木火、林偉人、魏騰升、劉汝直、鄧天、廖維九、蔡仁增、楊映賓、楊敷文、陳在雲、黄巽卿、魏盛宗、鄧茂貞、鄧功聯、李維顯、魏盛璧、高鳳彩（巖下）、馮順寵（枣嶺）、馮順朝（枣嶺）、馮順傳（枣嶺）、馮元榜（枣嶺）、黄冀德（魏舍山）、吴養孫（楊家山）、姜獻仁（草巖）、劉長盛（興化）、李仁義（大坪頭）、鄧元文（石坑）、陳元正（火烟嶺）、華朝清（上甘地）、李康侯（水南坑）、李昌景（水南坑）、李康信（水南坑）、李康佑（水南坑）、葉洪永（汀州）、姜仲琳（石坑）、李孔富（龍嶺）、李康甫（龍嶺）、李福朝（龍嶺）、李孔章（龍嶺）、姜順行（東坑）、陳文輝（東坑）、陳吉文、曹廷相（長汀）、鄧光前（江右）、姜日升（雙峯）、陳國卿（雙峯）、姜清海（雙峯）、姜豐龍（雙峯）、練宗其（八壘）、鄧恭兒（劇頭）、楊法壽（大波口）、饒清爲（大波口）、余生謨（庄頭橋）、黄世運（魏舍山）、姜文禮（熊荊山）、鄧崇連（横岩頭）、練起兒（庄頭橋）、黄上觀（魏舍山）、范滿周（發冲）、陳順兒（發冲）、陳福清（大波）、李建孫（下甘地）、黄世機（下甘地）、陳維明（黄龍崗）、余開策（白水漈）、余盛孫（白水漈）、鄒志蛟（箭竹窠）、鄒少求（箭竹窠）、鄒敬行（箭竹窠）、羅超仁（箭竹窠）、羅朝恩（箭竹窠）、羅朝連（箭竹窠）、羅朝信（箭竹窠）、李清涵（龍嶺）、李成欽（汀州）、張子寧（汀州）、闕和茂（汀州）、闕廣茂（汀州）、闕芳盛（汀州）、王榮佐（汀州）、曾樹先（汀州）、李秀龍（汀州）、馬秀文、温秀賢（汀州）、陳台官（永春州）、曹昌明（汀州）、姜泰和（雙峯）、曹廷標，各捐佛壹員。

耆賓鄧載光，信善姜禮、王狗、謝子意、王愛老、林五老（樓前）、吴慶兒，各捐佛艮五錢。

勸首姜承烈、魏宗松、林康儆、陳魯瞻、李長大、陳其言、楊仰文、劉安慎、林廷光、羅魯源、羅宗聯、羅宗驪，各捐佛銀肆員。

通共捐佛銀八百六十九員六合七尖。除新造橋舡貳十五隻，並贖舡預造辛酉年分橋舡六隻，橋夫守橋舡一隻，共銀壹百九十五員貳合。鐵噐，銀壹元貳合。橋棚十四架，銀五十六員。橋探板六十五片，銀四十六元。絞尋鐵鍊，並新造鐵鍊及整鉄鍊，共銀九十八元三合五尖。橋門車同木料，共銀貳元零四尖。造篛並籐，共銀九元二合五尖。給告示，銀貳元。禁碑、石庄並制橋雞公，共銀二十五元。贊來紫閣匠工，銀六合三尖。造花臺臺、石塝，艮十三元。重修來紫閣木匠、泥水、木料、裝修、灰盖、磚瓦，共艮八十六元五合四尖。裝修元天上帝神像及安位等費，不係橋項，另具題捐，已有花消。來紫閣新立石庄五雙、鉄鍊五條，艮八元。僱人往各鄉收捐艮，工資艮五元。架來紫閣嶺上嚴宅新捐地基貳植四椆，並葢地亭木匠、泥水、木料，共艮四十六元二合，又造地基、石塝三次，艮二十元零三合。磚、瓦、竹、鐵噐，共艮十五元六合。造水嶺面馬頭，除樹客罰出艮後，添用艮三十五元。聯橋香紙燭、給賞橋夫酒錢及雜用，共艮八元六合。羊猪三牲等費，勸首十二位自派認。紙張刊印，共銀壹員一合。送高宅土名本堡西郊外標林前並山庄、石橋頭民主前並姜宅書齋、爐都尾、黃道嶺等處永苗田，知契銀十二員，立有約據。癸亥年，另買新橋舡四雙，銀貳十二員。一切餽送人事，銀十三員。刷橋冊貳百伍拾付，每付工資、紙張貳百肆拾文算，佛銀每員六百四十文算，折銀九十三元七合五尖。城樓邊屋基乙小植，爰因失管嗣查橋冊，與李宅搆訟，蒙童縣主勘明訊斷，共使用銀七十八元。統計共用出佛銀八百九十三元七合六尖，除收捐後不敷佛銀二十四元零九尖，此項仍望諸君，再補冊費湊完，獲福無量矣。

庚申年十月廿八日，聯橋辦祭，買羊、猪牲儀辦席等費，共用去銅錢壹萬貳千餘，係勸首十二位自己捐資派用，不在眾項花消。

大清嘉慶十年歲次乙丑仲冬月

貢堡橋首仝刊誌

新立義渡田段

信生劉安正捐土名巫峽頭張坑正租米三碩正，佃李孔如，佃李添，現佃　本田上手契約仍存劉宅，遞年橋內現貼黃仁兆永苗錢叁百文，候後推收。

信善張印六捐土名深壠洋禾坪仔正租米壹碩陸斗正，佃姜金兒，現佃楊元白；又捐土名溪口後門坑並溪邊梨樹墘正租米壹碩正，佃林秀兒，現佃林興從。本田二段上手契約仍存張宅，遞年橋內照縣例津貼張宅永苗錢，候後推收。

耆賓嚴又蒼捐土名深壠洋金墩正租米貳碩正，佃余文，現佃賴奎。本田上手契約仍存嚴宅，其苗現存二十六都五畐八甲嚴又蒼戶，遞年橋內現貼嚴宅永苗錢，候後推收。

信官楊機垣捐土名深壠洋金墩正租米壹碩五斗正，佃曾天慶，現佃嚴緒。本田上手契約仍存楊宅，其苗現存二十六都一畐九甲　戶，遞年橋內現貼楊宅永苗錢，候後推收。

信官劉安善捐土名大坑頭色仔嶺崩溶干正租米壹碩正，佃李貞德，現佃李清梅。本田上手契約仍存劉宅，其苗現存二十六都五畐七甲劉禮執戶，遞年橋內現貼劉宅永苗錢，候後推收。

信善陳麒愛捐土名東坑嚴仔角正租米貳碩正，佃陳細老，現佃林先桂。本田上手契約仍存陳宅，遞年橋內現貼陳宅沙苗錢，候後推收。

信善陳天錫捐土名黃道嶺上長壠並壠口溪邊坂正租米二碩正，連業田頭山一大片，佃陳盛廣，現佃黎冬生、陳成佑；又捐土名西門坪埔祠前坡頭正租米壹碩正，佃李佑遠，現佃李華老。本田二段上手契約共七紙，內另有數段，係陳宅與橋內兌換張公山旗坪頭田，與此捐田契相連，併繳橋存照，遞年橋內並兌換田合貼高宅永苗錢共六百文，候後推收。

耆賓李祈騰捐土名水東員木碓瓦瑶坑正租米二碩正，連業，佃饒連長，現佃蘇開銓。本田上手契約已繳橋存照，遞年橋内現貼羅宅永苗錢，候後推收。

信善陳天祿捐土名貢川西郊標林前並山庄，今查後山洋水井邊，作二坵，又飛坵在總司廟前對面坂一坵，正租米壹碩正，佃羅吉德，現佃饒松老；又捐土名石橋頭並姜宅書齋正租米壹碩正，佃鄧冬狗，現佃林松。本田二段上手契約仍存陳宅，遞年橋内現貼高宅永苗錢貳百文，候後推收。

信善陳行三捐土名水東員木碓瓦塎坑正租米二碩正，連業，佃饒連長，現佃蘇開銓。本田上手契約仍存陳宅，遞年橋内現貼羅宅永苗錢，候後推收。

信生楊文斗、林廷光，信善林康傚、陳冬兒、魏廷相、李長大、劉承梅、羅啟泉，捐土名貢川西郊標林前正租米貳碩伍斗正，佃鄧貴孫，現佃邱來貴；又捐土名水東員木碓瓦塎坑小租米壹碩五斗正，佃饒連長，現佃蘇開銓。本田二段上手契約一併繳橋存照，其標林前正租米，遞年橋内現貼楊宅永苗錢，候後推收。

續捐並新置田段輔屋開列

葉竹友公仝男堯元、孫潤暘，捐庄頭橋和尚墘屴尾壠並壠仔墳邊沙米叁石五斗，現佃練連元。
楊訒齋公捐東坑崇福坂正米壹石，現佃王上增。
羅潤松公捐東坑蛇頭屴正米壹碩貳斗，現佃姜其于。
嚴辨若公捐大坑頭拱橋下正米壹石五斗，現佃李中楷。
邢恬齋公捐樓前渡墩定墘正米壹石，現佃楊興孫。
劉康侯公捐卓步魚水坑對面壠正米壹碩，現佃李家騰。
鄧成坴公捐小坡口後坑尾正米叁碩，現佃饒狗。

羅文銘公捐小坡口後坑尾正米壹石，現佃饒狗。

姜堯久公捐深壠葡萄墘正米壹石壹斗，現佃姜福梅。

嚴貫川仝男嗣謙、嗣勳，捐羅紋嶂陳尾大墘並大墘尾正米三碩六斗，現佃李騰集； 又捐白石坑米 現佃賴水。

黃尊五公捐深壠池西坑正米貳碩，現佃張昌老、李餘老。

高永明公捐大坑頭峯口正米貳碩，現佃黃志紹。

劉彥菴公捐巖下麻油窠神仙殿崩盂墘正米壹石，佃劉代明，戊子新置小坡口黃道坑正米七石，現佃李映暉。

鄧上玕公捐龍糞坑正米壹碩，現佃姜士成、姜郁老。

劉正秋公捐鴨母壠正米壹碩，現佃曾正任。

范岐周公捐水東魯八坑瓦廠四植屋一座，原收租 今權收租錢五千零四十文，現佃郭文開。

劉成齋公捐大坑頭色仔嶺並屋勺正米壹碩，現佃李上生。

李朝郁公捐東坑塔後壠正米壹石五斗，現佃鄧玉書。

嚴汝和公捐鐵爐坑民主前正米壹石，現佃李大老。

鄭泉甫公仝念繩紹于捐大坪峽頭正米貳碩五斗，佃劉求老； 又捐大坪盂墘頭正米貳碩五斗，現佃鄧長老。

楊尚亭公捐冲村大王墘正米壹石，現佃闕法炳； 又捐冲村埔頭棟尾正米壹石，小米壹碩五斗，現佃黃匡。

楊紹淳公捐冲村鹿角墘正米壹石，現佃姜盛旺。

夏聖友公捐冲村塜前坂正米壹碩，現佃蘓呈乞。此段，同治二年癸亥十一月，佃私將田架屋，董理劉樹民、楊樹章先托保理較，他刁頑不肯認理，後同鄉紳值年陳蘭庭、劉俊卿、嚴占鴻、聶晉卿、羅布南、高漢才、劉水如、劉諱然、陳聘三、聶子賢、劉士衡等，托公親謝盛彩、蘇朝俊理較。至甲子年四月，佃亦托謝、蘇二位向前認理負荊，將原田開還原管，立包佃一紙，遞年包還早穀貳碩租足，仍謝、蘇二位做保，佃俱花押，另罰出銅錢伍拾乙千貳百文，存董理處。至丙寅年正月，鄉紳值年同向董理劉樹民、楊樹章領出銅錢五拾乙千貳百文，交董理陳聘三，盡數領入，爲橋項費用，批照。

楊應文公、鄧少華公捐大王墘三埕坑正米三石，佃蘇雍官；又捐冲村泗州墩正米壹碩，佃潘與。朱紫巷下前畔第十一植樓屋並基壹全植，收租錢貳千四百文，現佃

楊尚亭公捐水門仔城門左邊第一植，原租錢八百文，今權收租錢肆百文正，現佃嚴盛元。

李紹友捐大巷口夫人宮左邊後畔第一植，原租壹拾千文，今權收租錢八千貳百文，遞年造新舡一條，文契俱繳，現佃鄧天生。

邢定周捐冲村官路下大墘下分正米貳碩，小米壹碩，文契俱繳，現佃吳宗茂。

劉樹民公、楊樹章公捐冲村下洋坑正米乙石，小米連業，現佃蘇呈乞；又捐冲村池西坑正米壹石，小米連業，現佃蕪福。二段文契俱交繳，其苗現存二十六都一啚九甲楊忠文戶，完供銀八分，秋米壹升六合。

李星垣公戊辰年捐新橋藍聯正租米一碩，文契與別段相連未交繳，苗存二十六都十啚六甲李福戶內，俟後推收，現佃姜華老。

一、丁卯年，新置得吳宅東門浮橋頭下前畔第貳拾植舖屋地基一全植，戊辰年，續置得羅宅舖屋皮一全植，其右邊原有浮橋透筕巷一條，因未修造，權向舖內通行，現佃羅照三。

道光戊子年重捐浮橋芳名開列

李在雲捐銀四拾員。嚴汝和、鄧睿斯、羅文銘、邱仁仝男占春、嚴啟絡仝男嗣動嗣謙、余秀金、鄧步春、長汀客商、永定客商、素蘭鹽舘、陳其愛、同法保，各捐銀貳拾員。

楊心尼捐橋船貳條。鄧鍾璧捐探板貳拾塊。

李祖亨、李祖榮，共捐銀壹拾貳員。姜安甫、姜誠菴、張孔兼、范岐周、吳文海、楊先妍、廣東温廣元，各捐銀壹十員。

汀郡龍燈社捐錢八千文。

楊旗峯、劉進五、劉致堂、楊尚亭、李春瑶同李沖九、王增富（大坡）、李繼周（龍嶺）、李清喜（水南坑），各捐銀八元。林菊所、夏茂廷、陳宗纘、殖興號、鄧章文、李容八，各捐銀陸元。高永明、高先正、姜德輝、邱嘉焜、李積武、劉涵萬，各捐銀伍元。吳粵菴、陳尚質、高先望、李正韶同李正枝、章義聚、姚永順，各捐銀四員。

張祖運、李鵬九、楊希中、楊懷美、鄭麟書、林遠燦、羅秀袞、朱思賢、許功勝、盛會山、熊鶴山、大興號、陰鳳翔、李福侃、劉長盛，各捐銀三員。羅澗松、姜連吉、姜順天、劉啟聖、陳茂章、葉兆堅、嚴啟基、姜特章、嚴嗣縞、楊仰福、楊懷坦、陳大昜、羅邦儀、劉序年、潘三元、李允增、林樹于、余協生、陳源泉、汪中和、丁和生，各捐銀貳員。

劉章五、楊淑卿、劉秉華、劉序順、李祖老，各捐舊鉄索貳拾壹股。

同治癸亥年七月二十日夜，河水夜漲，不及豫防，橋棚、探板、船隻多被衝去。維時董理劉樹民、楊樹章即同鄉紳值年，向船戸赶造，要增工價，衆不允從。樹等即赴縣，向舡戸緊造舡隻並棚，另僱人尋贖探板，約十餘日，而橋復連通。計此項，共用出銅錢七十八千餘文，另浮橋等項，大用過錢壹拾餘千文，總計用出錢玖拾千文之數。願將歷年應得酬勞穀若干，折價充爲橋用，仍將剩下銅錢隨置田米，捐入浮橋公項，田段石數另附刊。

同治六年丁卯續捐浮橋芳名開列

嚴星泉、許和順，各捐橋壹全棚，自造。豫記大成課舘、成興號、余鴻飛、蘇元舌、同春號，各捐橋壹全棚，每棚折價錢壹拾六千文。楊晨峯捐探板拾貳塊，折錢壹拾二千文。羅文銘、李紹文，各捐錢壹十千文。羅希尚、鄭泉甫、李星垣、葉竹友、嚴慧成、劉燦晨、鄧耀東、鄧忠祥、榮華順、聚興勝、郭長興、盧岑貴，各捐橋半棚，折錢八千文。劉俊卿、姜碧田、姜和集、楊次盧、羅大川、劉文亭、劉彰明、李獻廷、姜先鎧、李雲程、楊紹融、楊向斗、李光鐸、陰天順、信義店，各捐船壹條，折錢六千文。夏茂廷、義順號，各捐錢五千文。楊先妍、姜成順、劉以盛、李星文、楊士聯、汀郡龍燈社，各捐板四塊，折錢四千文。張印六、鄧集昇，各捐錢三千貳百文。

劉汝奇、羅連生、邢定周、嚴星文、林美生、劉耳山、李萬興、姜肇亨、李玉鳴、楊懷美、楊春培、邱占春、聚和號，各捐板三塊，折錢三千文。李鍾謙、聶日升，各捐錢貳千肆百文。劉梁玉、嚴漢書、源美號、范鼎吉、張景文、饒應舉、胡隆昌、廖觀連、吳福茂、吳書增、羅芸壇、羅和川、姜聖祥、李岳福、錦泰號、劉德詔，各捐板貳塊，折錢二千文。姜永泰、陳茂秀，各捐錢壹千六百文。劉湘雲、高逸園、陳晋墀、羅慶潭、李實明、劉冠紳、李右臣、陳長輝、夏維揚、羅德周、嚴逢順、陳恒盛、姜友文、吳集茂，各捐錢壹千文。

劉蘭友、楊香巖、陳蘭庭、李洛園、姜蔭閩、夏芸閣、鄧尚廉、陳聘三、陳煥三、魏樸葊、李景榮、林耿軒、劉星南、劉鏡清，共捐銅錢壹拾壹千貳百文。

總共捐入銅錢四百四拾貳千陸百文。

共付出造新船壹拾六條，計錢九十六千文。灰舊船壹十六條，計錢貳十五千六百文。釘舡鐵拔仔，計錢壹千貳百六十文。造新棚壹十貳架，計錢四十八千文，外補木匠造龍井工，並橋夫木匠穿龍井糯米價，共錢八百六十文。造新拖棚一架，計錢貳千四百玖十文。修棚木匠工並楮木杉樹，共錢三千肆百九十八文。造新探板六拾一塊，計錢六十一千文。扛探板工並鉺探板鉺仔，計錢一千九百六十文。造新鉄索四十五股，計錢一十九千八百文。整舊鐵索四十五股，計錢五千四百文。買鐵釘錢一千二百九十六文。修橋雜費零用，計錢九千八百九十四文。置吳宅浮橋頭下前畔第貳拾植地基一植，計契價並中禮筆資錢壹拾九千四百五十六文。置羅宅浮橋頭下前畔第二十植舖屋皮一植，計契價並中禮筆資錢六十四千七百貳十文，又補還移來湊架來紫閣右邊巖上屋錢八千四百陸拾貳文。修冊壹百八十部，工資錢三十貳千文。騰蛟墨十四觔，計錢五千三百貳十文。高連紙三十八刀，計錢壹十壹千四百文。裝冊柿油、皮紙、棕綫及六續雜費，計錢五千八百九十一文。買葃藤五百四十二圈，計錢三千七百三十三文。總共用出錢四百貳十八千零四十文。

兌除後，存錢壹十四千五百六十文。完工發冊，結數一切雜費，用訖。所有剩下葃藤等物，即交董理存用。

同治七年戊辰八月　日

緣首仝誌

寄錄貢川臨津門義渡並田段記

沙鄉貢進士王中撰

劍沙之西沂流上百二十里曰貢川，庶民以富，通衢四達，此渡所由設也。然渡主于清流馮氏，歷年既久，賃者歲輸賦若干，如田之入，舟子貪得，人咸病焉。鄉處士了然嚴公，志在濟人，義勸樂施。元至正戊子春，決于義士君實李公，知馮之昆季皆好義，一即，從執券以歸，則渡爲義渡矣。然渡雖出于義，嚴之心成于始又慮其終，必置田以爲長久計。李董其事，爰募十肆人，各給田一帳之值錢十錠，遂得田數如人數，擇舟子之能者領之，力耕所收而供所需。至于奉公之費，咸在是焉，否則變置以示戒，有田而渡不朽，義著千秋也。嚴公之心，猶爲未已。度其津口，相其峯巒，選勝地以搆閣。然地非己所有，化于里人而得之。閣完，匾曰『臨津』，奉大悲尊佛。觀其棟宇崢嶸，翬飛壯麗，萬仞凌雲，千尋徹水，不惟足以崇佛之靈。躊躕遠眺，居今慕古，如了齋陳公諱瓘者，一門鼎甲，日月爭光，暨姪默堂諱淵者，受業于岳翁楊龜山公，遂以道學配食，詎非山川之靈所鍾歟？象山朝南，旗峯拱北，地靈人傑，洵大觀也。是役也，始于庚寅十月，越辛卯秋迄工。道流力置若干以爲贍，是有田而渡久，有閣而田更久也。良由二公倡義先之，諸公成之，公明方正，豈苟云乎。于是爲之銘曰：

猗歟義渡，濟人以功，維嚴維李，克勤于馮，嚴李之功，

匪私一己，厥田久豐，厥閣聿崇，佛靈福善，子孫永興。

清流縣馮松撫裔馮君實、子凡、維正，捨義渡基一片。里人劉權甫，捨臨津閣基一片。李君實、鄧伯賜、李景元、張文奇、李德甫、劉世琛、張文德、李元右、羅淨德、嚴汝可、林積善、林九靜、

金德甫、林石泉、姜大三，共捨鈔五十錠，置義渡田。姜真常、仁壽，捨園一片，在閣後；米田一帳，在洋廚溪鄧舍山，田失管。主緣義士李君實。

元至正二十二年壬寅九月　日

勸緣了然嚴覺心立石

義渡田段

一段土名水東稔洋坊石獅巷左邊馮宅祖墳明堂下田，相連二大坵，上至林聶二姓田，下至劉宅田，左至菜園，右至陳宅田爲界，遞年收早穀貳拾壹石租，鴨母二隻，計重四觔。左邊菜園一大片，上至塘上山磅，下至臨津閣花臺，左至鄭姓菜園，右上至林宅菜園，右下至渡田爲界，遞年收現租錢八百文。

一段土名水東稔洋坊石獅巷内李氏宗祠門首路上一坵，遞年收早穀八碩租，鴨母一隻，重貳觔。

一段土名大墘後大壠尾謝坑仔，原名坵仔坑，又名長道州鄭坑子，上至姜宅田、下至＿＿宅田、左至本田山塝、右至本田山塝爲界，遞年收早谷八石白，鴨一隻，計重貳觔。

〔浮橋義渡渡船事宜〕

渡船式：四丈六尺長，底面六尺五寸濶。

每逢子、午、卯、酉年，全新換造船隻及船舵、水斗，乙（一）切齊全，不得減少，要付正月十五崇仁、崇福兩社花舡下水。三年內，或有滲漏朽壞，務要抹灰、補板、修整。遞年給舡匠早谷八石租、肆石白。造新舡之年，另補祭舡三牲，價錢壹千文，祭時，要請董理人主祭飲福。遞年給渡夫早穀八碩租、四碩白。

一、渡夫如遇大水，河邊伺候，接濟來往行人及官府公文；

一、平時不得將舡放去，俩貨物及磚瓦、石板、牛馬、樹木等物；

一、遞年正月十五夜，送仁、福二社花舡至錦墩，五月上，渡龍舡，舵係渡夫事。

吾鄉浮橋之設，遞年各項費用浩繁，俱難以減。若于建醮之日加以辦酌，益覺不敷。今公議：從本年乙亥起，惟施主及講田三位、前董理魏尚功公一位，理應酬酢價錢壹百文、桃四隻，道士、橋夫亦照此式。現在橋存之緣首及鄉紳值年，理應辦酌二席。此後，上手橋首一位，請酌三年，其餘一概減省，以濟公用。至秋冬收穀後，作何費用，年內橋首須請鄉紳值年，照實面算，不得浮開。若有剩餘錢文，舉殷實者公存放息，庶可永久。批照。

光緒元年正月　日

闔堡公誌

光緒紀年乙亥二月重建浮橋捐金芳名

嚴星泉公捐鉄鍊壹百貳拾股，又捐浮橋一全棚。興化木商客泰順號捐番銀叁拾伍兩一五五，串錢五十四千二百五十文。劉進五公、楊旗峯公、嚴汝和公，各捐錢肆拾千文。高大成捐鐵鍊壹百壹拾股。許星達、星富捐鐵鍊壹百股，自造。余鴻飛捐錢二十四千文。同春號捐鐵鍊六十股。李紹文公、楊默齋，各捐錢貳十千文。劉涵萬公、李景新，各捐鉄鍊五拾股。邢虬山公、羅文銘公、李星垣公、林證菴公、葉必榮公、姜蔭閩、蘇候暢、林元旺，各捐浮橋壹全棚。顏金牲捐錢十六千文。陳宗緒公、嚴嗣縞公（自造）、楊懷述公、郭長興、朱協興，各捐鉄鍊四十股。姜璧田公捐鐵鍊三十八股。葉竹友捐橋舡貳條。楊晨峯公、汀郡甲首董事陳喜財衆等，各捐錢十二千文。劉燦晨、劉繼儒、劉序玢、（洋畲）李其諒公（自造）、（洋畲）李以安（自造）、（洋畲）李孔長（自造）、姜先鎧、陳祥光、盧岑貴、福泰號，各捐鉄鍊三十股。羅雲鵾、劉拔菴、邱雪軒、嚴嗣環，各捐錢十千文。

張印六公、張耿堂、汀州上杭龍燈社、楊向斗、范永昌、姜雲亭、羅宗駿、劉粱玉、姜希六、林遠敬、陳學安、鄧耀東、謝日彰，各捐浮橋半棚。劉萬六捐錢八千文，又充出罰蒙坑楊姓錢五千七百六十文。高承明公、羅澗松公、林菊所公、羅魯山公、（洋廚溪）李福德、（忠山）陳勳裔集樹、（岃頭）李騰閱、陰常增、（白巖下）李彭年、（枣嶺）馮典漢，各捐錢八千文。李雲程、鄧生吉、（增田）羅慶孫、姜學成、羅慶潭、雷必富，各捐鉄鍊貳十股。

夏茂庭、（石泉坪）劉維芬、羅紹本、（洋梅潭）張景周，各捐舡壹條。聶昇公捐錢六千四百文。（廣東）羅景堂捐番銀伍元一五五，串錢五千四百廿五文。邱仰高、劉德詔、闕洪茂、李星文、劉序鏗（自造）、夏維揚、賴啟前、嚴啟諄仝嚴啟謨、鄢大生，各捐鉄鍊十五股。（洋畲）李容八公（自造）、蘇振輝，各捐鐵鍊十貳股。

羅小松公、嚴輝五公、劉安齋公、鄧睿斯公、羅紋山公、劉成齋公、吳粵菴公、源春號、（枣墘）李應開、（大源）羅德亮，各捐錢四千文。（石泉坪）劉維才、（石前坪）劉元金、（石泉坪）劉維德、（石泉坪）陳連孫、魏肇崙、胡隆昌、邱承德、夏聖友、嚴邦懷、劉大順、劉日新、劉序璋、龔文慶、鄧順德、黃明生、賴克榮、成美號、怡順號、嚴啟猷、楊訓元、劉世經、楊家城、劉星階、李正枝、賴佛晋、福利號、（洋畲）李世琛（自造）、（嶺後）劉紹棣、（庄頭橋）官石法、（庄頭橋）官正源、陳尚隆，各捐鉄鍊壹拾股。（坡頭坑）高以倫、姜彩盛、（黃龍崗）陳日昭、（發冲）范廷輝、（廣東）

祥興號、（枣墘）李清讓，各捐錢三千貳百文。（洋畲）李積武（自造）、李實明、陳茂秀、嚴德紹、廖官連（自造）、鄭時中、林泉盛、和元堂、天和堂，各捐鉄鍊八股。

（洋畲）李祖亨（自造）捐鉄鍊七股。嚴岐山公、劉家麟、邱法生、吳集茂、黄魯二、（楊家山）陳裕其、（廣東）張萬益和、（興寧）陳德成、（廣東）源泰號、姜樹孔，各捐錢貳千四百文。姜欽南捐鐵鍊六股。鄧聚金、（横岃頭）鄧忠喜、（横岃頭）鄧忠祥、（横岃頭）鄧忠法，各捐錢貳千文。羅芸壇、陳德廣、鄧樹端、陳醴泉、高尚德、元興榮、林允生、（洋梅潭）張樹奇、姜允吉、黄尊五、吳書增、魏源茂、嚴嗣友、嚴嗣偕、嚴德超、李集允、劉蘭友、嚴德慶、劉國臣、楊卓羣、劉序泉、楊廣源、楊賡庭、陳晋墀、賴招兒、林亨、蘇乾老、李有述、馬萬盛、邢最、邢杲、（洋畲）李冲九（自造）、（洋畲）李春瑶（自造）、（洋畲）李祖吉（自造）、（洋畲）李士珩（自造）、陳賡颺，各捐鉄鍊五股。

羅劼公、李成富公、姜懷牧公、蘇孝萬、劉琳、姜祖綿、（炭槎）鄧元錫、林裕猷、楊松邨、楊錫琳、姜士德、封天俊、（上杭）丁錫招、熊天順、（栟櫚）張正泰、（葛岃）姜長生、（黄龍崗）陳兆燕、熊喜順，各捐錢一千六百文。

協順和記、黄步周、陳長輝、顔秀法、蘇昌穀、張著也、李加瑞（自造）、嚴嗣登、許華容，各捐鉄鍊四股。羅燕堂、嚴德流、李文厚、陳鴻南、李義興、姜盛浩，各捐錢一千五百文。陳青選、（烟公坪）鄧簡書、劉世元、陳宗球，各捐錢一千二百文。李萬興捐鉄鍊三股，自造。姜元掄、（庄頭橋）官修富、張法岳、（横岃頭）鄧順騰、羅阿碧、羅阿來、羅阿浩、羅阿植，各捐錢一千文。

魏宗松公、劉體仁公、李其信、盧應才、姜樹青、鄧天生、陳恒盛、温元盛、（樓前渡）鄧振雄、華恒通、羅紹椿、熊志和、（石泉坪）劉元生、（石泉坪）劉維林、楊尚賢、楊晋芳、李新倫、陳朝興、（庄頭橋）官三滿，各捐錢八百文。劉家聖、劉玉華、劉生裕、劉生老、逢吉號、李毓東、羅德周、陳炳文、羅鳳楨、陳元鳳、陳佩華、嚴嗣哲、劉淮清、劉祥三、楊增林、邱笏亨、吳裕茂、培春堂、鄧慶良、邱思文、楊樹春、和吉號、周聚和、邱用五、楊先芳、賴思堯、張又年、呂日朗、高與咸、信和店、林景文、張景文、姜福梯、羅雲峯，各捐錢七百五十文。楊長興、葉秋老，各捐鉄鍊二股。

共捐入鐵鍊壹千玖百貳拾伍股。除捐戶自造叁百壹拾七股，後實鐵鍊壹千六百零八股，每股叁百伍拾文算，共折入錢五百六十貳千八百文。

共捐入浮橋十五棚半，每棚十七千二百文算，共折入錢二百陸十六千六百文。

共捐入橋船六條，每條六千六百文算，共折入錢叁拾九千六百文。

共捐入番銀並錢六百零六千三百三十五文。

通共捐入錢一千四百七十五千三百三十五文。

一、曹源東山僧代碧，捐土名忠山觀音山，原計正租米叁碩伍斗，連業，小租米四石。遞年收早穀壹拾六石四斗鄉，其苗現存二十五都七啚四甲庄以交戶，現佃楊騰芳。

謹將新造橋船鐵鍊各項臚列于左

新造橋舡叁拾六條，每條價錢陸千六百文，共錢貳百叁拾七千六百文。鄧日煥造二十一條，鄧樹老造十一條，鄧大標造四條。舡鈸仔五百零四隻，每隻八文，共申錢四千零三十二文，温春生造。

新造橋棚十八棚，每棚四千文，共申錢七十二千文。陳干升造十三棚，陳祖升造五棚。拖棚一棚，錢壹千八百文，陳干升造。

新造鉄鍊壹千貳百零壹股，除各捐戶自造三百壹拾七股後，實造鐵鍊八百八十四股，每股價錢三百五十文，計重二斤半，共錢三百零玖千四百文。夫字號造四百三十四股，大字號造四百股，謝謙友造五十股。

舊鍊換造新鍊一百一十五股，每股補工錢一百二十文，共錢一十三千八百文。夫字號造六十八股，大字號造三十七股。新鋸橋板七十三塊，每塊言議七佰五十文。因鋸板人蝕本，當聯橋日，向眾討添，每塊加添一佰文，共錢六十二千零五十文。李學賢鋸三十二塊，李啟緒鋸十六塊，李啟旺鋸十五塊，李啟明鋸十塊。

苚藤一佰四十圈，每圈八文，共錢壹千壹佰二十文。納蔑四十二斤半，共錢一千二佰三十四文，羅元老手。納一條，錢肆佰文，劉萬生手。篙奈二隻，錢十六文，元老手。造納工錢壹千壹百壹拾三文。買柴炊納並燈心，共錢三百六十文，元老手。竹壹枝，錢五十文。大粽（棕）索貳條，計廿七斤，錢三千八百八拾文，邱連有手。鉄釘三十枚，錢叁拾文，釘拖棚用。記簿四本，錢貳百二十文。砂金黃紙四張，錢四十九文。頂貢文紙貳刀，錢貳百文。

起工香紙燭，錢五十八文。舡下水並安鐵鍊，紙燭錢三佰壹十八文。刻收票印，錢三百三十文。刷收票，工錢八十文。五月初三過渡，工錢三百文。廿三聯橋，香紙燭並炮，共錢貳千玖百三十九文。搭布帆並連布帆，工錢九百五十文。吹手錢四百文。放地雷並硝，共錢三百貳十文。廚工、小工，共錢壹千零二十文。姜貴典、福托，羅法順、敖老，辦酌五席，共用錢壹拾五千六百六十八文。夏學詩擇課錢四百文。陳紹泉覆課錢八拾文。

通共用出錢七佰三拾貳千貳佰壹十七文。

重建來紫閣

陳干升泊木料並工資，共錢八拾四千文。尤戲垠水，共六百五十八工半，每工壹百貳十文，共錢七拾九千零貳十文。

柱頭石十貳隻，錢七千六百文。棋盤石五丈五尺貳寸，每尺貳百二十文，共錢壹拾貳千壹佰四十四文。搭磚壹百玖拾條，每條二個四，共錢四佰五拾六文。雙胚磚四百四十條，每條四個八，共錢貳千壹百壹十貳文。花磚壹百三十條，每條乙文八，共錢貳百三十四文。地斗二百六十塊，每塊十六文，共錢四千壹佰六十文。瓦五千五佰三十六片，計重貳斤半，每片二文五，共錢壹十三千八百四十文。雙料天斗壹百一十四塊，每塊四文，共錢四百五十六文。龍骨釘並舡釘，共五十五斤五兩，每斤價錢壹百乙十二文，共錢六千乙百玖十文。角釘十六包，每包四十五文，共錢七百貳十文。大門菊釘二十枚，錢八十文。石灰肆十擔，每擔乙百七十八文，共錢七千乙佰貳十文。篾錢四佰四十文。石竹錢四佰八十文。竹十枝，錢叁佰廿七文。掃箒四把，錢五十四文。水瓢二隻，錢四十四文。粽索二付，錢六十八文。畫菩薩錢十二文。角金乙張，錢十文。揀石乙舡，錢八佰文。起工香紙燭，錢叁佰三十五文。

擔瓦腳，錢七佰七十五文。擔雙丕腳，錢三佰五十貳文。擔塔磚腳，錢七十六文。擔天斗腳，錢四十五文。擔花磚腳，錢三十九文。擔地斗腳，錢三佰八十四文。包鍾搥鉄圈，錢乙佰九十文。木匠穿栟並坭水石匠神福猪肉面，共錢乙千零四十八文。坭水造棟並木匠神福猪肉面，共錢九佰四十八文。坭水買色料裝彩，共錢壹千七佰乙十八文。坭水茶葉，錢貳百八十八文。木匠苧乙斤，錢貳佰六十文。

竹篩壹隻，錢九十五文。洗神，工錢六十文。幾條棹並幾爐，共錢三千八百文。黃良石打柱頭石窟，工錢壹百六十文。茶油半斤，錢五十六文，穿栟用。紙腳十三斤半，錢四佰七十八文。三妹子釘園門竹，錢六十文。小鉄鍊四條，錢乙千四百文。樓梯鐵鈸，並蘿苜皮匾吊，共錢五百文。黃明生粉匾，四佰文。劉志希擇課，錢四百文。黃明生釘梁，錢乙百二十文。泥糞箕，錢叁佰三十文。安神香紙燭，錢貳佰五十七文。陳昌迪爬溝，工錢三佰文。

通共用錢貳佰三拾五千貳百四拾壹文。

重建臨津閣亭

尤戲泊坭水，共工錢壹拾六千八百文。陳祖升泊木料工資，共錢五千文。雙胚磚八百五十條，每條四個八，共錢四千零八十文，擔脚錢六佰八十文。塔磚三千五百九十條，每條二個四，共錢八千六佰乙十六文，擔脚錢乙千肆佰三十六文。東磚五十條，每條十貳文，共錢六百文，擔脚錢五十文。瓦乙千九百八十片，每片二文五，計重貳斤半，共錢四千玖百六十文；瓦壹千四百五十片，每片乙文四，共錢貳千零三十文，擔脚錢四百五十乙文。天斗三百四十塊，每塊四文，共錢乙千三佰六十文，擔脚錢乙百貳十六文。花磚壹佰四十條，每條壹文八，共錢貳佰五十二文，擔脚錢四十貳文。石灰十乙擔，每擔乙百七十八文，共錢壹千九佰五十八文。鐵釘乙斤十兩，錢壹百八十二文。紙脚九斤，錢三百貳十四文。扼簷石板乙丈三尺五寸，每尺貳佰二十文，共錢貳千九佰七十文。欖石二條，乙丈九尺二寸，共錢四千零九十二文。橙脚四塊，共八尺，的錢乙千七百六十文。

通共用錢伍拾七千七百陸拾九文。

修來紫閣攀龍門水嶺

黃吉老石匠來堦石四拾丈零伍尺六寸，每尺壹百六十文，共錢六拾四千八佰九十六文。饒法春石錢五百文，羅德生石錢四百文。扛石荓藤錢貳百文。泥糞箕三擔，錢壹百貳十文。林世官坭水共貳十工，每工壹百貳十文，共錢貳千四佰文。尤戲坭水共貳佰零五工，共錢貳十四千六百文。竹乙枝，錢三十文。搭鐵器錢七佰四十文。付劉旺生樹錢五佰文。

通共用出錢玖拾四千叁佰八十六文。

丙子五月初八日建醮

香紙燭炮，共錢五千貳百九十九文。大簿二求，錢乙千七百文。文紙十五刀，錢三佰文。天把松光錢三佰三十文。搭臺錢四百文。笠乙（一）隻，錢三十五文。烟銀硃錢八文。水斗二隻，錢壹百廿文。修天燈吊錢六十文。放生灑播錢四十八文。放生魚錢四十文。茶油四兩，錢三十二文。冰糖壹斤，錢壹百二十文。和尚工錢壹千六佰文。先生資錢叁千貳佰文。補先生伙食錢八百文。船四條，錢九百六十文。大士錢四佰文。贊工錢六百四十文。夜點心錢貳百二十四文。饅芰錢貳千貳百零六文。吹手錢壹千文。孤菜錢四百文。

通共用出錢壹萬玖千九佰壹十四文。

修石坑拱橋仔

尤戲官泊工，共錢玖千文。

勒芳名碑

石碑乙塊，錢貳千文。嵌碑石乙付，錢四千四佰七十文。陳鴻壽尋碑石錢四百文。羅作求磨碑石工錢八百文。陳紹泉寫碑字錢八百文。楊木刻碑字錢壹萬零六百六十乙文。黄魯義貼碑字並金，錢四千文。安碑坭水工並灰，錢七百文。付扛碑石脚錢壹十六文。

共用出錢貳拾叁千八百四十七文。

刻橋冊叁佰壹拾部

陳光仁刻工錢三萬貳千文，後添錢壹萬文，後又補陳光仁令兄代湊完工錢八千文，又陳光仁大支去錢三千七百乙十三文。正興廣扣紙三十乙刀，錢壹萬伍千三佰四十二文。集吉廣扣貳刀，錢乙千零五十文。往溪口擔印仔並搬家火，錢乙百九十文。黄明生造冊盤貳隻，錢四佰八十文。買刻序板六片，錢貳佰四十文。買鍋仔乙口，錢貳百文，刻冊司阜用的。造床鋪欖二條，錢壹百八十文。黄木盛柿汁皮六百貳拾張，錢貳千四百八十文。買線錢壹千零三十文。墨叁斤，錢九百六十文。送高耀華對讀橋冊錢四千文。買粽錢貳佰八十文。

通共用出錢八拾千零壹百七十乙文。

丙子九月廿五日算賬，至廿九日並請鄉紳值年酒二棹，共用出錢壹拾叁千六百九十文。因各捐戶收來番銀，價每兩壹千五百五十文，今每兩只用壹千五百文，共蝕銀價錢五千八百五十五文。大總通共用出錢壹千貳百七十貳千零九十文，對除後，剩出錢貳百零叁千貳百四拾五文。另胡根石匠泊修會清橋羅鴉嘴石並工，共錢壹百千文。再除後，更存錢壹百零三千貳百肆十五文。因會清橋現未起工，橋冊刻已完竣，致未刻入冊內，候會清橋造完，費用若干，另立花消匾出數。

光緒三年丁丑元月　日

董事等誌